Giovanni da Capua

Das Buch der Beispiele der alten Weisen

Giovanni da Capua

Das Buch der Beispiele der alten Weisen

ISBN/EAN: 9783743487192

Hergestellt in Europa, USA, Kanada, Australien, Japan

Cover: Foto ©ninafisch / pixelio.de

Manufactured and distributed by brebook publishing software (www.brebook.com)

Giovanni da Capua

Das Buch der Beispiele der alten Weisen

DAS

BUCH DER BEISPIELE

DER ALTEN WEISEN

NACH HANDSCHRIFTEN UND DRUCKEN

HERAUSGEGEBEN

VON

DR WILHELM LUDWIG HOLLAND,

AUSSERORDENTLICHEM PROFESSOR DER DEUTSCHEN UND ROMANISCHEN PHILOLOGIE
AN DER UNIVERSITÄT ZU TÜBINGEN, ORDENTLICHEM MITGLIEDE DER BERLINISCHEN
GESELLSCHAFT FÜR DEUTSCHE SPRACHE, CORRESPONDIERENDEM MITGLIEDE DER
AKADEMIE DER WISSENSCHAFTEN, KÜNSTE UND SCHÖNEN LITTERATUR ZU CAEN,
MITGLIEDE DER GESELLSCHAFT FÜR NIEDERLÄNDISCHE LITTERATUR IN LEYDEN U. S. W.

STUTTGART.

GEDRUCKT AUF KOSTEN DES LITTERARISCHEN VEREINS
NACH BESCHLUSS DES AUSSCHUSSES VOM JUNI 1860.

1860.

385210

DRUCK VON H. LAUPP IN TÜBINGEN.

VORWORT.

Mit der nachfolgenden ausgabe des deutschen Buches der bei-
spiele der alten weisen darf ich vielleicht hoffen, eine verschiedenen
in verschiedenem sinne erwünschte gabe zu bieten. Handelt es sich
doch um ein werk, dessen inhalt schon um seines hohen alters
willen (er reicht mehr als tausend jahre zurück) einer aufrichtigen
bewunderung versichert sein darf. Haben wir doch in ihm eines
der ersten jetzt zur grösten seltenheit gewordenen erzeugnisse der
deutschen presse, das durch die nachstehenden blätter wider zu-
gänglich gemacht wird. Ist doch in ihm, damit es unserer teilnahme
noch näher gerückt werde, das gedächtnis eines der edelsten für-
sten verewigt, mit denen einst deutsches land gesegnet worden,
jenes durch seine großen geistesgaben wie durch seine tugenden
gleich ausgezeichneten Eberhard im bart, nach dessen tode sein
lehrer und väterlicher freund Johannes Nauclerus ausrufen mochte:
Hoc vivo stetit, hoc cecidit Germania lapso!

Den lange gehegten gedanken einer erneuerung des Buches
der beispiele zur ausführung zu bringen, bin ich zunächst durch
die jüngsten forschungen Benfeys angeregt worden, dessen name wol
für immer mit dem werke verbunden bleiben wird, dem er so glück-
liche, durch die gründlichste gelehrsamkeit unterstützte untersuchun-
gen gewidmet hat.

Möchte nun was ich aus eigener arbeit zu dem überlieferten
texte tun konnte, einigen beifalles nicht unwürdig erscheinen! Wie
vieles unerreicht geblieben, ist mir selbst am besten bewust.

In herzlicher dankbarkeit habe ich schließlich die förderung su rühmen, die meine aufgabe ins besondere auch durch nachweisung der auf größeren bibliotheken vorhandenen schätze erfahren hat: es haben mich die herren Th. Benfey in Göttingen, Bethmann in Wolfenbüttel, K. Haßler in Ulm, C. Hofmann in München, A. Holtzmann in Heidelberg, A. v. Keller und K. Klüpfel in Tübingen, W. Pertsch in Gotha, M. Rieger in Darmstadt, F. Roth in Frankfurt a. M., J. Schrader in Berlin, F. Wolf in Wien, Ph. Wolff in Rotweil lebhaft verpflichtet.

Tübingen, 17. november 1860.

W. L. HOLLAND.

ES ist von den alten wysen der geschlächt der welt dis bůch des ersten jn yndischer sprauch gedicht vnd darnach in die bůch-staben der Persen verwandelt; dauon hond es die Arabischen in jr sprauch bracht, fůrer ist es zů hebreischer zungen gemacht, zů-letst zů Latin gesatzt vnd yetz in tůtsch zungen geschriben. Vnd dis bůch jst lieblicher wort vnd kostlicher red, dadurch die alten jr wyßheit hond wöllen ußgiessen, damit sy ir wyßheit durch die wort der vernunfft erzöugent. Vnd hond dis bůch gesetzt uff glichnuß zů reden der tier vnd der vogel vnd das gethon vmb dry vrsachen: des ersten, daz sy sach fůnden irs ußsprechens, zům andern zů kurtzwil der lesenden durch die figuren; dann darjnn liset der ver-nůnfftig vnd findet die wyßheit, vnd dem schlechten einfältigen liebt darjnn die kurtzwil der figuren; zům dritten wann die lernenden sind geneigt, zů lesen die byspel, vnd sind jnen lieplich zů leren vnd beheltlich durch anzöugung der tier vnd vogel. Vnd ob sy die jn ir jugent nit zů endtlicher verstendtnuß vernemen mögen, so ist doch, wann sy in vernunfft erwachsen, daz jnen die wysen ding beträchtlich sind, so werden sy dann bedächtlich, was sy in disem bůch durch die byspel, der tier vnd vogel gelesen haben, vnd mag jnen daz zů hoher vernunfft vnd fůrbetrachtung zů gůter hůt ir eer vnd gůtes fruchtbarlichen dienen. Dann ein vernůnfftiger mag mangerley meinung mit der welt übung des argen vnd gůten herjnne finden, wer dis bůch beträchtlich vnd mit merckung des sinns der figuren vnd der vrsach erkirnt, dadurch er sich billich vor dem argen bewaren vnd daz gůt üben mag. Dann wer dis bůch liset, der můß acht nemen, warzů es gemacht sy; dann wer das nit weist vnd nit acht nympt, was die tichter herjnn betracht haben, dem geschicht als einem blinden, der die vnkunden weg gat durch berg vnd tal.

Beispiele. 1

BEyd in anfang vnd end dis bůchs gezimpt sich einem yeglichen,
der darjnnen lesen will, das er die wort, die er liset, verstand vnd
uff was meinung die wysen, dis bůchs dichter, das gesetzt haben,
vnd das er nit yle zů dem end des bůchs, ee er den anfang vnd
5 proceß dis bůchs zů recht merck. Dann welicher das, das er
liset, nit verstat, der mag dauon kein nutzbar frucht empfahen, so
er das nit zů gůter vernunfft vnd besserung üben will. Dann so
wirt [2] im dauon, wie kostlich daz sy, nit mer an aller frucht
dann arbeit des lesens, glich wie dem, der da einen grossen schatz
10 fand vnd gedacht jm selbs: «Sol ich von disem schatz all tag ein teil
heimtragen, das wirt mir überlästig vnd das überig zů bewaren
sorgsam, vnd jst mir nicht bessers dann knecht zů dingen, die mir
den eins tags jn min hůß tragen.» Vnd gab denen den schatz allen,
den er mit arbeit ußgrůb, uff jren rucken; die trůgen den yeglicher
15 heim in sin hůß. Vnd do er den allen ußgraben het, do gieng er
ouch heim in sin hůß, sinen schatz fürer zů bewaren, vnd fand des
gantz nicht vnd bekant, das yeglicher das in sin selbs hůß getragen
hett. Vnd also ward jm nicht von dem gefunden schatz, dann allein
sin arbeit des grabens; dann er hat sin werck nit fürsichtiglich
20 betracht vnd kund nit behalten, das er funden hett.

EInem yeden wysen man gebůrt, wenn er dis bůch lesen will,
das er in sinem gemůt betracht vnd merck, das dis bůch zwo
verstendtnuß hat, die ein offenbar, die ander verborgen, vnd glycht
einr nuß; die ist zů nicht, sy werd dann uffgebrochen vnd daz
25 jnner verborgen teil versůcht. Dann welicher liset, daz er zů recht
nit verston kan, dem geschicht als einem, der wolt gern gelernt
haben ge [3] zierte wort reden der Latin vnd die zů uerstendtnuß
vßlegen; dem schryb einer der gelerten ein regel, wie er daz reden
solt, vnd schryb jm das vff ein guldin tafel. Daran lernt er tag
30 vnd nacht; vnd do er die lesen kund, noch marckt er nit ir ver-
stendtnuß. Vnnd zů ainr zyt saß er by gelerten, die redten soliche
wort, die in sinr tafel geschryben waren; vnnd er wond, sy mit
siner geschrifft zů überklůgen, vnnd hůb an, nach jnnhalt sinr tafel
zů sagen. Do was der anfang siner wort torliche vnwissenhait.
35 Do sprach ainr sinr gesellen: «Schwyg, gesell, du hast gejrrt!» Er

sprach: «Wie möcht ich jrren? Ich hab die wort minr tafel geredt.»
Vnd da er aber sagt, do verstůnd er nit, was sy zů recht
bedůtten, vnnd ward des zů scham. Vnd darumb gezimpt einem
yeglichen, was er leß, das er begird hab, das grundtlich zů uerstond.
5 Dann ain ler mit gůter versteudtnuß bringt ein man zů noch
besser verstendtnuß. Dann es sprechen die wysen: «Es gebůrt sich
aim verstendigen nicht, dann mit wyßhait vmbzůgond; dann die
manigfeltigkait der kunst erlůcht des menschen verstendniß glich als
die sunn den glast des flammes von dem fůr.» Aber welicher liset
10 zů gůter verstendtnuß vnnd dem nit nachvolget, dem ist es nit
fruchtbar, vnd geschicht jm, als ainem, der lag nachtes an sinem
bett vnd hort, daz ein dieb in sin huß gieng, vnd sprach zů jm selbs:
«Ich will schwygen vnnd hören, bis das diser dieb zůsamen gefasset,
was er stelen will, darnach stand ich vff vnd nym von jm das ge-
15 stolen mit starcken straichen.» In dem überkam der schlaff disen
-man, vnd was das zů gůt dem dieb. Dann do er erwachet, do was
der dieb mit dem diebstal hinweg. Do strafft der man sich selbs
vnnd befand, das im sin wissen nit fruchtbar gewesen, was, do er
das nit geübt vnd volbracht het. Dann es sprechen die wysen, das
20 die wyßhait nicht dann durch die werck der wyßhait fruchtbar werd
Dann die wyßhait ist glich ainem boum, des frucht übung der werck
haissen; dann welicher einen bösen weg waist vnd den gat vnd verlat
den gůten weg, den er vor gelernt hat, den mag man ain toren
schätzen. Dann wer allain sinem gelust vnnd begird nachuolget
25 vnnd verachtet, das im nütz vnd eerlich ist, vnd by den löffen diser
welt sin bestes nit erkiesen noch betrachten will, der ist glich ainem
siechen, der wol erkennt, welche spyß jm gesund oder schad ist,
vnd lat sich doch sinen gelust vnnd begird überkomen, das er jm
selbs die schädlich für die gesund vßerküset. Sequitur vlterius.

30 [4] Rüw vnnd clag sol disem billich über sin aigen houbt flies-
sen, so er das böß erwelet vnd die gůten werck verschmähet; dann
welicher in siner vernunfft das gůt vor dem bösen erkennt vnd sich
doch sinen glust überwinden lasset, dem geschicht als dem gesehen-
den, der mit ainem blinden über feld wandelt, vnd vielen beyd in
35 ain tieff grůb, darjnn sy beyd sturben. Nun hat der gesehent für
den blinden keinen vortail, dann das man spräch: «Recht ist jm

bescheen! Dann do er die grůb sach, solt er billich sich selb vnd den
blinden dauor gewarnt haben.» Dann der wyß sol geflissen sin, gůte
werck zů thůnd vnd ander das ouch zů leren, vnd was er ander leret,
sollichs sol er nit vergessen, das er nit glicht werd ainem brunnen,
5 der alle tier trencket vnd doch von denen allen kein hilff empfacht.
Aber ain wyser man sol andern menschen die gůten werck zů überen
vnderrichten, ja wann er sich selbs deren in übung bracht het; dann
die wysen sprechen, das aim ieglichen menschen gebürlich sy, drů
ding zů sůchen, wyßhait, richtum vnd barmhertzigkait, vnd das nie-
10 mant sinen ebenmenschen schelten sol der vrsach, deren er an jm
selbs hab; dann der würd glich geschätzt dem blinden, dem die ougen
vßgestochen sind, vnd schalt den, der blind geborn was, das er von
jugent vff nie gesehen het, vnd waren doch vff das mal beid blind.
Es gezimpt sich ouch nit, das ain man sinen nutz mit schaden des
15 andern sůch, das jm nit geschäch als ainem, von dem man sagt.
Es waren zweu gesellen, die heten waitzen gemain koufft vnd den
vff ainr kornschůt an zwayen huffen getailt, da ouch sust vil hufen
von waitzen gesündert lagen. Der ain gedacht, wie er sinen gesellen
vmb sinen waitzen betriegen wölt, vnd batt ainen andern zů jm vnd
20 verhieß dem das halb. Vnd gieng ains tags darzů vnd bedackt sins
gesellen tail, den er stelen wolt, mit sinem mantel, so er nachtes
darzů kommen, das er das daby erkennen würd. Dazwüschen kam
der ander zů dem korn vnd sach sines gesellen mantel vff sinem
korn ligen vnd sprach wider sich selbs: «Ey, wie trůw jst mir min
25 gesell, das er mit sinem aignen klaid min korn für das sin verdeckt
hat, daz mir darjn nicht vnsubers vall! Aber sicher, das sol nit sin.»
Vnd nam den mantel vnd legt in vff sins gesellen korn. Des nachtes
kam der dieb mit sinem andern gesellen, den er zů jm zů dieb ge-
macht het, vnd graiff in der vinstre, wa er sinen mantel vff sins ge-
30 sellen korn ligen fůnd, vnd do er den begraiff, do nam er dauon daz
halb vnd gab sinem mitdieb daz ander halb hinzůtragen. Morndes
frů gieng der dieb mit sinem mitgesellen, mit dem er daz korn koufft
het, vff die kornschůt. Do sach er, daz er jm selbs sin aigen korn
gestolen vnd daz ander halb hingeben het, vnd ward trurig sins verlustes.

35 [5] HIe solt du mercken, das niemans sinem gelust veruolgen
sol, der zů schaden sins ebenmenschen dient, vnd besunder vff zyt-

lich gůt; dann es sprechen die wysen, wem sin gemůt strenglich vff
zytlich gůt genaigt sy, dem belib zůletst nicht anders dann ein hertz-
lich trůren, so er sich mit dem tod dauon schaiden můß. Vnnd sind
doch zwey ding, die dem menschen nůtz sind, richtum vnd gotsforcht;
5 dann wer gotsforcht hat, der sol in armůt nit verzwyfeln, dann durch
gotsforcht, die ain anfang aller wyßhait haisset, wirt der mensch by
wylen zů richtum gefůrdert, als ainem beschach, der was arm vnd
gieng zů sinen frůnden, jnen sin armůt vnd gebresten vmb hilff zů
erclagen. Vnd do jm von in allen hilff versagt ward, kam er trůrig
10 wider zů sinem hůß vnd lag nachtes vor armůt wachende an sinem
bett vnd hort in sinem hůß ainen dieb vnd gedacht: «Was mag dir
diser dieb stelen, so nichts in disem hůß ist; dann ain clain mel, da-
durch du morgen für dinen hunger brot bachen soltest?» Der dieb
gedacht: «Du wilt vngestolen vß disem hůß nit kommen.» Vnd fand
15 doch nicht, dann das mel vnd zoch ab sin kappen vnd schutt daz mel
darjn. An der kappen waz ain zipfel, darjnn er gold vnd silber
trůg, das er in vergangner zyt villicht ouch mit stelen überkommen
het. In dem gedacht der hůßwirt: «Nympt der dieb din [6] mel, so
můstu morn hunger lyden.» Vnnd stůnd vff vnd schrey den dieb an
20 mit luter stymm vnd ylet dem dieb nach mit sinem waffen. Der dieb
floch vnd mocht der kappen nit wol getragen vnd mȗost die vallen
lassen. Die begreiff der hůßwirt vnd errett sin mel vnd fand daby
silber vnd gold zů siner notturfft.

ABer ain wyser man sol sich nit allain daran lassen, daz jm on
25 ůbung sin narung beschert sy, besunnder von rich zů rich farn, da-
durch er sin notturfft zů erziehung sinr kind vnd vßbringung sins
libs überkommen mög, wiewol etlich menschen on arbeit zů richtum
kommen sind, besunnder beraten worden, ee sy zů arbeit geschickt
waren. Dauon sol aber der fürsichtig wyß man nit byspel nemen;
30 dann es selten gerat; besunder sol ain ieglicher vernůnfftiger man
mit gerechtigkait in gotsforcht sin narung nach sinem staut überkom-
men vnd mit fürsichtiger achtung warnemen, wie er sich vor dem
bewar, des er schaden empfahen mög, daz er nit geschätzt werd zů
der tuben. Wie dick deren die jungen vom nest genomen vnd ge-
35 tödt werden, destmynder nicht zůcht sy in dem selben nest aber jung,
daz sy aber genomen werden. Es sprechen die wysen, das drů

ding dem menschen nottürftig sind: das erst gesetzt vnd ordnung, das
ander narung vnd 'notturfft, das drytt rechtfertige bewerung [7] vn-
der jm selbs vnd sinem ebenmenschen; dawider, welichem menschen
dise nachgeschriben vier ding anhangent sind, des wesen mag nit ge-
5 nügsam sin: das erst überfarung gebott der gesatzt, das ander ver-
sumung sins aigen nutzes, das dritt yederman glouben, das vierd alle
wyßhait verachten. Vnd es gezimpt einem ieden wysen man, bedächt-
lich zů handlen vnd zů wandlen in sinem wesen vnd sinen rat nit von
vnerkanten zů nemen. Dann allain von den gerechten vnd getrüwen
10 solt du rat nemen, aber vor frag nach dem getrüwen. Leg dich nit
vff zwyffelhafftige ding, bis du den grund erfindest, das dir nit ge-
schehe als dem, der ain zwyfelhaftigen weg gieng; ye lenger er gieng,
ye ferrer er von der rechten straß was; oder als dem, der etwas in
sinem oug befindet vnd höret nit vff, zů riben mit sinen henden, biß
15 es noch böser würdet.

Diß ist das ennd der vorred.

REgierender herr des rychs zů Edom was ain gewaltiger kůng, by siner zyt genant Anastres Caßri. Der het by jm ainen wysen geschrifftgelerten man; der waz genant Berosias. Diser was ein fůrst der artzat durch sin hoche kunst der artzny vnd empfieng von dem 5 kůng hohen sold vnd eersamen staut. Vff ain zyt ward dem kůng ain bůch geschickt, darjnn. stůnd vnder anderm geschriben in jndischer zungen also: «Wann es sind in India hoch berg, daruff wachsen etlich boum vnd krůter. Wer die erkent vnd conficiert nach ir gestalt, so wirt daruß ain artzny, mit deren die todten durch gottes verhengk- 10 nuß leben werden gemacht.» Der kůng begert, diser sag warhait zů befinden, vnd gebot Berosien, sinem artzat, das er durch sin ersůchung dem gedǎcht nachzůkommen; so wolt er in darzů mit gold vnd silber verlegen vnd jm fůrdrung thůn an die kůng von India, deren ieglichem Berosias gaub von sinem herren bracht, als gewonhait ist 15 den mǎchtigen herren, ainander zů schicken. Solich brieff vnd gaub wurden von Berosien yeglichen kůngen überantwurt, die sich willig in der werbung vnd ir wysesten von iren höfen vnd landen jm zů- zegeben erbutten. In disem fůrnemen arbeit sich Berosias zwölff monat vnd bracht zůsamen von allen boumen vnd krůttern mit ver- 20 mischung der appoteckischen dingen vnd macht daruß ain electuari, alles nach vßwysung des gemelten bůchs, vnd versach sich, damit die todten zů erkůcken. Vnd do daz nit sin mocht, do achtet Berosias die fůr erlogne geschrifft vnd ward vast trurig; dann jm was schwǎr, wider zů sinem kůng zů kommen vngeschafft; dann er besorgt, dar- 25 durch verachtet zů werden. Vnd fůgt sich zů den wyßgelerten in India vnd offnet jnen dise ding. Die sprachen, das sy solich anzöu- gung in jren bůchern ouch fůnden [8] vnd hetten daruff fůrer ge- sůcht, so lang, bis sie die vßlegung in aim bůch von den alten wysen von anbeginn der welt in dis meinung funden hetten, also das die

hohen berg bedütten die wysen maister; die boum vnd krütter sy
die kunst vnd hohe verstendtniß, die vß denselben maistern wach-
sen; das electuary, das daruß conficiert würdet, syen die bücher der
wyßheit vnd der kunst; die todten, die man durch solich medicin
5 erkückt, sind die torechten vnd vnwissenden menschen, die on alle
wyßhait vnd erlüchte vernunfft ir leben schlissen; die werden erkückt
von dem tod der vnuernunfft vnnd darnach mit der artzny der wyß-
hait, wann sy dieselben bücher lesen vnd leren vnnd, das darjnn stat,
behalten vnd volbringen, lebent gemacht. Vnnd do Berosias dis ver-
10 nam, do begert er, dise bücher zů haben, vnd fand die in jndischer
zungen vnd bracht die in die sprauch der Persen vnd kam wider zů
sinem herren Anastren Caßri, dem künig. Vnnd do der künig dis
vernam, do ward er begirig, die bücher zů haben vnd deren verstendt-
nüß, vnd übte sich mit allem vermögen, zů leren die kunst der wyß-
15 hait, vnd erhöhet die in jm selbs vnd satzt jm das für all annder kürtz-
wil vnd richtum, darjnn die küng pflegen zů leben.

TRouwlich by hoher pen gebot der künig Anastres, in sinem
küngrich schülen der ler vffzürichten vnd die vß sinem trisol zů be-
solden, vßzüspraiten die kunst vnd die bücher zů meren. Vnder
20 denen ward dis büchlin ouch in jndischer geschrifft gefunden vnd von
sinen schrifftgelerten in die sprauch der Persen gesatzt, vnd funden
sinen namen also: Dis ist das büch der byspel der alten wysen von
geschlechten der welt. Vnd jst der anfang des ersten capitels vnd
der nachuolgenden, als hyenach geschriben stat.

REGISTRUM.

Das erst capitel sagt von Berosia vnd ist von vorcht vnd gerech-
tigkait.

Das annder capitel ist von dem löwen vnd dem ochsen vnd sagt
5 von betrüglicher verfürung.

Das drytt sagt von ersůchung nydischer sachen vnd ist von enn-
dung der sich fröuwet des anndern vnglücks.

Das iiij capitel ist von der tuben vnnd sagt von trüwer gesell-
schafft.

10 Das fünfft sagt von dem rappen vnd den üren vnd ist von dem,
der sinem versünten veind gloubt vnd was jm zůletst dauon zůfalt.

[9] Das vj sagt von dem affen vnnd der schiltkräden vnd ist
von dem, der ain trůwen frůnd hat vnd waist den nit zů behalten.

Das vij ist von ainem einsydel vnd ist von dem, der schnell in
15 sinen sachen ist vnd das ennd nit betracht.

Das viij sagt von dem mußhund vnd der mus vnd ist von dem
veind, der in der not fryden sůcht mit sinem andern veind.

Das ix sagt von aim künig vnd aim vogel vnd ist von den ge-
sellen, die heymlichen nyd tragen, vnd wie sich einr vor dem andern
20 bewaren sol.

Das x sagt von kůng Sedra vnd ist von dem, der sinen zorn
enthalten vnd die vntugent überwinden kan.

Das xj sagt von aim jäger vnd ainr löwin vnd ist von dem, der
von argem lat durch args, das jm beschicht.

25 Das xij ist von dem einsidel vnd dem waller vnd sagt von dem,
der sin aigne werck verlasset vnnd gebrucht, das jm von geburt nit
anererbt ist.

Das xiij sagt von dem löwen vnd dem fuchs vnd ist von der
liebe der küng, die sie nach der rachtung haben söllen.

Das xiiij sagt von dem goldschmid, dem affen, der nater vnnd der schlangen vnd ist von barmhertzigkait vnd daz den vndanckbarn zů gůt nit erzöugt werden sol.

Das xv ist von des künigs ṣun vnd sinen gesellen vnd sagt von der götlichen fürsehung, wider die niemant sin mag.

Das xvj sagt von den vogeln vnnd ist von denen, die vnder in selbs sich betriegen.

Das xvij ist von der tuben vnd dem fuchs vnd sagt von dem, der ainem andern raten kan vnd jm selbs nit.

[10] DIs ist das erst capitel vnd sagt von Berosia vnd ist das capitel von vorcht vnd gerechtigkait.

Gůt, eere vnnd kunst, sagt Berosias, ain houbt der wysen des rychs zů Edom, der dis bůch in die zung der Persen gesatzt hat, ist
5 mir von minem vatter vnd můter, nit den minsten in dem kůnigrich zů India, zůgefůgt für all min geschwistergit damit, das sy mich in dem sybenden iar mins alters zů schůl gesatzt haben, zů lernen die bůcher der artzny. Do ich die gelernt vff den höchsten grad der artzny, do lobt ich min vatter vnd die mich gebar. Vnd do ich min
10 willen gesettet het mit der kunst der artzny, das jch den siechen mit miner kunst der bůcher, mit gnad des almächtigen, zů statten kommen mocht vnd das ich dadurch nutzlichen vnd hohen staut erworben haben möcht, do bedacht ich, das vier ding sind, darzů sich der menschen gemůt naigen sol: edel sitten, narung, gůten lůmbden vnd ver-
15 dienung kůnfftigs lebens; vnd jch erwelt mir das vierd vnd gedacht, das nit gnůg wär, min artzny den armen zů jrem lyb vmbsust zů geben, sunder das ich darzů haben můßt vnd gebruchen die medicin vß den bůchern der wyßhait, damit ich nit allain die siechen gesund, sunder ouch die todten erkůcken möcht vnd mich des ge-
20 bruchen zů lob des ewigen namens, vnd dadurch glich werden dem mertzler, der ain vast edlen stain verkoufft vmb ainen pfenning, der vast vil het mögen gelten; vnd riet darumb minem gemůt, von wolust diser welt sich zů ziehen, (dann das end ir fröud ist widerwärtigkeit,) das ich nit glich wůrd dem löffel; dann die wil der nůw ist, so
25 brucht in der koch, so bald er aber altet, so wůrfft er in an das für. Vnnd sprach zů minem gemůt: «Laß dich gesellschafft nit fůren, da du samlen mögest, dadurch du zů nicht werdest, daz dir nit geschech als dem rouchfaß, das von vil kolen enzůndet wůrt mit

wyrouch, von dem die vmbstender gůten geschmack empfahen, vnd
jm blibt nicht, dann das es dauon verbrinnt. Ich warnet ouch min
gemůt, das es sich nit eere der weltlichen hochfart betriegen ließ, das
es nit glich wůrd dem pflantzten har, das vff dem houbt sinem trager
5 so werd ist, vnd wann es jm zů erden fallet, das er es mit sinen
fůssen hinstosset. Sequitur vlterius.

[11] «RŮw nit diner arbeit», sprach ich zů minem gemůt, «vnd laß
dich nit verdriessen der widerwärtigkeit vmb das kůnfftig leben, das
du dadurch den verdienten lon verlierest vnd beschech dir, als
10 einem kouffman, der ein gantz gadem vol guldiner vnd sydiner tůcher
het vnd gedacht: «Solt du daz alles by der elen verkouffen, daz
wirt dir langwylig.» Vnd verkoufft das in einr summ. Vnd do er das
gelt zalt, do het er das vmb daz halb zů nach geben mit sinem ver-
lust.» Vnd vnderwand mich darumb der artzny, die todten zů er-
15 kůcken, vnd erwelt mir hieby die bůcher, darjnn ich die erkantnuß
des vnderscheids fand, daz vnrecht zů uermyden vnd gůttet zů uol-
bringen; dann ich fand in den bůchern der medicin nicht von der
gesetzt oder stattuten, die sel zů reinigen. Vnd vnderwand mich der
bůcher, darjnn ich verdienen kůnfftigs leben erkunnen möcht, damit
20 der menschen gemůt von dem tod der vnuerstendlicheit erkůckt
werden mag.

Aber da ich die bůcher der wyßheit von den gesetzten aller ge-
schlecht der welt erkunnet vnd die meister aller zungen der völcker
erfragt, mich zů vnderwysen, durch weliche gesatzt ich die warheit
25 von der vnwarheit vnd die gerechtigkeit von der vngerechtikeit aller-
bast erkennen möcht, darjnn zů bliben vnd zů wandlen mit einfältig-
keit mins hertzen vnd mit ůbung genämer werck, do fand jch by in
allen nicht, dann iegliche nacion sin gesetz zů loben vnd die gesetzt
der andern zů schelten, vnd marckt daby, das ieglicher nach gelust
30 vnd gefallen sins gemůtes in siner gesetzt wandelt vnd nit nach dem
grund der gerechtigkeit. Dann ich fand by in allen nit, das mir die
gerechtikeit zöugen möcht. Vnd darumb wolt ich keinen vnder den
glouben allen, in sorg, mir wůrd geschehen, als dem, der lichtferig
waz, zů glouben. Dann es gieng eins mals ein dieb mit ettlichen

sinen gesellen in der nacht zů eines rychen mannes hůß, zů stelen;
vnd do sy uff des mannes tach kamen, do wurden sy von dem hůß-
wirt, der by siner frouwen an sinem bett lag, erhört. Von stund
marckt er, daz sy durch stelen dahin kummen waren; dann sy vor vil
5 diebstals vnd mordes in der statt volbracht hetten. Vnd sprach zů
siner frouwen: «Ich hör die mörder uff vnserm tach; die wöllen das
vnser stelen, vnd ob wir daz weren, werden sy vns villicht ermürden.
Darumb thůn nach minem rat vnd frag mich mit luter stymm, wie
jch das min gewunnen hab; vnd ob ich dir das zů sagen verzůch, so
10 erwind doch nit an dinem fragen!» Die frouw thet nach geheiß irs
manns. Der man gab ir mit verstentlicher stymm antwurt vnd sprach:
«Laß dich genügen, daz ich dich in groß rychtumb gesetzt hab! Iß
vnd trinck vnd leb in fröuden vnd frag mich nit vmb sachen, die dir
nit zů sagen sind. Es möcht der hören, es zůg sich dir vnd mir zů
15 [12] grossem schaden.» Die frouw antwurt vnd sprach: «Ich bitt dich
vnd erman dich gůter trůw, der du von mir allweg befunden hast,
vnd nit verhil dise vrsach vnsers rychtumbs vor mir; dann es ist
niemands, der vns yetz hören mög; so bist du mines verschwygens
sicher.» Der man antwurt sinem wyb vnd sprach: «Wiewol des
20 wysen wort warnung geben, die heimlichen ding vor dereñ, die in
diner schoß schlaffet, zů bewaren, so gibt mir doch getrůwen diner
liebe, dir das nit zů uerschwygen.» Vnd sprach: «Wissz, das ich min
rychtum alles mit stelen überkummen vnd gewunnen hab.» Antwur-
die frouw: «Wie mag das sin? Du bist doch frum von allen ment-
25 schen geschätzt!» Antwurt der man: «Wissz, das ich solichs mit
wyßheit vnd betrachtung gethon habe vnd so heimlich vnd fürsichtig-
lich, das es niemands hat mögen jnnen werden.» Sprach das wyb:
«Wie waz das?» Antwurt der man: «Ich gieng in der nacht by
vollem monschin vnd styg vff die techer der hůser, darjnn ich mich
30 rychtumbs versach, vnd nam war der tagfenster durch die techer,
dadurch der mon schin, vnd sprach diß beschwerung zů syben malen:
«Sulem sulem» vnd begryff dann den schin des monen vnd ließ mich
daran durch daz hůß ab zů der erden on alle leydigung. Vnd wann
jch also vff die erden des huses kam, so sprach ich aber die wort
35 der beschwerung «Sulem sulem», so ward mir durch den schin des
monen gezöugt die statt des schatzes, vnd giengen damit alle schloß
uff; vnd wann ich mir genam nach miner begird, so gieng ich wider
zů dem schin des monen vnd thet min beschwerung, wie jch vor

gethon hett; so gab mir der schin gůt statt, wider zů dem tachfenster
ußzůgond, als ein gemachte steg, vnd bracht also minen diebstal
on alle sorg jn minen gewalt.»

FRo waren die dry dieb uff dem tach, do sy diß kunst horten,
5 vnd sprachen zůsamen: «Nun haben wir funden, das vns besser ist,
dann aller schatz goldes oder silbers; dann yetz haben wir funden
die kunst, damit wir rychtum überkummen mögen on alle sorg.» Vnd
enthielten sich so lang, das sy bedunkt, das der hußwirt vnd sin ge-
mahel wider entschlaffen wärent. Do stůnd der elter vnder jnen uff
10 vnd gieng zů eim tachfenster vnd ließ sich an den monschin, jm glou-
ben, daran jn das huß zů kummen, vnd thet die wort der beschwe-
rung vnd vmbfieng damit den schin des monen vnd ließ sich zů tal
vnd viel uff sin antlitz uff des huses pauiment. Zů hand stůnd uff
der wirt vnd lieff über in mit einem grossen bengel vnd erbert jm
15 sin hut vnd sprach: «Wer ist hie?» Diser antwurt: «Es ist einr, der
so bald gloubt hat vnd damit betrogen ist; dann daz ich gehört, hab
ich gloubt, ee ich das zů recht erfaren hab, vnd bin darumb diner
streich wirdig.»

[13] Zů glouben, des ich den grund nit wißt vnnd dadurch ich
20 villicht jrr gon möcht, ward ich forchtsam vnd nam mir aber für, zů
bliben in dem gesetz miner vorfarn, vnd gedacht doch, ob ich also jrr
gieng; dann ein zouberer, des vatter vnd můter vnnd altfordern zou-
berer gewesen sind, der wirt doch in sinem glouben gescholten, vnd
jm wirt sin langer gebruch vnd sinr vordern nit zůgelassen, dester
25 besser zů sind. Vnd gedacht mir an ainen, der was vnmässig an
essen vnd trincken, vnnd do er darumb beredt ward, gab er antwurt:
«Also hond min vatter vnd můter vnd min vordern gelebt.» Vnd
verstůnd, das jm solichs kain entschuldigung was, das er darumb
ouch also leben solt; vnd betrachtet mir hiemit, das ich darumb nit
30 vrsach het, in der gesetzt minr vordern zů bliben, sonnder ich nam
mir für, die gesetzt der rechten warhait zů erfinden, darjnn die men-
schen ewigs leben verdienen möchten, vnd befand daby, das min end
des lebens nahet vnd das minr tag vil verzert waren, vnd sprach wi-
der mich selbs: «Du weist nit, wie behend daz end dins lebens ist.» Vnd

gedacht, das ich erstmals die werck gethon het, die ich wond zů zal
der gůten dienen solten, aber mit solichem jrrgon mins sůchens
würd ich daran verhindert vnd villicht wurd mir geschehen als eim,
von dem man also sagt: Es wär ein wyb die het einen eelichen man
5 vnd zů jm einen bůlen [14] vnd het vß irem hoff einen heimlichen
vßgang vnnder der erd by einem galgbrunnen gemacht, zů notturfft,
ob der man vngewarnet komen würd, das der bůl dardurch entrinnen
möcht. Vff ein zyt stůnd sy by irem bůlen vnd sach iren man zů
hůß komen. Sie sprach: «Louff bald! by dem galgbrunnen vindestu
10 ein heimlichen vßgang.» Er kam wider vnd sprach: «Ich vind keinen
brunnen; dann er ist zůgeworfen.» Sie sprach: «Narr, ich sag dir
nit von dem brunnen, allein daz du den vsgang daby vinden soltest.»
Er anntwurt: «Du soltest mir nit den brunnen genempt han, da er nit
mer da was.» Sie sprach: «Heb dich vnd mach nit wechßelwort!
15 es wirt dir zů kurtz.» Der narr gab ir widerwort; jn dem kam der
eelich man vnd schlůg in gnügsam vnd antwurt in dem richter.

Wie wol ich nun herinn erfohtet han, daz mir villicht in minem
wechßelgedencken mit verlengerung ouch also gescheen möcht, so ge-
dacht ich doch, zů leben nach miner vernunfft in einer gůten gewissen,
20 darjn alle rechte gemůt gehellen, vnnd satzt mir für, keinen menschen
zů gewaltigen vnd mich vor aller üppiger hochfart zů bewaren, nie-
mant das sin zů nemen, niemans zů betriegen vnnd niemands lügnen
zů geben, die jm schaden möchten; vnnd hůt mich vor aller übeltat
vnd haiß min gemůt nichts begeren, [15] das wider das künfftig leben
25 wär; vnnd thet mich von dem bösen vnnd kart mich zů dem gůten
vnd betrachtet, das dem menschen kein bequemlicher frůnd noch ge-
sell ist, dann gerechtigkeit; dann sy ist jm eerlicher, dann vatter
vnnd můter, vnnd wer sy behaltet, der bedarff nit förchten wasser
noch für, morder noch dieb, noch all annder zůfell diser welt. Vnnd
30 ich nam acht des, der gerechtigkeit verachtet; dann er wisset nit ir
ennd vnd volgt nach einr clainen fröud vnnd wollust diser welt, vnnd
die macht in vergessen des gůten der künfftigen zyt; vnd wird ge-
lichet ainem kouffman. Von dem sagt man, das er het vil edelge-
steins. Das verdingt er ainem maister, zů bollieren, vnnd gab jm
35 ains tags dryssig schilling. Vnd do der maister anfieng bollieren,
da kam der kouffman zů dem bollierer vnd fand by jm ain harpff jn

sinem gemach vnnd sprach, ob er daruff spilen kůnd, vnd bot jm die
harpffen vnd batt in, daruff zů harpffen. Der bollierer spilt den gant-
zen tag vor dem kouffman vff der harpffen mit sinem gesang; vnd do
es aubent ward, do hiesch der maister sinen lon. Der kouffman
5 sprach: «Was hast du dann gearbeit, darumb ich dir lon geben solt?»
Er antwurt: «Ich hab nach dinem gehaiß gethon.» Vnd triben solich
wechselwort, bis der tag gantz hinwegkam; vnd můst dem maister
sinen lon geben vngebort siner stain vnd vngebolliert.

[16] ICh satzt mir für, die welt, do ich ir ůppige ůbung sach,
10 zů uerlassen vnd mich in ain bewerdt abgescheiden leben zů vestigen;
dann ich marckt, das ain abgescheiden geistlich leben den men-
schen bewart als ain vatter sinen sun. Dann ich sich, daz die geist-
lichen abgeschaiden menschen gegrösset werden, die sich darjun de-
müttigen vnd die sich lassen genůgen mit der spys, die jnen gesatzt
15 ist, vnd schaiden sich ab von dem lust diser welt vnd sind genůgig
mit dem, das jnen von got erachtet vnd von irem obern zůgeordnet
ist, vnd sind fry von der trůbsåligkeit diser welt vnd vnforchtsam
růwigs gemůtes. Vnd nam mir für, der obgenanten menschen ains
zů werden, vnd ward doch in mir gedencken, ob ich daz in die harr
20 nit erzůgen möcht, vnd daz mich min gelust wider zwang zů der spyß,
der ich vou jugent gewont het; vnd betrachtet, solt jch min wesen,
dar inn ich eersamlich erzogen was, verlassen vnd wurd dann das
angefangen wesen nit beharren, so geschåch mir als dem hund, der
by aim wasser gieng vnd trůg in sinem mund ein stuck fleisch vnnd
25 sach des schatten vnnd gedacht jm, sinen mund vffzůthůn vnd das
ouch zů fassen, vnd also empfiel jm das geuasset stuck vß sinem mund
vnd ward beroubt der baider.

[17] REcht ward ich erst forchtsam mit betrachtung, solte ich das
abgescheiden leben anfahen vnd darjnn nit beharren, vnd gedacht
30 mir, zů bliben in minem staut. Dann mir ward geoffenbart, das kein
fröud noch begird oder wesen diser welt ist, es werd zů siner zyt ge-
mischet mit schmertzen vnd trurigkeit oder widerwårtigkeit, als, das
gesaltzen wasser, ye mer man des trinckt, ye mer dursts nach vnd
nach erwachset; oder glicht aim harten bein, da noch ettwas ge-

schmackes von süssigkeit des fleisches jnn ist, so das ain hund findet,
der nach dem geschmack on alle frucht büssung sins hungers naget,
bis jm die byler sinr zen dauon blůttig vnd ser werden, vnd hört
doch darumb nit vff; vnd ye mer er naget, ye würser er sinen zenen
thůt; oder glicht eim alten wygen, der ein clein fleisch findet, vnd
so er sich damit spysen will, so fliegen zů jm die andern frässigen
vogel, vnd můs sich deren mit not erweren, die wil er daz fleisch in
sinen klawen treit, vnd mag doch des nit vor in geniessen; zůletst,
will er sich růwig machen, so lat er das fleisch vnd belibt hungerig
wie vor; oder glicht eim vaß, das in sinem obern teil mit honig ver-
deckt vnd ist darunder verborgen gifft; vnd wer des honigs süssigkeit
versůcht, der findet darby vil der bitterkeit; oder jm ist glich als eim
schlaffenden, dem ettwas getroumbt, darjnn sin gemůt ein fröud hat;
wann der erwachet, so endet sich sin fröud mit dem schlaff; oder
als ein nachtblitzg, der gyt dem menschen ein clein wil einen schin
der heytery vnd darnach lat er den menschen in der vinsternuß als
vor; oder als eim sydenwurm, der sinen faden vast lang vß jm selbs
spinnet vnd macht sich selbs damit zů nicht.

Torlich schatzt ich min gemůt, das es so wandelbarlich geneigt
was zů leben, vnd sprach: «Es gezimpt sich nit, das ich mich wandel
von eim staut in den andern vnd aber von dem in disen vnd nit in
glichem wesen vnd gemůt verlib, das ich icht geschätzt werd als der
richter, der by alten zyten gewesen ist, von dem man sagt. Es kam
einr zů im vnd erzalt jm sin sach, vnd er gab vrteil für denselben.
Bald kam die ander parthy vnd erscheint jm sin sach. Dem gab er
ouch vrteil nach sinem gefallen.» Vnd do ich mir gedacht, was mir
widerwärtigs in dem abgescheiden leben zůvallen möcht, do forcht
ich mir, darjn zů kummen, vnd befand an mim gemůt, jm solichs schwär
zů sin vnd das sin beger was, lieber in wollust diser welt zů leben.
Vnd ich sprach scheltende zů [18] minem hertzen: «Weist du nit, das
wollust diser welt so mit kummerlicher widerwärtigkeit vol ist vnd das
sin wollust zeůgt zů ewiger pinlicheit?» Vnd sprach zů jm: «Gedenck,
das besser ist die bitterkeit des wermütes, die hinder jm hat ein ge-
sunde süssigkeit, dann die süssigkeit, die hinder ir hat die langwe-
rende bitterkeit; dann würd eim menschen gegůnnet, zů leben hundert
jar vnd doch nit anders dann in grosser arbeit, kummer, siechtagen,

trurigkeit, armůt vnd aller widerwertigkeit, vnd darnach solt er in
diser zyt allen lust sins libs, richtum vnd on alle sorgfältigkeit leben,
wären jm nit die hundert jar als ein einiger tag?» Also ermant ich
min gemůt vnd sprach: «Warumb sol ich verschmahen das abgeschei-
5 den oder das gerecht leben, darjnne ich ein cleine zyt widerwärtigkeit
vnd darnach zü ewiger fröud vnd frid kummen möcht?» Vnd sprach
zů minem gemůt: «Sichst du nit, das dise welt ist vol trůbsäligkeit, ar-
beit vnd widerwärtigkeit? weist du nit, das der mensch von der zyt
siner empfahung jn můter lib gat von einr trůbsäligkeit in die ander?»

10 EYgentlich findest du das in den bůchern der natůrlichen mei-
ster der artzny, wie die erst gestalt der geschöpfft des menschen in
můter lib, genant embrio, kumpt von eim samen des manns mit ver-
mischung des wybs zügebung, vnnd daruß wirt ein scharpff půntly,
das sich ein wenig zůsamen vermischet zů einr dicken materi; dar-
15 nach gewinnet die flůssigkeit überhang mit gemischtem blüt vnd wirt
důnn glich eim wasser; darnach wirt das geteilt in glider in sunder
zal der tag; dann ob es ein knab ist, so wirt sin antlit gestalt zů
den lenden siner můter, vnd in sechtzig tagen wůrt sin teilung der
glider vnd wirt ingeschlossen in die heimlicheit sinr geburt vnd wirt
20 jm sin ougen vnd antlit gebogen vff sine knůw vnd mag kein sin ge-
lid geregen, sunnder als ein kart gebogen, zů sugen von dem nabel
sinr můter, dauon es sin narung empfacht, vnd in solicher arbeit bli-
ben bis zů der zyt sinr geburt. Mit was not es zů zyt der geburt
von sinr statt zů wichen bewegt vnd mit was angstbarkeit es geborn
25 würdet, ist kum zů sprechen, vnd was schmertzen es empfindet, so es
von můter lib an getastet wird, nit minder, dann ob man einem ge-
wachsen sin hut abzůg. Darnach blibt es in vil arbeit vnd schmert-
zen, dann mit hunger, so es trincken, yetz mit durst, so es essen
můß, mit weetagen, den es nit sagen kan. Dann wirt es getragen, so
30 es gern růwet, dann ingebunden, so es gern ledig wär. Darnach, so
[19] es die zyt der wagen überkumpt, so můs es darnach vnder der
růten täglicher straff leben, mangerley siechtag vnd zůfäll dulden.
So es dann ergryfft die tag der manlichen jugent, dann so felt es
erst in befindtliche anfechtung, hye mit begird rychtums, da mit für
35 der minn, dort mit überkomung eins eelichen wybs vnd sorg der an-
gefallen kind, wie er die erneren mög; dann volgen jm nach zůfäll

der vier element, das sin complex vff ietweders zů vil geneigt, daruß
jm siechtagen ersten werden; dann wirt er gepinget mit wachen,
mit treůmigen schläffen, kelte, hitz, schnee, regen, riffen vnd vil
ander mißfälligkeit. Darnach kumpt sin alter, ja ob er das erlebt.
5 Dann werden jm zwen knecht zůgedingt, der heisset einr schmertz,
der ander sucht, die jm vindtlich gnaw warten. Vnd wann das alles
nit wär vnd sich vor aller widerwärtigkeit bewaren möcht vnd allein
gedecht den tod, den er so mit grymmer hertigkeit lyden můß, der
in scheidet von gůt, von eere, von sinem schönen wyb, kinden, vatter
10 vnd můter vnd gesellen vnd von allem sinem geůbten wollust diser
welt, vnd můß farn dahin, da er nit weist, wie er empfangen würdet
oder wahin er geachtet ist, so bedächt er billich vnd versech sich
nach sinem vermögen, zů uerlassen alle frôud diser zyt, die zů sorg
kůnftigs lebens bringen mag, vnd sunder übung der ietzigen welt,
15 die sich so gantz jn verkerung gestalt hat, zů uolbringen die vntat
vnnd die gerechtigkeit zů uermyden.

Nvn sehen wir, daz die zyt diser gegenwertigkeit sich so gantz
von gůt zů vngůt verkert hat; dann die wort der gerechtigkeit wer-
den verdilget vnd die vngerechtigkeit fůrgetrengt; die gerechtigkeit
20 wirt geschwechet vnd die vngerechtigkeit gestercket; die kunst der
wyßheit blibt heimlich, die torheit vnd ir gebrucher geoffnet; liebe
des ebenmenschen verborgen, nyd vnd baß kuntbar; die regierung
wirt genumen von den gerechten vnd geben den bösen; die valscheit
wachet vnd die warheit schlafft; der boum der lugen treyt frucht
25 vnd der boum der warheit ist dürr; die weg der boßheit schinen,
aber die weg der gerechtigkeit sind vinster; der giel der gytigkeit
ist vffgethon, zů uerschlinden, waz er findet, aber der gůt will ist
gantz verlassen; die bösen werden erhöhet bis zů dem himel vnd
die gůten vndergetruckt in die tieffe; das adelich gemůt wirt gedruckt
30 durch die fůß der vnadelichen; der fůrst kert sich von dem stůl der
erbärmd zů dem sitz der grymmikeit; vnd ist zů vnrecht verkert
diß gantz welt, sprechende: «Ich hab verborgen die gůten ding vnd
die bösen hab ich geoffenbart.»

[20] BEträchtlich nam ich mir daruff ersůchung miner vernunfft

2 *

vnd fand, das der mensch in sinr geschöpfft besser ist über all ander
creaturen vnd sich doch nit bewaren will, zů gond von eim bösen
in das ander, vnd weiß doch, welicher mensch ein clein der wyßheit
by jm hat, daz er dis zů uermyden wol gedencken mag. Aber ich
5 befind daby, das mich verwundert, das ein clein vrsach diser ver-
hindrung ist ein kurtzer wollust vnd fröud, die der mensch in diser
welt befindet allein durch sehen, hören, schmacken, griffen vnd be-
findung, vnd ist möglich, daz der mensch des lützel übrigs hab jn
diser welt, dann ein cleine wil, vnd vergisset dadurch, sin sel zů
10 behalten.

Ein solicher mensch wird recht gelicht einem mann, der floch
ein löwen, der in jagt, vnd kam zů einem tieffen brunnen vnd ließ
sich darjn und hůb sich mit sinen henden an zwei cleine rißlin, so
by end des galgbrunnen gewachsen waren, vnd sin fůß satzt er vff
15 einen waltzenden stein vnd sach vorhergon vier tier, die mit ge-
duckten höubtern in begerten zů uerschlinden. Vnd do er sin gesicht
von jnen zů tal kart, do sach er ein grüßenlichen tracken mit vff-
getonem mund vnder jm in grund des brunnen, bereit jn in sinen
giel zů empfahen, vnd nam war, das by den zweyen rißen, darin er
20 sich hůb, ein schwartze vnd ein wysse muß waren, die abzůnagen
nach jrem vermögen. Diser mensch, da er in so großen engsten
stůnd vnd nit wist, wann sin end was, do erschowet er neben jm
zwüschen zweyen steinen ein wenig honigseyms. Von dem lecket er
mit siner zungen vnd durch empfindung der cleinen süssigkeit ver-
25 gaß er, jm selber fürzůsehen, wie er von siner angst geledigt wer-
den möcht, biß daz er viel vnd verdarb. Ich glich den brunnen
diser welt, die vier tier den vier clementen, von den alle menschen
zům tod gefürdert werden, die zwey riß das leben der menschen,
die wyss mus den tag, die schwartz mus die nacht, die stätes das
30 leben des menschen abnagen, durch den tracken das grab des men-
schen, das sin alle stund wartet, das wenig honigseym der zergengk-
lich wollust diser welt, durch den sich menig mensch in ewig vn-
růw versencket.

[21] REchtzůfertigen mine werck vnd die nach minem vermögen

in besserung zů setzen, gedacht ich mir, zů werden ein einsidel vnd mich
götlichem dienst zů eignen, das ich mir erwerben möcht ein bestendt-
lich rům in der künfftigen welt, jn deren die jnwoner nit sterben,
noch jnen kein mißfelliger zůfal begegnet; vnd strafft min gemůt,
5 sich zů bewaren vor allen vnrechten dingen mit bůßwirdigem růwen
des, so ich in vergangner zyt volbracht het, vnd bleib also in solicher
einigkeit mins lebens. Vnd da ich von India wider anheimsch ward,
do bracht ich dis büchlin in geschrifft der Persen, darjnn ich das
von yndischer zungen gesatzt hett, also anfachende.
10 Hye endet sich das erst capitel von der gerechtigkeit vnd der
vorcht gottes vnd vahet nun an das annder capitel von dem löwen
vnd eim ochsen, vnnd ist das capitel von trůgnuß vnd von vntrůw.

[22] «Gib mir» sprach Dißles, der küng von India, zů Sendebar,
sinem wysen meister, «Gib mir ein byspel von zweyen gůten frün-
15 den, vnder denen ein verräter mit lügen sich vermittelt, so lang bis
er sy zů vergiessung irs blůtes bringt.» Antwurt Sendebar dem küng:
«Herr, ich weiß, wann getrůw gesellen durch lügen gegen einander ver-
wundet werden, daz ir haß vngemessen vnd ir liebe gegen einander
gantz vernicht wůrdet vnd jnen geschicht, als dem löwen mit dem
20 ochsen.» Der künig sprach: «Wie geschach das?» Antwurt Sende-
bar: «Man sagt, es sy gesin in einer prouintz zů India ein konffman
vast rich. Der het dry sün; die hetten nit acht, zů behalten das
richtum irs vatters, sunder das üppiglich zů uerzeren. Die berůfft ir
vatter vnd sprach: «Lieben sün, es sind drü ding, die ein mensch
25 diser welt süchen soll vnd soll doch die nit dann durch vier ding
finden. Die drü, die er süchen soll, sind: narung sin selbs, ein eer-
lichen staut by den lüten vnd sich wissen zů bewaren; aber die vier,
damit er dise drü überkummen sol, sind: das er sin gůt erberlich
vnd gerechtiglich gewinn; das ander, daz er die wiss zů meren; das
30 dritt, daz er die zů notturft mit eeren wiss zů gebruchen; zům vier-
den, das er dardurch ewigen lon wiss der künfftigen welt zů über-
kummen. Vnd welicher diser eins übergat, dem erschint nit das
best end von sinem gůt; dann welicher nit weist, noch will sin gůt
zů meren, vnd dauon alle zyt brucht, dem geschicht, als der ein
35 salb hat zů sinen ougen. Wie wenig man pfligt dauon zů nemen, so
wirt doch das zůletst zů nicht. Welicher aber das, so er besitzt,

mit siner fürsichtigkeit meret vnd aber des zů siner nottürfftigkeit
nit gebrocht, der wirdet billich arm geschätzt; dann sin richtum ist
sin herr. Zületst beschicht sinem schatz als eim krůg, der vol mostes
vnd beheb verstopt ist, vnd so der nit lufft hat, so zerspringt er
5 gar, vnd wird der most zů vnnutz verloren.» Vnd do die sůn daz
horten, do satzten sy ir gemůt, dem nachzůkummen. Vnd der eltest
gieng siner kouffmanschafft nach in ein statt, darjn er zwen ochsen
triben vnd die da verkouffen wolt. Hieß der ein Senespa vnd der
ander Theneba. Vnd vff der straß kam er in ein engen weg, der
10 vast tieff vnd vnsůber was, also das jm Senespa versanck, den er
mit arbeit wider herußziehen vnd den vnmächtig hinder jm in eines
sines fründes huß verlassen můst. [23] Vnd er ward so kranck, das
in der hußwirt von jm zů veld schlůg. Diser Senespa gieng hin
durch den wald vnd fand ein grosse wyte gar mit sůchter vnd frucht-
15 barer weid vnd gedacht jm: «Hye bist du abgescheiden von aller
vorchtsamkeit vnd arbeit by gůter weid, da du dich selbs wider-
bringen magst; hye wilt du din wesen setzen vnd dich des benůgen
lassen, daz dir nit beschech als eim, der was gangen in einen wald
vmb holtz zů siner notturfft, vnd was holtz er fand, das beducht in
20 vntouglich, vnd gieng so lang für vnd für bis in ein schar wolff be-
trat, ab denen er vorcht nam. Vnd jnen zů entwichen, floch er zů
einr brucken; vnd do jm die nachfolgten, da sach er, das die bruck
zerbrochen was, vnd gedacht: «Über die bruck magst du nit kummen;
so kanst du nit schwymen; erwartest du der wolff, so bist du gefressen;
25 nicht bessers, du lassest dich in das wasser; dir wirt villicht daruß
geholfen.» Vnd warff sich selbs in das wasser. Von geschicht waren
vischer by dem wasser, die in horten schryen. Die hulfen jm vß.
Vor onmacht vnd des wassers, so jm in sin lyb gangen was, leinten
sy in an ein muren. Vnd da er zů jm selbs kam, da erzalt er den
30 lůten, durch was vrsach er dahin kummen vnd wie er durch ir hilff
vom tod erlößt was. In solicher red viel die mur nider, daran er
geleint was, vnd schlůg jn tod.»

[24] ALso nach kurtzen tagen war Senespa von der gůten
weid zů sinen krefften kummen vnd fieng an, nach siner art zů lůwen
35 mit starcker vnd luter stymm. Nun was nach by der weid ein
wonung, da ein löw wonet, der ein herr vnd regierer was aller tier

des lands. Vnd by jm waren vil der tier, als wolff, beren, fůchs
vnd der glych in sinem hoff. Diser lŏw was eines grossen gemůts,
eigenwillig vnd heimlich in sinem fürnemen sines rates. Vff ein zyt
hort er die stymm von Senespa vnd erschrack darab; dann er het
5 by sinen tagen der stymm glich nit gehört, noch der tier gesehen;
vnd behielt die vorcht in sinem hertzen vnd schampt sich, das ye-
mand zů sagen, vnd vermeyd daby das wandeln, so er gewonlich
geton het. Nun waren by jm vnder sinem hoffgesind zwey tier, ge-
brůder vnd gesellen. Hieß der ein Kellila, der ander Dymna. Vnd
10 sprach Dymna zů sinem brůder Kellila: «Hast du nit acht genumen,
das vnser herr, der lŏw, nit nach siner gewonheit vßgat, noch
wandelt, oder die kurtzwil thůt, der er sich bisher gebrucht hat?»
Antwurt jm Kellila: «Brůder, was bewegt dich, zů erfarn, das vns
nit zůstaut? Wir haben vnsern staut, der vns zůgeordnet ist, vnd
15 darjnn kein gebresten, vnd vns gezimpt nit nach vnserm staut, vn-
sers herren heimlicheit nachzůfragen, wir wurden dann durch ein
anzŏugen darzů bewegt; dann wissz, wer erfarn wŏll, das jm nit zů-
stet vnd siner hantierung nit ist, dem mag geschehen als dem affen.»
Sprach Dymna: «Wie geschach jm?» Antwurt Kellila: «Man sagt
20 von einem affen, der sach ein zymmerman über einen starcken boum
ston vnd den vffspalten; vnd so dick er mit der agst den boum vff-
schlůg, so stieß er darjn einen wecken vnd zoch dann die axt heruß,
fürer zů schlahen. Es begab sich, das der zymmerman von sinr
arbeit zů essen gieng. Der aff was behendiglich da vnd wolt das
25 werck des zymmermans triben vnd stalt sich über den boum. Von
kürtze sinr bein hieng jm sin geschirr in den spalt des boums, vnd
zoch die agst vß dem boum vnd vergaß, den wecken vor darjn zů
schlahen, vnd klampt sich zwůschen dem boum, das er daran verhefft
ward. Von sinem geschrey kam der zymmerman vnd gab jm zů der
30 straff streich.»

[25] «TRagkeit jrret mengen man», sprach Dymna. «Dann ich
hab dine wort wol verstanden vnd din byspel. Darumb weiß ich, das nit
übel gethon ist, darnach zů fragen, damit einer sinen herren oder frůnd
frŏlich vnd sinen veind trurig machen mag vnd sich gegen sinem
35 herren erbŏhet; dann daz werden billich für toren geschätzt, die sich
an cleinen dingen gnůgen lassen, wann sie geschickt sind, grössers

zů überkummen, vnd glichen einem hund, der ab einem dürren bein, das er findet, fröud nympt. Dann eim gebornen man gebürt, sich nit an cleinem gnügen zů lassen, sunder er sol sin gemüt hoch setzen, bis er an die statt kumpt, der er wirdig ist; als der löw, wann er
5 ein hasen gefangen hat, sicht er ein merer vnd besser spyß, er lat den hasen vnd begert eins besseren. Du sichst, das der hund sinen wadel so lang bewegt, bis jm sin herr brott fürwürfft. Das helfand erkennt sinen adel vnd nympt kein spyß, die jm fürgetragen wirdet, es sech dann, das sy rein vnd geschmack sy.» «Ich sagd ir», sprach
10 Kellila, «wer in einem ersamen staut vnd damit senfftmütig vnd barmhertzig ist, ob des tag jn diser zyt nit lang wären, so macht er im selbs doch ein alte gedächtnuß; dann die wysen sagen, das vnder allen der der ermist geheissen sy, des tag in nyd vnd haß vnd ur-
bunsch verzert werden.»

15 [26] «Tierisch ist es gelebt», sagt Dymna, «der sin spyß nit sů-
chen vnd hunger lyden will durch vorcht, glich ettlichen vnuernünfftigen bestien, die durch nyd, den sie an jrem hertzen tragen, darumb mangel lyden, vmb das annder mit jnen nit ouch gefröwt werden.» Kellila sprach: «Ich vertsand din sag. Nun vernym mine wort vnd verstand
20 die! Dann ein ieglicher, der in einem gůten staut ist, der soll sich anschleg erlassen, die jm nit zůstond, vnd sich gnügen lassen, das jm zůgeben ist. Nun sind wir nit in dem staut, das vns ychzit gebrest, darumb wir vnsern staut verachten söllen.» Dymna sprach: «Brůder, du sagst war; aber das edel gemüt eins geborn oder vernünfftigen
25 manns gedenckt alzyt höher, zů glicher wyß das gemüt des dummen cleinmütigen menschen hat nit acht, sich zů höherm staut zů bringen, sunder ruckt es in dick von hohem staut zů niderm; glich dem hůn, wiewol das gefidert ist vnd geachtet, zů fliegen, so findt man daz doch vff der misty. Vnd wissz, das gar hart von dem nydern staut
30 an den höhern gegangen würdet, aber lichtlich wirt einer vom höchern in den nydern gestossen; zů glicher wyß ein schwäre bürdin ist hart in die höhe zů bringen, aber von ir selbs mag sy von der höhe in die nydern vallen. Darumb gezimpt vns, nach vnserm vermögen von dem nydern staut in den höhern zů werben, sunder so wir des vrsach
35 haben mögen.» Antwurt Kellila: «Brůder, waruff hast du aber den grund dins fürnemen gesetzt?» Sprach Dymna: «Ich sich, das min herr,

der löw, einer schwachen wyßheit vnd cleinmütig ist, vnd wenn ich mich jm nåch mit getörstigem rat, in freißlich zů loben vnd råt zů getörstigen sachen zů geben, villicht wirt er mir dardurch ein höhern staut, jm zů nåhern, zůgeben.» Antwurt Kellila: «Wer macht dich des gewissz, das der kůng sy, als du sagst?» Sprach Dymna: «Das will ich durch hofflich fürwůrff vnd ersůchung erfinden, bis ich sin heimlicheit, thůn vnd lon erkunne.» Antwurt Kellila: «Wie magst du dich eins hohen stautes vom kůng versehen? Dann du bist jm nie so nach gewesen, das du sin thůn vnd lassen oder was jm gefellig oder vngefellig sy, wissest.» Sprach Dymna: «Weist du nit, das ein sennftmütiger starcker einr schwåren bürdin nit acht? Dann ein gesunder ist geschickt, zů wandlen, ein wyser, zů handlen, ein sennftmütiger, zů überkomen.» Antwurt Kellila: «Du weist, daz zů dem kůng niemans zůgang hat, dann die zů jm geordnet sind. Wadurch meinst du, dich yetz zů eim höhern staut zů bringen, so du der selben nit einr bist? Dann wirt dich der kůng nit selbs berůffen, wie wilt du [27] dann den zůgang haben, so es des kůnigs gewonheit nit ist, yemans zů im zů gond, den er nit berůfft?»

«Es ist war», antwurt Dymna, «das du sagst; aber wissz, das die, so in des kůngs kammer by jm yetz sind, nit von dem tag ir geburt alzyt by jm gewesen sind, allein durch ettlich anfäng ir schickung vnd fürsichtigkeit vnd des glückes verhengung hond sy iren staut hoher wirdigkeit by dem kůng erworben; vnd ich hoff, wenn ich mich darzů schick, wie sy sich geschickt haben, mir soll das glück ouch zůlassen, das jnen zůgelassen ist. Oder meinst du, das ich durch geburt oder beroubung der element glücks minder dann sy empfenglich sin soll? dann ich mag lyden, das sy gelitten haben. Dann es haben die wysen gesprochen: Es kumpt keinr anfänglich in dienst des künglichen sales, dann der hochmůtigkeit hinlegen vnd vff sinen achseln mangerley widerwärtigkeit tragen kan. Dann also sagt der spruch der wysen: Lydent in gedult, das jr erhöcht werden!» Sprach Kellila: «Werest du yetz zů dem künig jn sin gemach kummen, was würd ordnung diner red sin, dadurch du dir selbs ein höhern staut by dem künig eroberen vermeintest?» Antwurt Dymna: «Wann ich des kůngs wesen vnd sitten erkunnen würd, so wolt ich mich des ersten der wort flyssen zů gebruchen, die ich vermeinen möcht jm zů ge-

fallen vnd fröudsam wären, vnd die mit süssigkeit der geberd vnd
stymm luten lassen vnd jm nicht widerspennig mit worten sin, vnd
wenn er ichts vor jm het zů thůnd, das recht wär, so wolt ich in dar-
umb loben vnd jm sagen, was gůtes dauon kummen würd, vnd in dar-
5 jnn stercken vnd minen fliß ankeren, das jm solichs mit fröuden
geling; wann jm aber ettwas vnglichs jn sin gemůt viel, darjnn sorg-
licheit wär, so wolt ich jm mit minen worten entschliessen, was args
daruß entspringen möcht, vnd das thůn mit demüttiger zungen; vnd
ich hoff, das ich daz baß ze thůn wissz, dann keinr, der yetz an des
10 küngs hoff sy.» Antwurt Kellila: «Nachdem du din gedenck hast ge-
sätzt zů nutz vnd eere des küngs, so bedarffst du sorg, daz du von
yemans dadurch beschwert werden mögest; dann es sprechen die
wysen, es syen vier ding, deren sich niemans vnderziehe dann ein tor,
vnd mög jnen niemans entrinnen dann der vernünfftig: daz erst ist heim-
15 lich rat vnd diener des küngs, das ander heimlich sachen offenbaren
sinem wyb, das dritt niessung vergiffiger ding vnd über daz mer
zů faren; dann die wysen schätzen der fürsten dienst glich eim hohen
berg, daruff boume stand gůter vnd [28] lustlicher frucht, vnd sind
aber by den boumen vil hüly der beren, wolff vnder andern tückischen
20 tieren, vnd welicher der frucht gewinnen will, der můß wol gewappet
vnd mit mencher wer bewart sin vnd allweg in sorgen leben.» Sprach
Dymna: «Yetz verstand ich an dinen worten, das du ain getrůwer
warner bist; doch so wissz, wer verzaglich lebt vnd sich fürchtet in
widerwärtigkeit zů setzen, der mag selten an hohen staut kommen;
25 dann man spricht, es syen drü ding, darzů niemant kommen mög,
dann mit hilff ains grossen gemütes: dem küng dienen, ein merfart
zů thůnd vnd sinen veind zů schädigen. Ouch sprechen die wysen,
das man ain hochuernünfftigen man allain an zwayen orten finden sol,
oder in dienst sines natürlichen herren, oder in dienst gottes in der
30 ainigkeit, glich dem helfand, das durch sin hochmütigkeit vnd wirde
allain funden würdet in den höfen der küng oder in ainigkeit der
wäld.» Antwurt Kellila: «Gang hin, vnd der herr bewar dich in dinem
fürnemen!» Also gieng Dymna zů dem küng vnd grůßt in. Vnd
der löw fragt die, so vmb in stůnden, wer diser wär. Sie sprachen:
35 «Herr, es ist ouch ainer üwers hußgesinds vnd ist des sun, des ge-
schlechtes.» Antwurt der löw: «Ja, ich hab sinen vatter wol erkannt.»
Vnd růfft jm vnd fragt in: «Wa ist din wonung?» Antwurt Dymna:
«Herr, ich hab ietz menig jar nie vermitten, zů dienen by der tür

dins sals, gedenckende, es kumpt ettwen die stund, das du dem künig
zů ettwas nütz sin magst. Wiewol ich mich nit hoher geburt oder
vernunfft erkenn, so bin ich ouch nit by den minsten, das villicht ett-
was nutzlichs durch mich gewürckt werden möcht; dann wie schnöd
vnd vnwerd die agnest, die vß dem hanff geschwungen vnd hin vff
das erdtrich geworffen, so würt sy doch etwan zů nutz gebruchet,
das sy ain man, sin zen zů rumen, gebrucht; dann die tier, denen der
welt louff vnd handel aller meist kund vnd wissen sind, die werden
billich von dem künig für ander gewirdiget.»

[29] «Mir gefelt», sprach der künig, «die rede vnd wort
Dymne vnd bin fro; dann ich hoff, by jm güten vnnd wysen rat zů
finden.» Vnnd sprach zů sinen dienern: «Wissent, das diser ain ver-
stendiger vnd wyser ist vnd das wir by siner zucht vnd demütigkeit
entstond, das er edel, vnd ob sin adel nit kuntbar ist, so zaigt doch
den sin natur, daz er nit verborgen beliben mag, glich dem für, wenn das
entzündt würt, so lat es sich darnach nit verbergen.» Dymna erhort
die wort des löwen vnd verstünd, das dem löwen sine wort genem
waren vnd daz er gnad by jm funden het. Es ward ouch den haim-
lichesten räten vnd dienern vom küng beuolhen, des künigs haim-
licheit vnd des rychs sachen jm nit zů uerhalten, sonder mit sinem
rat zů handeln. Darauff fleyß er sich, by dem küng zů sin vnd von jm
nit zů wichen vnd jm zů sagen, damit er des küngs gunst erwerben
vnd sin wyßheit jm erzöugen möcht, vnd sprach: «So lang die wyß-
heit in ainem man verborgen lit vngeübt, so ist sy glich dem samen
in der erd, der nit gelobt würdt, bis das er sin frucht erzöugt; dann
es gezimpt sich ainem küng, des acht zů nemen vnd ieglichen zů setzen
nach [30] siner wird. Dann man spricht, das zwey ding sind, die
niemans gezimmen, ouch dem künig nit; denn für ain toren würd er
geschätzt, der sin schůch an die hend leyt vnd sin hendschůch an
sine füß; deßglich, das der wyß man gesetzt wirt an die statt des
narren vnd der tor an die statt des wysen.» Vnd sprach: «Herr küng,
wilt du in dinen sachen dines rychs vffgen vnd růwig rychsnen, so
hab diner diener acht, warzů dir ieglicher der nützist sin mög vnd
wie ieglicher sinen dienst verbring. Dann nit in vile der zal diner
diener stat das hail dins rychs, sonder in nutzbarn dienern, ob der
nit so uil ist. Dann ob ainer ainen grossen vnnützen stain ainen

gantzen tag vff sinen achseln tragt, er mag dauon nit souil krafft oder
nutzes empfahen, als der ander von aim vast klainen edlen gestain, den
er an sinem finger tragt. Sonder die diener der betrügnuß vnd listes,
die man förchten müß, die sind dem künig nit nütz. Es gezimpt sich
5 ouch nit, das der küng adelich getät vnd vernünfftiges gemüts by
yemans veracht, ouch ob er das by ainem vnachtbarn man fünde;
dann gar dick sicht man, das wenig in vil wachset vnd das verachtet
zů nutz kumpt, als das gederm, das von ainem todten tier hinge-
worffen, daruß saiten gemacht werden, damit dem künig zů kurtzwil
10 gespilet wirt, oder zů einer sennen aines bogens gemacht, des sich
der künig zů schimpff vnd ernst gebruchen mag.» Vnd Dymna wolt
nit, das man gedächt, das in der künig darumb lieb haben solt, als
er gesprochen het, er hette sinen vatter wol erkennt, sonder überhüb
sich siner wyßheit, do er marckt, das sy dem küng gefiel, das er in
15 darumb lieb gewünn, vnd für ander höherer geburt eeren solt. Vnd
sprach: «Der künig sol niemans lieb haben durch willen irer vatter
vnd müter; er sol ouch niemans hassen vmb vrsach vatter oder müter,
sonder er sol acht nemen die vernunfft vnd kunst siner diener vnd
wes er yeglichs bedarff, vnd dann ainen yeglichen achten in den
20 stand siner wird, dadurch er sinen lib bewar. Dann die mus ist
dem küng allernechst; dann sy wondt des nachtes by jm in siner
kammer, by wylen vnder sinem bett vnd ist jm doch zů kainem nutz
oder ergetzung, besonnder zů siner mercklichen vnrüw; aber der sper-
wer wirt ferr von dem küng erzogen, aber durch sin adelich gebürt
25 vnd sitten wirt er dem künig so lieb, das er in vff sin aigen hand
nympt vnd jn stricht. Darumb sol der küng achtnemen, wer jm zů
diener nütz oder vnnütze sye, vnd sy erkennen an dem wandel ir
übung. Dann es sind zwayerlay geschlecht der menschen, die ainen,
die [31] allein jren lust vnd mütwillen leben mit allen bösen sytten;
30 derselben soll sich der küng by zyt abthůn. Dann einer, der vn-
wissent ist gangen über vergiffte würm, das sy in nit vergifft hetten,
der thät nit wyßlich, das er hinwider über sie gieng, zů uersůchen,
ob sy in aber nit vergifften wolten. Die andern menschen sind güter
sitten vnd offenbars rechtes wandels, glich als die wolschmackende
35 würtz; so mer man die zerribet, ye mer sy iren gůten schmack vß-
gyt.» Vnd es macht sich vff ein zyt, das Dymna allein by dem lö-
wen in sinem gemach beleib, do all ander sin diener an ir rüw gan-
gen waren.

«PAssioniert bist du, her der künig, in dinem gemūt», sprach
Dymna, «vnd forchtsam; das zeigt din gesicht. Nun sprechen die
wysen: Das trurig gemūt derret das gebein. Darumb ist dir daz
nit nūtz, zū verschwigen. Nun ist nit args in miner frag, dann zū
5 fūrkommen din beschwerdt nach minem vermögen.» Vnd do sy also
mit einander redten, so hebt Senespa aber an, zū schryen sin geschrei
mit luter stymm. Vnd der löw erschrack von solicher stymm vnd
sprach: «Dise stymm hat mich gehindert vnd forchtsam gemacht, von
minem gemach zū gond; dann ich gedenck mir, das sin person groß
10 vnd starck sy als sin stymm vnd demnach mächtig, vnd wenn es
also wär, so hetten wir nit blibens an disem end.» Des antwurt jm
Dymna: «Ist nichts anders, darumb min herr der künig trurt, so sol
der küng darumb sin wonung nit verlassen; dann disem ist gūt mittel
zū finden. Dann wer allein ab einem getön erschrickt, dem geschicht
15 als dem fuchs.» Der löw sprach: «Wie geschach jm?» Antwurt
Dymna: «Es hett ein fuchs wandel by einem wasser. Daby hieng
an einem boum ein schell, vnd wann der wind die este des boums
bewegt, so gab die schell iren ton. Vnd do der fuchs das hell getön
hort, das bracht jm forcht, vnd gedacht, das solichs ein starck tier
20 sin mūst, das solichs getön von jm ließ, vnd sorgt, von dem vertriben
zū werden siner wonung. Vnd schleich tougenlich darzū vnd do er
die schell sach, das die groß vnd aber ganz hol, lär, vnd krafftloß
vnd nicht dann ein getön dahinder was, do sprach er: «Nit mer will
ich glouben, das alle ding, die grosser erzöugung vnd grüssenlicher
25 stymm syen, darumb dester mer stercke haben.»

[32] TRūgenliche stymm betrūgt dick die gehörd. Darumb
hab ich dir dise glychnuß gesagt, das ich hoffen will, sehest du den,
des stymm dich erschreckt hat, es würd dir lychter, dann du es dir
gedenckst. Vnd will es dem künig geuallen, mich zū jm zū schicken
30 vnd jm warheit vnd gestalt des tieres zū erfaren?» Diß gefiel dem
künig. Dymna gieng an die statt, da er Senespa fand, vnd erkundt
jn, durch was vrsach er in das land kommen wär, vnd kam wider zū
dem künig vnd sprach: «Ich hab das tier gesehen.» Der löw fragt
in, was geschlechts vnd was natur es wär. Antwurt jm Dymna: «Es
35 hat nit sunder stercke oder macht; dann ich hab es senfftmūtiglich

versůcht vnd befunden, das nit forchtsamy stercki jn jm ist.» Der
löw sprach: «Du solt dich nit lassen betriegen an siner stercky. Sich,
der wind weet nit ab das graß uff der matten vnd weet doch vmb die
starcken vnd hohen boum; also thůnd gewonlich die starcken, die ir
5 stercky nit gegen den kraucken vnd vnmächtigen erzöugen, sunder
gegen den sterckern oder irs glychen.» Dymna sprach: «Herr künig,
nit bis schreckhafft! dann ist es dir gefellig, ich bring dir in zů diner
angesicht.» Der küng sprach: [33] «Gang hin nach jm!» Dymna
gieng zů Senespa vnd redt mit jm tugentlich vnd das er sich nit
10 förchten solt, vnd sprach: «Der löw hat mich zů dir gesandt, das du
zů jm kummest vnd ylest, sin gebott zů uolbringen, vnd vergibt dir
hyemit das vnrecht, das du so lang hye in sinem land gewondt vnd
dich selbs jm nit erzeigt hast. Vnd ob du des vngehorsam sin wilt,
des gib anwurt, dem künig zů sagen!» Autwurt Senespa: «Wer ist,
15 der dich zů mir gesandt hat?» Dymna sprach: «Es ist der künig
aller tier.» Antwurt Senespa: «Wilt du mir den glouben thůn, das
mir nicht args vom küng zügefůgt werd, so will ich willig sin zů des
künigs gebott.» Dymna schwůr jm des den glouben vnd gieng daruff
mit jm für den künig. Der küng grůst in und fragt jn tugentlich:
20 «Wie bist du in das land kummen oder was vrsach hat dich in dise
wildtnuß bracht?» Senespa erzalt dem küng alle sach vnd zůfell, die
jm von anfang bis dar begegnet waren. Der löw sprach: «Senespa,
hab din wonung by vns vnd förcht dir nit! Ich will dich eerlich an
minem hoff halten vnd dir gůts thůn.» Senespa danckt dem küng
25 demůtiglich. Vnd do Senespa also ein cleine zyt by dem küng wonet,
do nam jn der küng zů sinem rat vnd satzt in ein vitztum sins lannds.
Dann er fand by jm vernůnfftigen rat vnd nutzbare wyßheit vnd satzt
vff in die heimlicheit aller siner sachen vnd gewan in von tag zů
tag ye lieber vnd ye lieber vnd nähet in jm selbs, bis das er in er-
30 höhet vnd eeret über alle, die an sinem hoff waren, vnd gab jm die
oberst statt ob allen sinen räten. Vnd da Dymna sach, das der
künig Senespa an sin statt über in vnd all sin rät gesatzt vnd ge-
höhet het vnd das er nun sin allerheimlichister was, das was jm
vast schwär vnd nam des trurigen můt vnd fieng in an, zů nyden, vnd
35 gieng zů sinem brůder Kellila vnd seyt jm sin beschwärd vnd sprach:
«Brůder, wundert dich nit mins torochten rates vnd miner yppigen
fürsehung, die ich mir selbs gethon hab, das ich dem küng zů gůt
Senespam zů jm geschafft hab, das er mich vßtrib von minem staut?

Ich hab jm das schwert in sin hand geben, damit er mich geschä-
diget.» Antwurt jm Kellila: «Dir ist geschehen, als eins mals einem
einsidel geschach.» Dymna sprach: «Wic geschach jm?» Antwurt
Kellila: «Man sagt, es sy gewesen ein einsidel, dem gab ein künig
5 kostlich gewand. Dis sach ein dieb vnd gedacht, wie er jm das
stelen möcht, vnd gieng zů dem einsidel vnd sprach:

[34] «O Heyliger man, jch bitt dich, ich bin nackend vnd
arm vnd hör vil sagen von diner heyligkeit vnd bin darumb von
ferren landen kummen, das ich by dir wonung näm, dir zů dienende
10 vnd von dir zů lernen.» Der einsidel sprach: «Du solt nachtzal
by mir haben.» Vnd morndes gefiel jm des diebs wesen, das er
in batt, by jm zů blyben. Vnd der dieb wonet by dem einsidel vnd
dient jm wol vnd andächtiglich, also das der einsidel glouben zů jm
gewan vnd jm gantz vertrůwet vnd jm in sinem huß gewalt gab.
15 Vff ein tag gieng der einsidel in ein statt, zů bitten vmb sin not-
turfft. Do erhůb sich der dieb vnd nam dem einsidel sin cleider
vnd floch hinweg. Vnd do der einsidel wider heim kam, do befand
er, das jm der dieb sin cleider gestolen het, vnnd gedacht, in zů
sůchen, vnd kart sich gegen einer statt. Dazwüschen in einem
20 wald fand er zwen hirßen mit einander kempfen bis vff vergiessung
irs blůttes vnd sach, wie ein fuchs dar kam vnd lecket von der
erden das blůt, daz von jnen abran, vnd was jm des so gach, das
er von den hirßen getretten vnd ouch blůtrünsig gemacht ward,
das er tod bleib.
25 [35] Also verharret der einsidel, den dieb zů sůchen, vnd kam
nachtes in ein statt vnnd ward beherbergt in einer frouwen huß,
die was ein deuppel, vnd sy het ein hußdirnen by ir, die mit jrem
lyb gelt verdienen solt vnd jr frouwen das antwurten. Vnd die huß-
dirne hett einen bůlen gewunnen, der ir geuiel, vnd wolt sich sust
30 niemans anders geben. Vnd do dis die frouw befand vnd das wider
jren nůtz was, do gedacht sy, wie sie den bůlen ertödten möcht.
Vnd vff den aubent schickt die magt nach irem bůlen vnd gab
dem essen vnd gůt tranck zů trincken, das er daby entschlieff.
Dis nam die frouw acht vnd schleich heimlich zů dem schlaffenden
35 mit einem ror, darjn sie buluer mit gifft vermacht het, vnd wolt jm
das in sine naßlöcher blasen; vnd do sy jm das ror an sine naß-

löcher satzt, darjn sie das gifftbuluer gethon het, vnd als sie anfieng
blasen vnd jren mund darzů vfftbet, do ättmet der schlaffent jn das
ror, das dem wyb das buluer in jren mund kam, die vff stund dar-
uon starb, alles in angesicht des· einsidels.

5 Morgens frů gieng der einsidel fürer, zů süchen den dieb,
vnd ward nachtes geherbergt jn eim sins fründes huß. Der beualch
siner frouwen, das sy disem man gnůgsam fürsehung thät; dann er
wär zů gast geladen [36]. Vnd gieng also von huß in erzeigung,
das er der nacht nit wider anheimisch werden wolt. Nun het dise
10 frouw einen bůlen, vnd jr nachbůrin, eins scherers wyb, was ir kupp-
lerin. Der beualch sy, das sy ir den bůlen des nachtes durch ir huß,
da sy ein heimlichen gang zůsamen hetten, bringen wolt. Das ge-
schach. Indes kam ir eelicher man vnd ward des bůlen in dem huß
gewar; vnd do jm der entran, do schlůg er sin wyb vnd band die
15 darnach in das huß an ein sůl mit einem seil vnd er legt sich an sin
bett. Der bůl schickt die schererin vnd batt sy, zů erfragen, wie es
siuem bůlen gieng. Die fand sy an der sůlen gebunden vnd sagt ir,
das der bůl noch in jrem huß wär. Die frouw batt sy mit hoher er-
manung vnd sprach: «O liebe gespil, lass dich her an dis statt bin-
20 den, das ich die zit zů minem bůlen kum!» Die schererin thet nach
ir gespilen bett vnd ließ sich an die sul binden, bis die frouw von
jrem bůlen wider käm. In dem erwachet der hußwirt vnd růfft sinem
wyb mit flüchenden worten. Die schererin gab nit antwurt; dann sy
vorcht, das er sy an der stymm erkaunt. Vnd do er zům dickern
25 mal růfft vnd jm nit antwurt ward, von zorn lieff er zů der sůl vnd
schneid der frouwen ir naß ab vnd wand das sinem wyb gethon ha-
ben vnd sprach: «Gang, bring dise naß dinem bůlen!»

[37] Vnnd do die frouw wider von jrem bůlen kam, do befand
sie, wie die schererin vmb ir naß kumen was, vnd band sich selbs
30 wider an die sul, vnd die schererin gieng wider in ir huß. Dis hat
der einsidel alles gesehen. Nun gedacht die frouw, wie sy sich vn-
schuldigen wolt ir getat, vnd růfft mit luter stymm, das ir man das
wol hören möcht: «O got, her Sabaoth, sich vnd schouw die kestigung
diner dienerin, min kranckheit vnnd die vnschuld miner werck vnd
35 das ich gefangen bin von minem man on alle schuld! O got vnd herr,
gib mir min naß wider vnnd erzöug hüt an diner dienerin ein zeichen
der vnschuld!» Vnd schweig damit ein wil. Darnach schrey sy mit
luter stymm gegen jrem man: «Stand vff, du böser wycht, vnd nym

acht die wunder gottes, die an mir volbracht sind! Min vnschuld
vnd din vngerechtigkeit zů befinden, ist mir min naß wider angesetzt,
wie vor.» Der man nam sich des wunder vnd redt wider sich selbs:
«Wie mag dis sin?» Vnd stůnd vff vnd enbrandt ein liecht vnd ylet
5 zů der frouwen; vnd do er ir nasen gantz an irem antlit sach, do en-
band er sy von der sul vnd viel für sy bittende, das sy jm verzich,
vnnd veriach sin vnrecht got vnd batt gnad vnd ablaß. In der zyt
bedacht ouch die schererin, durch was vffsätz sy vor jrem eelichen
man sich diser geschicht entschuldigen möcht. Morndes frů kam
10 der scherer, der die nacht jn der tafern gesessen was, vnd batt sin
wyb, das sy vffstůnd vnd jm bereitschafft geb, er müste ylents gon,
einen übel verwundten verbinden. Die frouw behart mit vffsatz jn
ir kammer, bis das der scherer jrs langen vßsins gemůet vnd mit
zorn vnd drowworten růffen ward. Sy gab jm reitzende wort hin-
15 wider vnd gieng damit uß irem gemach. Von zorn warff der scherer
mit einem scharsach zů ir. Das wyb schrey mit luter stymme: «O
we, o we minr nasen, die mir min man mit einem scharsach abge-
worffen hat! Hey hey des mordes!» Der frouwen frůnd kamen zů-
geloffen vnd do sy den schaden ir schwester sachen vnd wondten,
20 das ir das von jrem man beschehen wäre, do clagten sy das dem
richter, vnd do er darzů nit antwurt geben kund, do hieß in der
richter binden vnd mit knütteln durch die statt schlahen. Vnd als
er yetz gebunden vnd ein groß volck züsamen geloffen was, zů sehen
in also ußzůschlahen, do kam der einsidel zůgegangen vnd fragt,
25 warumb der also gebunden wär, vnd fand daselbs stan sinen dieb, der die
gestolen cleider an sinem lyb het. Vnnd do er die vrsach [38] ver-
nam, gieng er zů dem richter vnd sprach dise wort: «Die cleider, die
der dieb gestolen hat, waren mine cleider. Oder hond nit die zwen
hirßen den fuchs, der irs blůts begirig was, ertödtet? Hat nit die
30 frouw mit dem ror sich selbs vergifftet, vnd diser scherer het nit
sinem wyb die naß abgeschnytten?» Vnd vff frag des richters
luttert er jm dise wort.»

Daruff sprach Dymna: «Ich verstand dine wort vnd es glycht
sich wol vnser sach. Doch hat mir niemans schaden gethon, dann
35 ich mir selbs. Darumb so gib rat, was sol oder mag ich hiezů thůn?»
Antwurt Kellila: «Brůder, laß mich din meinung vor mercken!» Do
sprach Dymna: «Ich sich, das ich fůrer nit hoffen bedarff an einen
höhern staut, allein ouch nit wider darjn zů kummen, dauon ich von

Senespa verruckt bin. Dann in dryen sachen sol sich ein yeder
wyser man achtnemen vnd fürdencken: das erst, das er vnderscheid
nem vnder gůtem vnd vnder bösem vnd das er sich vor dem bösen
bewarn vnd das gůt jm selbs nähen mög; das ander, das sich ein
man by sinem staut, der jm eerlich ist, behalten, vnd ob er dauon
gestossen wirt, sich wider darjn bringen mög; das drytt, das er in
[39] allen sachen diser zyt das gůt für das arg welen könn. Wann
ich nun sich minen begegneten val, so ist mir notturfft, zů achten,
wie ich mich wider jn minen staut bringe vnd dem, der mich des ver-
stossen hat, überwintlich sy, vnd weiß für mich nit bessers, dann
anschleg wider Senespam zů sůchen, bis jch in vom leben bringen
mag; vnd wenn ich das volbringe, so weiß ich, das ich zů minem
staut wider kummen mag by dem kůng; und ich mein, das solichs
ouch für den löwen sye. Dann die übergrosse liebi, die der löw zů
Senespa hat, macht jn verschmächt jn dem volcke.» Darzů sprach
Kellila: «Mich will nit beduncken, daz sin der kůng engelten mög,
das er mit Senespa sunder heimlicheit hat, vnd das jm darumb icht
arges vfferston mög.» Antwurt Dymna: «Es sind sechs vrsachen her-
jnn, dadurch der kůng geleidiget wůrt: durch verkerung des glückes,
durch widerspennigkeit siner diener, durch wollust, durch die zyt,
durch lychtferigkeit des houbts, durch vntougliche werck. Des er-
sten heysset es billich ein verkerung des glückes, so ein herr sin
besten vnd wysesten diener vnd rät verlůrt vnd das er sine güten
sitten an jnen verwanndelt; zům anndern, wenn er vrsach gyt, das sin
landslüt gegen einannder zů kriegen; zům dritten, das der herr so
vil wollust hat mit wyben, mit trincken, essen, jagen vnd damit er
notturfft sins rychs versumpt; zům vierden durch lychtferigkeit des
houbts, wann der herr lychtferig ist mit sinen sytten; zům fünfften
durch die zyt, wann dem herren durch löuff der zyt jn sin land kumpt
sterbet vnd türy; das sechst durch widerwärtige werck, wann der
kůnig thůt, das jm zů thůn nit gebürt vnd vnderwegen lasset, das er
thůn solt. Also hat der löw yetz sinen glouben jn Senespa gesetzt
vnd hat jm geoffenbart all sin heimlicheit. Darumb wirt er von Se-
nespa verachtet.» Sprach Kellila: «Wie vermeinst du, Senespam zů
schädigen, so er stercker ist dann du, ouch grösser in der wird vnd
jn höherm staut vnd ist lieber gehalten von dem kůng vnd dem volck
dann du, hat ouch mer fründ, gesellen vnd anhanger?» Antwurt Dymna:
«Brůder, nit acht es disen weg! dann die getat wirt nit allein mit

stercki vnd gewalt volbracht. Dann gar vil krancker irs libs, armer
jrs gůts sind durch ir fůrsichtigkeit an sollich stett kummen, dahin
gar starck, mächtig vnd rych nit hinkummen mochten. Oder dir ist
villicht nit gesagt, wie der rapp mit einer fůrsichtickait vnd listen den
5 schlangen tödt?» Kellila sprach: «Wie was das?» Dem anwurt
Dymna: «Es was ein rapp, der het ein nest [40] vff einem boum;
vnder dem boum was ein loch, darjnn lag ein schlang, vnd wie dick
der rapp sine jungen vßbrůttet, so dick vergifft jm die der schlang
vnd trůg die iren jungen zů spyß. Des ward der rapp trurig vnd
10 gieng zů dem fuchs vnd offnet dem sin clag vnnd sprach: «Bedunckt
dich icht gůt, wenn der schlang schlaff, das ich jm sin ougen vßbissz
vnd mich an jm damit rech? Ich bitt dich, zöug mir dinen rat!»

Autwort der fuchs: «Das, so du willen hast, mag nit beschehen
mit gewalt oder mit getörstigem freuel, besunder so sůch herjnn fůr-
15 sichtigkeit; dann mit vffsatz můß es geschehen, das dir nit noch er-
gers daruß erwachs vnd dir beschech, als eins mals eim vogel mit
einem krebs.» Antwurt der rapp: «Wie was daz?» Sprach der
fuchs: «Es was ein vogel, der het sin wonung by einem see voller
visch. Nun do der vogel alt ward, do mocht er nit mer sin spyß
20 von den vischen erjagen, als er vor gethon het; darumb saß er vff
ein mal gar trurig by dem staden des sees. Zů dem kam von ge-
schicht ein krebs vnd sprach: «Nachbur, waz ist vrsach dinr trurig-
keit?» Er antwurt: «Gůt frůnd, waz gůts oder glücksäligs ist nach
dem alter? Min leben jst bisher gesin von der spyß diser visch.
25 Hüt sind vyscher hie fůrgangen [41] vnd haben zůsamen gesprochen:
«Wir wöllen all visch diß sees allzůmal vahen.» Antwurt einer
vnder jnen: «Nein, yetz nit. Ich weiß ein see, darjun vil grosser
visch sind, die wöllen wir vor ußvischen. Darnach wöllen wir zů disem
see.» Nun weiß ich, das sie solichs thůn werden, vnd das wirt min
30 verderbnuß; dann so hab ich nit spyß, das ich min leben gefristen
mög.» Der krebs gieng bald zů eim schar vischen siner gesellen vnd
sagt jnen, was er vernomen het von dem vogel. Die kamen all ge-
meinlich zů dem vogel vnd begerten sins getruwen rates; dann ein
vernůnfftiger verbirgt sinen rat nit, ouch vor sinem veind, der von
35 jm hilff begert. Der vogel antwurt: «Ir wissent, das ich den vy-
schern mit gewalt nit widerston mag. Aber ich weiß ein gůten lu-
stigen see, darjnn vil frisches wassers ist, darjnn vil boum ligen, das
man die garen darjnn nit gebruchen kan; wöllent ir, so will ich ůch

3 *

dahin tragen.» Sy dancktten jm vnnd sprachen: «Wir haben sust
keinen nothelfer dann dich.» Der vogel sprach: «Ich will das thůn
zů ůwerm nutz.» Vff das nam der vogel all tag der visch zwen vnd
trůg sie vff ein hohen berg vnnd fraß die. Vff ein mal kam der
5 krebs zů dem vogel vnnd sprach: «Ich förcht mir, hye zů be-
liben. [42] Ich bitt dich, trag mich zů dem see zů minen gesellen!»
Der vogel nam den krebs vnd wolt in getragen hon, da er sin ge-
sellen fressen hett; vnd do er den krebs in die böhe bracht, do
sach er das gebein der verzerten vysch. Do marckt er die betrůg-
10 nuß des vogels vnd das jm ouch jnen glych beschehen wolt, vnd ge-
dacht in jm selbs: «Es gezimpt einem yeglichen, sin leben zů retten
nach sinem vermögen.» Vnd leyt dem vogel sin scher vmb sinen
halß vnd druckt den so hart, das er tod zů der erden viel. Vnd
er gieng wider in den see vnd sagt sinen gesellen falscheit des vo-
15 gels vnd wie er sy an jm gerochen hett.

Dis glychnuß hab ich dir gesagt, das du mercken solt, das dick
ein vntrůwer rat sinen eygen herren ertödtet. Darumb rat ich dir,
das du in ein statt fliegest vnd achtnemest, wa sich die frouwen vff
des huses obtach weschen, die ir cleinet von jn legen, der eins zů
20 nemen. Dann werden dir die lůt nachlouffen. Dann wůrff das cleinet
in das loch, da die schlang jun wonet. So werden die lůt dem nach-
graben, so finden sy die schlangen. Also wirt sy von jnen getödt.»
Der rapp thet nach rat des fuchs; vnd ward die schlang todge-
schlagen vnd er dardurch in růw gesatzt.

25 [43] Ich hab dir dis exempel darumb gesagt, zů uerston, das
fůrsichtigkeit vnd geschydigkeit by wylen besser sind, ein sach zů
uolbringen, dann mit stercky oder getörstigkeit des mannes.» Ant-
wurt Kellila: «Du sagst war, wann Senespa yetz nit so zů hohem
staut kommen wär, das du das volbringen möchtest. Vnd dann yetz
30 hat er ůbung sinr wyßheit vnd bystand vnd ist yetz für den ober-
sten vnd wysesten geschätzt; vnd bis gewissz, das er sich bewaren
wirt vor allem dem, darjnn er jm schaden erkennen mag, besunnder
so er din fůrnemen mercken wůrdet.» Antwurt Dymna: «War ist,
das sich Senespa durch sin sittig vernunfft bewaren kan, aber nit
35 vor mir; dann er hat sin person gantz in mich vertrůwt vnd glou-
ben in mich gesetzt von dem tag, als ich in zů dem kůnig bracht
hon. Aber es wirt min notturfft erheyschen, in von diser welt zů
bringen zů widerbringung mins staats, also das es mit geschydigkeit

vnd lysten geschehen můß, als der fuchs dem löwen thet.» Sprach
Kellila: «Wie was das?» Antwurt Dymna: «Es was ein löw in
einer wildtnuß, vmb den vil tier allerley geschlechtes wonten. Nun
was die weyd vnd der wandel den tieren nach allem jrem wunsch,
5 allein die vorcht des löwen; dann der kam all tag, sie zů schädigen,
des sy sich nit erweren mochten. Nun berůfft sy der fuchs vnd gab
jn einen rat, wie sie des löwen abkummen möchten, vnnd nach er-
findung irs rates schickten sy den fuchs, dem ouch des rates ge-
uolgt was, zů dem löwen also sprechende: «Herr löw, wissz, das es
10 nit in die harr sin mag, das du all tag spyß von vns haben mögest,
dann mit mercklicher arbeit vnd nachjagens. Nun haben wir ein
weg gedacht, für dich nützlich vnd für vns růwglich; also du sagest
vns sicher vnd sorgloß, so wöllen wir dir alle tag williglich ein tier
von vns, vff weliches vngeuärlich das loß vallet, zů der stund dines
15 essens zů spyß schicken, vnd daz will ich dir all tag antwurten.»
Dis geuiel dem löwen vnd versprach dem fuchs, die beredung zů
halten. Der fuchs kam wider vnd sagt daz sinen mittieren. Morn-
des sprach der fuchs: «Das ir sehent, daz ich ůch mit trůwen by
sin wöll, so will ich der erst sin, der dise aubentür beston würdet.»
20 Vnd macht sich vff die fart zů der wonung des löwen vnd verbarg
sich daselbs, doch daz er des löwen wol achtnemen mocht. Vnd
da es schier zů mittag nahet, do fieng der [44] löw an, mit zorn zů
brumen von grosser vngedult, siner spyß so lang zů warten. Do
dis der fuchs ersach, das sich der von vngedult von siner statt erhůb,
25 do lieff er schnelliglich gegen dem löwen, als ob er vast ferr her
geloffen wär, vnd viel für den löwen vff sin hertz. Der löw sprach
vß zorn: «Wie verharrest du so lang, mir min spyß, die mir durch
dich zůgesagt ist, zů bringen?» Der fuchs antwurt: «Herr, min
gesellen haben mich hůt zů gůter tagzyt vßgeschickt mit einem an-
30 dern fuchs, der dir hůt nach der wal zů spyß gefallen vnd der feist
vnd gnůchtig was; vnd so ich den nit ferr von diser wonung bracht,
so bekumpt mir ein ander löw, fragende, was ich beginn. Ich
sagt jm, das ich dir, minem herren, dise spyß bringen wolt. Der
sprach, er wär herr diser wildtnůß, vnd nit du, vnd jm gebürt solich
35 spyß; er wolt vns ouch vor dir, genädiger herr, wol beschirmen; vnd
nam mir damit din spyß.» Iu grossem grymmen fragt der löw, ob er
jm den wysen möcht. Er sprach: «Ja, ich bin jm nachgeuolgt biß
jn sin hůlen, die nit ferr hyevon ist.» Der löw batt sich darzů

füren. Der fuchs gieng vor, der löw hinnach bis zů einem brunnen, der in der erden tieff was mit einem lutern wasser. Der fuchs sprach: «In diser hüly ist diser löw.» Der [45] löw ylet vff den brunnen, der fuchs mit jm vnd stůnd jm zwůschen sine vordern bein vff den brunnen. Der löw schouwet mit zorn jn den brunnen vnd sach von dem wasser sin selbs schin vnd des fuchses schin zwůschen sinen beinen. Der fuchs sprach ylende: «Herr, jch sich den löwen vnnd den fuchs noch vnuersert by jm ston.» Von grymmigkeit des zorns sprang der löw.in den brunnen, zů stryten mit dem andern löwen, vnd ertranck. Also gieng der fuchs zů sinen gesellen vnd erzalt jnen, wie er gehandelt vnd den löwen, jren durchächter, vom leben zům tod bracht het.»

Antwurt Kellila: «Magst du Senespa also geschädigen, das der kůng dauon nicht schadens befindt, so ist es dester besser, das dir nit args dauon vfstand; dann er hat dir vnd mir vnd mangemvom hoff schaden gethon. Will aber der kůng jn dinem fürnemen mißfall haben, so rat ich, das du es nit volbringest. Dann bis nit widerspenig dinem herren! dann das wär das allerbösest, vnd dir stůnd daruff grosser verlust vnd verwyß.» Also nam jm Dymna für, den löwen ettlich tag zů miden. Vnd nach ettwe mengem tage kam er zů dem kůng, als ob er fast trurig vnd vnmůttig wäre.

[46] Vnnd do der kůng Dymna sach, do sprach er: «Warumb hond wir dich so lang nit gesehen? Ist es in gůtem?» Antwurt Dymna: «Es ist ettwas verborgens vnd grosse heimlicheit.» Der kůng sprach: «Mach vns das offenbar! wir sind doch an einr heimlichen statt.» Antwurt Dymna: «Was ein man argwonen mag in einr sag, darjnn er gewarnet würdet, das jm schad sin möcht, vnd doch das nit glouben wolt, der sol doch den fürbringer nit melden, wenn er den sust gůtes wandels, einfältigs lebens vnd getrůws rates weist; besonnder er vernem das vnd lůg, was gůtes oder böses darjnn sey. Dann ist gůtes oder arges darjnn, das berůrt allein den, der gewarnt wirt; besonnder so gat dem warner dauon weder gůtes noch böses für sich selbs, allein daz er gnůg thůt der pflicht vnd der liebi, so er zů sinem herren hat. Darumb, min herr vnd kůnig, du bist wyß vnd verstendig; jch will dir eins sagen vnd weiß, das du das nit geren hörest, vnd versich mich, das du es nit glouben werdest, vnd woltest doch nit, das es dir verschwigen belib. Dann wann ich betracht vnd sich, das die schar diser tier dins volcks nicht gůtz oder lebens haben mögen, dann in dir, so mag jch nicht finden, das ich

warheit verschwygen sol, sunnder dir das zů offenbaren, das du dich
selbs darjnn ersůchen mögest; vnd fůrcht doch, das du das nit glou-
ben werdest. So gezimpt es doch mir nit, zů verhelen; dann we-
licher diener sinen getrůwen rat oder warnung verhilt vor sinem
5 herren vnd vor dem artzat sinen siechtagen vnd vor sinem getrůwen
frůnd sin heimlicheit, der thůt vnrecht vnd gedycht jm billich der
schad vff sin selbs houbt.» Der löw sprach: «Sag, was ist daz?»
Antwurt Dymna: «Mir ist gesagt von aim mim trůwen gesellen,
das Senespa rates gepflegen hab mit den obersten dinr schar vnd ge-
10 sprochen: «Ich bin so lang by dem löwen gewont vnd hab sin wyß-
heit vnd stercky erkennet vnd hab in dick versůcht vnd find in krancks
gemůts vnd der sinnen, ouch des libs, vnd der sins volcks gantz nůntz
achtet oder lieb hab.» Nun do solichs für mich kommen ist vnd das
du jm eer vnd gůtz erzeigt hast vnd jn dir zům nechsten gesatzt vnd
15 ain vicarien dins rychs gemacht vnd jm all heimlicheit vertrůwt vnd
das er solich verrätery in jm haben sol; dann er vnderstat, sich dir
zů glychen, vnd ist zů gedencken, er hab hoffnung, nach dir din rych
zů besitzen, ob er wege finden möcht, dich danon zů dringen. Vnd
darumb, herr künig, lůg, bis nit hinlässig in diser sach! dann es
20 sprechen die wysen: Wann ain künig befindt [47] vnder sinem volck
einich, die begirig sind, jn sinen staat vffzůstigen vnd mit heimlichen
vnd eignen räten vnd anschlegen sollichen gewalt fürnemen, so gebůrt
sich dem künig, die zů temmen; dann verbirt er, sy zů nichten, er
wirt vernichtet. Nun bist du, herr, wyser vnd fürbeträchtlicher, dann
25 ich; aber mich dunckt billich, das du ein fürsehen habest dinr per-
son vnd zů jm griffest, ob er dir engon werd vß dinem gewalt. Vnd
bis hierjnn nit sůmig! dann dardurch möcht dir schad zůgefůgt wer-
den, dem du darnach nit widerston möchtest. Dann man sagt, es
syen dryerley lůt in der welt: die ersten sind fürsichtig vnd künnen
30 mit ir wysen betrachtung vngfell fürkummen, als vil daz můglich ist
ze tůnd, glych als der gesund sich hůtet vnd bewart vor siechtagen; die
andern sorgfeltig vnd empsig in widerwärtigkeit vnd zůfällen vnd
sind darjnn vnuerzagt, weg zů sůchen, bis sy wider daruß kummen;
die dritten sind schwäres gemůtes vnd liederlicher wysen, nit wissende,
35 ichtzit zů fürkummen vnd noch vil minder, so sy in sorgen sind, sich
wissen daruß zů bringen, vnd sind darzů jrrig in allem irem fürnemen,
glych dryen vischen.» Sprach der löw: «Wie was das?» Antwurt
Dymna: «Man sagt, es syen dry visch gesin jn einem wag; der ein

was träg, der ander fürsichtig, der dryt vernünfftig. Vff ein zyt ka-
men zwen vischer mit jren garnen vnd spreitten die in das wasser.
Dis sach der fürsichtig vnd marckt, was die vischer thůn wolten, das
sy dahin vmb nicht kummen waren, dann sy zů nahen, vnd het für-
gedencken, wie er jm selbs sin leben retten möcht, vnnd schwam
ylends vß dem wag jn das wasser, das jn den wag lieff, vnd wie clein
das was, doch enthielt er sich darjnn, das er jm selbs sin leben rettet.
Der wyß was still gestanden vnd der vischer gelůgt, bis das er sy
sach den vßlouff des wassers verlegen; do sprach er wider sich selbs:
«Yetz hast du dich versumpt; es gilt din leben!» Vnd gedacht, sich
selbs on verziehen zů erlösen, betrachtende. Dann lang verziehung
selten langt zů fruchtbarem end in sachen, die nit beit haben wöllen,
vnd ein vernünfftiger sol in nötten beträchtig sin vnd jm kein forcht
lassen so nahen, das er darjnn verzag; dann das gelück hilfft dem
getörstigen. Vnd dieser visch schwam vff das wasser vnd schwebt da
glych, als ob er tod wäre. Do jm die vischer nächeten, sy schatzten
in für vnnütz vnd wurffen in vff das land, von dannen er in dem
mittel jres vischens wider in das wasser kam vnd [48] ward erlöset.
Der träg schwam schlichtiglich hin vnd herwider vnd was in jm selbs
jrrig, war er solt, bis er gefangen ward.»

Der löw sprach: «Ich hab dine wort verstanden. Aber wie mag
ich böses von Senespa gedencken, das er arges gen mir beger über
die groß lieby, die ich zů jm hab? Ich hab in doch geeret vnd ge-
setzt über all ander in minem hoff.» Antwurt Dymna: «Nit vmb
ander vrsach sůcht Senespa, dich zů schädigen, dann das er von dir
nie leidigung empfunden hat, vnd daz du keinen so eerlichen staut
an dinem hoff gehebt, du hast in des lassen walten. Nun merckt er,
das kein höher staut mer vorhanden ist, darinnn er sich erhöhen
mög, dann das er herr über din rych würd. Dann ein ieglicher
vntrüwer, der ettwas wyßheit hat vnd wol reden kan, vor dem ist
sich zů hůten; dann sy trachten all an das end, des sy nit wirdig
sind, vnd ob man jnen ein wesen zůfůgt, das in billich zů uil wär,
noch lasset jr gemüt nit, höher zů gedencken, vnd ob sy darumb
jren eignen herren an lyb oder an gůt schädigen solten. Dann der-
selben keiner dient sinem herren vmb nutz sins [49] herren, sunder
sinen eigen nutz all zyt darjnn zů sůchen, wie er rych werden vnd
hoch kummen mög; vnd ob er des ersten in gůtem vnd getrüwem
dienst erschint, so bald er aber zů rychtumb vnnd gewalt kumpt,

so vacht er an, zů uollbringen die werck, die vß grund siner bösen
wurtzeln vrsprung haben, glych dem wadel an einem hund, der krum
ist; so lang du den in gewalt diner hend hast, so blibt er schlecht,
so bald du jm sinen gewalt lassest, so wirt er wider krumb, als vor.
5 Vnd ich sag dir, herr kůng, welicher nit gloubt sinen räten der
ding, die jm durch nutz geraten werden, der ist nit zů loben vnd
ob joch gůtz vß sin selbs rat gieng. Denn er wirt glycht einem
siechen, der den rat des artzates verlat vnnd brucht sin selbs glust.
Dann man sagt, der best vnder den rychen sy, der nit ein knecht
10 sye sins eigen gelustes, vnd der best vnder den gesellen, der sich
mit sinen gesellen nit zerkriegt; vnd man sagt: Leg ein man am
staden des meres by dem wasser oder vff vergifften schlangen, so
möcht er sicherer růwen, dann dem getrůwen, der jm vff sin leben
gat. Nun will mich by diser red beduncken, der kůng wöll hinläs-
15 sig sin mer, dann gůt sy, vnd wůrdet wol gelychet dem helfand;
das nympt keiner ding acht, die vor jm beschehen.»

Der löw sprach: «Du hast din red lang gemacht; aber wavon
du gesagt hast, daz sind nit sachen vnder frůnden. So weiß ich
keinen veind, der mir geschaden mög, vnd ob Senespa mir gehass
20 wär, als du mir fůrgibst, noch möcht er mir nit geschaden. Wie
möcht er arges wider mich ůben, so er graß vnd krut ysset vnd ich
yssz fleisch, vnd er möcht mir zů spyß sin vnd ich jm nit? Ich hab
ouch in Senespa nie arges funden noch böses gemerckt, noch keinen
aberwandel als vmb ein drytt, nach dem vnd ich in zů minem knecht
25 vnd in eyd genummen hab. Vnd so ich in nun vor aller menglich
gelobt vnd erhöhet hab über all ander min fůrsten vnd volck, sol
ich das on offenbar schuld endern, so wůrd ich billich für ein toren
in mir selbs gehalten; dann ich verlougnet miner trůw vnd gieng
von dem weg der gerechtigkeit.» Dymna antwurt: «Herr, din hertz
30 sol dise warnung also nit verachten, also zů sprechen: «Ich mag jm
nit zů spyß sin.» Sunder wissz, wa Senespa dich durch sin macht
nit geschädigen mag, so sůcht er aber das durch ander. Dann man
spricht: Stůnd by dir ein verschmächt oder krancke person ein zyt,
noch magst du nit wissen iren sitten sinr übung. Darumb solt du
35 dich [50] jm nit vertrůwen, sunder bewar dich vor jm, das dir nit
widerfar ein glychnuß, von deren man geschriben findet.» Der künig
sprach: «Wie was daz?» Antwurt Dymna: «Man sagt, es sy ein
lus by einem edelman gesin an einer statt sins libs vnd vil sins

blůttes gesogen, das er des nie acht genumen het. Vff ein nacht
kam ein floch vnd gieng da fůr. Die lus sprach: «Belib dis nacht
by mir! Hye wöllen wir dis nacht gůter spyß genůg haben vnd ein
weich bett.» Dise floch beleib vnd wond, der man schlieff, vnd vieng
5 an vnd beiß nach ir spyß so hart, das der man růfft, jm ein liecht
zů bringen vnd an dem bett sůchen. Die lus ward vff stund funden
vnd getödt, aber die floch, so bald sy daz liecht sach, do sprang sy
hin vnd wider, bis sy entran.

Dis byspel hab ich dir gesagt, das du merckest, das der böß
10 nit von boßheit lasset, vnd was er selbs durch sich allein nit gnůg-
sam thůn mag, das er ander darzů bespricht. Vnd ob du nicht
widerwärtigs gegen dir selbs an Senespa enpfunden hast oder zwyfels
zů jm tragst, so soll mich doch billich din frumm volck erbarmen,
deren hertzen er von dincr liebe zůhet vnd verwanndelt dir zů hassz;
15 vnd ich weiß, das er wider dich personlich vechten will vnd das [51]
niemans anders beuelhen.» Vff dis wort ward des löwen gemůt be-
wegt, das zů glouben, vnd sprach: «Wie solt ich disen dingen thůn?»
Antwurt Dymna: «Nit bessers, dann in von diser welt abscheiden.
Dann ein mensch, das ein fulen holen zan in sinem mund hat, den
20 verlat sin weetag nit, die wil er den zan nit ußbricht; glicher wyß
der mag, der vol böser spyß ist, hat nit růw, die spyß sy dann hin-
geschickt. Also ist vor dem veind, der zů forchten, vor dem jst sich
nit baß zů hůten, dann in vom leben zů bringen.» Der löw sprach:
«Du hast mich yetz abwůrffig gemacht der gesellschafft Senespa. Ich
25 will nach jm senden vnd erfarn, was in sinem hertzen sye wider mich,
vnd jm sagen, das er jm selbs ein ander statt sůch.» Dymna geriet
sorg haben; dann er wist, wann der kůng mit Senespa reden vnd in
wider hören, er wůrd jm glouben, vnd besorget daby, daz jm der
kůng nit verschwyg, was jm Dymna fůrbracht het, vnd sprach zů
30 dem löwen: «Es bedunckt mich dir nit ein gůter rat, nach Senespa
zů schicken vnd jm sin schuld fůrzůheben; dann er meint, du syest
des nit wissent. Du hast doch gewalt über in. Dann wirt er dar-
umb von dir zů red gestalt vnd bericht, das du die heimlicheit weist,
so ist zů förchten, er werd schicklicheit vnd ylend weg sůchen, dir
35 zů bösem, vnd gedencken als der schuldig, wie er jm selbs sin leben
vor dir bewar. Vnd wůrd er dann mit dir vnderston zů fechten, als
sin not vnd gestalt der sach erheuschet, so wůrd er dich mit freue-
licher yle anlouffen; dann er ist zů fechten geschickt vnd starck. Wirt

er aber von dir hinweggon vff das mal, so kumpt er, da er vor
dir sicher sin mag, vnd vff ein zyt, so du vngewarnet bist; so mag
er dich überwinden. Nun ist war, tugent des küngs ist niemans be-
hendiglich zů tödten, denn allein, des übeltat offenbar ist. Aber
5 des getat nit kuntbar ist, der sol gefragt werden vnd nach er-
findung geschehen.» Antwurt der löw: «Du solt wissen, welicher
durch pinlich handlung gefraget wirt vnd nach eygenlicher ersůchung
erfunden, das sollichs vff jn gesagt nit warlich erkant würt, alles das
böß, das vff in gesagt worden ist, wirt vff dem lugner vßkummen
10 vnd zů bůß gesatzt vff sin leben. Vnd ich mag ye nit gelouben, das
Senespa sollichs wider minen lyb üb.» Dymna sprach: «Herr löw,
so ich ye merck, daz din will daruff stat, das er für dich kummen
sol, so ist min rat daby also: lůg, das du dich wol vor jm bewarest,
das er dich icht schädigen mög! Dann min sin wär, wann er zů dir
15 in din gemach kumpt, von dir acht zů nemen, wie er sin löck an
sinem halß vff- [52] rüben vnd vor zorn nach siner art zittern würdet
vnd zů beden wenden sehen, sinen wadel hin vnd wider werffen vnd
sine horn fürkern, als ob er yetz vechten wöll.» Der löw sprach:
«Wol hin! Ich will dinen rat vffnemen vnd sich ich, als du mir
20 fürgibest, so mag ich wol gelouben, das du mir war gesagt habest.»
So nun Dymna den löwen vff sin fürnemen bracht hat, do gedacht
er, zů gon zů Senespa, das er jm sin hertz verkert gegen dem künig
vnd einen hassz zwüschen jnen machen möcht, vnd wolt doch nit on
wissen des küngs zů Senespa gon. Vnd sprach: «Herr künig, wilt
25 du, so will ich gon zů Senespa, zů erfaren, was er thů vnd was
wandels er habe, vnd sine wort vernemen, an denen ich villicht ett-
was diser meinung enston möcht, dir wider zů sagen.» Der löw
sprach: «Gang hin vnd hab acht siner übung vnd bericht mich dero!»
Dymna gieng zů Senespa in sin hůß, in truriger gestalt, vast schwär-
30 mütig, vnnd nam Senespa mit zůchten eersamlich vnd sprach: «War-
umb hab ich dich in so vil tagen nit zů hoff gesehen? Ist es icht
nůwes?»

[53] Vnnd vieng an vnd redt mit Senespa dise wort: «Welicher
frummer lebt nit sinem lust vnd willen vnd mer in willen vnd ge-
35 uallen sins herren, des er diener ist, wiewol in denselben weder
trůw noch glouben ist, daran sich ein getrůwer diener ein einig
stund gewissz lassen möcht?» Antwurt Senespa: «Was ist das, da-
uon du sagest? Ist icht nůwes zů hoff?» Sprach Dymna: «Ja.

Aber wer ist, der fürkumen mag, das geordnet ist? Oder wer ist
diser, der zů grosser eer vnd wird kumpt vnd darnach nit wůttrichet?
Oder welicher volgt nach sinem eignen gelust, das er nit felt? Oder
welicher verpflicht sich der wyb minn vnd wirt nit betrogen? Oder
5 wer bätt einen narren vmb ein gab, das es in nit gerůw? Oder wer
hat gesellschafft mit den bösen vnd bleib vngeletzet? Oder wer
wonet in der fürsten dienst, das jm sin gůter lůmbd vnd eere nit
bekrenckt werd? Gerecht ist das wort deren, die gesprochen haben:
Die liebe vnnd die trůw der fürsten gegen jren dienern glycht wol
10 einer üppigen frouwen, die hangt an eim nach dem andern vnd dem
letsten dem liebsten.» Antwurt jm Senespa: «Ich můß an dinen
worten verston, als ob dir ettwas nůwes mit dem künig begegnet
sye.» Dymna sprach: «Ja, es ist war; doch so berůrt es mich nit.
Aber wolt got, das es mich berůrt! Ich wolt mich darjn schicken.
15 Aber die fründtschafft, so zwůschen dir vnd mir ist, vnnd die glůbd
vnnd vereinigung, die ich dir schuldig bin zů halten, ouch das ich
dir min gesellschafft zůgesagt hab syder der zyt, do mich der löw
zů dir schickt, so wyst ich kein weg, damit ich dir denselben glou-
ben nützlicher gehalten möcht, dann jch schwůr dir, das jch dich
20 nymmer betriegen oder min gelůbd der vereinigung zwůschen vns
beyden brechen, besunder ich wolt dir offnen, was mir kündig würd
alles des, darjnn dir schaden begegnen möcht.» Antwurt Senespa:
«Was ist das?» Dymna sprach: «Mir ist durch einem getrůwen ge-
sellen heimlich gesagt, das der löw zů einem sinem diener gesprochen
25 hab: «Mich wundert von Senespa, das er ist so groß vnd feist, das er
mir gantz nicht nütz ist, dann minen hunger mit jm zů setten vnd ůch
des ouch zů geben.» Vnd do ich das vernomen, hab ich daby ver-
standen des künigs vntrůw vnd sin boßheit, dich also in den tod zů
geben, vnd hab dir das nit wöllen lang vnuerkündet lassen, gnůg zů
30 thund der bündtnuß zwůschen vns beyden, vnd hab herjnn allein sorg
diner person.» Als nun Senespa dis wort hört, do erschrack er des
vnd ward betrůbt vnnd sprach zů Dymna: «Es gezimpt dem [54] lö-
wen nicht, böses wider mich fürzůnemen; wann ich habe jm nie args
gethon oder yemant in der welt. Aber villicht hört er erlogne wort,
35 die wider mich zůruck gebrucht werden. Dann ich weiß, das ettlich
wandel zů jm haben, die voll aller boßheit sind vnd jm schmeichwort
vorsagen, als ob die war syen. Nun bywoner der lügner vnd der
bösen gebirt hassz vnd nyd. Dann ich weiß, das vil herren des hoffs

sind, die mich benyden vmb den staut, der mir von dem küng zů-
geachtet ist. Nun ist der küng so uil vnd menig mal von sinen vn-
getrüwen dienern, in die er doch glouben gesatzt hat, betrogen wor-
den vnd gefelschet, das er ganntz trůwänig worden ist vnd yetz von
den getrüwen, frumen vnd einfältigen des glych gloubt, das er an den
bösen funden hat, vnd wirt eins mals glych thůn als ein wasservogel.
Der schwam nachtes vff einem see vnd sach ein schatten von eim
sternen in dem wasser vnd sach das für einen visch vnd tuchet sich
vnder das wasser vnd sůcht den die gantz nacht vnd kund den nit
finden; zůletst ließ er von sinem sůchen. Morndes jm tag sach er
einen visch vnd gedacht, es wär das, so er in der nacht gesehen het,
vnd achtet, das nit zů fahen, vnd leid daby hunger. Wie? Ob lugen-
hafftige wort von mir an den küng gelangt sind, vnd er versicht sich,
nach dem jm vor von andern geschehen ist, das sollichs gegen mir
ouch war sye, vnd gedenckt, mich darumb zů uerdilcken, vnd be-
trachtet nit, das ich sinem gemůt so gantz gewillfart hab vnd alles
das vermitten, das ich wüst jm widerwärtig zů sind? Wann nun
zorn vnd nyd vmb vrsach vfferstat, so ist hoffnung, das der ett-
wann gemiltert werden mög; aber wann sich hassz oder zorn on vr-
sach anfacht, so ist nit hoffnung einer besserung; dann wann die
vrsach fürgehalten vnd nit erfunden würdet, so wirt der zorn hin-
geleyt oder die vrsach wirt verantwurt nach billicher meinung oder
durch genad aberbetten. Aber was mit falsch zůrugk geschicht
on fürgehaltne vrsach, das wert bis in den tod. Nun weiß ich gantz
kein vrsach, darumb mich der küng so hart hassen sol. Ich weiß
ouch nit, das ich mit jm ye gezweyet sy, jch hab dann zů zyten in
sinem heimlichen rat wider in gerett, so mir sin fürnemen nit gefiel
vnd so er ettwann also sprach: «Ich will das also vnd nit anders»,
vnd ich jm sagt, was arges jm dauon enston vnd was gůtes dauon
kummen möcht, wann er das vermitt; vnd hab das nit offenbar vor
yemans, sunder allweg [55] heimlich vor jm allein geredt. So ge-
bürt doch einem künig, das vnrecht siner diener zů wegen vnd nach
grössy der verschuldigung pin zů setzen. Aber er sagt war, der da
sprach: Welicher sich vff das mer gyt, der ist vrsach sins vnder-
gangs; vil mer der sich gibt in dienst des künigs. Dann ob der
künig frum vnd getrüw ist, so ist doch müglich, das ein vnschuldiger
durch ettlich vntrüw mitwoner in solich strick vall, daruß jm die
andern nit gehelfen mögen. Wer weist, ob mir das allein geschicht

durch gůt vnd getrůw rāt, so ich dem kůng gethon hab, damit ich
sin genad fůrer dann mins glych überkummen hab? Dann der boum,
der gůt ist, můß dick engelten der vile siner gůten frücht, die er
tragt; dann die est brechen von schwāre der frucht, vnd wirt ouch
5 by wilen darumb vff die erden zerbrochen. Des glychen der vogel
Choes, des flügel edler spys sind, dann was sust an jm ist, vnd sind
doch jm zů grossem schaden; dann wann er geiagt würt, so beschweren
sy in, daz er zůletst zů der erd velt. Ein gůt pferd engilt siner
stercky; dann es wirt dester vester überladen vnd gebrucht, bis es
10 vmbkumpt. Des glych ein frumer wyser man, dem jst dick sin wyß-
heit zů schaden; dann er würdet dadurch von sinen mitwonern ver-
nydet, das jm zů schaden dient; dann in allen stetten sind der bösen
mer dann der gůten. Ist aber dis min zůfal durch keinr dirr vr-
sachen, so ist es villicht ein vrteil gottes, die kein mensch widerrüffen
15 mag.» Sprach Dymna: «Du solt wissen, das die vindschafft, so dir
der löw tragt, jst durch kein der erzalten vrsachen, besunder durch
eigen gesamelt boßheiten sines hertzen; wann sin anfang ist allweg
süsser honig vnd sin end tödtlich gifft.» Antwurt jm Senespa: «Yetz
gloub ich dinen worten, daz sy war syen; dann ich hab dasselb honig
20 versůcht vnd ducht mich vast sůß in der empfindung. Nun empfind
ich, das ich vff die gifft kummen bin, dauon du mir sagst; dann wär
min begird nit sunder zů dem löwen gestanden durch sinen süssen
wandel vnd wort, jch wär by jm nit belyben, besunder so er fleisch
ysset vnd ich graß. Aber min will vnd gelust zů dem löwen hond
25 mich in disen strick geworffen, vnd mir ist geschehen als den bynen,
die by der sunnen vffgang, so sich die blůmen vffthůnd, darjn sitzen
vnd durch die süssy, so sie darjnn befinden, verharren bis zů der
sunnen vndergang, das sich die blůmen wider zůthůnd, das sy darjnn
verderben. Dann [56] wer sich nit lat benůgen mit zimlicher narung
30 in diser zyt, sunder des ougen nachuolgen der yppigen eer diser welt
vnd künfftigs nit bedenckt, der ist glych der fliegen, die nit genůgig
ist, zů sugen die füchti der frücht, sunder sie setzt sich an die cor-
per der mächtigen tier, von denen wirt sy dann zů tod gequetschet.
Welicher ouch mit getrůwem rat vnd liebi in arbeit vnd můdi sins
35 gemůtes beladet sinen lyb durch den, der es nit bekennt, der ist glych
dem, der sin heimlicheit sagt einem, der nit gehört.» Dymna sprach:
«Verlaß dise wort vnd sůch weg dir zů fristung!» Antwurt Senespa:
«Was rates mag ich gewinnen, will mich der löw tod haben? Dann

ich erkenn des löwen sytten vnd sinen rat; vnd ob er mir gütes
gůudt vnd aber die rät, so vmb in sind, böses, so mögen sy mit ir
boßheit vnd vffsätzen mich leidigen, bis sy zwůschen jm vnd mir vindt-
schafft machen. Dann wann ein ganntze samlung der verräter sich
vereinen wider einen, vnd ob der vnschuldig ist, noch mögen sy in
vmbringen, vnd ob er wol mächtig oder starck ist vnd sy kranck, glich
alß dem camel von dem wolff, rappen vnd fuchs geschach.» Dymna
sprach: «Wie waz das?» Antwurt Senespa: «Man sagt, es sy gesin
ein löw, der het dry mitgesellen siner [57] diener, ein wolff, ein fuchs
vnd ein rappen. Vff ein tag gieng dafür ein kouffman vnd ließ da
ein camel, das vor müdy nit fürer kummen mocht. Das gieng vnd
sůcht sin weide, damit es sich wider zů krafft bringen möcht. Von
geschicht kam es zů der statt, da es den löwen vnd sin gesellschafft
vand. Zů dem sprach der löw: «Durch was vrsach bistu hye?» Ant-
wurt das camel: «Ich bin hye, zů dienen dem küng, ob er min ge-
rücht, vnd zů erstatten sin gebott.» Antwurt der löw: «Gefelt dir
vnser gesellschafft vnd wilt du mir getrüw sin, so magst du sicher
by vnß belyben mit rüw vnd on forcht aller widerwärtigkeit.»

Also bleib das camel by dem löwen manig zyt. Vff ein zyt, als
der löw was ußgangen, zů sůchen sin spyß, kam zů jm ein helfand,
das sich gegen jm strytes annam, vnd wundet den löwen mit sinen
zenen vnd reiß jn an mengen enden, also das der löw von dem hel-
fand mit onmacht entran wund vnd blůtig zů siner wonung, vnd mocht
fürohin sin spyß nit mer sůchen. Es begab sich, das den löwen sin
hunger bestůnd, vnd sach ouch, das sinen gesellen spiß gebrast. Dis
bracht dem löwen truren vnd sprach zů jnen: «Ich sich vnd merck
ůwern mangel. Nun wär ich schuldig, ůch als jungen vnd mine
diener zů uersehen.» Sy gaben antwurt vnd sprachen: «Wir truren
nit allein vmb vnser notturfft, dann vast mer vmb dich, als vnsern
herren, mit betrachtung, was an dir gelegen ist, mit grosser begird,
dinen gebresten zů wenden nach vnserm vermögen, das wir ouch
bisher nit gespart haben.» Antwurt jnen der löw: «Ich hab bisher
ůwern flyß vnd ernst befunden vnd getrüwen rat; vnd möchten ir
ußgon, villicht fundent ir spyß, der ir vnd ich erfröuwet werden
möchten.» Vnd als sy vff des löwen verschaffen jn das feld kamen,
do teilten sy sich von dem camel, das sich nun in jr gesellschafft
gethon het, und trůgen an einen rat vnd anschlag vnd sprachen zů-
samen:

«Was tougt by vns daz camel, so es krut ysset vnd wir fleisch?
Es ist doch nit vnser natur noch vnsers rates.» Vnd sprach der
fuchs: «Nicht bessers, wir gangen zů dem löwen vnd raten jm, daz
camel zů essen, vnd sagen jm, das es jm vnd vnser gantzen gesell-
schafft vnnütz sy, vnd das wirt jm vnd vns zů gůtem.» Antwurt
der wolff: «Das mag nit wol sin vnd gezimpt vns ouch nit wol, dem
löwen das zů raten, angesehen den glouben, den daz camel jm getͦon
hat.» Sprach der rapp: «Bliben ir hye an vnser statt vnd lassent
mich gon zů dem löwen!»

[58] Vnnd do in der löw ersach, do sprach er: «Hast du ichtzit
eriagt?» Er sprach: «Nein. Allein der vernünfftig verstat vnd der
ougen hat, der sicht; aber der hunger hat vns die beide genumen.
Doch haben wir eins gedacht, damit wir hoffen, das leben für dich
zů behalten vnd ouch für vns.» Fragt der löw: «Was ist das?»
Do sprach der rapp: «Vns dunckt geraten sin, du nemest das ca-
mel dir vnd vns zů spyß; dann es ist nit vnnsers geschlechtes oder
wir des sinen, gehört ouch gantz nicht in vnsern rat.» Der löw
erzürnt über den rappen vnd sprach: «Schwyg, du verflüchter! Got
můß dich schenden! Wie schnͤöd ist din rat! Es ist in dir weder
trüw noch gloub. Wie solt du so getörstig sin, mir disen rat zů ge-
ben? Oder weist du nit, was ich dem camel mit minen worten zů-
gesagt vnd gesichert hab by minem glouben, vnd daz in der welt
kein grösser gerechtigkeit ist, dann zů hilff kummen dem vnschul-
digen, des blůt vnuerschuldt vergossen werden sol?» Antwurt der
rapp: «Herr künig, du sagst war; aber durch einen lyb werden all
lib dis huses erlöset vnd der lib des gantzen geschlechtes vnnd des
küniges volck alles, das durch dinen tod verwysen würd.» Der rapp
kam wider zů sinen zweyen gesellen vnd sagt jnen, was er geredt
vnd was jm der löw zů antwurt geben het, vnd wurden [59] fürer
zů rat, wie sy die sach volbringen wolten. Sprach der fuchs:
«Ich merck, das der löw allein sin glübd in disen sachen besorgt;
dawider müsten wir diser sach ein solliche gestalt geben, das der
löw von siner gelübd gelediget würde; villicht würd er volgen.»
Sprach der rapp: «Herr fuchs, wir losen gantz dines rates zů vnserm
heil.» Der fuchs sprach: «Mich will gůt duncken, wir gangen mit
einander für das camel vnd erzelen jm die vergangen gůttät, so wir
von dem löwen on alles mittel empfangen haben, mit erzelung, das wir
schuldig syen, jm das zů widergelten, wiewol wir jm eins für tusige

nit macht haben, zů uergelten, das er vns gůtes gethon hab. Nun mö-
gen wir nicht finden, das wir jm geben; darumb wöllen wir jm, vnd
yeglicher jn sunders, vnser selbs person überantwurten, das er vns zů
spyß hab, vnser yeglicher also sprechende: «Herr küng, jch will, das
5 du mich essest, vmb das du nit hunger sterbest.» Vnd wann vnder
vns dryen das einer spricht, so stand der ander vnder vns für vnd
sprech dasselb wort bis {an das camel. Damit erwerben wir gegen
dem küng grossen willen, vnd wenn es zůletst an das camel kumpt,
das es ouch also spricht, so gehellen wir darjnn vnd bezeugen, das
10 jm durch sin gehell nicht vnrecht geschicht.»

[60] Der fuchs gieng vor zů dem löwen vnd sprach: «Herr küng,
der rapp hat vor dir geredt, wie du dinen hunger vff dißmal büssen
möchtest, damit wir, dine diener, vnnd din gantz land nicht durch
dinen tod beschwert werden. Nun merck ich, daz dir der rapp ein
15 rowe meinung fürgehalten, die in dir als in einem gerechten künig
gantz kein gestalt hat; dann der küng on glouben ist glych einr
glocken on einen kal vnd ein figur aller boßheit. Darumb, herr der
küng, wellest mich, dinen knecht, verston, so findest du jn minem rat
das dir din hunger gebüsset vnd von dir der geloub nit verruckt wirt.»
20 Antwurt der löw vnd sprach: «Ich mag dins rats losen.» Der fuchs
sprach: «Herr, hastu nit wol vmb alle dine diener verschuldet mit
diner trüwen bewarung aller notturfft, so du vns erzeigt hast die ver-
gangen zyt, das wir vns selbs dir zů spyß erbieten? So gebürt dir,
dins willens zů leben; dann die recht sagen, daz an dem, der ver-
25 williget, nit gloub gebrochen würdet.» Antwurt der löw vnd lobt
disen rat des fuchs vnd sprach: «Von den wysen hört man wyßheit
vnd von den getrüwen die gůten rät.» Vff das gieng der fuchs zů
sinen gesellen vnd sagt jnen, wie er vom löwen gescheiden was. Es
geuiel jnen vnd beschickten das camel vnd giengen hin zů dem löwen.
30 [61] Also vieng der rapp an, zů reden mit dem löwen, vnd sprach:
«Herr küng, yetz bist du glich zů dem tod genahet vnd betrachtest
nit, dir selbs zů helfen; aber vns gezimpt, dir vnser eigen person zů
geben durch die trüw vnd barmhertzigkeit, so du vns all zyt erzöugt
hast. Dann von dir haben wir gelebt vnd hoffen noch vnser nach-
35 kummen von dir leben söllen. Nun will ich, herr, das du mich essest.»
Sprach bald der wolff: «Schwig du, rapp! Dann din fleisch ist nit
gůt. Es wär ouch dem küng nit nütz; wann vngesund fleisch meret
den siechtagen. Nun bist du gantz ein schwartz fleisch, von dem

ethica wachset. Min fleisch ist gůt; der kůng sol mich essen.» Bald
antwurt der fuchs dem wolff: «Din fleisch mag dem kůnig nymmer
gesund sin; dann wer sich geren tödten wöll, der essz dins fleischs,
so wirt er von stund mit dem tod vmbgeben.» Vnd sprach: «Herr der
5 kůng, yssz mich! dann ich bin dir gesund.» Das camel thet vff sinen
mund vnd sprach: «Schwig, fuchs! du weist, das din fleisch gesůchtig
ist vnd din lib gantz vol vnreinigkeit.» Vnd versach sich das ein-
fältig camel, es solt von sinen gesellen ouch also mit worten abgeredt
werden vnd das soliche wort allein hoffwort sin solten, vnd sprach
10 jm selbs zů grossem schaden: «Herr, yssz mich! dann ich mag dich
gesetten vnd min lyb ist vol lustlicher spyß vnd vol gůtes geschmackes,
von blůt vnd gůtem fleisch durchzogen mit gůter feisti; darumb, herr,
nym mich zů spyß!» Der rapp sprach: «Herr kůng, das camel hat
wol geredt.» Vnd sprach wider das camel: «Du hast hofflich gethon,
15 vnd ich mag, herr kůng, dir das wol raten. Es mag dir, herr, dinen
krancken, hitzigen lib wol erfůchten.» Der fuchs sprach: «Camel,
din geschlecht nach dir soll des billich von dem kůng geniessen, das
du dich zů vffenthalt sins lebens geben wilt.» Vnd redt zů dem kůng:
«Herr, wer sich begibt, an dem würt nit gefräuelt oder keinerley
20 glůbd überfarn, so das camel sich so williglich dir als sinem herren
opfern will, das die göt gesatzt haben, das sy lebendig opfer mit ver-
giessung des blůts empfangen haben.» Der wolff sprach: «Herr kůng,
jch sag dir, daz die bůch der rechten sagen, das in nötten alle ding
des fürsten sind, jm zů siner nottürfftigen niessung, vnd ob das on
25 willen der vnderton beschicht, vil mit besser gewissen magst du daz
mit diser willigen erbietung tůn, angesehen dinen krancken lib, an
des tod dem rych mercklicher schad vnd abgang ligen würd. Nun
ist mir nit zwyfels, dich sol das camel [62] mit sinem lyb mit ge-
sundem, wol schmackendem fleisch also spysen vnd setten, das dir
30 dauon gar behende gesundtheit erston werde; dann sin fleisch allein
von gůten, wol schmackenden krůtern erwachsen ist, dauon dir wider
ein gesund nůw blůt gemert werden mag.» Vnd giengen die dry
daruff zůsamen vnd zugen das camel zů der erden vnd gaben das dem
kůng vnd jnen selbs zů spyß, wiewol der löw, als ob er erbermd
35 damit het, sich erzeigte.

Dís byspel hab ich dir fürbracht, zů glichen minem kůnig, dem
löwen, vnd sinen gesellen. Dann ich merck, das sy über mich ver-
sammlet sind, mich zů tödten; vnd ob der kůng nit des willens ist,

so tragen sy täglich die wort in sin oren, damit sy doch letst iren anschlag volbringen. Aber es sprechen die wysen: Der loblichest vnder allen künigen ist, der da glicht eim adler, vmb den alweg vil todter cörper sind; vnd der vnloblichest küng ist, der da glicht eim todten cörper, vmb den alweg vil gyren sind. Dann het der küng ein recht fridsam hertz vnd gerechten willen gegen mir, noch so möchten in zületst solliche vnnütze wort abwennden oder sin gütigkeit verkeren. Dann du syhest, das die tropffen des [63] wassers so lang vff einen herten stein vallen, bis sy darjn ein loch machen.» Dymna sprach: «Was dunckt dich gůt, das ich herjnn thün sol?» Antwurt Senespa: «Ich weiß nit bessers, dann weg zů süchen zů rettung miner person; dann ich weiß kein gerechtern stryt, dann das einr sinem gesellen, zů dem er vertrůwet ist, gelouben haltet, vnd der für sinen eigen lyb trůwlich vichtet wider die, so jm sin leben mit falscheit kürtzen wöllen. Dann jm begegnen zwey gůte: das ein, wirt jm dazwüschen sin leben genumen, so hat er ewigs leben; dann er ist vmb vnschuld gestorben; das ander, mag er sin leben gerettet, bis die falscheit an den tag kumpt, so überwindet er sinen veind vnd macht den zů schanden.» Antwurt Dymna: «Es gebürt sich nit einem verstendigen man, sich jn arbeit des tods zů geben, so er doch entsagen mag mit andern fügsamen anschlegen. Dann stürb er also, er wurd an jm selbs schuldig, vnd sunder ein wyser der sol sin anligenden krieg zů end setzen vor allen andern sinen geschäfften. Es ist ein gesprochen wort, das niemans sinen veind verachten sol, vnnd ob der vast schwach vnd nit achtbar wär; so weist du die stercky des löwen vnd sin macht. Dann wer sins vyndes geschefte verachtet, dem geschicht als einem vogel, der was fürst des meres, gegen zweyen wasservogeln.» Senespa sprach: «Wie geschach dem?» Antwurt Dymna: «Es waren zwen vogel an des meres staden, ein man vnd ein wyb, vnd do das wyb junge gemacht, sprach sy zů dem man: «Besich vns vmb ein ander statt, die sicherer dann dise sy, da wir vnser junge erziehen mögen, bis sie selbs wandlen mögen!» Antwurt der man: «Ist nit dis ein sichre statt? Hye ist wasser vnd lustlicher stad mit gůten krütern vnd besser dann wir sust finden mögen.» Das wyb sprach: «Gedenck, was du sagest! Sichst du nit, das das mer vßgon vnd vns vnser nest mit den jungen hinfüren mag?» Der man sprach: «Ich mag das nit glouben; dann der fürst des meres wurd vns an jm rechen.» Antwurt das wyb: «Wie torlich redest du!

4 *

Weist du nit, das niemans so starck ist in der welt, der des meres
gewaltig sy, oder jm vnd sinen fürsten widerston mög? Es jst noch
war, das man spricht, es sy kein schädlicher veind, dann ein man jm
selbs; das bist du ouch. Volg vnd laß vns von diser statt wychen!»
5 Vnd do der man dem rat sins wybs nit volgen wolt, do sprach sy:
«Welicher nit güttes rates siner fründ leben will, dem geschicht zů-
letst, als der schiltkräden.» Der man sprach: «Wie waz das?» «Also»,
sprach die frouw. «Es waren by einem veld by einem brunnen by
einander in gesellschafft zwen [64] vogel vnd ein schiltkräd. Vnd vff
10 ein zyt begab sich, das es lang nit regnet, vnd ersyg der brunn vnd
ward das erdtrich vast dürr. Deßhalb wurden die zwen vogel zů rat,
sich von der statt an ein andre, da nit gebrest des wassers wäre, ze
thůnd, vnd giengen zů der schiltkräden, vrlob von ir zů nemen, vnd
sagten jreu gebresten des wassers. Die gab jnen antwurt: «Ich weiß,
15 daz üch nit wassers gebresten mag; ir mögen daz allweg zů ůwer
notturfft erholen; aber mir armen, die allein jm wasser leben
můß, mag daran gebresten, vnd bitt üch, thůnd mir gnad vnd
nemen mich mit üch!» Sy sagten ir das zů vnd sprachen: «Nun
lůg, wann wir dich durch die lůfft füren, bekumpt dir yemans, daz
20 du nicht redest, oder fragt dich yemans, so hůt, daz du nit ant-
wurt gebest!» Sy sagt das zů thůnd. Sie sprachen: «Nymm ein clein
höltzlin in dinen mund vnd behalt daz hart in dinen zenen, so will ich
das an einem vnd min gesell an dem andern ort nemen vnd dich also
fliegende mit vns durch die lůfft füren an die statt, die wir vßerwelt
25 haben.» Das geschach also, vnd do sy in durch die lůfft in der höhe
fůrten, do sahen das ettlich sines geschlächtes, die schruwen zů einem
wunder: «Sehend vnd schouwent wunder! da flügt die schiltkräd durch
den lufft zwüschen zweyen vogeln!» Do das die schiltkräd erhort,
do gab sy antwurt: «Ja, ich flůg hye, ob üch das wee thůt.» Vnnd
30 als sy jren mund vffthet, zů reden, do entgieng ir daz höltzlin uß
jren zenen, vnd viel hernider zů der erden, das sy starb.»

[65] Do sprach der man zů dem wyb: «Ich hab dine wort ver-
standen, aber acht nit des meres.» Es geschach, do daz wyb ir vögelin
ußgebrütet, do vernam der fürst des meres, das jn der vogel so gar
35 verachttet, vnd wolt mercken, wie sich der vogel sin erweren wolt,
oder wes rat er darjnn haben wolt, vnd schůff das mer zů wachsen,
so das es dem vogel sine jungen mit dem nest hinfůrt. Do das wyb
dis befand, sy sprach zů dem man: «Nun ist vns din torheit uff vnsern

halß genallen mit verlust vnser kinder.» Antwurt der man: «Du
wirdest noch befinden, das vns der fürst des meres vnsere kind
vndancks wider geben müß.» Vnd hüb sich uff vnd gieng zů sinen
gesellen vnd allen andern vogeln by dem mer vnd clagt jnen, waz
jm zůgefůgt wär durch den fürsten des mers, «vnd wa das nit für-
kummen würd, so wissen ir nit, wa ůch des glych begegnen mag.»
Die vogel all gaben jm antwurt: «Vns mißfelt, daz dir geschehen ist,
vnd dunckt vns billich, dir hilff zů thůnd; aber was mögen wir wi-
der das mer vnd sinen fürsten vechten? Aber vnser hilff nach vn-
serm vermögen solt du an vns finden.» Antwurt er: «So ist min
rat, das wir all gemeinlich gangen zů der künigin der vogel; das
ist die störckin, die ist vns zů sůchen.» Vnd [66] do sy die sůchten,
do funden sy die by jrem volck vnd clagten ir des vogels mangel,
der jm durch den fürsten des meres zůgefůgt wär. «Nun bist du
vnser künigin vnd din nam ist stercker, dann der fürst des mers.»
Die störckin nam die clag vff vnd schreib jrem man, das er ein stryt
wider den fürsten des mers übte. Do der fürst des meres das horte,
do wůst er sich gegen dem fürsten der vogel zů kranck vnnd hieß
dem vogel sine kind wider antwurten.

Dis byspel hab ich dir gesagt, das dir nit nůtz ist, den küng
zů uerachten vnd wider in zů uechten vnd dich damit in sorg des
todes zů geben.» Antwurt Senespa: «Nicht dunckt mich besser, ich
gang zů dem künig vnd erschin glich frölich vor jm, das ich jm keinen
argen willen erzöug, dann glych wie ich vor zů jm gangen bin, bis
das ich von jm sich, das zů förchten ist.» Do dis Dymna hort, do
hett er darab mißfal vnd gedacht, wurd der löw nit die zeichen an
jm sehen, die er jm vor gesagt het, so möcht der löw gedencken, das
sin fürtrag argwänig wär, vnd möchten dadurch sin anschleg offenbar
werden, vnd sprach zů Senespa: «Nach dich zům küng! dann magst
du warlich befinden durch sin geberd, was ju jm ist.» Antwurt
Senespa: «Wie mag ich das wissen?» Antwurt Dymna: «Wann du
zům küng kumpst, syhest du in dann freuelich ston vnd gegen dir
sehen, als ob er zů fechten bereit sey, vnd wegt sin houbt gegen dir
vnd sicht dich mit gesperten ougen an, mit jngedruckten oren vnnd
das er mit sinem wadel uff den herd clopfft, so wissz, das du tod
bist, vnd hůt dich vnd bis bereit zů der wer!» Antwurt Senespa:
«Sich ich von dem löwen, das du mir sagst, so merck ich, das du
mir war gesagt hast.» Vnd do nun Dymna das gemůt des löwen

wider Senespa vnd das hertz Senespe wider den löwen bewegt vnd jrrig gemacht het, do gieng Dymna zů sinem brüder Kellila. Der sprach zů jm: «Durch was kumpst du zů mir in diner sach?» Antwurt Dymna: «Ietz nahet heil vnd glück nach miner begir vnd dinem gefallen; dann ich hab sollich widerwärtigkeit zwüschen dem küng vnd Senespa gesäet, das ich weiß, das Senespa von des. küngs handen sterben wirt.»

[67] Damit stůnd Kellila uff vnd gieng er vnd Dymna zů dem löwen. In dem kam Senespa ouch zů dem löwen gangen. Der löw nam jm wunder ab Senespas zůkunfft vnd gedacht an die wort Dymnas vnd besach Senespam mit sorgen vnd zorn. Vnd do Senespa vom löwen die zeichen, wie jm Dymna vor gesagt het, ersach, das er gegen jm mit zornlicher geberd uffstůnd vnd sin oren schmuckt vnd mit sinem wadel uff den herd schlůg vnd mit gesparten ougen ansach, vff stund gedacht er, das jm Dymna war gesagt het, vnd sprach zů jm selbs: «Vnsälig ist der, der in der fürsten sal wesen sol. Dann er můß in den größesten sorgen leben, glych dem, der by schlangen vnd by gifftigen tieren wont in iren cauernen; dann es mag by beiden nymer gůt end nemen on mergklichen schaden jr lybs oder ceren.» Vnd gedacht damit, ouch vmb sich zů lůgen vnd mit vorteil in dem sal zů stond, das er dem löwen entwychen möcht oder zů wer kummen, bis durch yeman gescheiden würd. Do der löw sach Senespas vorteiligs ston vnd sin vmbsehen, erst gloubt er, was jm Dymna gesagt het, was geberd Senespa haben würd, vnd sprang' wider Senespa vnd schlůg in übel wund. Senespa wart sich, so best er mocht; doch mit erbietung fridlicher [68] wort. Aber des löwen můt was so in zorn enbrunnen vnd schlůg Senespa so groß wunden, das Senespa tod belyb. Vnd do der löw sach Senespam tod ligen, do besach er jn vnd ward betrůbt in sinem gemůt, das er on redlich erfindung warheit vnd rechtes Senespam vom leben zům tod vnd sin blůt vergossen het.

Als nun Kellila dis gesehen het, do sprach er zů Dymna: «Lůg das end diner werck vnd diner red, die frylich böß sind! dann du hast den löwen betrůbt vnd Senespam ertödtet vnd die hertzen des ganntzen hoffs verkert gegen dem künig, das sy schrecken ab diser sach genummen, so sy den küng bisher all zyt gůttig erfunden vnd yetz so tyrannisch gesehen haben; vnd zů dem allem ist zů besorgen, das din gůt wort, damit man dich bißher gelobt vnd lieb gehabt hat, gantz zů hassz kummen werd, so sy dis din übeltat befinden. Dann es ist vnmûglich, das es nit offenbar werd. Hast du nie gehôrt, daz ein bôser rat ist, wer krieg oder blûtvergiessung sûcht? Dann sich soll ein wyser vor krieg bewaren, so ferr er mag, ouch sinem herren den on mercklich vrsach anzûvahen, nit raten; dann sin vßgang ist zwyfelich, vnd man spricht, [69] das nie sach hôher sinn bedôrfft, dann vrlug vnd hoher wyb minn, wer die on mißglûck triben sol. Ich sag dir, Dymna, jch besorg, das dich din übergelust eer vnd gewalts durch disen valschen anschlag zû bôsem end bringen werd vnd du werdest zûletst sameln, das du gezwigt hast, vnd schnyden, daz du gesâet hast, vnd bôses über dich vnd mich gon werd. Ich hab dich von anfang gestrafft vnd dir geoffenbart, was dir nach volbrachter sach nachuolgen werd; aber ich hab befunden, das min lere an dir nit verfangen hat, vnd ich volg billich dem, der da spricht: Nit bekümmer dich, den zû wysen, der nit volgen will! Ler den nit, der nit lernen mag! Straff ouch den nit, der vngestrafft sin will!» Dymna sprach: «Wie was das?» Antwurt Kellila: «Man sagt, es sy gesin vff einem berg ein schar der affen. Nachtes vff ein mal was es kalt, vnd sy sahen einen schin von einem nachtwürmlin vnd wonten, das es ein für wär, vnd samelten vil holtzes vnd leyten das über den schin vnd bliessen die gantz nacht mit mund vnd hend. Nun was des würmlin schin vnder einem grossen boum, daruff vil vogel waren, deren ettlich herabkamen vnd sprachen zû den affen: «Ir wercken vmbsust; dann dis ist nit sollichs, das ir wenen.» Vnd do sy das nit vermyden wolten, do strafft sy der ein vogel irs torechten gemütes. Zû dem gieng einr vnder den affen vnd sprach: «Lieber, nit wyß, das nit vnderwisen will sin, vnd nit ler, das nit lernen mag, vnd straff nit, das sich nit lat straffen! Dann ein stein, den ein bickel nit brechen mag, den soll keiner mit sinem gûten schwert vnderston, zû houwen. Vnd nit vnderstand, zû einr wyd zû machen, das sich nit biegen lat! Dann wer das vnderstat, der nympt des keinen nutz.» Vnd do der vogel sich daran nit kern vnd von siner straff nit lassen wolt, do begryff in einer vnd tratt in mit sinen füssen, das er starb.

[70] Nvn so ich sich, das du des gemütes bist, so hilfft ouch an dir min straff nit, noch ler. Dann din hertz ist vmbfangen mit yppiger eere vnd betrugnuß, die beid bôß sytten gebern. Vnd wissz, wer sich vnderzücht des, daz jm nit gezimpt, vnnd ob das mit warheit wär, so mag doch sin fürnemen vmbfallen vnd jm geschicht, als der atzel.» Sprach Dymna: «Wie was das?» Antwurt Kellila:

«Es was jn dem land zů Persia ein rycher kouffman. Der het ein
schön wyb; die bůlet einen andern. Der man wolt des warheit be-
finden vnd zoch ein atzlen; die lert er reden, darumb, das sy jm
sagen solt, was in sinem hůß geschäch. Vff ein tag gieng der man
5 von hůß zů sinen geschäfften. Zů stund schickt die frouw nach jrem
bůlen. Der kam vnd stůnd by ir ein zyt vnd gieng wider sin straß,
Vnd do der man zů hůß kam, fragt er die atzel. Die sagt jm alles.
das sy gesehen hett von dem bůlen vnd der frouwen. Vff das schlůg
der man sin frouwen gar hart. Die frouw gedacht, daz sy ir mägt
10 verratten hetten, vnd kriegt mit jnen. Die mägt sagten ir, daz die
atzel solichs gethon hett. Do dis die frouw vernam, sy gedacht:
«Tödtest du die atzel, so wirt din man gedencken, es sy darumb, [71]
vnd hast es böser dann vor.» Vnd uff ein nacht, do der man aber
nit anheimsch was, schickt sy nach irem bůlen vnd gebot den mäg-
15 ten, das sy vmb die atzel stůnden, vnd gab der einen in ir hand ein
schell, das sy lüten solt; der andern gab sy ein spiegel, den solt sie
ye by wylen der atzel für ir ougen heben; die drytt sprangt wasser
mit einem wedel uff sie, die vierd walet ein block by dem kefyt,
die fünfft bewegt das kefyt, darjnn die atzel saß, vnd die wyl das
20 weret, mocht die atzel der frouwen handlung nit vernemen. Morn-
des kam der man zů hůß vnd fragt die atzel von sinem wyb. Die
antwurt vnd sprach: «Wie möcht ich dauon ichtzit vernemen, so ich
dis gantz nacht in so grossen nötten gewesen bin von regen, dunren,
blitzen vnd erdbidmen, das zů förchten was, die welt wölt vndergon?»
25 Vnd do das der man hort (dann es was zů wintterzyt), do gedacht
er, das alle wort, so jm die atzel von sinem wyb gesagt hett, erlogen
sin solten, vnd nam die atzel vnd tödt sy.

[72] Trůw des vogels vnd wiewol er war sagt, so stůnd jm doch
das nach siner art nit zů. Darumb hab ich dirs gesagt, zů wissen,
30 welicher sich annymt der sachen, die jm nit zůstond, vnd ob die
wärlich sind, der wirt ettwan darvnder gefellet. Vnd ich weiß, das
dir geschicht zůletst, als eim geschach.» Dymna sprach: «Wie ge-
schach jm?» Antwurt Kellila: «Es sind gesin zwen, die vff der straß
zůsamen kamen vnd sich gesellschafft mit einander vnderredten; hieß
35 der ein Trügner vnd der ander Schnell. Vnd do die mit einander
wandelten, funden sy ein säcklin voller silbers vnd kerten wider jn
ir heimat. Vnd do sy zů der statt näheten, do sprach der Schnell zů
dem Trügner: «Gib mir das halb silber!» Dem antwurt der Trügner:

«Daz geschicht nit; dann die gesellschafft soll noch lang zyt vnder vns weren; also vnser yeglicher nympt von dem silber, das er yetz bedarff, das ander söllen wir bchalten an ein sicher statt, wenn wir sin bedörffen, das wir es da finden.» Sin gesell Schnell wond, er riet das vß gůtem grund, vnd volgt sines rates vnd verburgen das silber vnder einen grossen boum vnd giengen dauon, yeglicher in sin wonung.

[73] Hör bewerung des namens! Der Trügner gieng heimlich zů dem boum vnd nam das silber alles vnd trůg das heim in sinen gewalt. Darnach kam der Schnell zů sinem gesellen vnd sprach: «Wolluff vnd gang mit mir zů dem schatz! Dann ich bin mins teils nottürfftig, zů nemen.» Diser sprach: «Gcrn.» Vnd do sy zů dem schatz grůben, do funden sy nicht. Do fieng der Trügner an, sich selbs zů rouffen, vnd sprach: «Niemans sol getrůwen sinem brůder noch gesellen; dann du hast dis selber gethon.» Der Schnell schwůr by dem lebendigen got, das er des vnschuldig wär. Antwurt der Trügner: «Diß hat niemans dann ich oder du; dann niemans hat das sust gewißt.» Vnd sprach: «Kumm! Wir wöllen gon für den richter, das er vns darumb entscheid.» Do sy für den potestat kamen vnd er sy verhort, do fragt er, ob kein zůgen darumb wären. Antwurt der Schnell: «Nein.» Der Trügner sprach: «Ja, es ist der boum, vnder dem wir das vergraben haben, zůg über dis geschicht.» Antwurt der potestat: «Fůrent mich morn frů zů dem boum, ůwer sach zů entscheiden!» Nun gieng der Trügner heim vnd sagt sinem vatter disen handel vnd sprach: «Wilt du din hilff darzů thůn, so belybt vns der schatz allein, vnd mögen den meren vns zů grosser narung.» Der vatter fragt, wie das wäre. Der sun sagt jm, wie er den schatz genummen het, vnd sprach: «Ich wolt, daz du hinnacht in den boum stigest (dann er ist von oben jn hol) vnd die nacht darjnn blybest; vnd wann morn frů der potestat käm vnd den boum fragen würd, wer das silber genummen hett, so gebest du antwurt in dem boum vnd sprechest: «Der Schnell ist kummen vnd hat das genummen.» Der vatter sprach: «Wie dick hat yppiger rat sinen herren gefelt! Fůrsich dich, das dir nit geschech, als einem.» Der sun sprach: «Wie waz das?» Der vatter antwurt: «Es was ein vogel nit ferr von einem wasser. Der hett in eim boum sin nest, darjnn er sine jungen erzoch; vnd diser het ein schlangen zů einem nachgeburen in demselben boum, die jm sine jungen oder die eyer fraß. Nun was dem vogel gar schwär, die statt zů lassen durch gůty der vische

vnd annder lustlicheit, vnd was jm doch widerwärtig, da zů sind by
sinem nachgeburen. Dis sagt er einem krebs. Der antwurt jm vnd
sprach: «Ich weiß, dir zů raten, das du allweg sicher bist vor dem
schlangen.» Vnd fürt in für ein loch by dem weg, darjnn was ein
5 tier, glich einem hund. Dem erclagt sich der vogel von der schlan-
gen. Der sprach: «Gang hin, überkumm so vil visch, daz du einen
nach dem andern legest von dem staden des wassers, biß an daz
loch des boums [74], darjnn der schlang wonung het.» Dis thet
der vogel vnd ordnet einen visch nach dem anndern bis zů dem boum
10 vnd an die hüly. Morndes gieng das tier den staden vff vnd fand
die visch vnd aß einen nach dem andern vnd kam damit zů dem loch
der schlangen vnd ertödt die vnd fand damit das loch, da der vogel
jnn was, vnd fraß den ouch mit sinen jungen.

O wie mengem gat sin anschlag über sin eigen halß! Darumb,
15 lieber sun, hab ich dir diß fabel gesagt, daz mir der gewin nit zů
uerlust kum.» Antwurt der Trügner: «Vatter, laß von solicher red!
dann dis ding ist gar lichtiglich zů tůnd.» Vnd beredt sinen vatter,
daz er in den boum stig vnd beleib darjnn die gantz nacht. Morndes
frů giengen dar die zwen vnd der potestat mit sinen knechten vnd
20 stůnd für den boum vnd fragt den, wer daz silber da dannen genum-
men het. Diser in dem boum sprach: «Der Schnell hat das genum-
men.» Der richter erschrack vnd lůgt vmb sich vnd uff den boum,
vnd do er niemans sach, da ließ er holtz vmb den boum legen vnd daz
anzünden. Do der rouch vnd hitz dem alten man in dem boum nahe-
25 ten, do ward er schryen vnd halb tod vß dem boum gezogen. Do
der potestat dis trůgnuß sach, hieß er den vatter mit dem sun pi-
nigen vnd dem Schnellen daz silber alles geben. Von solicher kesti-
gung starb der alt. Den nam der sun vnd trůg in tod heim vnd
beleib truren durch verlust sines vatters vnd des silbers.

30 [75] Nvn hab ich dir dis fabel gesagt, das du verstandest, das
zů dem dickern mal vil menschen in iren eignen trůgnussen verlistiget
werden. Darumb sag ich dir, Dymna, die bösen sitten, so du an dich
genumen hast, mögen vngestrafft nit belyben, vnd du magst hart en-
gon. Dann das blůt Senespa, das durch din anschleg on schuld ver-
35 gossen ist, růwet nit, über dich rach zů schryen. Vnd du redest mit
zweyen zungen vnd tragst zwo gestalt in dinem antlitt. Dem löwen
ist ouch gantz kein schuld zů geben gegen Senespa, allein dinr zungen,
die sy beid gegen einander verwirt hat. Dann es lebt kum yemans

in der welt, man mög in mit schmeichender zungen bereden vnd trie-
gen; dann der menschen hertzen mögen sich nit allweg vor betrüg-
nuß uffsätziger vnd geblümbter wort bewaren. Dann sy werden ge-
zogen mit dem seil der falschen fürgebung, glych dem wyb, das iren
5 man betrog mit iren gestifften worten.» Dymna sprach: «Wie was
das?» Antwurt Kellila: «Es het ein man gar ein schön wib; die waz
ein bůlerin. Uff ein tag, als ir man siechet, sprach er zů ir, daz sy
gieng zů der appoteck vnd jm koufft zů notturfft sinr gesundtheit
nach rat des appoteckers. Daz wib gieng zů dem appotecker (vnd der
10 waz ir bůl), daz er ir geb zů artzny jrem man. [76] Er fůrt sy in
die appoteck vnd stůnd da by ir ein wil vnd beualch dem knaben in
der appoteck, das er ir dazwüschen bereit, darumb sy da wär. Der
knab, nachdem er der appoteck vnbericht was vnd darzů nit wytzig,
nam er stoub in ein tůchlin vnd band das hart zů vnd gab das der
15 frouwen vnd sagt ir, sy hett, was ir zůhört. Die frouw gieng zů
huß vnd gab dem man das tůchlin also verbunden vnd gieng sy, zů
holen ein geschirr, darjnn solich artzny behalten würde. Dazwüschen
band der man das tůch vff vnd fand darjnn den stoub vnd schrey
zů dem wyb: «Was soll dis sin? Du bist nach artzny gangen vnd
20 bringest stoub.» Do dis das wyb erhort, die noch nit wider zů dem
man kummen was, das sy durch den knaben der appoteck gefelschet
was, do nam sy bald in ir hand ein syblin vnd gieng hinein zů dem
man vnd sprach: «Ach du weist nit, wie es mir gangen ist! Es kam ein
louffend ledig pferd vnd stieß mich zů der erden; damit empfiel mir
25 das gelt vß miner hand; vnd da jch daz nit bald vor menge der lüt
finden mocht, do nam ich den stoub zůsamen vnd band den jn min
houbttůch vnd bring darumb ein syblin, den zů ryttern, ob ich
villicht daz gelt darjnn fůnd.» Der man gloubt den worten des
wybs vnd gab ir annder gelt vnd schickt sy wider zů dem appotecker.
30 [77] Yetz hab ich dir dis byspel gesagt, das du verstandest,
das sich nieman vor falschen, vntrüwen worten bewaren kan, er můß
ettwann glouben daruff setzen, dadurch sin hertz betrogen wirdet.
Glych also ist der löw durch dine wort betrogen worden vnd hat
jnen geloubt. Dann wissz, das die wasser gůt sind, ee sy gemischet
35 oder getrübt werden; also sind ouch fründ vnd gesellen gůt, die
wyl kein nydiger oder böser vnder jnen wonet; vnd weiß nicht jn
der welt, dem ich dich glichen kůnd, dann eĩnr gestalt, deren gifft
vß jrem mund tropffet, vnd darumb bin ich ab diner gesellschafft

allweg erschrocken. Dann es sprechen die wysen, gesellschafft der vngetrůwen sy zů fliehen, ouch an den angebornen nechsten frůnden; aber by den, die edels gemůtes sind vnd lieb haben die gerechtigkeit, von denen solt du dich nymmer scheiden; vnd bewar dich der by-
5 wonung des vntrůwen, vnd ob er joch wyses rates sy, noch hůt dich vor sinen vntrůwen tůcken, vnd wych nit von der gesellschaft der edlen vnd gerechten, vnd ob er dir nit vil nutzes geschaffen kan, so soll dich doch von jm genůgen, das du in frum weist; aber von den yppigen vnd falschen flůch! Darumb soll ich billich von dir fliehen
10 vnd mich wyttern von dinr gesellschafft. Dann darjnn ist nicht gůtes zů finden; darumb mag jch dich wol glychen einr fabel, darjnn der kouff-man sprach: «Das erdtrich, des můs ysen essent, jst můglich, das die vogel kind hintragen.» Sprach Dymna: «Wie was das?» Sagt Kellila: «Es was ein kouffman, der het vnder annder kouffmanschatz
15 hundert pfund ysen. Die het er in sins wirtes hůß in einr statt geben, zů behalten, vnd fůr er in ein ander land nach sinem gewerb. Vnd da er nach jaren wider kam, do fordert er von disem sin ysen. Der wirt sprach: «Fůrwar, ich hett das ysen in ein winckel mins huses gesatzt vnd da-selbs hond es die můß gessen.» Sprach der kouffman: «Nie hat man ge-
20 hört noch gesehen, daz kein tier sy, das ysen essz, on ein strůß, vnd hie essen es die můß! Aber ich schätz das alles fůr nicht, allein so dich got vor jnen behůt hat, das du vnbeschädiget von jnen kummen bist.» Der wirt was fro von des kouffmans worten vnd lůd in, by jm zů essen. Vnd do der kouffman uß dem hůß kam, gedacht er, wie er dem man sinen
25 sun stelen möcht, der zůmal ein wolgeschaffner junger knab was vnd dem vatter vast lieb. Vnd do er jm den gestal, do behielt er in jn eines andern wirtes hůß vnd kam darnach wider in des mans hus. Do sprach zů jm der wirt: «Haben ir yena minen jungen sun gesehen? Den hab ich nun den dritten tag verlorn.» Antwurt der kouffman:
30 [78]: «Des vordern tags sach ich einen vogel by dinem hůß, der zůgt ein kind; ob aber das din sun gewesen sy oder nit, weiß ich nit.» Do dis der wirt erhort, schrey er mit luter stymm vnd sprach zů den vmstendern: «Hond ir ye gehört, das vogel kind hinwegfůrten?» Der kouffman antwurt vnd sprach: «Das erdtrich, des můs hundert
35 pfund ysen essen, jst můglich, daz sin vogel kind hinwegfůren.» Vnd do dis der wirt hort, do marckt er, daz er überfůrt was vnd in sin list nit helfen mochten, vnd verjach jm, das er sollich ysen verkoufft vnd verthon het, vnd sprach: «Gib mir minen sun, so will ich dir din ysen bezalen.»

«Von dir ist aller gloub gewychen», sprach Kellila zů Dymna, sinem brůder, «darumb hab ich dir dise fabel gesagt. Du hast den küng betrogen. Was ist dir mer gegen andern zů getrůwen? Nun ist in der welt nicht schädlichers, dann glouben in den zů setzen, in dem weder trůw noch geloub ist, vnnd wer dem barmhertzigkeit thůt, der es nit erkennt, vnd der den lert, der sin nit begert, vnd dem sin heimlicheit sagt, der es nit verschwygen mag. Vnd ich merck, das du nit zů wandeln bist mit dinen sytten, sunder in der natur du geborn bist, darjnn blibst du; dann ob ein boum bitter-frůchtig [79] gantz mit honig besalbt wůrde, vmb das geb er doch nit süsse frucht, vnd jch hab bisher gejrret mit diner bywonung. Dann wer den gůten mitwont, der nympt von jnen gůtz, wer aber den bösen bywont, der mag des engelten, als der wind, wann der durch kalte vnd fuly ding weet, so empfacht er dardurch bösen geschmack; weet er aber durch edel würtz vnd blůmen, so empfacht er dauon gůten vnd süssen geschmack. Nun weiß ich, das dich miner red langest verdrossen hat, aber die welt hört nymmer vff von ir natur, das die vnwissenden die vernůnfftigen hassen vnd die nidern die obern vnd die bösen die gůten.» Hyemit waren geendet die wort Kelliles mit Dymna, sinem brůder.

Svß was Senespa von dem löwen todgeschlagen vnd was den löwen das gerůwen vnd bedacht dise getat erst, nachdem jm sin zorn gestilt vnd vergangen, was er gethon het, vnd sprach: «Min gemůt jst trurig vmb Senespa; denn er was ein person wyses rates vnd hoher vernunfft, gerecht vnd getrůwes wesens, vnd weiß gegen mir kein vrsach, warumb ich in erschlagen hab.» Vnd mißuiel jm sin selbs handel mit truren. Do dis Dymna befand, do gieng er zů dem künig vnd sprach: «Herr künig, yetz hat dir got vberwindung [80] geben an dinem vinde, der din leben gesůcht hat. Vnd du bist trurig?» Der löw antwurt: «Ja, mich rüwet, daz ichs gethon hab; denn jch hab allweg sines rates begert vnd wölt des noch begeren. Dann zů loben was sin hohe vernunfft vnd verstendtnuß vnd sin edlen sitten, ouch sin lustlicher bywandel; vnd ich trag růwigen schmertzen darumb in minem hertzen.» Antwurt Dymna: «By nicht sol der küng das wort reden. Dann du solt nit erbermd haben des, vor dem sich zů entsitzen was. Dann ein frumer, vernünfftiger küng gewint gar dick mißual ab einem vnd tribt den von sinem hoff on alle gnad vnd nympt in darnach wider vnd setzt in über sin geschäfft,

so er jn frum vnd gerecht erfindet, glych dem, der ab dem triackers
vnlust hat durch sin bitterkeit vnd nit betrachtet sin krafft der ge-
sundtheit. Des glych so hat der küng etlich vast lieb vnd eeret die
· mit gaben vnd höhet in für ander, darnach vertribt er in gantz, so
5 er sin boßheit fürchten müß, als der mensch, des finger vergifft ist
worden, der schnidet in ab vnd würfft in hin, förchtende, das jm die
gifft danon an sin gantzen lyb kume.» Vnd do der löw dis von Dymna
hort, do gloubt er jm vnd nam in wider zů jm, sin red zů hören, die
er täglich mit jm treib.»

10   [81] «Von dir hab ich nun gehört,» sprach küng Dißles zů Sende-
bar, sinem wysen, «die fabel vnd glychnussen vnd daby verstanden
die werck vnd geschicht Dymnas vnd getat des löwen vnd hab des
wunder, so Dymna so ein verschmächt, böß, schnöd tier vnd das nit
geachtet ist vnder andern tieren, das es das hertz des löwen wider
15 den ochsen gereitzen mocht vnd dagegen das gemůt des ochsen wi-
der den löwen zů hassz bringen, vnd befind, das in disen worten vnd
byspeln groß ler ist denen, die das begeren in grund zů uerston,
also das sy daby abnemen mögen, sich trugenlicher menschen zů be-
waren vnd nicht glouben zů setzen, da nit gloub gehalten wirt, vnd
20 zů pflantzen die menschen, die gůtes wandels, getrůws rats vnd war-
haffter wort sind, dagegen die vngetrůwen zweyer zungen zů uernich-
tigen; dadurch gewinnt der küng fruchtbaren rat, friden vnd růw jn
sinem rych.»

    Hye hat ein end das ander capitel des löwen vnd des ochsen,
25 vnd ist das capitel von dem betriegen vnd dem nyd oder betrieglicher
verfůrung; vnd vahet nun an das dritt capitel vnd jst von der getat
Dymne vnd wie die erfragt ward; vnd ist von dem, der sinen nutz
mit eins andern schaden sůcht, vnd was dem zůletst von got darumb
erachtet ist.

30   [82] «Pinlicher kummer vnd widerwärtigkeit enstond von fal-
scher betrůgnuß erdachter wort; das hab ich», sprach Dißles, der küng,
zů Sendebar, sinem wysen, «wol vernumen in den fabeln, so du mir
gesaget hast, bis daz der löw Senespa todschlůg. Nun offnen mir,
wie sich Dymnas sach begab bis uff die zyt, das der löw in ouch
35 tödten hieß.» Antwurt Sendebar: «Herr künig, man sagt, da der
löw Senespam ertödt het, nach ettlichen tagen darnach rouw es in
hart, das er sollichs so schnell vnd on gůt vorbetrachtnuß gethon, jn
ouch nit vor zů red gestalt oder kummen lassen het; dann er was

angedenck sins gůten getrůwen rates, siner vernunfft vnd adelichs
gemessen wandels. Vnd darumb nam sich der löw an, vil vnd uil zů
sitzen vnd zů wonen ergetzlichs geschäfftes, dadurch er dis sins wi-
dermůtes vergessen vnd den in fröud gewandeln möcht. Nun was
5 vnder denselben siner diener einr der löpart, vnd nach dem vnd er
der eltest und der edler was für ander des kůngs diener, do nam in
der kůng zů sinem sundern vnd heimlichen in sin kammer, von dem
er ouch all tag rat nam, vnd handelt mit jm heimliche ding vnd be-
hielt in stätes by jm. Es begab sich uff ein zyt, das diser löpart
10 aubentz by der nacht durch das hůß gon ward, da Dymna vnd Kel-
lila in wonten, vnd hort die wort Kellile, wie er Dymna strafft vmb
die grossen verrätery, die er gegen dem kůng getriben, damit er in
zů dem todschlag Senespas gereitzet vnd bracht het. Denn Kellila
wißt allen handel, den Dymna wider Senespa on alle schuld geůbt
15 het, vnd vergewisset in, das er von dem löwen darumb nymer vnge-
strafft käm; dann es wär vnmüglich, das solicher mord, den er durch
sin lůgen vnd vffsätz zůgetriben het, zůletst nit geoffenbart vnd si-
nen lon darumb nemen solt. Des antwurt Dymna vnd sprach: «Nein,
es ist nun so ferr kummen, das es nit müglich ist, das es mer ge-
20 offnet werden mög. Darumb ist der wort fürer zů schwygen vnd
weg zů sůchen, wie man des löwen gemůt von siner trurigkeit wider
bringen möcht, vnd dem nit wyter nachzůbetrachten. Denn es ist
geschehen vnd hat mich doch selbs gerůwen, daz ich des vrsach ge-
wesen bin, vnd hat mich doch min gelust darzů getrungen.» Dis
25 alles hort der löpart vnd er gieng zů des löwen můter vnd sagt, waz
er von disen zweyen gehört het. Doch verhieß sy jm, daz keinem
lebendigen menschen zů sagen. [83] Morndes vast frů hůb sich des
löwen můter uff vnd gieng zů jrem sun vnd do sy in trurig fand, do
marckt sy, das es vmb nicht anders was, denn das er Senespa on
30 vrsach getödt het, vnd sprach zů jm: «Wissz sun, das din růw vnd
sůfftzen dir nit wider geben mögen, das du verloren hast, sunnder sy
krenckent dir täglich din lyb vnd din gemůt vnd verjrren din ver-
nunfft. Darumb offen mir, waz ist vrsach diner betrůbnuß? Dann
ist es ein sach, darumb billich zů truren ist, so wissz das keinr dins
35 hoffgesinds ist, er het mit dir mitlyden vnd ob das widerbracht wer-
den möcht, sinen flyß; jst aber das allein vmb das du Senespa ertödtet,
so ist offenbar vns allen, das du übel an jm gethon hast vnd das er
vnuerschuldet tod ist. Hettest du aber din zornigen willen zů der

stund gemeistert vnd betrachtet das leyd vnd schmertzen, den du
yetz darumb hast, so wär dir die warheit geoffnet worden. Denn es
sprechen die wysen, wer ein ding hasset, des gemůt hab ouch er-
schrecken oder schůhung darab. Nun sag mir, wie was din gemůt
5 wider Senespam, ee du in ertodtest, vnd wie darnach?» Antwurt
der löw: «Ich hab yetz vil in minem hertzen betracht diser geschicht
vnd in minem gemůt gedacht vrsach wider in vnd kan das nit finden,
warumb ich das gethon hab. Darumb růwet es mich vnd bringt mir
widermůt vnd truren. Dann all vernůnfftigen mins hoffs haben es
10 dafůr, das Senespa vnschuldiglich tod vnd was wider in gesagt, trůg-
nuß sy vnd das er eines gerechten vnd einfůltigen hertzen gewesen
sy. Doch so het wider in gefůrdert der grymm Dymna, jch mein
mit lugnen vnd grosser schalckheit, vnd mir von jm gesagt, daz ich
mein, Senespa nie geton oder in sin hertz zů thůnd genummen hab.
15 Aber můter, ich merck, daz du dauon ettwas gehört hast. Sag mir,
můter, was ist das?» Antwurt die můter: «Mir ist gesagt von einem
getrůwen frůnd, Dymna hab dis wider Senespa gehandelt in grosser
falscheit vnd hab dich verfůrt vnd din hertz verkert vnd nydig ge-
macht wider Senespa vnd allein vmb die vrsach, das er Senespa ge-
20 hasset hat vmb die wird, so du an jn geleit hast, vnd das du jm
so gnädig gewesen bist.» Sprach der löw: «Můter, wer hat dir daz
gesagt?» Antwurt die můter: «Der mir das gesagt, der hat mir
verbotten, in nit zů melden. Wann nun einem ein heimlicheit ver-
trůwt wirdet, der soll getrůw sin jn dem, das jm vertrůwt ist, oder
25 der betrůgt sinen frůnd, der jm das gesagt hat, vnd gewint dar-
durch ein schnöden lůmbden, so jm fůrer nit zů uertrůwen ist, kei-
nerley sach hinder in zů uerbergen.»

[84] «Frouw můter,» sprach der löw, «du sagst war, vnd es ist
vrsach, wie du meldest; doch so sol niemans sinem frůnd die war-
30 heit verschwygen, besunder die offnen, das dadurch vnschuldigs blůt
gerochen werd. Dann wer die boßheit der schuldigen hilfft verhelen,
der wirt mitempfaher des getätters.» «Der kůng sol ouch nieman
vff wort pinigen der geschicht oder des vrteilen, bis er die warheit
erfart; dann blůt vergiessen, ist schwär gegen got.» Der kůnig ant-
35 wurt: «Ob ich übel an Senespa gethon hab, on schuld in zů tödten,
das ist nun růw, vnd des glych sol von mir nit mer beschehen ge-
gen Dymna on zůgen vnnd erfarung der warheit, vnd jch sich, das
du weist den, der dir das gesagt hat, vnd du gewinnest schuld, das

zů uerdrucken.» Antwurt die můter: «Du hast recht geredt, aber jch wond, das du nit zwyfeln soltest an den dingen, die jch dir sagt, vnd an minr sag solt die zůgnuß gnügsam sin.» Sprach der kůng: «Ich acht dich gen mir nit anders dann getrůw vnd warhafftig, aber ich will, daz du den offnest, der dir das gesagt hat. Dadurch wirt min gemůt dester gerůwiger.» Antwurt die můter: «Bin ich in dinen ougen getrůw vnd gerecht geschätzt, so pinige disen grymmen verfůrer, als du den andern on schuld gepiniget hast.» [85] Sprach der löw: «Dir kan noch mag kein vnglichs dauon erston, das du mir den offnest.» Antwurt die můter: «Ja, mir mag groß args dauon erston; dann ich wůrd billich darumb schnöd geschätzt in des ougen, der mir sin heimlicheit geoffnet hat, das ich den betrüg, vnd fůrer wůrd mir billich keinr heimlicheit vertrůwet.» Vnd do der löw dis vernam, do marckt er, das jm sin můter das nit offnen wolt; do ließ er sy frůndtlich von jm scheiden. Morgens frů gebot der kůng alle sin alten vnd die wysen sines volcks vß aller sinr schar für sich vnd schickt nach sinr můter vnd nach Dymna. Vnd do das gantz hoffgesind zůsamen kamen vnd alle sin rät da saßen, stůnd der löw vor jnen mit trurigem, geneigtem houbt, schämig darumb, das er Senespa getödt het.

«O», sprach Dymna in sinem gemůt, «jch merck, das hůt der tag minr rechtfertigung kummen vnd das blůt Senespa über mich schryen will.» Vnd sprach zů denen, die vor jm stůnden: «Warumb erzeigt der kůng so ein trurig antlit? Ist icht aber nůwes vor hand, darumb er vns all beschickt hat?» Daruff antwurt des löwen můter wider Dymna: «Alle trurigkeit vnd růwen, die du am löwen syhest, ist allein darumb, das er dich by leben gelassen hat, vmb das du [86] vnderstanden, das du ouch volbracht hast, daz du den kůng durch dine verkerte vnd lugenhafftige wort bewegt hast, Senespa zů tödten.» Antwurt Dymna: «Ich sich nit anders, dann was die wysen geredt, das sy war gesagt haben also: Wer sich flisset, allweg recht zů thůrd, dem ist růw vnd widerwärtigkeit nach. Aber dis exempel berůrt den kůng nit noch sin hoffgesind; dann man spricht: Wer den bösen anhangt, vnd ob er böses in sinem gemůt mit jnen nit übt, der mag doch von jnen vngelestert nit kummen, wie vast er sich hůtet; dann es ist niemans in der welt, der gůts vmb gůtes geb, dann allein got in dem hymel, wiewol das von art vnd recht dem menschen ouch zůston solt; aber wer das finden will, der bedarff

das in der küng hoff nit sůchen, sunder in dem abgescheiden leben, die allein got dienen vnd vmb die liebe gottes gůtz vmb gůtz vnd gůtz vmb böses geben. Aber ich hab min liebi vnd getrůwen dienst allein an den küng geleit vnd min getrůwen rat mit jm geteilt vnd
5 behůt vnd bewart wider den, der sich wider jn vffgericht hat; vnd die gerechtigkeit miner gedenck haben mich zů diser widerwärtigkeit vnd arger schuldigung gewisen, jm zu offnen, was ich von yemans arwänigs befunden hab; vnd die verrätternuß von Senespa wider den küng ist offenbar gesin vnd ist jm die warheit kundt worden durch
10 erfarung; vnd will der künig, so erfrag er noch von diser sach vnd sech darjn mit den ougen der warheit, so findet er die gerechtigkeit minr wort in allem dem, das ich jm geoffenbart hab. Dann das für, das jm stein ist, mag daruß nit gezogen werden, dann durch list; so mag ouch das übel nit verborgen blyben; dann so man das mer
15 erfraget vnd ergründet, ye mer es lutbar würt vnd schinlich, als ein übel schmeckende grůb; ye mer man die übt, ye mer böses geschmackes man dauon befindet. Dann wer ich der schuldig getäter, jch wer frylich gewichen vntz zů end diser welt; sy ist doch wol so wyt, daz ich mich dadurch entseit haben wolt. Ich belib fürwar nit in des küngs
20 hoffe, allein daz jch minr gerechtigkeit getruw vnd der vnforteilkait mins hertzen, vnd in der vnschuldigkeit minr hend bin ich bliben vnd nit geflohen; aber ich bitt den küng, ob vor jm gemischte wort gebracht warden diser sach, so las er darnach erfarn vnd die warheit ergründen, also daz der zů solicher erfarung geordnet werd, ein frummer, schlechter,
25 berichter man sye, der nit zwey antlit trag, vnd das in disem erfaren nit vorteil sye vnd das der küng mich vnschuldigen nit vom leben zům tod bringen wöll vnd das ouch der verhörer geschickt sy, dem künig mine vnd andre wort anzůbringen. Dann so sech der künig vnd [87] geb rechte vrteil vnd vrteil nit nach den worten der ny-
30 digen vnd die mich hassen, besunder der erbern warheit nach. Dann sydmals yetz geoffenbart würdet, der künig hab uff valsche vnd nydige wort, die jm fürbracht syen, Senespa ertödtet on schuld vnd er hab der warheit vor nit nach erfarung gethon, so ist jm billich, yetz fürer zů hüten, das er solichs an mir nit ouch thů, ee er die recht war-
35 heit erfunden hab. Dann ich hab vom küng ein hohen staut, den vil ander neben mir begeren, vnd darumb sind sy mir nydig; vnd weiß, das sy den küng gen mir gern verkerten. Vnd will der küng iren verfürlichen worten glouben, so weiß ich, das er gedencken wirt,

mich vmbzůbringen vnd das mir dauon niemans dann allein got ge-
helffen mag, der allein die hertzen der menschen erkennt. Nun
spricht man: Welicher etwas zwyfelt vnd des warheit an das liecht
nit bringt vnd denn allein bedenckt, was er thů, das es wol gethon
sy, des sach wirt zůletst als die getat einer frouwen, ·die der knecht
betrog durch iren bůlen.» Sprach der lőw vnd all ander in der
schar: «Wie was das?» Sagt Dymna: «Es ist gesin in einr statt
ein zymmerman. Der het ein hůbsch wib vnd die het ein bůlen,
der was ein maler. Zů dem sprach die frouw: «Ich will, das du dir
ein zeichen machest, daby ich dich nachtes kenn, das dir nit not sy,
zů růffen oder zů klopffen.» Der bůl sprach: «Ich will machen ein
cleid halb wiß vnd halb schwartz, vnd wann du das cleid sichst, so
merck, das ich da sy.» Es gefiel dem wib. Dis hort der hußknecht
vnd nam daruff acht vnd sach den bůlen also nachtes vor der thůr
vnd die frouwen dem zeichen nach zů jm gon. Vff ein mal begab
sich, daz der maler aubentz in des kůngs hoff arbeiten můst vnd der
zymmerman nit heim was. Dazwůschen gieng der knecht zů des
malers wib vnd batt sy, jm zů lyhen das gemalet cleid irs mans,
vnd leyt das an vnd gieng gegen sins meisters huß. Sobald die
frouw das cleid erblickt, on fůrer erfarung oder frag empfieng sy
den knecht vnd thet sinen willen. Darnach bracht er der malerin
jr cleid wider. Darnach kam der maler heim vnd leit das cleid an
vnd gieng gegen des zymmermans huß. Die frouw gieng jm engegen
zů der thůr vnd sprach: «Was gemeint das, so du so bald uff dis
nacht wider kummest, so du doch vor vnlangs dinen willen mit mir
volbracht hast?» Do dis der maler hort, er erschrack vnd marckt,
das yemans anders by ir gewesen was, vnd gieng heim vnd ward
sin wyb erfragen vmb das cleid. Vnd do er des vßlyhens befand,
do schlůg er sin wyb vnd verbrandt das cleid.

[88] Regierung, die nutzbar end nemen, die sol nit yl haben
vnd besunder jn trůgenlichen sachen, dann mit gůter, eigenlicher
vnd warlicher erfarung. Darumb hab ich dir dis byspel gesagt;
dann het die frouw bas erfarung gethon vnd nit dem ersten zůfall
geloubt, so wär sy nit betrogen worden. Darumb sol der kůng in
trugenlichen sachen nit ylen; dann die sůnd wůrd uff jm vßgon.
Vnd ir all bedůrffen nit zwyfeln, daz ich dis vor vorcht des todes
red; dann jch weiß, daz der tod einem yeden menschen kumpt ůber
sinen willen vnd das sich des niemans erweren mag; dann was lebt,

das můß sterben, ob es hundert menschenleben in jm het. Darumb,
wißt ich, das der kůng sunnder geuallen jn minem tod het, jch sprech,
selber vnschuldiglich, jch wär des zigs schuldig, allein laß jch das
darumb, das der kůng sin hand nit beletz mit vnschuldigem blůt;
dann wie er mir das tät, so würd er bedacht, das er sollichs noch
vil andern ouch thůn möcht vor erfarung der warheit, vnd wer dann
dem kůng ein groß hindernuß. Vnd geb got, das vff hůt min vn-
schuld offenbar werd; darnach wölt ich mit willen vff stund sterben.
Aber ich förcht mir, zů sterben on erfindung minr vnschuld vnd das
ich disen lůmbden hinder mir lassen [89] můst.» Des antwurt jm
einr uß der schar vnd sprach: «Dymna, du sagst nit die warheit,
das du dise warnung durch liebi, die du zů dem kůng habest, thůst ;
dann allein vmb rettung dins lebens sůchest du dis list, das du dazwů-
schen entrinnen möchtest dem strick, darjn du gefallen bist.» Ant-
wurt Dymna: «Verflůcht syest du! Ist das vnbillich, das ich mir
selbs min leben rette, so ich den tod nit verschuldt hab? Oder
hat yemant ettwas, das jm näher sy, dann sin eigen person? Vnd
es sy dann, das ich mich selbs gedenck zů uersprechen vnd vrsach
minr errettung sůch, wer ist vnder ůch allen, der es für mich thů?
Es sprechen die wysen, wer jm selber nit getrůw sy, gůtes zů thůnd,
der thů es ouch niemans anders. Dann yetz hat sich din nyd vnd
hassz geoffenbart durch dinen mund, den du gegen mir nit verbergen
magst, vnd alle, so dise dine wort gehört haben, verstond, daz du
dich selbs zů erkennen geben můst als ein nydiger vnd din boßheit
nit von dir selbs verschwygen, dir zů schaden. Wie minder magst
du dann andern nůtz oder gůt sin? Vnd gehörst wol vnder das vn-
uernůnfftig vich vnd nit vnder tier des kůngs hoffs!» Vnd do Dymna
dise wort gesprach, do gieng diser vngeantwurt vnd geschmächt hinweg.
Vff das sprach des löwen můter zů Dymna: «Mich wundert nicht
dann din behende zung mit den worten der fabeln, die du icglichem
wider dich redende erbieten kanst, so du doch die verräterisch sach
volbracht hast.» Antwurt Dymna: «Warumb syhest du allein mit
eim ougen vnd hörest mit einem oren vnd losest nit mit dem oren
der gerechtigkeit, oder lügest mit dem ougen der trůw? Dann du
volferst nach dinen gesinnen. Vnd·ich sich, das min vngefell mich
verwandelt hart vor dinen ougen, vnd hör keinen, der die warheit
vnd gerechtigkeit noch redt, sunnder sy all mit valsch vnd nach
irem eigen geuallen vnd besunnder die vernůnfftigen vom hoff des

küngs, die täglichs des küngs liebe vnd barmhertzigkeit notturfft vnd
wartent sind, die schämen sich nit, zů reden nach jrem eigen willen,
vnd bezeůgen selbs die vnwarheit vnd den valsch, mir den künig
trowlich zů machen, in hoffnung, ward der küng mir minem leben
tröwen, das er sine wort nit widergieng; vnd darjnn sind sy billich
sträfflich vnd jnen wär daruff wol glichnuß zů sagen, wär es ver-
fencklich.» Des löwen můter sprach zů jrem sun: «Sich disen grym-
men verräter, der gethon hat alles, das von jm gesagt wirdet!
Noch will er vnser aller ougen zůschliessen mit siner valscheit vnd
vnsern rat zerstören, damit er sich vnschuldig erzöug.» Antwurt
Dymna: «Das sind die, die [90] solichs thůnd, dauon du sagest, die
beimlicheit sagen, die jnen vertrůwet ist, vnd ein man, der das cleid
siner frouwen anthůt, vnd ein wyb, die das cleid irs manns anthůt,
vnd ein bilger, der sich hußwirt schetzen will, vnd der vor eim küng
redt vnd vor sinem volck des, von dem er nit gefragt wirdet.» Dar-
uff sagt die löwin:
   «Erkenn die boßheit diner getat vnd nym des vorcht vnd ver-
stand die sünd dines geschwätzes! Dann du engast nit on grosse
rach.» Sprach Dymna: «Wer sündet vnd frum lüt nit lieb hat, der
ferret sich nit von dem vnrechten, ob er ioch das thůn möcht.»
Antwurt die löwin: «Du verräter vnd widerspenniger, wie bist du
so getörstig, sollichs vor dem küng zů reden? Dann mich hat wun-
der, das er dich hat lassen leben bis uff hůt.» Antwurt Dymna:
«Disen, den du nennest, ist ein man, dem zůgehört vnd gezimpt ge-
rechter rat, das jm sin veind in sin hand werd, der ich nit bin,
vnd weiß, das er mich nit ertödtet on schuld vnd eins wybs rat
über min vnschuldig blůt nit veruolget. Er bedenckt, das Adam,
der erst man, sins wybs rat volget vnd ward geschanndt vor got,
vnd was sydher mannen von erfolgung wybs rat geschehen ist.»
Sprach des löwen můter: «Du valscher vnd vnwarhafftiger, nymst
du dir für, zů entrinnen von solichem übel, so du gethon hast mit
dinen lugnen, die du dem küng fürbracht hast?» Antwurt Dymna:
«Wer fürgibt, das nit ist, der lydet billich, das du geurteilet hast;
dann ich hab die warheit gesagt vnd hab die bestättiget vnd die
dem küng fürbracht vnd damit miner glübdt gnůg gethon vnd in
minem hertzen nie gedacht, vnrecht zů thůnd oder lugen zů reden,
vnd will hoffen, min trůw werd noch offenbar vnd min gerechtigkeit
bezügt vnd die vnschuld miner hend vnd min einfältigkeit an das

liecht kummen.» Vnd do sie den löwen sach gantz nicht darzů
reden oder antwurten zů den worten Dymnes, do gedacht sy in jrem
gemůt: «Es ist villicht valsch vnd erlogen alles, das wider Dymna
gesagt ist, vnd er ist villicht dis alles vnschuldig; dann wer sich
offenbarlich vnd so trutzlich vor dem küng vnd sinem volck ent-
schuldiget vnd jm niemans darwider redt, ist zů gedencken, das der
war sag; dann schwygen in sinen eignen sachen ist gehellen; vnnd
es sprechen die wysen: Wer schwygt, der bestättiget.» Vnd die lö-
win stůnd vff vnd gieng von dem löwen vol zornes. Do gebot der
löw, das man Dymna ketten an sinen halß legen vnd in jn einen
kärcker beschliessen [91] solt vnd in darjnn eigentlich der sach er-
forschen vnd uff das genöuwest ersůchen vnd dann solichs an in
langen lassen. Vnd Dymna ward also in den kärker gefůrt.

Darnach redt die můter mit dem löwen, jrem sun, vnd sprach:
«Mir sind yetz sachen gesagt von disem schämlichen verrätter, die
ich vor von keinem nye gehört hab, vnd die zungen alles hoffgesin-
des sind darjnn einhellig; noch vnderstat er, das zů uerkeren; vnd
sin getat ist nit heimlich vor allen verstendlichen menschen dis hoffs.
Vnd darzů ist mir heimlich gesagt vnd hinder mich verborgen durch
einen, der es gehört hat, sin boßheit vnd sin verfůrung, vnd gibst
du jm gunst, er überfůrt dich mit sinen falschen listen; vnd der
mir daz gesagt hat, ist ein gloubhafftiger man. Vnd ich rat dir jn
trůwen, das du dich nit an sine wort kerest, sunder so ferr in von
dir vnd setz din volck in růw!» Der löw antwurt vnd sprach: «Mů-
ter, hab friden! Ich würd sin sach uff daz gnäwest ersůchen; dann
fürwar, er ist wyß vnd fürsichtig; darumb wird ich empsig sin, zů
erfragen dise geschicht, vnd ernstlich darzů sehen vnd nit hinlässig
darjun sin vnd darjnn nicht uff min sel laden, gnüg zů tůnd allen
denen, die [92] zwyfel haben diser sach, ob es war oder durch vindt-
schafft vff jn gesagt sy. Vnd darumb so zöug mir, wer ist der frum
vnd warhafft man, den du meinst, vnd sag mir sinen namen! Dann
by wylen hasset einer den andern vnd begert einer des andern stau-
tes.» Antwurt jm sin můter: «Wissz, daz diser ein frum vnd schrifft-
wyser jst, der mir dis heimlich gesagt hat, vnd ist der löpart, din
heimlicher kämmerling.» Sprach der löw: «Des ist genüg. Du würst
sehen, wie min fürnemen gegen jm gethon würdet. Daruff gang dinen
weg an din gemach!» Als nun Kellila vernam, daz sin brůder Dymna
jn fencknuß genumen was, nam er des erbermd durch die täglich

bywonung, brůderschafft vnd gesellschafft, so sy täglich mit einander
gehabt hetten, vnd erhůb sich vnd gieng heimlich zů dem kärker zů
mitternacht. Vnd do er in sach gebunden an ketten vnd so hart ge-
fangen, vieng er an, heiß zů weinen, vnd sprach: «Du hast sachen
gethon, darumb ich dich nit straffen will. Bistu nun angedenck des,
so ich dir vor gesagt vnd geraten hab? Vnd hett dich gern gewisen
uff den weg der gerechtigkeit, aber da was kein volg, allein du wol-
test din hohen můt vnd dinem selbs fürnemen nachkumen. Nun ist
gesprochen: Der vngerecht stirbt vor der gerechten zyt, nit allein,
das jm sin leben benumen werd, sunder so er in solicher gefencknuß
pinlich gehalten würdet, als du yetzund gefangen bist, da eim ein
bebender tod weger wär.» Vnd sprach: «Wee diner vernunfft vnd
wyßheit, die dich gefelt haben! Dann yetz haben sy dich gefürt bis
an die tür des todes, vnd von dir wirt billich gesprochen: Wer nympt
dem wysen sin vernunfft vnd gibt dem torechten wyse wort?» Ant-
wurt jm Dymna: «Ich weiß, brůder, von der zyt, das du mich bekannt,
so hast du nit verlassen, mir gůten rat zů geben, vnd mir die war-
heit nit verschwygen vnd mich geren bewegt zů rechtem weg vnd mir
den anzöugt. Ich hab aber dinen getrůwen rat vnd dienst nit ange-
numen durch gelust der boßheit, die mich des überwunden hat, daz
jch gern den höhern staut gehebt het jn eim sollichen wirdigen we-
sen, das mir zů uil was. Darumb wer gewundet würt mit der wun-
den der hochfart, des end wirt allein die rüw sinr werck. Vnd yetz
ist mir dieselb stund, die ich geförcht hab, kummen. Aber was kan
ich fürer wider die hochfart vnnd nydige begird mines hertzen, die
mangem gerechten mann sin sinn gebrochen vnd die recht vrteil ge-
felschet hat vnnd die wyßheit der wysen verkert, glych dem siechen,
der sinen siechtagen weist [93] jm allein zůgeuallen sin durch über-
igen gelust zů vngesunder spyß, die jm sinen siechtagen meren, vnd
will doch demselben gelust nit widerston, bis sin siechtag so gemert
würt, daz er des stirbt? Nun ist mir nit allein vmb mich selbs, dann
ouch vmb dich, das du durch gesellschafft, brůderschafft vnd tägliche
bywonung vnser beider hierzů ouch behafft vnd zů fencknuß pinlicher
erfragung gefürt werdest vnd gezwungen, zů offnen min heimlicheit,
vnd das ich durch dich, vff den sy glouben setzen, getödt werd,
vnd das du nach minem tod nit von dem hoff erlediget werden
mögest.»

Antwurt Kellila: «Yetz erkenn ich, das selten yemans sin arg

leben, die wil er in selden stat, endert; allein wann er in ersůchung
vnd trůbnuß felt, dann so wirt er bewegt, zů erkennen, vnd by wilen
mer, dann er gethon hat, vmb das jm sin lyden dester ringer sy.
Nymm war, jch will hingon minen weg, das mich nit yemans by dir
finde des hoffs, vnd bitt dich, nach minem rat zů uolgen, das du din
ůbeltat vnd din handel verjehest; dann du bist doch tod. Dann besser
ist, du habest vmb din verschuldigung hye pin vnd lyden, denn das dir
sollichs vff die künfftig ewig pen gespart werd.» [94] Sprach Dymna:
«Du bist gerecht vnd hast mir ein nůtzen rat geben, aber ich will
vor die wort des löwen vernemen vnd warten, was er mit mir wircken
wöll.» Also schied Kellila von jm trurig in sin huß, förchtende, daz
die boßheit Dymne vff in ouch ersůcht werden möcht. ·Vnd in so-
licher vorcht, widerwärtigkeit vnd schmertzigem sůfftzen ward er vmb-
geben so strenglich, das er derselben nacht starb.

Nvn was nach by dem kärcker in eim andern kärcker der wolff
in gefencknuß. Der het beider wort gehört alles, das sy gerett het-
ten, vnd wie einr dem andern geantwurt hett, vnd daz eigentlich in
siner gedächtnuß behalten. Frü an dem andern tag, als Dymna in
gefencknuß komen was, hůb sich des löwen můter vff vnd gieng zů jrem
sun vnd sprach: «Gedenck an die wort, die du mir zůgesagt hast in der
sach des verrätters, vnd was er wider dich vnd zů schand dinem hoff
geůbt hat! Dann ich weiß nit größer verdienung, so einer yetz in
zyt thůn möcht, dann der, der diser welt der bösen creatur abhülff.
Dann es ist geschriben: Wer gehilt mit den bösen iren wercken, der
ist deren mitteilhafftig.» Daruff beualch der löw dem löparten vnd
dem richter, ouch allen räten für sich, das sy zů gericht [95] sitzen
solten vnd Dymna für sich vnd alles hoffgesind bescheiden vnd ver-
hören vnd siner wort achtnemen vnd was wider in geredt vnd was
er daruff antwurt geben würd, vffschriben solten, das sy jm das alles
eigenlich anbringen möchten vnd sich darjnn niemans betriegen lies-
sen, ouch niemans antlit darjnn ansehen, besunder daz alle ding vol-
bracht würden nach der gerechtigkeit. Also gieng vß der löpart, der
richter vnd die rät vnd satzten sich zů gericht in bywesen alles
volckes. Vnd Dymna ward fürgefůrt, gebunden an sinem hals mit
zweyen ysnin ketten.

Also hůb an der löpart vnd sprach: «Ir menner von dem hoff vnsers
herren, des kůngs, hörent! Von dem tag, als der kůnig Senespa erschla-
gen hat, jst er bisher trurig vnd widermůttig gewesen. Dann vnuerschuldt

ist das beschehen, sunder durch list vnd verfürung Dymnas, durch
hassz, den Dymna zů Senespa gehabt hat vmb die eer vnd wird, die
Senespa vmb den künig verdient hat. Wer nun vnder üch von disen
dingen ettwas weist oder vernumen hat, der wöll by siner verpflicht
vns das sagen, das wir das fürer an den künig nach siner beger brin-
gen mögen. Dann es jst ye nit des künigs meinung, das er yemans
tödten wöll, dann nach gnügsamer [96] erfragung, vnd das nach er-
findung der sach vnd nit nach eygnem fürnemen volfarn werd.» Darzů
sprach der richter: «Sehent vff vnd verstond eben alles, das der ge-
setztwyß herr löpart mit üch geredt vnd vßgerüfft hat! Es soll ouch
üwer keiner darjnn nicht verhalten, was jm wissend sy vmb uil vr-
sachen: die erst soll üwer keiner zů vngůt schätzen die vrteil, die
gon wirt, sie sy böß oder gůt, wenn ir nit vor dauon sagen wolten,
das üch wissen ist; dann zůgnuß der warheit, ob der lützel, so ist sy
doch darzů gůt, daz der küng niemans on vrsach ertödtet; zům an-
dern, wann der übeltäter gestrafft würdet nach siner getat, daz bringt
schrecken den andern, die das vernemen, sich vor des glych zů be-
waren, vnd das kumpt zů gůt dem rych; das dritt, wann ein verrätter
vnd hingeber vnd der sin sach durch lugnen handelt, von der welt
kumpt, so ist es dem volck ein grosse růw; dann eins verräters
oder lugenhafftigen menschen bywonung bringt grosse jrrung vnd
mißhellung des volckes. Darumb gezimpt üch, der warheit hierjnn
nit zů uerschwygen.» Da diß das volck hort, do sach yeglicher den
andern an vnd schwygen. Do sprach Dymna: «Warumb schwygent
ir? Sag ein yeglicher, was er wissz, vnd sorgent nit, das ir mir
damit mißhelligkeit erzöugen! Dann het ich gesündet, als man mich
zyhet, so fröuwt ich mich üwers schwigens, aber ich weiß mich vn-
schuldig. Darumb sagen, was ir wissen, vnd sind daby gewarnt!
Dann ich will zů yeglichs sag sunder reden. Darumb sag yeglicher,
das er wissz war sin. Dann einr went villicht geschen hon, das er
nit gesehen het, oder gehört, das er nie gehört hat. Dem geschäch,
als einem törechten artzat.» Der richter vnd der lechpart sprachen:
«Wie geschach jm?» Antwurt Dymna: «Man sagt, es sy in einr statt
zů Indien gar ein geübter vnd gelerter artzat gesin, der vast lieb
gehalten was. Dem hat got durch sin frumm leben gnad gethon,
daz er all siechen mit siner kunst vnd der hilff gottes gesund machet.
Do der starb, do sahen sin nachkummen in sine bücher vnd stu-
dierten in denen, das sy daruß ler nemen möchten. Vff ein zyt

kam einr in dasselb land, der sich vßgab für einen artzat vnd
was nit. Nun het der küng des lands ein tochter, die jm lieber
was, dann alle andre kind. Die gieng groß kindes, vnd do schier
die zyt der geburt was, da fiel ir ein mercklicher siechtag zů, mit
5 namen der rot schad. Der küng gebot bald, nach einem artzat, der
jm kund was, zů beschicken. Do der bott zů jm kam, do was der
artzat blind, vnd do er nit kummen mocht, do gab er dem botten
in geschrifft, das man der tochter [97] ein sollichs tranck geben solt.
Der künig hieß jm einen artzat süchen, der ein sollich tranck con-
10 ficiern kund von den vffgeschriben stucken. Vou geschicht kam man
zů dem, der sich vßgab für einen artzat. Der sprach zů dem küng,
er wär des meister zů machen, vnd hieß jm darsetzen vß der appo-
tecken die büchsen, die des gůten bewerten artzates, der nun tod
was, gesin waren. Vnd do jm die dargesetzt wurden, ergreiff er
15 ein fläschlin, in dem gifft beschlossen was, vnd nam dauon vnd ver-
mischet das vnder ander artzny, die er uß andern büchsen genum-
men hett, vnd gab die dem küng vnd sprach: «Diß ist die artzny
diner tochter.» Vnd do der künig die behendigkeit des artzates sach,
do gedacht er, daz diser ein bewerter artzat wär, vnnd eert den mit
20 gaben eines mercklichen geltes vnd cleydung vnd nam die artzny
vnd gab die siner tochter. Sobald sy deren ein teil getranck, vff
stund geschwall sy so vast, das sy des starb. Do der küng dis be-
fand, do gebot er bald, den artzat zů vahen vnd das man jm das
überig des trancks zů trincken geben solt. Vnd do er das getranck,
25 do geschach jm, wie der tochter des küngs geschehen was, vnd starb.

[98] Dis glychnuß hab ich gesagt, das ůwer keiner nit sag, da-
uon jm nit wissent sy, oder das ir andern gefallen damit thůn wolten.
Vnd ist doch war, daz ein yeglich mensch von sinem eygnen hertzen
überredt würd, von den worten eins erkanten gelerten artzates mer
30 zů glouben, dann jm selber. Nun bin ich ye vnschuldig diser ding,
die mir fürgehalten sind, vnd bin doch vnder ůwern henden. Habent
doch lieb got nach ůwerm vermögen!» Dis sach hort der küchin-
meister des küngs vnd übergab sich sins ampts vnd sprach vor den
andern: «Hören all diser samlung vnd das ich ůch sagen würd, das
35 vernemen! Die wysen hond nit verlassen, zů beschriben von den
zeichen der gůten vnd der bösen, sunder sy haben das alles erclert.
Nun die zeichen der boßheit vnd valscheit erschinen fürtreffenlich an
disem übeltäter zů dem bösen lümbden, der vff in gefallen ist.»

Sprach der richter: «Wir haben dine wort gehört, aber wenig ist, die das verstanden; darumb sag, was hast du gesehen?» Antwurt der küchinmeister vor allem volck: «In den büchern der wysen findt man, welichem sin linck oug kleiner, denn das ander ist, vnd das dick be-
5 weget, vnd dem sin naß vff die recht syten gekrůmmet ist vnd wyt zwüschen den ougbrawen, vnd dem sin ougbrawen dick vnd lang sind, vnd der mit vndergeschlagnem houbt by den lüten wonet vnd vil hinder sich sicht vnd daby hochfertig, der ist trugenhafftig, vngetrůw vnd verräterlich. Dis alles wirt an Dymna gefunden.» Dymna ant-
10 wurt jm vnd sprach: «Es ist war, alle ding bedütent sich selbs vnder einander, aber das vrteil gottes ist allein warhafftig über sin creaturen, vnd gerecht ist der, in dem kein falsch vnd vnwarheit vnd in dem kein böses ist. Aber wir all, die vnder dem hymel sind, stond in gottes gewalt.» Vnd sprach: «Ir menner der wyßheit vnd der ver-
15 nunfft, hörent mich! Dann diser möcht wenen, es wißte niemant, zů reden dann er; vnd man sol dem toren antwurt geben vnd jm sin torheit offenbaren, das er sich selbs nit für wyß acht. Dann es sy gůt oder böß, das von einem menschen geschicht, wär das allein von den zeichen, die es an sinem lyb hat, so wär yetz offenbar, das vmb
20 got niemans gedienen oder für frumm geachtet werden möcht, ouch niemans mer verschulden oder erwerben, dann nach den zeichen; so wär der sünder vmb sin sünd vnd vnrecht nit zů straffen; dann es wär nit in sinem eygnen willen oder macht, sunder in dem gewalt der zeichen, die menschen sälig zů machen oder zů verdampnen; vnnd
25 also werent die menschen [99] gezwungen, gůtes oder böses zů thůnd, vnd demnach so müst jch gezwungenlich das gethon haben, des man mich zycht, vnd hett des nit schuld, sunder der mich also geschaffen hett. Ich bin aber vnschuldig des gezigs vnd hab mich nie anders gehalten dann jn dem fůßpfad der warheit. Aber yetz ist billich
30 allen in disem ring din torheit offenbar, vnd du weist noch erkennest die ding nicht; dann du bist nit wissender, dann die andern in diser schar, vnd ist doch niemans, der sinen mund so mit närrischer red uffgethon hab als du; dann du hast gejrrt in dinen worten. Darumb wirdest du wol glychet dem artzat, von dem ich vor gesagt hab. Vnd
35 man sagt, das einer eins mals sprach zů sinem wyb: «Eer mich vnd hab mich lieb nach allem vermögen vnd loß mir vnd niemans anderm vnd nit beschry die masen, so andre wyb an jn haben, sunder verhyl vnd verbirg die, so du an dir hast!» Sprach der kuchinmeister:

«Wie was das?» Antwurt Dymna: «Es ward ein statt gewunnen
von iren finden, vnd do sy die man derselben statt all erschlůgen,
do teilten sy die wyber vnder sich, vnd von geschicht ward einem
kůhirten zwey wyber. Vnd uff ein tag gieng er mit sinen zweyen
5 wybern, holtz inzůtragen ab dem veld, vnd sy beid waren übel becleidt.
Die ein fand ein stuck von einem tůch vnd dackt das über ir scham.
Die ander ersach das vnd spottet [100] jr, sprechende zů dem man:
«Schow die nackent töupel, waz sy über ir scham gespannen hat!»
Des gab ir der man antwurt vnd sprach: «Schand dir! Du hast din
10 lyb vngedeckt vnd spottest deren, die ir scham geren verdackte!»

Mich wundert ser, warumb din hertz sich bewegt hab, zů reden,
so du in diner person findest das, so du vermeinest an mir ersehen
haben. Dann din cörpel ist so vnrein vnd dine werck so böß vnd vn-
bequemlich vnd jst nit zimlich dir, in dem ampt jn des kůngs kuchin
15 zů sind, sin spyß mit dinem vnreinen lyb vnd henden zů berůren;
vnd ich vnd ander haben din vnreinigkeit langest gewißt, dann das
ich die vmb diner eere willen jm besten verhalten hab. Aber nun,
so mir geoffenbart ist din hassz gegen mir, das du mit lugnen vnd
falscheit vff mich geredt hast von sachen, die dir nit kund sind, vnd
20 sag dir, das du nit wirdig bist, dem kůng zů dienen jn keinen sinen
geschäfften oder in sinem hoff zů wonen vnd besunder by sinr spyß.»
Antwurt der kuchinmeister: «Dymna, redest du dise red mit mir?»
Sprach Dymna: «Ja, dir sag jchs. Dann es ist vil böses in dir
versamlet; dann du hinckest vnd bist gebrochen vnd schrůndig in
25 dinen henden vnd grindig by dinem gemecht vnd kratzest dich zů
aller zyt daselbs vnd din houbt ist voller schůppen, vnd billich wär,
das du fůrbas nit giengst zů disem ampt des kůngs.»

[101] Do dis der meister der koch hort, was Dymna wider jn
geredt hett, do ward sin antlitz dauon entschickt vnd sin zung ge-
30 hieng jm an sinem rachen, vnd fieng an, zů weinen, das in Dymna
also vor dem gantzen volck gelestert het. Vnd da Dymna sach, das
er weinet, do sprach er zů jm: «Es ist billich, das du weinest vnd
tag vnd nacht trurig syest; dann wist der kůng, waz in dir wär, er
thet dich ferr von jm bis zů end sines landes.» Dis alles ward uff-
35 geschriben von dem offnen schriber des hoffs, zů dem der kůng sun-
der vertrůwen hett, wie es geredt worden was. Vnd do dis für den
künig bracht ward, do hieß er des ersten den kuchinmeister von
sinem ampt vnd von dem hoff verurlouben vnd verschicken. Vnd

do dis geschach vnd die vffgeschriben ding versigelt wurden, do
ward Dymna wider in den kärker gefürt, vnd schieden all vff den
tag, yeglicher zů siner wonung.

Nun was vnder des kůngs diener einr, der hieß Reßba. Diser
5 was Kelliles gesipter vnd hett ein eersamen staut an des kůnigs hoff.
Der gieng zů Dymna für den kärcker vnd sagt jm, das Kellila tod
wär. Do dis Dymna hort, do het er des groß leyd vnd ward [102]
jm sin schmertz gezwyfaltiget vnnd weinet getrüwlich vnd sprach:
«Wee minem leben! Dann ich bin nun abgeschnitten von minem
10 brůder, von aller ergetzung vnd hoffnung mines lebens. Nun hat
der recht gesprochen, der sprach: Welicher geschlagen würdet mit
einer widerwärtigkeit, dem begegnen darnach zů allen syten vnge-
fellige ding; als ouch yetz mir so uil betrübnuß vff minen halß
gefallen ist, die gefenckuß dis kärckers vnd das alles volck wider
15 mich stat vnnd rauten all uff minen tod, vnd bin verlassen vnd be-
roubt miner frůnd vnd brůder vnd aller, die mir ye gůten rat gaben.
Aber yetz lob ich got, das mir Kellila, min brůder, dich, sinen
frůnd, hinder jm gelassen hat, mit dem jch noch minen fal vnd den
tod mines brůders Kelliles ergetzet werden mag. Vnd ich getrüw
20 yetz der barmhertzigkeit gottes, vnd das ich gemerckt hab, das du
ernst erzeigest in miner sach vnd das du in trůwen zů mir kert hast
an statt mins brůders, den zů uerwesen. Nun haben wir beyd ein
barschafft zůsammenbracht vnd das behalten an ein heimliche statt
zů vnser notturfft, wann wir des bedörfflich wurden, vnd bedůcht
25 mich gůt, das du sollichs holtest an dem end.» Reßba ylet an die
statt vnd fand das, vnd do er daz alles zůsamenbracht, do trůg er
das für Dymna. Der nam dauon einen teil, das annder gab er Reßba
vnd sprach: «Bewär vnd sterck din hertz gen mir in gůtem vnd
jn trůwen vnnd hilff mir min sachen zů gůtem vßtragen vnd hab acht,
30 was der kůng sagen wöll, wann er die vffschribung verhört, vnd
was er zů minen worten reden wöll oder was geberd er hab, be-
sunder was die löwin, das vntrůw wyb, sag, vnd hab merckung, was
ich dir beuilch, vnd ouch das ich dir nit beuilch, das wöllest selbs
betrachten, vnd was man in des kůngs hoff von mir sag vnd wie
35 man min gedenck, das du mir daz alles wider sagen mögest! Dann
du hast wol macht, vß vnd jn zů gon, so dick du wilt. Vnd will nit,
das du das wenig, so ich dir yetz geben hab, dafür habest, das ich
das miur gefenckuß halb gethon hab, sunder ich hab das gethon

durch liebe vnd fründtschafft, darjnn du Kellile, minem brůder, ge-
want gewesen bist, vnd das ich dinem rat getrůwe. Dann ich weiß
niemans, der das, so Kellila verlassen hat, billicher dann du besitzest.»
Also nam Reßba, das jm Dymna geben hett, vnd schwůr, jm zů offen-
5 barn alles das, so er von dem löwen vnd sust siner sach zů hoff hort.

[103] Morgens frů gieng Resba in des küngs hoff vnd fand by
dem küng den löpart vnd den richter. Die hetten für den küng
bracht ettlich quatern, vnd do die verlesen wurden, do hieß der löw
den schriber die abschriben vnd sy dem löparten übergeben vnd ge-
10 bot dem richter, das er Dymna stellen solt für das hoffgericht vnd
jm dis alles wider vorlesen, ob er des also an red sin wolt, vnd jm
wider zů sagen, was Dymna darzů redt. Vnd do der richter vnd der
löpart also von hoff giengen, bekam jnen des löwen můter. Do hieß
der löw das alles siner můter vorlesen. Vnd do sy das gehort, fieng
15 sy an, wider jren sun zů reden, vnd sprach: «Zürn nit, sun, ob ich
ettwas scharpffs mit dir reden würd! Dann ich sich, das du nit
erkennest, was gůt ist oder böß. Hab ich dich nit gewarnet, daz du
dich nit betriegen lassest in den worten, die dir diser schalck fürgibt?
Ich rat dir, setz din volck vnd dich sinen halb uß sorgen! Dann sol
20 er leben, er zerströut dir din wesen vnd bringt dir din volck zů wi-
derwärtigkeit.» Vnd gieng damit zorniglich von sinen ougen. Vnd
do Reßba die wort hort, do gieng er zů Dymna für den kärcker vnd
sagt jm alles, daz des löwen můter von jm geredt het; vnd die wil
Reßba mit [104] Dymna redt, do kam des richters bott vnd fürt in
25 gefangen für das gericht in bywesen alles volckes. Vnd do er also
stůnd, do sprach zů jm der landtuogt des volcks: «Yetz ist mir offen-
bar worden din getat vnd mich hat ain warhaffter des gewissz ge-
macht vnd ist nit notturfft, fürer darnach zů fragen; dann ich weiß,
das din schuldigung war ist; dann nach miner frag hab ich die war-
30 heit erfunden; vnd der küng hat von gnaden disen verzug dins tods
zůgelassen vnd dich wider fürstellen lassen durch erbermd, die er mit
dir hat, vnd ouch vmb willen des volcks, die dich vnschuldig wänen;
sust werest du vnberüfft gericht worden nach dinen wercken.» Ant-
wurt Dymna: «Ich hör dine wort als des, der gantz kein barmhertzig-
35 keit oder gůttat in jm hat vnd der nit ansicht den veruntrüwten vnd
den gedruckten, vnd můß dich für den achten, der nit die warheit
ersůcht oder erfinden will die gerechtigkeit vnd nit fürsetzen will die
billicheit; dann du fürest dich allein nach dinem gelust vnd gefallen

vnd ylest, mich zů tödten, wiewol dir nit warheit in den minsten
minr sach kund ist; vnd ich můß mich von dir erclagen, das du als
ein vngerechter vnd böser nit wilt, das die gerechten vnd liebhaber gůter
vrteil walten.» Daruff gab jm der richter antwurt vnd sprach: «Der
⁵ richter, der geordnet ist, můß dem rechten gon lassen, was recht ist,
vnd zů glycher wyß den vngerechten pinigen vmb sin vnrecht, vmb
das die sollichs hören, erschrecken, die bösen gestrafft vnd die gůten,
args zů thůnd, forchtsam werden. Darumb gebürt sich bas, das du
in diser welt lydest vnd gepiniget werdest, dann das du mit sollicher
¹⁰ bürdi der sünd verfürest vnd dir sollichs in die ewigkeit gespart
würd. Darumb, Dymna, so vergich din sünd vnd bycht din übeltat
vnd gib got eer! Damit volfürst du ein gůt loblich end vnd wirt
din sel erlöset von ewiger pin vnd machest damit, das man gůtes
von dir sagt, vmb das du din sünd erwelt habest in diser zyt zů
¹⁵ büssen, vnd würst dadurch von vil trübsäligkeit erlöset. Vnd ver-
myd din fräuelen wort vnd bis nit deren, die in allen jren reden
falsches fürgeben, vnd setz din verjehung diner sünd ein vrsach dins
frids in dem hůß der künfftigen welt vnd gedenck, das recht gestor-
ben ist besser dann bößlich gelebt!» Des antwurt Dymna vnd sprach
²⁰ zů dem richter: «Herr der landtuogt, hör mich ouch gedultiglich!
Dann du hast war gesagt vnd dine wort sind gerecht vnd din red
ist ein red eins wysen.

[105] Doch wann sich das gelück eim gesellet, so soll er sin
end damit nit verkouffen vnd das vmb diß verflůcht welt geben; ouch
²⁵ sol der wyß man jm selbs nit rův vnd müssig leben süchen durch
der andern kestigung, sunder er sol die warheit vnd sin sünd beken-
nen. Vnd wär ich ein grösser übeltäter, dann all menschen diser
welt, vnd het din red gehört, ich het min hertz gedemütiget, zů uer-
jehen min schuld, vnd ich möcht mir wünschen, daz ich übel gethon,
³⁰ das jch zů ueriehen het, damit ich von diser valschen welt vnd trüb-
säligem wesen vnnd grosser widerwärtigkeit erlöset werden möcht.
Dann wiewol ich mich vnschuldig weiß, so brächt mir doch din er-
manung vnd anzöugung der trübsäligkeit diser zyt zů bewegung zů
uerjehung, das ich nit gethon het, in hoffnung, würd ich vnschuldig
³⁵ pinlich getödt, daz ich darumb zwyfaltigen lon nemen würd jm ewigen
leben. Aber so ich gedenck der wysen wort, die da sprechen: Wer
sich selbs tödtet, der hat kein teil der besitzung in diser welt oder
ewigem leben. Dann zů hinlegung minr widerwärtigkeit leyt ich

vff mich ein schuld, durch die ich stůrb; dann das es mir gesetzt wůrd, als
ob ich mich selbs mit der hand [106] ertödtet hett, so ich das sagt, das
ich nit getau hett. Aber ich bin vnschuldig vnd rein von allem, das vff
mich geargwont ist. Wie mag ich dann mich selbs ermörden vnd min
5 widersacher dadurch gerecht machen vnd das ich dem glych wůrd, der
mich schuldiget? Vnd du magst wissen, was herjnn gůtes vnd böses ist.
Wilt du aber mich vnredlich tödten, so wirt doch got min helfer sin, vnd
sag glych, wie ich gestern sprach: Habent got vor ougen vnd gedenckent
an das jůngst gericht, das jr ein sach thůent vnd wenn ůch die gerůw,
10 das ir sy dann nit widerbringen mögen! Dann wissent, die vrteil sol nit
gefelt werden vff zwyfel, sunder uff warlich gegrůndet sachen. Dann
ich erkenn mich selbs bas, dann jr mich erkennen mögen, dann allein,
das jr böses vff mich argwonen. Darumb lügent, das ůch nit beschech,
als eim knecht, der sagt, daz er nit wißt noch gesehen het!» Sprachen
15 der landuogt, richter vnd das volck: «Wie was das?» Antwurt Dymna:
«Man sagt, es sy in cinr grossen statt zů India gesin ein richer kouff-
man, der hett ein schön frumm wyb gehabt, wyß vnd vernünfftig. Der
kouffman het einen knecht, der das wyb gern gebůlet, vnd do sy jm
das zům dickern mal abgeschlagen vnd jm sine wort ůbel empfangen
20 hett, do gedacht der schalck, wie er die frouwen zů schanden bringen
möcht. Vff ein mal gieng der knecht vß vnd vieng zwen sittikuß
vnd ein papagew vnd bereit denen jre gemach, darjnn er sy ziehen
wolt, vnd lert den einen, jn edomischer sprach zů reden: «Ich sach
den portner by miner frouwen ligen.» Den andern lert er sprechen:
25 «Wie schandtlich ist das gethon!» Den dritten lert er sagen: «Ich
will fůrer nit reden.» Vnd dise sag lert er sy all in edomischer
zungen, daz die sust kein mensch des lands verston mocht. Vff ein
zyt saß der man by sinem wyb. Do bracht der knecht die vogel,
das sy der herr hören solt in jr sprauch. Vnd do der man darjnn
30 so groß geuallen hett, do beualch er die vogel sinem wyb, daz sy ir
hinfür pflege in jrem gemach on allen mangel vnd ir schon wartete.
Vff ein zyt kamen zů dem man ettlich bilgrin vß dem land Edom,
vnd er lůd sy by jm zů essen, vnd nach dem essen wurden die vogel
durch aubentür irs geschwätzes dargetragen, wiewol das dem man
35 vnd sinem wyb vnuerstendtlich was. Vnd do die bilgrin die vogel
horten ir geschwätz triben, do erschracken sy vnd stůnden mit ge-
neigten höubtern, einannder anzůsehen vor scham, vnd sprachen zů
dem kouffmau: «Verstast du icht, was die vogel reden?» Er

antwurt: «Nein. Dann allein an ir stymm vnd geberd hab ich kurtz-
wyl vnd gefallen.» Sy sprachen: «Las dir nit mißuallen, das wir
dir sagen! Der ein vogel sagt, der portner sy by diner frouwen
gelegen; der ander sagt, er hab schantlich mit ir gelebt; der dritt
5 spricht, er wöll nit mer reden.» Darzů sprach der hußknecht, der
daby stůnd, vnd bezeůgt, was die vogel sagten. Vnd von stund hieß
der man sin wyb tödten.

[107] Die frouw het vernunfft vnd marckt, das ir sollichs von
dem hußknecht zůgericht was, vnd sprach: «Herr, ersůch dis sach
10 eygenlicher, so findest du disen lügner voll falsches; vnd des ersten
so frag die bilgrin, die dise sprauch der vogel verstond, mit den
vogeln zů reden, ob sy in der sprauch anders, dann dise wort kön-
nen. Dann ich merck, das din vngetrůwer knecht dis die vogel ge-
lert hat, der sinen glust gern mit mir volbracht het, vnd so ich jm
15 des nit statt thün haben wöllen, so hat er diß uff mich geschyben.»
Der kouffman batt die männer, mit den vogeln zů reden. Vnd was
sy mit jnen redten, so kunden doch die vogel gantz kein andre wort,
dann wie sy vor geredt hetten. Daby erkant der man, daz der knecht
daran schuld hett, vnd berůfft den knecht. Zů dem sprach die frouw:
20 «Wee dir, du schalck! Wie? Woltest du mich gegen minem man ver-
untrůwt hon?» Der knecht verjach sin schuld, vnd der herr hieß
in tödten, vmb das er gezůgnuß geben den vogeln, die er gelert, das
er nie gesehen noch gehört hett.

Ich hab ůch dis fabel gesagt; dann welicher thůt, als diser ge-
25 thon hat, der nympt darumb billich sinen lon.» Nach diser red ließ
der richter aber uffschriben, waz mit Dymna geredt was, vnd sin
antwurt mit der widerred, vnd ward damit Dymna wider in den kärcker
fäncklich [108] gefůrt vnd redt vil hinder sich gegen dem richter,
als man in vom gericht fůrt; aber sine wort wurden fürer nit gehört.
30 Der richter vnd die andern all giengen in des küngs hoff. Do sprach
die löwin aber zů irem sun: «Last du Dymna leben, so er doch dis
gethon hat, so wirt er noch vil bösers zů wegen bringen, damit er
dich vnd din volck zů val bringt, dauor ir ůch nit behüten mögent.»
Nvn begab sich, do die löwin dise wort täglichs gegen jrem sun
35 gebrucht, das sy der künig zů hertzen nam, vnd erfůr daby, wie sy
das angelangt was; vnd ward der löpart, der sollichs zwüschen Kel-
lila vnd Dymna gehört hett, do er durch ir huß gangen waz, darge-
stalt vnd ward ouch nach dem wolff geschickt, der jm kärcker neben

Beispiele.   6

Dymna gelegen was vnd gehört, was Dymna geredt het vnd was jm
Kellila daruff geantwurt vnd wie er in gestrafft hett. Des gab der
wolff zügnuß. Daruff satzt der löw sinen glouben vnd erkant, das
Dymna in wider Senespa verfürt hett, vnd gebot, daz man Dymna für
5 in brecht vnd in jn siner angesicht todschlüg. Das geschach. «Dar-
nach sprach Dißles, der küng, zů sinem wysen: «Es müß sich ein
vernünfftiger man bewarn vnd hüten vor sollichen dingen. Dann wer
sinen nutz süchen will mit ander schaden, der sündet wider sinen
ebenmenschen, vnd ist müglich vnd wol, das er zületst gehang in der
10 boßheit siner werck, als disem Dymna geschehen ist.»

[109] Hye hat ein end das drytt capitel von der erfragung Dym-
nas handels vnd das nieman sinen nutz mit schaden des andern süchen
soll. Vnd hebt nun an das vierde capitel von trüwer gesellschafft.

Nach disen dingen sprach Dißles, der künig, zů Sendebar, sinem
15 wysen: «Nun sag mir von frumen lüten, die by einander wonen vnd
einander lieb gewinnen, wie ir liebe vnd fründtschafft gevestnet werd
vnd da der ein dem andern gütes erzeigt in trüwer gesellschafft!»
Antwurt Sendebar sinem küng: «Ein wyser, verstendiger ist ein helfer
siner fründ, vnd das heissen fründ, die jn selbs vnder einander helffen
20 vnd getrüw sind vnd der liebe vmb kein vrsach zerbrochen würdet,
ja vntz in den tod. Vnd des findet man byspel, die darzů dienen,
als die fabel von der tub vnd den tuben, der muß, dem rappen vnd
dem hirßen.» Sprach der küng: «Wie was das?» Antwurt Sendebar:

«Es sind gewesen jn einer prouintz grosser wäld mit vil gewildes,
25 darjnn die jäger all tag iren wandel hetten, ir weidwerck zů triben.
In demselben wald stünd sunder ein grosser boum mit grossen, hohen
vnd uil esten; vff dem lag ein nest eins rappen. Vff ein mal saß der
rapp in sinem nest vnd sach ein weidman nahen zů dem boum mit
eim netz vnd steben. Darab erschrack der rapp vnd gedacht: «Nun
30 weist du nit, ob der weidman disen zůg über dich oder yemans an-
ders bereit hat.» Vnd sprach: «Ich will ston vnd wol zůsehen.» Mit
dem so spreitet der weidman vogelsamen uff die erd vnd richt darzů
sin garn vnd stünd wartende ferr hinder dem netz. By einr cleinen
wyl kam ein tub mit einr mercklichen schar tuben, der fürerin sy
35 was; vnd do sy den weitzen da sahen vnd des garns nit acht namen,
vielen sy darjn vnd wurden mit dem netz all überdeckt. Do dis der
vogler sach, do ward er fro. Do sich nun die tuben gefangen ent-
pfunden, do flotterten sy hin vnd her, sich zů entledigen. Zů den

sprach die tub, ir fürerin: «Nit verlaß sich ein yeglich an sich selbs
allein vnd das keine vnder üch sich selbs lieber dann die ander hab,
sunder lassen vns all mitsampt uffschwingen! Villicht mögen wir
daz garn erlupffen, das es vns volgen wirt, das wir damit hinfliegen
mögen, vnd also erlediget yegliche sich selbs vnd die andern mit
ir.» Sy volgten vnd hüben das garn über sich in die lüfft vnd
flugen darunder mit dem netz hin, des sich der vogler vast ver-
wundern thet. Vnd volget jnen nach vnd hett sine ougen [110] vff
sy, in hoffnung, das sy das netz bald zů der erden trucken solt.
Der rapp gedacht: «Du wilt nachuolgen, zů schouwen, waz uß disem
wunder werden wöll.» Vnd do die fürerin der tuben den vogler
sach nachuolgen, do sprach sy zů jren gesellen: «Sehent, der weid-
man volgt nach, vns zů sůchen. Verharren wir, uff dem gestrackten
weg zů fliegen, so blyben wir jm in gesicht vnd mögen zůletst nit
engon. Fliegen wir aber über berg vnd teler, so mag er vns nit in ougen
behalten vnd stelt dester ee ab sin nachuolgen; dann er wirt an vns
verzwyfeln, vns wider zů finden. Es ist nit ferr von hinnen in eim
tal ein hüly, darjnn wonet ein muß, min gesell vnd fründ, vnd weiß,
kumen wir zů jm, daz er vnser netz zernaget vnd vns erlöset.» Die
tuben theten nach rat ir fürerin, bis sy von der gesicht des voglers
kamen. Vnd do er sy nit mer sehen mocht, do zwyfelt er, sy zů
finden, vnd kert wider vff sinen weg. Der rapp flog langsam hinden
nach, zů schouwen, was end diser geschicht werden wolt, ob sy sich
selbs vß dem netz lösen möchten vnd durch was gestalt, jm selber
daruß zů lernen, ob das ymmer nott sin würde, sollichs ouch zů ge-
bruchen.

[111] Vnnd do die tuben bis zů der hüly, da die muß jnn wonet,
kamen, do liessen sy sich gemeinlich vff schaffung ir fürerin zů der
erden. Vnd do sy uff die erd kamen vnd vnder dem garn lagen, do
sahen sy, das die muß wol hundert hülinen zů notturfft irs wandels
gemacht hett vnd zů zůflucht, wann sy geängstet würd. Vnd die fü-
rerin rüfft der mus: «Sambar!» nach jrem namen. Die mus ant-
wurt vß dem löchly: «Wer bist du?» Sie antwurt: «Ich bin die tub,
din gespil.» Sy kam bald heruß zů ir, vnd do sy ir gespilen sach
vnder dem netz, do sprach sy: «Schwester, wer hat dich in disen
strick geworffen?» Die tub antwurt vnd sprach: «Weist du nit, das
niemant jst in diser zyt, jm sy von got ettwas widerwärtigkeit er-
achtet, vnd allermeist denen, die sich in der welt begon wöllen, die

meniglichs betriegerin ist? Sy hat mir weitzenkörner geoffenbart, aber das netz daby verborgen, bis ich vnd min gespilen darjn gefallen sind. Sich mag niemant des entsagen, das jm von oben ab erachtet ist. Dann, min schwester, du sichst, das die sunn vnd mon sich ett-
5 wan lyden müssen, dadurch sy jren schin by wylen verlieren; also werden die visch jm wag gefangen, der so tieff ist, daz in niemen ergründen mag, vnd die vogel werden gezugt uß den lüfften zů sinr zyt. Dann wer dem trägen gyt, zů erschlichen, das er begert, der stelt den emptzigen von sinem fürnemen, vnd das ist, das mich
10 in disen strick geworffen hat.» Darnach fieng die mus an, das netz zů nagen an dem end, da ir gespil lag. Zů der sprach die tub: «Vach an by den andern tuben! Wann du die all gelediget, dann kum zů mir!» Vnd do die tub das zům dickern mal gesprach, noch wolt die mus von ir nit, vnd do die tub aber die mus darumb an-
15 sprach, do antwurt die mus: «Dis hast du mir zům dickern mal gesagt, als ob du dich selbs nit gerůchest zů ledigen.» Antwurt die tub: «Nit laß dir min bett mißfallen! Dann dise sind min gespilen vnd hond sich vnder mich gethon, als vnder ir frouwen vnd fürerin; darumb ist billich, das ich sy bewar als min eygen person vnd mer;
20 dann sie sind mir gehorsam gewesen vnd geuölgig mins rates vnd durch ir hilff vnd gesellschafft bin ich mit jnen erlöst von des voglers handen. Dann ich erschrick mir gantz nicht des, das du an jnen anfahest, vnd ich die letst sy; dann so magst du mich nit verlassen durch die liebe vnd erbermde, so du zů mir hast.» Darzů sprach die mus:
25 «Dise wort bringen dir billich güten willen vnd stercken die liebe zwüschen dir vnd dinen gespilen.» Vnd zůletst zernůg die mus das netz allenthalben, vnd flugen die tuben jren weg vnd die mus schloff in ir löchly.

[112] Dis sach der rapp alles; dann er was von fernes jnen
30 nachgeflogen, bis sy sich vff die erd gelassen hetten, vnd hett alle wort der mus vnd der tuben vnd wie durch die mus die tuben er-lediget waren, gesehen vnd gehört, vnd begert, sich jnen zů gesellen, vnd sprach zů jm selbs: «Wer weist, mir möcht ettwan geschehen, als den tuben, vnd ich mag kum rüw haben, mir werd dann dise
35 einigung der gesellschafft.» Vnd gieng zů der hüly vnd rüfft der muß mit jrem namen. Die mus antwurt: «Wer bist du?» Er sprach: «Ich bin der rapp vnd hab gesehen, was diner schwester, der tuben, begegnet ist, vnd wie die got durch din trüw erlediget hat. Darumb

bin ich kummen, din gesellschafft zů haben.» Antwurt die mus: «Es ist kein gesellschafft zwůschen dir vnd mir, vnd ein wyser soll sůchen, das můglich ist zů finden, vnd das vnmůglich verlassen, das er nit vnwyß geschätzt werd, als der, der da vnderstat, schiff über land vnd karren über mer zů fůren. Dann wie möcht vnder vns gesellschafft sin? Ich bin din spyß vnd du der fresser.» Antwurt der rapp: «Verstand mich vnd bedenck dich darnach in dinem hertzen! Dann ob du min spyß bist, das gibt miner meinung nit zů; dann din tod ist mir nit nůtz, sunder an dinem leben mag ich vil hilff haben; [113] vnd es wär dir nit gebůrlich, so ich din gesellschafft sůch, daz du mich also geschmächt von dir jagen soltest, sunder so in dir die erbermd vnd gerechtigkeit erschinen ist, vnd du hast ouch daz nit gethon zů eim schin, das man es von dir sehen vnd dich loben solt. Ich bin von geschicht darzů kummen. Dann es sprechen die wysen: Die gerechtigkeit des gerechten mag nit verdruckt werden, noch des barmhertzigen barmhertzigkeit verschwygen, wie heimlich die geschehen; zů glycher wyß, ob man ambra verstrickt in ein tůchly, noch verlat es nit, sinen gůten geschmack vßzůgeben. Vnd du solt din gewonheit an mir nit verwandlen, das du mir din fründtschafft versagest.» Des antwurt die mus: «Wissz, der grössest hassz ist der hassz des lybs; dann der hassz der zůuallenden vnd vnbestendigen dingen nympt end, wenn das, darumb der hassz jst, endet oder hingeleit würdet; aber der hassz des libs will nit enden, die wil der lyb das leben hat. Vnd diser hassz ist zweyerley: der ein, als der löw vnd der helfand zůsamen haben, vnd ist der hassz des strytes, darjnn yeglicher des andern begert zů überwinden, als ouch von beiden teilen geschicht; der ander hassz ist, da einr weißt, den andern on wer zů überwinden, vnd hasset in darumb, das er sinen willen an jm volbringen will, als vnder dir vnd mir vnd dem habich vnd dem repphůn, der katzen vnd den ratzen, dem hund vnd dem hasen; vnd diser hassz ist nit vmb böses, das in mir sy wider dich allein; diß ist ein hass durch bösen willen, den du zů mir hast, dich an mir zů ergetzen zů diner settigung; vnd zwůschen denselben mag nymer stäter frid beston, vnd ob sy sich ein zyt fridsamlich erzöugen, so würdet doch der frid zůletst verkert. Dann nym war, ein wasser, das by dem für so heiß gemacht würdet, das sin hitz dem für gelychet, noch verleschet es das für, wirt es darjn geschütt. Darumb ist zweyen widerwärtigen nicht gütz oder friden gegen einander

zů uertrůwen. Die wysen hond den, der sinem veind anhangt, glycht
dem, der ein schlang jn sin hand leyt; der weißt nit, wann sy sich
verkert vnd in vergifft. Dann ein wyser man sol sinem veind nymer
getrůwen, besunder sich ferr von jm thůn, das jm nit geschech, als
einem geschach.» Der rapp sprach: «Wie geschach jm?» Dem
antwurt die muß:

«Es was ein man, der hett in sinem huß ein schlangen wonende,
die von sinem wyb gar wol gehalten vnd ir täglich zů ir zyt ir spyß
gereicht ward. Diß schlang hett ir wonung in eim loch der muren
zůnechst by der herdstatt. Der man vnnd sin [114] wyb wanten
von gewonheit des landes vil gelückes von der schlangen haben. Es
begab sich vff ein sunntag, das der hußwirt jn sinem houbt nit starck
was; darum belyb er an sinem bett morgens ligen vnd hieß sin wyb,
kind vnd gesind zů dem gottsdienst gon. Do sy all ußgangen waren
vnd in dem huß still was, do gieng der schlang uß sinem loch vnd
besach sich fast vmb. Der man, des kammertůr gegen dem fůr
über eins teils offen stůnd, gewart der schlangen vnd irs vmbsehens,
anders, dann er an ir vor gewon gewesen was, vnd nam des acht.
Vnd do der schlang alle winckel erfarn, ouch zů des wirtes kammer-
tůr ingesehen vnd niemans gefunden hett, (dann der wirt hett sich
mit flyß verborgen,) do gieng der schlang zů dem fůr vnnd hieng
sinen schwantz über den hafen vnd ließ ir gifft darjn vallen; vnd
bald barg sy sich in ir hůly. Do das der wirt ersach, er stůnd bald
uff vnd vertalb den hafen vnd die gifft mit der spyß in das erdtrich,
das dauon niemans vergifftet wůrd. Vnd vmb die zyt, als man der
schlangen gewonlich ir spyß pflag zů geben, do stůnd der wirt mit
einr axt fůr das loch vnd wartet, wann sy nach ir spyß kummen
wolt. Vnd als die schlang zů ir zyt herußschlieffen wolt, do thet [115]
sy glych dem schuldigen vnd lůgt vor mit jren ougen, ob yemans
sunder uffsehen vff sy het. Der wirt wond, sy wůrd iren gang wie
vor fůr sich herußschlieffen, vnd so bald er ir das houbt ersach, do
vieng er an, mit der agst zů schlahen; vnd ee er den streich volbracht,
do hett sy ir houbt wider in ir loch gezogen vnd bekant sich ir übeltat.
Aber über ettlich tag ward der wirt von siner frouwen beredt, das
er sich mit der schlangen richten solt, sy wůrd es nit mer thůn. Der
wirt was gůtwillig vnd gieng fůr das loch vnd růfft sinem nachgeburen,
er wolt ein richtung mit jm treffen, also das er des sicher vor jm
wär. Der schlang sprach: «Nein. Vnser gesellschafft mag fůrer nit

wol mĭt trûwen geston; dann wann du gedenckst, das ich dir die gifft
in den hafen geleit hab, vnd ich gedenck, das du mir so vnbarmhertzig-
lich mit der agst nach minem houbt geschlagen hast, so mag einr
dem andern nit mer wol getrûwen. Darumb fûgen wir nit zûsamen,
5 vnd nicht wegers, dann gib mir statt, min straß zû gond vnd ye ferrer
ye besser, vnd belyb du mit rûwen in dinem huß!» Das geschach.»
Der rapp sprach: «Ich hab dine wort verstanden; doch solt du din
natur erkennen vnd die gerechtigkeit miner wort, vnd nit bis mir so
scharpffer red vnd schib dich nit von mir, sprechende, es hab nit
10 statt, das du mir gesellschafft gebest! Dann vernûnfftige creaturen
sûchen bestendig sachen, die so adeliches hertzen sind, vnd die lieby,
die da ist vnder getrûwen gesellen, die wirt nymer zertrent; ob sy
aber ettwen uffhört, so ist sy doch bald widerzûbringen. Dann
was gût ist, das jst langwirig, glych eim guldin geschirr, das wert
15 lenger dann ein lychtferig glaß; vnd wann das glaß zerbricht, so ist
es nit widerzûbringen; aber das guldin geschirr, so das bresthafftig,
so wirt es doch lychtlich wider gemacht, als es vor was. Also zweyung
vntrûwer gesellschafft ist nûhig der zertrennung vnd ferr von wider-
bringung, aber getrûwe gesellschafft ist ferr von der zertrennung vnd
20 nach zû der widerbringung. Darumb ein man edels gemûtes hat ouch
lieb ein andern edels gemût, wann er das nit mer, dann ein mal
erkennt. Aber die frûndtschafft des, der des vnadelichen gemûts, ist
allein durch gewinn vnd gytigkeit. Vnd jch erkenn dich eins edlen
gemûts; darumb liebet mir din gesellschafft vnd bedarff ir, vnd ich
25 wird nit wychen von dem jngang diner thûr, ouch weder essen noch
trincken, bis du mir din gesellschafft zûsagst.»

[116] Antwurt jm die mus: «Ich will yetz din gesellschafft an-
nemen; dann ich hab nie keinem sin antlitz von mir jrrig in siner
bitt gon lassen; doch so hab ich dise wort mit dir geredt, das du
30 merckest, das ich wol vrsach in mir verstand, das ich diur gesellschafft
mit gelimpff ab sin möcht, mich ouch deren wol erweret hett, (dann
ich wär in miur wonung von dir gefryet,) dann das ich allen bege-
renden beger, zû nütz zû sind nach minem vermögen. Vnd darumb so
gloryer nit wider mich, sprechende: «Ey, ich hab ein muß gefunden,
35 on alle fürsichtigkeit vnd vernunfft, vnd sy mocht sich vor minr be-
trůgnuß nit bewaren!» vnd das mir mit dir beschech, als dem hanen
mit dem fuchs.» Der rapp sprach: «Wie was das?» Sagt die muß:
«Es was zû winterzyt by einr kalten nacht ein hungeriger fuchs

vßgangen nach siner spyß vnd hort einen hanen by sines meyers
huß uff einem kriechboum den tag ankräen. Der fuchs ylet dahin
zů dem boum vnd sprach: «Han, was singst du in diser kalten vnd
vinstern nacht?» Der han sprach: «Da verkůnd jch den tag, den
5 ich nach miner natur schier kůnfftig erkenn vnd den niemans ver-
schwyg.» Der fuchs sprach: «Han, so hast du etwas göttlichs in
dir, das du kůnfftige ding weist!» Der han vieng aber [117] an, zů
kräen. Do fieng der fuchs an, zů tantzen, vnd do er von dem han-
nen sins tantzens vrsach gefragt ward, do antwurt der fuchs: «So
10 du, wyser philosophus, singest, so soll ich billich tantzen; dann man
soll sich mit den frölichen fröuwen.» Vnd sprach: «O han, ein fůrst
der vogel, du bist nit allein begabt, das du in den lůfften fliegen
solt, sunder kůnfftige ding, glych den propheten, zů uerkůnden. Wie
hat dich die natur für all ander creatur begabt! Möcht ich wirdig
15 werden dinr gesellschafft! Vnd ob du mir die nit gantz zůsagen
wilt, so vergůnd mir doch allein dis mal, din wyssz houbt zů kůssen,
das ich minen gesellen sagen mög, daz jch eins wyßsagen houbt ge-
kůsset hab!» Der han ließ sich an des fuchs güte wort vnd styg
von dem boum vnd bot dem fuchs sin houpt. Das begreiff er in
20 sinen mund vnd nam jm den zů spyß vnd sprach: «Ich hab den
wysen on alle vernunfft funden.»

Dis fabel hab ich dir gesagt, das der han billich betracht hett
die vindtschafft zwůschen dem fuchs vnd sin, das es der hassz was,
sinen willen an jm zů uolbringen; dann er was die spyß vnnd der
25 fuchs der fresser, vnd gab jm darzů sine spottwort, das er vor jm
sich nit verwart hett. Aber ich will dir vertrůwen, daz dine wort
nit mit zwifaltiger zungen geredt syen.» Vnd daruff gieng die mus
[118] zů vorderst vnder irs loches thůr. Der rapp sprach: «War-
umb stast du vnder der thůr? Waz macht dich zaghafft, heruß zů
30 mir ze gond? Ist icht noch in dir etwas forcht gen mir?» Ant-
wurt die mus: «Zwey ding der frůndtschafft sind by den menschen
diser welt: das ein die gebung der person, das ander die gebung
der hand. Die, so die person geben, sind die getrůwen frůnd, die
die sich vnder einander mit hertz vnd lyb zůsamen in getrůw gesell-
35 schafft thůnd; aber die sich zůsamenthůnd mit gebung der hand, das
sind, die sich in gesellschafft halten nach nutz yeglicher sin selbs;
vnd die sind glych eim vogler, der wůrfft den vogeln sinen weitzen
für, nit juen zů nutz noch in erbermde ires hungers, dann sunder

vmb sinen eignen nutz, sy jm damit zů spyß sins lybs zů bringen.
Darumb ist die gesellschafft vnd gab der person besser, dann die gab
vnd vereinigung der hand. Vnd also hab ich yetz min glouben gesetzt
jn din person; dann du bist mir gefallen vnd mich jrrt an minem uß-
5 gan nit din vntrůw, so du nach dinem geschlächt noch in dir haben
möchtest, allein du hast vil gesellen dinr natur vnd aber villicht nit
dins gemütz, deren vnderred nit mit mir ist, als die din; jst min vorcht,
ob mich deren eine by dir säch, sy würd mich vnderston zů ir spyß.»
Antwurt der rapp: «Zů getrůwer gesellschafft gehört, das einr sy ein
10 getrůwer gesell sins gesellen vnd ein veind sins gesellen veind. Dann
bis gewissz, das ich keinen gesellen vnd fründ hab, er soll din als
getrůwer gesell sin als ich, vnd gering wirt es mir sin, nit allein alle
die zů schädigen, sunder ouch zů uertriben alle, die sich nit als ich
gegen dir erzöugen.« Vff daz gieng die mus für ir thür vnd gelobt
15 dem rappen fründtschafft vnd trůw, des glych ir der rapp hinwider,
vnd wonten by einander fridsamlich vnd geselliglich vnd sagten all
tag hystorien vnd fabel der löuff diser welt.

Es begab sich, als nun der rapp vnd mus by einander wonten,
sprach der rapp zů der mus: «Gesell, dis din wonung ist gar lutbar vnd
20 nach by dem weg. Ich hab sorg von der täglichen wonung, es möcht
einr sin ougen uff mich keren vnd mich schädigen; ouch ist mir min
spyß hie hart zů überkummen. Nun weiß ich ein lustlich vnd nütze
wonung; daby sind vil vischwasser vnd frücht vnnd daselbs hab ich
ouch gar ein getrůwen gesellen in dem wasser wonende. Ich will,
25 das du mit mir dahin kummest.» Die muß verjachzet das vnd sprach:
«Mir ist selber hie schůch. Darumb hab ich mir müssen so mengen
ingang machen in [119] die erd.» Der rapp sprach: «Warumb förch-
test du dich?» Antwurt die muß: «Ich will dir sagen, mir sind vil
widerwärtige ding hye begegnet, die ich dir wol erzelen will, wann
30 wir an das end kummen.» Damit nam der rapp die muß by jrem
schwantz vnd flog hin bis zů der statt, die er der mus genämpt hett.
Vnd do er mit der muß zů dem wasser kam, do sach in das tier, da-
uon der rapp ir gesagt hett, sinen gesellen; vnd er kant die mus nit
vnd floch vnder das wasser. Vnd do der rapp die mus vß sinem
35 schnabel vff die erd verließ, do stünd er uff einen boum vnd rüfft
sinem gesellen, vnnd dis was ein schiltkräd, vnd nampt sy mit jrem
namen. Vnd sobald die irs gesellen stymm erkannt, do gieng sy uß
dem wasser vnd gab dem rappen antwurt vnd was fro des widerkummens

sins fründes vnd fragt, was in zů sinem langen ußsin geursachet hett.
Der sagt jm von anfang, was er von der tuben vnd mus gesehen vnd
wie er sy zů gesellen erworben vnd an das ende zů kummen überredt hett.

Do dis die schiltkräd hort, do nam sy sich wůnder von der ho-
5 hen vernunfft der mus vnd gieng zů ir vnd grůßt die, fragende, was
sy dise statt zů sůchen bewegt hett. Darzů redt der rapp vnd sprach
zů der mus: «Laß dich das fragen der schiltkräden nit [120] jrren;
sag die red, die du mir zů sagen verheissen hast, vnd laß dis frag
vnser schwester, der schiltkräden, anston!» Vff daz fieng an die mus,
10 jnen zů erzelen ir herkumen, vnd sprach: «Der anfang mins wandels
in dem land was in einem huß eins säligen einsidels, der nie kein
wyb beschlaffen hett. Dem brachten erber lüt, sine vmbsässen, all tag
brot. Dauon aß er nach siner notturfft, das ander leyt er in einen
korb vnd hieng in vff in sinem huß. Des hett jch acht, bis der man
15 uß sinem huß gieng. So sprang ich in den korb vnd ließ darjnn
nicht, dann ich aß dauon so vil, bis mich benügt; daz überig gab ich
den andern müsen mins geschlächtes, die ouch ir wonung in dem huß
hetten. Vnd der einsidel gedacht jm, den korb zů heucken an ein
ander ort, da ich den nit erspringen möcht; aber es halff in nicht.
20 Vff einen tag kam zů jm ein waller. Dem macht er ein wirtschafft
nach sinem vermögen. Vnd do sy getruncken vnd gessen hetten,
do thet der einsidel daz überig in den korb vnd hieng den uff an
sin statt. In dem fieng der waller an, zů reden mit dem einsidel, vnd
sagt jm von vil aubentür der frembden land vnd der löuff der welt,
25 der er vil vmbfarn vnd vmbgangen het, vnd do in beducht, das jm der
einsidel nit gnow zůhören wolt, besunder daz er sich mit [121] siner
gesicht vnd geberd der henden gegen dem korb zů sehen erkennen
gab, da ward der waller vnwillig wider den einsidel vnd sprach: «Ich
sag dir mine wort, vnd nympst der nit acht vnd hast nit lust, die zů
30 hören!» «Nit», sprach der einsidel, «jch hab sunnder gefallen in
diner sag; sunder dise geberd vnd gesicht hab ich allein, flüchtig zů
machen die müß, die in minem huß sind, die mir vil betrübnuß zů-
fügen vnd widerwärtigkeit; dann sy essen mir alles, des ich geleben
solt, vnd lassen mir gantz nicht vngeletzt.» Antwurt der waller:
35 «Du hast mich mit diner red angedenck gemacht einr fabel von einr
frouwen, die zů ir gespilen sprach: «Dise frouw gyt nit on vrsach
den vßgeschwungen dinckel vmb den vnußgeschwungen.»

Sprach der einsidel zů dem waller: «Wie was das?» «Also», sprach der waller. «Vff ein mal waz ich geherbergt by einem erbern man vnd nachtes hort ich den man mit sinem wyb sprauchen: «Frouw, morn will ich ettlich vnser gůt frůnd zů gest haben.» Antwurt das wyb: «Du erwindest nit, all tag gest zů laden vnd wirtschafft zů machen, vnd verzerst damit, waz wir hond, daz vns zůletst weder in huß noch in hoff nichtz blybt.» Der man sprach: «Hußfrouw, nit laß dir mißfallen, das min will ist, vnd besunder in disen sachen! Dann ich sag dir, wer allweg girig ist, zů nemen vnd nicht wider zů thůnd, sunder zůsamenzůlegen vnd des selbs nit getůrren nach lust oder notturfft zů niessen, dann allweg zůsamenzůsparen, des end wirt als des wolffs.» Die frouw sprach: «Wie waz das?» Er sprach: «Man sagt, es sy gesin ein jäger; der gieng nach sinem weidwerck mit sinem geschütz vnd jm begegnet ein rechbock; den schoß er vnd nam den vff sin halß heim zů tragen. Do begegnet jm ein ber, der ylet uff jn, das der jäger sich des erweren můst, vnd spien sin armbrost vnd leyt daruff ein stral, vnd ward jm zů kurtz, das er zů schutz nit kummen mocht, vnd zuckt sin schwert vnd schlůg sich gegen dem beren; vnd belyb sin armbrost also gespannen mit dem stral uff der erden ligende. Der ber schlůg den jäger tod, vnd do aber der ber befand der wunden, so jm der jäger geschlagen hett, do wurden sy von jm noch wyter vffgezert, daz er daselbs by dem jäger tod belyb. Aubents gieng dafür ein wolff vnd fand da die dry todten cörper, den beren, den jäger vnd den rechbock, vnd ward fro, sprechende in sinem hertzen: «Dis alles, daz ich gefunden hab, sol ich behalten zů notturfft miner spyß, wenn ich sust nit anders überkummen mag, daz zů [122] haben vnd gantz des nicht zů niessen. Ich wird mich dis mal wol mögen erneren, zů nagen an den adern dis bogens an dem armbrost.» Vnd vieng an, zů nagen, bis das armbrost ließ vnd jm der stral in sinen lyb gieng vnd tod belyb ligen by den anndern todten cörpern.

[123] Dis byspel hab ich dir gesagt, das du verstandest, das nit alweg gůt sy, zů sparen vnd zů samlen vnd das gesamlet nit zů brochen vnd mitzůteilen treůwen frůnden durch got vnd eer.» Antwurt die fraw: «Du magst war sagen.» Morgens stůnd die fraw frů uff vnd nam weitzen, den sy zů essen bereiten wolt, vnd hůlset den vnd satzt ir kind darzů, den zů behůten, daz in die schwein des hußes nit ässen; vnd gieng, fürer zů überkommen den gesten zů ir wirtschafft. In jrem abwesen kam ain schwein, des kinds vngewarnet, vnd aß davon sein nottdurfft vnd das überig begoß es mit seinem bruntz. Vnnd do das

die fraw befand, do vnlustet ir ab dem überigen weitzen vnd nam den
vnd gieng uff den marckt, den zů uerwechslen vmb vngehülseten weitzen
zů gelychem meß. Vnnd do ich das sach, do hort ich von ainem an-
dern, der sprach zů ainem seinem gesellen: «Schow, wie gibt die
5 fraw den vngehülseten weitzen vmb den gehülseten zů glychem meß!»
Vnd frylich nit on vrsach. Glycher wyß sag ich dir von diser mus,
die du sprichst, sie spring jn deinen korb für all ander můs. Das
jst frylich nit, dann durch mercklich vrsach.» «Nun das zů erfaren,»
sprach der waller zů dem einsidel, «so bring herfür bickel vnd howen,
10 so will ich telben zů der mus hüli vnd ir wesen besehen.» Das hort
ich alles den waller reden; dann ich stůnd jn einer meiner gespilen
loch. Nun lagen in meiner hüly tusig guldiner pfenning verborgen,
mir vnwissent, wer sy dahin geleit hett, die ich all tag zerspraittet
vnnd damit sonder fröd vnd kurtzweil het vnd empfieng dauon stercky
15 vnd gemůt. Also talb der waller zů meiner hüly, bis das er zů dem
gold kam, vnd do er das genam, do sprach er zů dem einsidel: «Dis
mus het nit vermögen in den korb so fräuelich springen, dann durch
vrsach diß goldes, von dem sy solich krafft vnd gemůt empfangen
hett, in allem jrem wesen dester vermögenlicher zů sind; vnnd du
20 wirst befinden, das sy fürer das nit mer volbringen oder mer, dann
ander ir gespilen, getůn mag.» Vnd ich hort dise wort des wallers
vnd wist, das er war sagt. Vnd mir viel daruff schmertz jn mein
gemůt vnd befand daruff tragkeyt meiner übung vnd kranckheyt mei-
ner stercky. Morndes samleten sich zů mir aber alle můß, mein ge-
25 sellen, als sy gewont hetten, von mir der speyß zů warten, die ich
vor all tag mit jnen geteylt het, vnd sprachen: «Yetz hat vns der
hunger bestanden vnnd hond kein speyß. Nun bist du bisher vnser
zůflucht vnd zůuersicht gesin vnd von dir haben wir gelebt; thůn
fleyß, daz wir etwas für den hunger haben mögen!» [124] Ich fůgt
30 mich an das ennd zů dem korb vnd wolt nach minr gewonheit darjn
springen vnd vermocht das nit zů tůnd. Vnd do die můs sahen, das
ich darjn nit springen mocht vnd sy mit speiß versehen, do ward ich
gantz von jnen verachtet vnd schnöd gehalten von jnen allen vnd ich
hort vnder jnen eine sprechen: «Ietz ist vnser gesell gantz vnnütz
35 vnd vermag sich gantz nicht. Es erheüscht sich vnder vns, das ye-
derman seinen weg wandel, vnd gebürt sich vns, uff sy nit mer zů
warten, so wir doch sehen, das sy sich nit mer vermag, das zů tůnd,
das sie vor geton hat. Dann fürwar ir wurden befinden, das es bald

darzů kommen, daz sy vnser hilff nottdůrfftig wůrd; darumb ist gůt, by zeit von ir zů kommen. Vnd fůrtracht yederman sein wegstes!» Vnd also wichen sy all von mir vnd liessen mich einig vnd hetten mich nit mer angesehen. Do sprach ich zů mir selbs in meinem ge-

5 můt: «Ich mag wol erkennen, das weder geborn frůnd eines geschlechtes, brůder noch gesellen treůw gesellschafft halten, sonnder sy weichen all an der nott vnd sind gericht uff gewin vnd dem nutz diser welt nachzůuolgen. Es ist ouch nit genaigter, williger rat, rechte treůw noch lieby, dann denen, der man geniessen mag.» Dann merck, ich

10 hab den gesehen, dem reichtum gebrast, vnd darumb mocht er nit volbringen, das jm zů willen was; dann jm gebrast der gewalt, sein sach zů ennden, glych dem wasserfluß in dem summer, so der dorret, das er nit gewalt haben mag, fůrer zů fliessen; vnd hab gesehen, wer nit reychtum hat, der hat ouch nit brůder, vnnd wer nit brůder hat,

15 der hat ouch nit geschlechtes, vnd wer nit geschlechtes hat, der hat ouch nit frůnd, vnd wer nit frůnd hat, dem volget kein gedächtnuß vnd wirt beroubet gůttat diser welt vnd von der kůnfftigen welt wirt sein vergessen. Dann ein mensch, das rychtumbs mangelt vnd hilff begert, der wirt bald von seinen gesellen verhasset, von seinen gesippten ver-

20 lassen vnd von seinen frůnden vergessen. Dann es sprechen die weisen: Wol dem, der vil frůnd hat, we dem, des hilff an jnen stat! Vnd ein mensch, das rychtumbs mangelt vnd zů armůt kommen ist, der gibt sich by wylen in den tod, verkoufft sein aygne sel, verachtet vnd vergisset gottes vmb rychtum oder bis er sich vmb sein eygen

25 lyb vnd sel bringt; darumb ist auff erd nicht ärgers, dann so ein rych man zů armůt kumpt. Dann ein gepflanzter boum, dem darnach sein rind zů allen orten abgezogen wůrdet, ist besser zů achten, dann ein man, der annder lůt hilff bedarff vnd arm ist. Dann armůt ist ein anfang aller traurigkeit vnd schmertzens, irs gemůtes vnd wider-

30 wärtigkeyt; [125] dann sy nympt dem grossen herren der land keckheit seines hertzen, nit zů uolbringen, das jm in gemůt ist; sie verfůrt die ratgeben zů torheit; sie toubt die mächtigen; sie nympt die wysen red von den vernůnfftigen vnd den gůten rat von den alten; sy krenckt das leben; sy derret das geblůt; sy macht schwäre, all widerwertige

35 zůfell; vnd wer mit der wunden der armůt getroffen ist, dem wirt benomen alle senfftmůtigkeit vnd geraitzet zů der hertigkeit; vnd welicher nit senfftmůtig ist, dem gebrist adels; vnd wer adels mangelt, der ist lychtfertig zů vnrecht; wer vnrechts sich verfacht, der wirt

fellig; welicher fellig wirt, daz bringt truren; vnd wer trurt, der
verlûrt sein verstendtnuß vnd vergisset der wyßheit. Vnd ich hab
einen gefunden, der arm ward, zû dem man sich darnach alles übels
versach, vnd das er nit gethon het vnd das ander gethon hetten,
5 ward vff in gezigen; vnnd es seind in der welt nit so vil vrsachen,
damit der rych gelobt werd, jr sy mer, damit der rych, der zû ar-
mût kommen ist, gescholten werd. Dann ist er milt gesein, so sagt
man, er sy ein verzerer; vbersicht er, man spricht, er vermög nicht;
jst er eins edlen gemûtes vnd richlich, man spricht, er sy zû behend
10 vnd vnuerträgenlich; jst er aber züchtiger geberd, man spricht, er
sy vnuerstendtlich; jst er eins getörstigen hertzen, so sagt man, er
sy ein tor; jst er redgeb, man spricht, er sy ein schwetzer; schwigt
er, man spricht, er sy ein bestie. Vnd darumb ist der tod vil weger,
dann armût, die den man ju beweglich versûchung bringt vnnd ju
15 verachtung, so das er bitten mûß, vnd besonnder, wann er ein toren
oder gytigen mûß bitten; dann sy geschenden jn. Es gezympt sich
baß einem armen verdorben edlen menschen, sein hand jn einr schlan-
gen mund zû thûnd vnd jr gifft daruß nemen vnnd die trincken, dann
von aim toren oder gytigen hilff begeren. Vnd man spricht, wer stet-
20 ten siechtagen on mittels lidet, vnnd ein waller jn eim frömden land,
der von niemans wol empfangen vnd jm nicht geben wirt vnd sonnder
hilff leben mûß, vnd einer, der von rychtum zû armût kommen ist,
den dryen sy der tod besser, dann das leben. Dann also gelebt, haisset
gestorben. Dann armût bringt by wylen diebstall, mord, verrettery,
25 roub vnd annders. Es sprechen die wysen, das weger sy ein stumm
vnd warhaffter, dann ein redender lügner, vnd besser ein schwigender,
dann ein schwetzender, ob er ioch allweg war sagt.

[126] Vnnd als ich jn meiner hûly was, do der waller die guldin
fand vnd die nam, do sach ich, das er die mit dem einsydel teilt,
30 vnd nam ieglicher daz halb vnd schieden sich von einander. Vnd
der einsidel leit seinen teil nachtes vnder sein küssy, do er vff schlieff,
vnd ich gedacht, mir etwas dauon zû nemen, villicht ob mir mein
gemût vnd krafft dadurch gemert würd vnd das sich mein frûnd vnd
gesellen wider zû mir gethon hetten vnd also nit verachtet würd.
35 Vnnd do der einsidel schlieff, do schleich ich dar, vnd er erwacht an
meinem gon vnnd schlüg mit seinem stab nach mir vnnd traff mich,
des schmertzen ich vff meinem houbt befand, das ich in mein hûly
lieff. Vnd do mich der schmertz verließ, do zwang mich mein begird

vnd verfůrt mich die sůnd der gytigkeit, daz ich zům andern mal
dar gieng, ob ich das wider erkriegen möcht; vnd do ich dem bett
nahet, do wachet der einsidel vnd wartet daruff vnnd schlůg mich
mit seinem stab vff mein houbt, das mein blůt dauonran. Also
5 schied ich dannen mit bitterkeit meins hertzen, vnd het darzů den
schmertzen meiner wunden vnd kroch vff meinem buch biß zů mei-
ner hůly vnd strackt mich darjn als halb tod vff der erden on alle
verstendtnuß vnd vernunfft vor schmertzen, der mich beroubt, vnd
ward mir widerwärtig setzen allen schatz des rychtumbs, also wann
10 ich an gold oder gelt gedacht, daz es mir schrecken in mein hertz
trůg, vnd marckt, das kein beschwert noch betrůbnuß in diser welt
ist, die nit von begird vnd der sůnd der gytigkeit vrsprung hat; vnd
die jnwoner diser welt werden dauon stettes gefůrt vß einer wider-
wärtigkeit in die andern. Vnd ich sach den vnderscheid vnder eim
15 gůder vnnd gytigen, das der groß was, vnnd fand, wer sich lat be-
nůgen mit seiner hab vnd nit fůrer begert, dann jm von got geben,
das der rych ist vnnd jm das nůtzer ist, dann vil schätz mit gytig-
keit besessen; vnd hört die wysen vier ding sprechen: es sy kein ver-
nunfft besser, dann des, der sein eigen sach wol betracht, vnd nie-
20 mans edel on gůt sitten, vnd kein besser rychtum, dann da man sich
benůgen laßt, vnnd der sy wyß, der sich dauon thů, das jm nit wer-
den mag. Vnd also ward das end meir geschefft, daz mich benůgen
wolt des, das ich het, vnd weich also vß des einsidels huß vnd ver-
ließ daselbs mein wonung vnd kam her in diß wůsty vnnd gewan da-
25 selbs die gesellschafft der tuben, vnd ir gesellschafft ist vrsach gesein,
das sich der rapp ouch zů mir gesellt hat; vnnd so mir der erzelt
hat die gesellschafft zwůschen jm vnnd dir vnnd mir [127] sagt, das
er zů dir wölt, do gelust mich ouch zů dir; dann mir mißfelt, allein
zů wonen. Dann in der welt nicht ergetzlichers dann gesellschafft
30 trůwer personen, aber grösser betrůbnuß ist, beroubt zů sein aller
gesellschafft vnnd frůndtschafft. Vnnd hab versůcht mangerley in diser
welt vnnd hab erkennt, das nit nůtz ist, das yeman in diser welt
fůrer, dann seinen stat, der jm gezimpt vnnd dem er genůg sein mag,
zů sůchen, sonnder sich daneben laß benůgen einer narung vnnd be-
35 husung. Dann ob man einem menschen diß gantz welt geb mit aller
besitzung, so gebůrt jm doch nit mer dauon, dann das wenig, das zů
seinem lib nottdůrfftig ist; das ůberig ist der anndern. Vnnd dar-
umb bin ich kommen mit dem rappen, das ich dir ein brůder vnnd

gesell sy vnd du mir herwiderumb vnnd das vunser gesellschafft by einander belib.» Als nun die muß ir red volbracht, do antwurt ir die schiltkräd mit süsser red vnnd demütiger zungen vnn l sprach: «Ich hab verstanden deine wort vnnd werck, das du gar wol behalten
5 hast, waz dir bißher widerfaren ist, vnnd dein geschefft wyßlich verhandelt. Nun solt du dein vergangen widerwertigkeit von gemüt schlahen; dann was güt sol sein, das müß durch güt übung erzeügt werden, als der siech, der seinen siechtagen weist vnd was jm gehelfen mag, den verfacht nit sein wissen, er leb dann der artzny, die jm
10 helffen soll. Vuud darumb nicht beküemer dich vmb den verlurst deins rychtums! Dann ein edel gemüt wirt geeret, vnnd ob es ioch rychtumbs mangelt, als der löw, den förchtet alles, das in sicht, vnnd ob er schlafft. Dann ob ein rycher nit güt sitten noch werck an jm hat, der wirt doch von den fromen verachtet, als ein hund, der
15 von allen menschen licht geachtet wirt, vnnd ob man den mit vil silber oder gold becleidet, noch ist er ein hund. Darumb laß dir nit schwär sein in disem vnkunden land! Dann der wysen großmütigen eigenschafft ist, von eim lannd gern in das ander zü wanndlen vnd von eim end der welt an das ander zü erkunnen; vnd mit
20 jm wandelt sein vernunfft, als mit dem löwen, war der wandelt, so bringt er mit jm sein stercky.» Do der rapp dise red hort, do waz er fro diser einigkeit vnd sprach zü der muß: «Yetz solt du dich fröwen in dim gemüt diser güten gesellschafft vnd die getrülich mit vns halten, da niemans mag stätes fröud vnd güten lümbden behal-
25 ten, dann des füß sich nit mit vntrüw verkert von sinen trüwen gesellen vnd fründen. Dann wann ein hohes vnd adelichs gemüt velt, dem mag niemans dann ein edler, sines gemüts glich, vffhelffen, darumb ist jm der getrüw zü gesellen [128] nit zü uerkiesen; als daz helfand, wann das velt, so mag jm niemand, dann ein ander helfand,
30 vffhelffen.» Vnnd do der rapp also mit jnen redt, do kam ein hirß geloffen; vnd do sy den horten, do fluhen sy, die schiltkräd in das wasser, die mus in ir löchlin vnd der rapp vff einen boum. Vnd do der hirß zü dem wasser kam, do flog der rapp in die lüfft vnd lügt, ob dem hirß der jäger villicht nachuolgt, vnd do er niemans
35 sach, do rüfft er dem schiltkräd vnd der mus, das sy herfürgiengen, es wäre da nicht vorchtsams. Sie kamen von iren wonungen vnd giengen aber zůsamen. Vnnd da der schiltkräd den hirß sach by dem wasser ston, mit vffgehabtem hals gegen jnen zü schouwen, vnd das trincken

vermyden, als ob er in sorgen stånd, do sprach die schiltkråd:
«Herr, dürst dich, so trinck! Hie bedarffst du niemants förchten,
der dir schad sy.» Der hirß gieng zů ir vnd grůßt sy. Der schilt-
kråd fragt jn, von wannen er kåm. Antwurt der hirß: «Ich bin in
diser wůsty ein lange zeit gesin vnd yetz hab jch gesehen die schlan-
gen von eim end an das annder wanndern vnnd hab vorcht, ob jåger
oder etwas übung jn dem wald sy, vnd bin hergewichen.» Sprach
der schildkråd: «Förcht dir nit! Dann an diß end ist noch nie jåger
genåhet. Vnd wilt du by vns hie wonen, so wöllen wir dir vnser
gesellschafft mitteilen vnd vns zů dir versprechen; dann gůt weid ist
vmb diß wasser.» Der hirß begert ir gesellschafft vnd belyb by jnen,
vnd sy machten jnen selbs ein wonung von esten der boum, dahin sy
all tag zůsamenkamen zů ir gesellschafft, vnd fabulierten da von
worten diser welt. Vff ein tag waren daselbs by einander der
rapp, die mus vnnd die schiltkråd vnd mangelten des hirßen. Vnd
do der so lang vßbelyb, hetten sy forcht, ob jm von den jågern icht
begegnet wår, vnd schickten vß den rappen, die weld zů erfliegen, ob
er ichts gewar würd. Der rapp was behend vnd flog hin zů wald
vnd fand den hirßen jn einem netz vnnd kam bald wider vnnd sagt
das sinen gesellen. Sobald das die mus hort, sy ylet vnnd batt sich
den rappen dahin bald zů tragen. Vnd do sy zů dem hirßen kam,
do sprach sy: «Brůder, wer hat dich in das netz gefelt? Nun soltest
du doch der verstendigen, vernůnfftigen tier eins sein!» Antwurt der
hirß: «Schwester! Mag yemans sich bewaren vor dem urteil, das von
oben herab über jn geordnet ist? Vnd weist du nit, das den behen-
den ir louff vnd den starcken ir stryt davor nit sein mag?» Vnd do
sy also mit einander redten, do kam die schiltkråd ouch gangen. Zů
der sprach der hirß: «Gespil! Durch was bist du herkommen oder
was mag vns dein bywesen fürdern? Dann allein die mus mag mir
disen strick zernagen zů miner ledigung. Vnd ob der jåger kåm,
[129] so bin ich lichtfårig, zů fliehen, der rapp zů fliegen; die mus
mag sich wol in ein hůly, der vil hie seind, verbergen; allein so bist
du eins gemachsamen ganges vnd nit geschickt, zů fliehen oder dich
zů uerbergen, vnd würdest villicht gefangen.» Antwurt der schiltkråd:
«Ein vernůnfftiger by trůwer gesellschafft sol jm nit schåtzen gelebt
sein nach verlierung siner gesellen; vnnd wa er nit hilff mag thůn,
so soll er doch trost thůn nach sinem vermögen. Dann sein eigen
hertz sol ein getrůwer gesell für den andern vß seinem lyb ziehen

Beispiele.   7

vnd jm darlegen; dann wann gůte getrůwe gesellschafft zertrennt wirt, so ist ir leben gemindert vnd ir ougen gefinstert.» Vnnd do sy dise red noch triben, so kumpt der jäger. Nun het die mus yetz das netz zernagen vnd floch der hirß vnd der rapp flog zü dem wald, 5 die mus schloff ju ein löchlin by einer wurtzel des boums.

Vnnd do der jäger kam, do fand er daz netz zernagen. Des erschrack er vnd sach vmb sich vnd fund noch sach niemans, dann die schiltkrád; den nam er vnnd band den hart züsamen, das es der rapp vnnd mus sahen, vnnd wurden des ser leydig. Vnnd sprach die mus zü 10 dem rappen: «Ich sich nit anndors, dann wann wir dem netz engangen, so vallen wir in die grůb vnnd stätes von eim [130] vngefell in das ander. Es ist war des wort, der sprach: Die wil dem menschen ein gelück kumpt, so ist er des anndern warten, aber wenn ein vngefell kumpt, so kan er sich des anndern nit erweren. Dann mir wär 15 genůg gesein das vngefell verlierung meins schatzes vnd damit miner gesellen. Yetz hab ich mit schrecken minen gesellen, den hirsen, erlöset vnd bin damit kummen vmb minen brüder, den schiltkräden, der mir lieber ist gesein, dann all mein gesellen vnd frůnd, die allein durch trüw vnd liebe herkommen ist vnnd durch ir ádelich gemůt, 20 das besser ist, dann die liebe vom vatter zü dem sun; dann dise liebe enndet sich nit dann mit dem tod. Wee disem lyb, der von einer trůbsáligkeit in die andern loufft, vnd dem so uil widerwertigkeit beschert ist! Ich merck, das niemants stätes in eim wesen belyben mag, glych als die stern; dann yetz schinen sy, dann seind 25 sy verblichen, yetz seind sie mit dem liecht vmbgeben, dann mit der vinsternuß. Diß widerwärtigkeit, so ich durch mein gesellen lyd, seind glych eim geschwer eins menschen, darjn jm der artzat schlecht; dann so gewint er zwyfältigen schmertzen, den schmertzen des geschwers vnnd den schmertzen des vffschlahens.» Der hirß 30 vnd der rapp sprachen zü der mus: «Din vnd vnser truren hilfft die schiltkräd nit. Nun gedenck vnd find anschleg ir ledigung! Es sprechen die wysen: In widerwärtigen sachen versůchst du den frůnd, jn kouffmanschatz den getrůwen, jn zůuallenden sachen den gesellen.» Die mus sprach: «Mir gefiel, das der hirß gieng vff die 35 strass des iägers vnd leg sich ein gůte ferre für in neben den weg, da er fürgon můß, als ob er tod sy, vnnd stand der rapp vff in, als ob er vß jm essen wöll; so weiß ich, wann der jäger das sehen wirt, so würfft er sein bürdy des netzes, darjn vnuser gesell gebunden

ist, von jm vnd wirt dahinzů ylen. Vnnd wenn du das sihest, so
wych ein clein für, als ob du vast schwach vnd doch lebend syest,
vnd reitz jn für vnd für, damit er můd werd; so will ich dazwůschen
die schnůr zernagen vnd vnsern brůder ledigen, das wir all mit fröuden vnd heil zů vnser wonung kommen werden.» Der hirß vnd der
rapp theten, wie sy die mus gelert het. Vnd do der jäger dem hirsen
so nachylet von einr statt an die andern vnd der rapp sach, das
die mus jren gesellen gelediget het, do ylten sy beyd iren weg zů
der mus vnd jrem gesellen vnd funden den gelediget vnd kamen all
mit einander heim zů jrer wonung mit fröuden vnd säligkeit. Vnd
do der jäger zů sinen netzen kam vnd fand, daz die genagen waren
vnd der schiltkräd gelediget, do gedacht er an den hirsen vnnd [131]
rappen vnd wie in die mit grosser geschidigkeit vmbgefůrt vnd sich
zů erkennen geben hetten, daz nit was, vnd das jm dazwůschen sine
netz zernagen waren vnd die schiltkräd gelediget. Do sprach er
gen jm selbs: «Dis gegne ist ein gegne der zouberer oder böser
geist.» Vnd gieng mit vorcht sinen weg zů siner herberg.»

Sprach Dißles, der künig, zů Sendebar, sinem wysen: «Hieby
ist recht zů uerstond, das getrůwer rat vnder getrůwen menschen,
besonnder die sich gütter übung flyssen mit barmhertzigkeit vnnd
rechtfertigung jrs lebens, zů hohem nutz vnnd eeren irs lybs vnnd
wesen erschiessen mag.»

Hye enndet sich das vierd capitel von der tuben, der mus, dem
hirsen vnnd der schiltkräden, vnnd vahet an das fünfft capittel von
der schar der rappen vnnd der schar der üren; vnnd ist von dem, der
sein getrůwen setzt in sinen veind, vnnd was dem zůlest dauon kumpt.

[132] **E**s fragt der küng Dißles Sendebar, sinen wysen, vnd
sprach: «Ietz hab ich gehört, was du gesagt hast von getrůwen
fründen vnd gesellen, die sich vnder einander lieb haben mit getrůwem
vnd rechtem hertzen vnd gemüt, vnd waz darjnn verdienens sy. Nun
bescheid mich von eim veind, ob der icht zů fründ gemacht werden
mög, das jm, die sein veind waren, getrůwen mögen, vnd waz
veiudtschafft sy vnd ir werck vnd natur, vnd waz der küng thůn
můß, wenn jm etwas begegnet von sinen veinden; ob er jren fryden
sůchen vnd sich daran lassen söll vnd ob er sinem versůnten veind
sich selbs vertruwen vnd gesellschafft mit jm haben mög. Darüber
beger ich von dir einr fabel.» Sprach Sendebar: «Der küng sol,
wann jm von sinem widersach etwas begegnet, allwegen zwyfel zů

7 *

demselben haben vnd sich versehen, daz er jm, wenn er vermag,
solichs aber thů, vnd sol sich vor jm vnd seinr gesellschafft oder
seinem volck bewaren. Obwol sein widersach fryden vnd glouben
an jn sůcht vnd jm frůndtlich geberd oder lieby erzaigt oder gesell-
5 schafft sinen dienern oder frůnden, so soll er doch sinen worten
oder geberden nit glouben, daz jm icht geschech, als den ären mit
den rappen.» Sprach der kůng: «Wie waz daz?» Antwurt Sendebar:
[133] «Man sagt, es sy jn einem land gewesen by einer statt ein
grosser berg. Daruff was ein grosser boum mit vil esten, vff dem-
10 selben boum waren wol tusig rappennester, jre jungen fůrzůbringen;
vnd die hetten einen kůnig. Vff demselben berg was ouch ein boum,
daruff hetten ären ir genist, wol tusig oder mer, vnd vnder jnen
ouch einen kůnig, der sy regieret.

In einer nacht hůb sich vff der kůnig vnder den ären mit si-
15 nem volck vnd überfielen die rappen vnd wundten ir vil vnnd
ertodten etlich durch den nyd, der zwůschen jnen was. Vnnd der
kůng der rappen vernam disen überfal nit, bis frů, als er vffgestan-
den waz. Vnd do er solich schlacht vnd verlust der sinen sach, do
trurt er vnd gedacht darüber, rach zů thůnd, vnd berůfft zů jm all
20 wysen vnd vernůnfftigen seinr rät vnd offnet denen dise geschicht,
förchtende, das solichs mer beschehen, wa das nit fůrkommen würd,
vnd sprach zů sinen räten: «Nemen eben acht ůwer wort vnnd ylent
nit, jn ůwerm gemůt disen rat zů bedencken, biß das ir ůch eben
vnd gnůgsam vff disen handel vnd sach betracht haben!» Nun wa-
25 ren vnder jnen fůnff seinr rät für die andern wyß vnnd gelert. Die
berůfft der kůng zů jm vnnd het besundern rat diser sach mit jnen
vnd sprach zů dem ersten rappen: «Was ist dein rat in diser sach,
die vns begegnet ist von vnser widerparthy, vnd sunnder so wir des
in sorgen sind, es möcht vns mer begegnen?» Antwurt diser rapp:
30 «Herr kůnig, das ist mein rat, das die wysen gesprochen haben:
Wann dir etwas begegnet von dem veind, der dein übermacht ist
vnd dem du nit widerston magst, so ist wäger, das du dich von jm
thůest vnd jm wychest, vnd dein hertz sol sich nit vermessen, mit jm
zů vechten.» Der kůnig fragt daruff den andern rappen: «Wes be-
35 dunckt dich vff disen rat, den du yetz gehört hast?» Der antwurt
vnd sprach: «Diß ist nit ein gůter rat, das diser rapp, mein frůnd,
geraten hat; dann es ist nit gůt noch loblich, das wir vnser wonung
verlassen söllen, oder das wir vns erstmals vnder ir fůß biegen,

sonder wir sóllen fúrträchtig vnd bereit sein vnnd vns vor vnnsern
reinden vnderston zů bewaren, wann sy kommen, daz sy vns gewarnt
vnd zů wer geschickt vinden: vnd wir weren vns gegen jnen, so
langest wir mögen, vnd wir süllen húter vnd späher haben zů allen
orten, waz sy von den ären sehen, daz sy vns daz verkünden. Vnd
kommen sy aber, mit vns zů stryten, sc wöllen wir wider sy vß-
ziehen vnd vnsern vorteil jnnemen vnd werlich wider sy vechten.
Villicht gyt vns got den syg vnd übermacht, vnd so thůnd wir jnen,
als sy vns gethon haben wolten. Vnd will nymmer geraten, daz
wir anfangs fliehen vnnd binder vns lassen vnser wyber, kind vnnd
[134] gesind vnd alles vnser gůt vnd diß lustlich wonung, die vnser
altuordern so lang besessen haben. Vnnd werden sy vns überwin-
den, dann so fliehen wir, so wir sehen, daz wir wider sy nit thůn
mögen.» Fürer sprach der küng zů dem dritten rappen: «Waz bedunckt
dich vff den rat diner zweyer gesellen?» Der antwurt: «Ich hab
sy beyd verstanden, vnd reden beyd wol, yeglicher jn siner meinung.
Aber wie mögen wir vor jnen beston, zů rechten vff die geschicht,
so vns begegnet ist? Vnnd ist jn mir nit besser rat, wir schicken
einen von vns, der verstanden sy vnd vernünfftig, vnnd der sich jnen
nāch vnd jre wort erfare, was ir meinung sy, vnd vns das wider
sag. Vnd wellen sy sich mit vns vertragen vnnd ein tribut järlich
von vns nemen, so mag ich den vergangen schaden verclagen vnnd
vns jn den weg zůgeben, damit wir rüwiglich hie in vnserm ge-
mach vnd wonung beliben mögen. Dann es sprechen die wysen:
Wann dem küng schaden von sinen veinden begegnet, den er nit
widerston mag, vnd sorg hat seins volcks vnd seins lands, so ist
weger frid vffgenomen vnd tribut geben, dann der krieg. Vnd di-
sen rat solt du zů geschehen ylen vnnd nit sumen.» Der künig
fragt fürer den vierden rappen, was jm geuiel vnder disen rätcn.
Der antwurt: «Sy hond nicht gesagt, daruff der künig grund setzen
mög. Mir gefalt nit, das wir vnser personen vnd adelich wesen
also verachten vnd vns an diß närrisch, grob volck waugen, oder mit
in stryten, ouch das wir jnen nit tribut geben söllen, vnnd wissz,
das besser ist, wir wychen ein zyt von vnser wonung jn ein ander
lannd, da wir sicher syen, biß got dise ding annders schicken will.
Dann es sprechen die wysen: Wer sich in gezwang gibt vnd vnder-
würffig macht sinen veinden, der hilfft jnen wider sich selbs. Das
ich weiß, sobald sy befinden vnser gemůt, das wir tribut geben

wolten, sy würden das also trygelten, das es vns vnlidlich were,
vnnd diß anbringung wer vnser selbs verraten; vnnd gebürt sich,
das wir fürsichtig herjnne syen vnnd gewarnt, ob sy aber kämen,
das wir gegen jnen ylten vnd mit in stritten in gût hoffnung, villicht
5 ist vns got barmhertzig, daz wir nit all verderben.» Darnach fragt
der küng dem fünfften rappen, waz er darzû reden wolt. Der
sprach: «Mich bedunckt diser aller red vff keinen grund vßgon, der
dem küng vnd sinem volck nütz sy. Dann das wir mit denen, die
vns zû mächtig vnd zû starck seind, stryten, mag jch dem küng nit
10 raten; dann wer sein selbs macht vnd vernunfft nit betracht vnd
sines veinds, der mächtiger ist, dann er, nit erkennen vnd mit dem
den krieg triben oder stryten will, der wirt betrogen mit verlurst;
dann ich [135] förcht die är; vnd es sol niemandt verachten seinen
veind, vnd ob der nit starck ist oder wyß. Vnd will mir doch
15 ouch nit gefallen, ein sollichen friden zû nemen, daz wir vns jnen in
kein weg vnderwürffig machen oder zeinßbar; dann söllen wir an sy
schicken, frid an sy zû sûchen über den mûtwillen, den sy dir, herr
küng, an deinem volck zûgefügt haben, so werden wir leichtfertig in
jren ougen vnd geschenden vns selbs. Dann die wysen sprechen,
20 man sol sich wenig zû den veinden thûn vnd in nit zû uil nahen,
dann mit vorteil, er wisse dann seinen veind zû übermachten, daz
an vns nit ist, das wir als mächtig syen als sy. Darumb gebürt
sich, mit forteiligem vffsatz gûter wort mit jnen zû handeln, bis wir
vnser begird erfüllen mögen; als ein man, der ein böß, übel wib hat,
25 die mag er mit gûten worten vnd schmeichenden geberden ee zû
seinem willen bringen, dann mit straichen. Vnd darumb, herr der
küng, mag ich nit geraten, daz wir stryten söllen wider den veind,
der stercker ist, dann wir. Wir söllen vns ouch nit mercken lassen,
daz wir sy förchten. Aber daz ist mein rat, das wir bereit vnd
30 gewarnt syen zû streit vnd sy zû betriegen mit vffsätzen. Dann der
wyß man sol seinen schaden sehen vnd bewaren, ee er kumpt; dann
wann er kumpt, so ist er nit zû widerrüffen; vnd wer vil streitet,
der mag hart entrinnen. Man mag aber den krieg etwann mit
sennftmütigen worten fürkomen vnd dazselbig ist daz nutzlichest, bis
35 eim man sein vorteil werden mag. Vnnd dis, herr künig, ist mein rat.»
[136] Der küng sprach: «Dich bedunckt gût, nit zû streiten.
Vff was meinung vnd anschleg oder vffsätz meinst du, sy zû sûchen?»
Antwurt der rapp vnd sprach: «Herr künig, hör meinen rat!

Wann ein künig sein sachen vnd geschefft thût nach rat seiner wy-
sen rät, by denen er wyßheit weist, die sich aller sachen entstond,
die syen groß oder clein, so mag er seinen veinden gesigen vnd
sein rych wol beston vnd sein macht vnd er wirt gestercket vnd ge-
5 mert. Will aber der küng seine rät verschmähen vnd eygnem für-
nemen volgen, vnnd ob der wyß ist, der mag zů siglichem ennd
seinr sachen selten kommen, vnd sein rich würt dadurch gekrenckt.
Der küng sol ouch vmb sein chafftig sachen der wysen vnnd nit
wysen rät aller rat haben, biß ein einhelliger oder merer rat be-
10 schlossen wirt; aber er sol nit des rat hon, den er weist, der jn
nit lieb hat. Dann ob der einmal ein güten rat gibt, er thût es
doch nit alweg. Nun ist mein rat des ersten, das wir all erschrocken-
lichheit verlassen vnd vnser gemüt stercken, das wir jnen nit vnder-
würffig werden. Dann das wär vns vnd vnsern kinden ewige schand.
15 Nun sprechen die wysen: Besser ist eerlich gestorben, dann schant-
lich vnd in widerwertigkeit gelebt. Ich hab dir aber, herr künig,
in disen dingen etwas heimlichs zů sagen, das sust niemants hör;
dann wann ein heimlichheit fürer dann jn zweyer menschen mund
kumpt, so wirt es offenbar. Darumb sol der küng verschwigen sein
20 jn seinen heimlichen räten; dardurch werden sein sachen vnd für-
nemen gesterckt vnd bekumpt dardurch sein anschlog vnnd bewarung
seins schadens. Vnd ob der küng wyß ist, noch sol er seiner rät
rat haben; dann der flamm in dem tigel, so der haitter brinnt, wirt
der tacht mit öl besalbt, er schint noch mer dann vor. Es sol ouch
25 ein ratgeb betrachten, warumb der küng frag, vnnd die sach ergrün-
den, vnnd findet er darjnn schädlichs, das sol er offnen, wie das zů
fürkommen sy. Vnnd die heimlichheit, herr künig, die ich dir sagen
will, die sollen allein zwo zungen reden vnnd vier oren hören.» Do
das der küng hort, do nam er den rappen mit jm in ein gadem
30 vnnd sprach: «Sag mir des ersten, was weist du von dem anfang
des hasses zwüschen den ären vnd den rappen?» Antwurt der rapp:
«Vrsach dis nydes ist vmb ein red, die ein rapp eines mals ge-
thon hat.»

[137] Sprach der künig: «Waz ist das?» Antwurt der rapp:
35 «Es seind vff ein mal zesamenkommen das geschlecht alles ge-
fügels vnd sich wöllen vnderreden, vmb einen gemeinen künig über
sy all ze welen; dann ir künig was tod. Vnnd mit gemeinem rat
erwelten sy jnen einen aren zů künig. Vnd do sy dise wal bestetten

wolten, saben sy den rappen in den lüfften fliegen, der noch nit in
solicher wal gewesen was, vnd sprachen zůsamen: «Es ist gůt, daz
der rapp ouch berůfft vnd vmb dise sach gefragt werd.» Vff solich
berůffung kam er, vnd sy sprachen zů jm: «Rapp, du hast den gewalt,
den wir all vnd vnser yeglicher haben; wir wöllen, daz du vns sagest
deinen willen vnd deinen rat; dann wir haben den aar zů vnserm
künig benamptzt.» Darzü antwurt jnen der rapp: «Sidmals ir mich
zů eüwerm rat berůfft haben, so hören meine wort! Ich sag also,
weren all geschlecht der edlen vnd gůten vogel verlorn vnd damit
die storcken ouch vnd weren nit mer dann noch die tuben vnd ander
schlecht gefügel vorhanden, noch solten wir nit ein küng von den ären
nemen; dann er treit böß sitten, jst ouch einr bösen farb, einr ver-
kerten zungen vnd ein halber tor, in dem gantz kein adel ist seiner
geberd noch wesens vnd on vernunfft, vnnd ist gewonlich zornig vnd
grymm vnnd vnbarmhertzig; dann er ist [138] eines geschlechts böser
sinn vnd arger werck vnd tückischs hertzen vnd vil ander boßheit,
der ich ietz vmb kürtz geschwygen will. Aber ich sag üch, welen
üch uß dem geschlecht keinen künig, sunder sůchen üch vnder an-
derm gefügel! Vnd ob die einfältiger seind jn sinnen vnd wercken,
noch ist üch besser derselben einfalt, dann dis behendigkeit. Dann
ob ein künig gantz ein tor vnd doch gefölgig wär, hat er wyß rät
vnd from bywoner, so fürgond sein sachen vnd wirt sein rych er-
höhet, glych als der künig der hasen, wiewol der nit wyß, so waz
er doch seinen wysen räten gefolgig, vnd kam jm zů gůt.» Die vogel
sprachen all: «Wie waz das?» Antwurt der rapp: «Man sagt, es
sy kommen uff ein mal ein grosse türy vnd daby so ein dürr jar, das
alle wasser vnd brunnen des lanndes ersigen. Dis ward gar vnlidlich
allen tieren vnd sonnderlichen den helfanden; die giengen zůsamen
vnd sprachen zů jrem künig: «Yetz gebrist vns weid vnd wasser,
vnd will dir gefallen, so wöllen wir ußschicken, ein ander statt zů
sůchen, da wir vnser leben behalten mögen.» Die ußgeschickten ka-
men vnd sagten, daz sy ein stat funden hetten, die hieß der brunn
des monen, vnd da wär weid vnd wasser nach lust. Vnd do sy zů
dem brunnen kamen, do waren die hasen da behuset mit jrem künig
vnd hetten darumb vil hüly zů jrem gemach. Vnd do die helfandt
da vmbgiengen, do tratten sy vil der hülinen zů huffen vnnd das
ouch der hasen vil darjnn ertretten ward von iren füssen. Vnd do
die hasen solichen schaden befunden, do samleten sy sich für iren

künig vnd clagten jm das vnd waren trurig, ir wonung zů uerlassen,
vnnd fragten iren künig rates. Der berůfft zů jm all sein wysen
råt vnd sprach: «Ich bekenn, das ich der wyßheit nit enhab, die ůch
vnd meinem reich notdurfft wår. Darumb hab ich ůch, als die wysen,
ůwerm rat zů uolgen. Darumb so wöllen trůlich in dis sach raten,
ůch vnd mir zů gůt!» Darzů sprach ein alter haß, der wyß geachtet
vnd gelert was: «Gefelt es dem künig, mich zů schicken zů dem künig
der helfandt vnnd mit mir einen, dem er ouch getruwe, der uffhör,
was ich red vnd handel, vnd das dem künig wider anbringen künd?»
Dem antwurt der künig: «Du bist getrůw erkennt vnnd wyß in mei-
nen ougen, vnd hab zů dir keinen argwon; darumb ist nit not, ye-
mans mit dir zů schicken. Gang hin vnd betracht, was zů tůnd sy,
vnd sag dem künig der helfandt, waz dich gůt bedunckt, in meinem
namen! Dann an einem gůten botten lyt, daz er sein bottschafft
mindren vnd meren künd, gůtlich vnd grůßlich reden, nach dem die
sach oder der, an den die werbung geschicht, gestalt hat.»

[139] Vnnd also bereit sich der bott jn einer nacht, do die vol-
schyn des monen was, vnnd gieng zů der statt des brunnen, do er die
helfand fand. Vnd do er der statt nahet, do gedacht er: «Du bist
klein des lybs vnd zarter gelider, dich möcht lycht einr tretten oder
stossen, das du sturbest. Dann man spricht, wer vnder vergiffte tier
gang, jst billich, daz der vergifft werd, oder vnder wilde tier, daz
der zerzert werd. Darumb gebürt sich, das ich vff disen berg gang
vnd mit jnen red.» Vnd er gieng vff den berg vnd růfft dem künig
der helfand mit sinem eygnen namen vnd sprach: «Der mon schickt
mich zů dir, vnd dise sach miner bottschafft ist nit des botten, sie
sy gůt oder arg; oder ob ich getörstlichen reden, oder dir dise wer-
bung nit geuallen würd, so bin ich doch allein ein verkünder der
wort, die mir beuolhen seind.» Der küng der helfand sprach: «Was
ist, daz der mon gebüttet?» Der haß antwurt: «Der starck, der jn
sein sterck vertruwet, den bewegt ettwann sein stercky, zů stryten
wider den, der stercker vnd måchtiger ist, dann er, also das sein
stercky jm zů argem dient vnd sein getörstigkeit ein strick siner fůß
wirt. Vnd so du dich weist ein herren über alle tier, des benügt
dich nit, sunder du nympst dir für jn dinem hertzen, zů kommen zů
der schar [140] der hasen, die da waren by dem brunnen meins na-
mens vnd die da seind mein volck vnd mein samlung, vnd von denen
hast du vil ertretten vnd ir hülinen zerbrochen vnd trinckst jnen ir

wasser vnd yssest jnen ir weid vnd hast jnen mit dinen gesellen vil
gewolts erzeigt. Nun gebůt ich dir, daz dn sollichs nit mer thůest,
oder ich mach ůch ůwer ougen trůb vnd aller diner gesellen vnd trib
ůch von allen wonungen. Darumb hat mich der mon zů dir geschickt,
5 dir das zů uerkůnden, vnd gloubst dn mir nit, so kum mit mir zů
dem brunnen, so will ich dir in zeigen.» Vnd do der kůng der hel-
fand daz hort, do erschrack er vnd gieng mit jm zů dem brunnen.
Vnd do er jn den brunnen sach, do erblickt er daz antlitz des monen
vß dem wasser schinen. Vnd sprach der haß: «Schmeck mit diner
10 naß, so schmeckst du den monen!» Vnd als er sein naß in daz was-
ser stieß, do bewegt sich das wasser vnd ward zittern mit dem schein,
also daz der helfand wond, daz wasser bewegte sich von zorn des
monen. Vnd sprach zů dem hasen: «Warumb zůrnt der mon? Vil-
licht, daz ich mein naß jn daz wasser gestossen hab?» Der bott ant-
15 wurt: «Du sagst war. Merck die maniguáltigkeit seins zorns ůber
dich vmb das arg, daz du jm vnd den sinen zůgefůgt hast!» Des
nam der helfand schrecken vnd sprach zů dem mon: «Herr der mon,
ich will fůrer nymmermer gerůchen, wider dich zů thůnd, oder keiner
der minen, vnnd jch will vff stund von hynan wychen.» Vnd rump-
20 ten also die wonung der hasen.

[141] Dis fabel hab ich ůch gesagt von wegen des ären, daz ůch
weger ist, zů welen ein kůng von einem andern geschlecht, ob der nit
vast wyß wär, als der hasen kůng, (dann sein wysen rät mögen in
leren, als diser haß siñen kůng lert,) vnnd der nit vff sinem jrrigen
25 kopff verhart oder durch cleinmůtigkeit sich begeb on not vund rat,
als diser kůng der helfand. Darzů ist der är tůckisch, gehört ouch
nit in die zal des rychs noch in die nation, darnß das rych besetzt
werden soll, vnd darumb ist er der wal nit wirdig. Dann man spricht:
Der böst kůng ist, der sinem volck vnbarmhertzig vnd grymm ist.
30 Darumb seind die nationen geteilt, yegliche iren kůng zů welen vß ir
selbs nation; dann fůrwar, wer einen kůng einer andern nation jm
selbs erwelt vnd jm getrůwet, dem geschicht billich, als dem hasen
vnd dem vogel, die jnen selbs einen richter welten, den mußhund,
do sie in sahen vasten vnd betten, vnd sich daby erberkeit zů jm
35 versahen, wiewol er daby tůckisch was.» Die vogel fragten, wie das
wär. Antwurt der rapp: «Ich hab gehabt einen gesellen vnder den
vogeln, des nest was by einem boum, da ich wonet. Diser mein ge-
señ, wenu der vßflog, so sumet er sich lang, wider zů komen. Vff

ein mal sumpt er sich so lang, daz ich wond, er wär tod oder gefan-
gen, oder het jm selbs ein ander statt gefunden. Vnd es gieng ein
haß in sein statt. Vnd do ich das sach, jch gedacht: «Dir gezimpt
nit, den hasen zů rechtfertigen, so du doch dinen gesellen verlorn
5 hast.» Darnach kam der vogel wider zů siner statt, vnnd do er den
hasen darjnn fand, er sprach zů jm: «Diß ist mein statt vnd wonung.
Heb dich vß!» Der haß gab antwurt: «Dis wonung ist in meinem
gewalt; darumb behalt ich sy billicher dann du; vnd red, was du
wilt, jch will von hinnen nit. Meinest aber du, gerechtigkeit zů
10 haben, so für mich für den richter!» Sprach der vogel: «Yetz will
ich dich für den richter füren vnd daselbs mein zůgnuß vnd clag
wider dich stellen.» Der haß sprach: «Wer ist der richter?» Er .
sprach: «Es ist ein mußhund, die wonet hie allernechst by dem
wasser vnnd dient got als ein einsidel mit vasten vnd betten, nacht
15 vnd tag, vnd hat sich gantz gescheiden von yppigkeit diser welt vnd
ist vnschädlich allen tieren vnd vergůsset kein blůt; dann er yßt
allein graß vnd krůter vnd trinckt daby wasser. Stand vff vnd gang
mit mir zů jm! Der entscheidet vnser sach.» Der haß gieng mit
jm, vnd ich volgt jnen fernes nach, daz ich dis richters vrteil hort.
20 Vnd do der mußhund sy kommen sach, do ylet er in sein gemach
vnnd erzeigt sich bettend vff jren [142] knyen. Vnnd do das der
haß ersach, do nam er sich ir heiligkeit wunder; vnd giengen zů
jm vnd grůßten jn vnd batten, sich zů uerhören. Er batt sy, ir
sach zůchtiglich zů erzelen. Vnd do sy anhůben, zů reden, do sprach
25 der mußhund: «Ich bin alt, lieben frůnd, vnd mein ougen seind
tunckel worden vnnd mein oren übelgehörig. Gond näher herzů
vnnd erhöhent ůwere stymm, das ich ůwere wort verston mög!»
Sy giengen nach zů ir vnd erzalten ir sach. Vnd do er die gehört,
(dann sy getruwten jm,) do sprach er zů jnen: «Ich hab ůch ver-
30 standen vnnd will ůch ein rat geben vnnd vnderwysen den weg der
gerechtigkeit, das ich recht urteil geben mög, vnd gebůrt sich, zů
ersůchen die warheit ůwer sach; dann es ist weger die sach mit
der warheit verloren, dann mit der vnwarheit valschlich gewunnen.
Dann es ist nicht in diser welt, daz der mensch mit jm in die künfftige
35 welt füre, dann sine werck zů siner sele heil oder verdampnuß vnnd
sinem ebenmenschen gůtes gůnnen vnd args vergůnnen.» Vnnd da sy
dise gůte wort von dem richter horten, da hetten sy glouben an jn
vnnd giengen zů jm in sein gemach, jren entscheid von jm zů

nemen. Da fasset er sy beyd vnnd fraß sy.

[143] Diß byspel hab ich üch gesagt, daz ir wissen, das eim
vntrůwen vnd der sich boßheit ernietet hat, nit zů getrůwen ist.
Nun wissen ir wol, was geschlechts der år ist vnd wamit er vnd
5 all sein vorfarn sich begangen haben, als ein wolff vnder den tieren.
Darumb ist jm nicht zů getrůwen vnnd jr söllent in vmb kein sach
zů kůnig welen.» Vnnd do das die vogel samentlich horten, do ward
nicht vß der wal vnnd wolten des åren nit zů einem kůnig. Do
sprach der år, den sy zů kůnig gesatzt haben wolten, zů dem rap-
10 pen, der das gehindert het: «Wissz, rapp, du hast mich betrůbt
minthalb gen dir vnuerschuldt, vnnd weis nit, das ich dir args ye
erzeigt hab, das du mir die schmacheit erzögen soltest. Sag! Was
vrsach hast du wider mich, oder was hab ich dir gethon, daz dich
also wider mich bewegt? Aber ich schwer dir by der warheit, vnd
15 ist war: ein boum, in den mit einem ysen gehouwen wirt, der mag
wider zůsamenwachsen, vnd ein wund, die mit einem schwert durch
fleisch vnd bein gehouwen wirt, daz wirt geheilet, aber die wund
der zungen heilet nit vnd ir schad enndet sich nit. Vnd dise dine
wort seind glych eim schwert, das nit vffhört, sonnder durch vnd
20 wider durch gat on endung. Das für mag mit wasser geleschet
werden, der hader mit schwygen, der biß der schlangen mit dem
tryack, trurigkeit mit hoffnung, aber das für der veindschafft, die
durch die zungen jngossen wůrdet, mag nymmer verloschen wer-
den. Darumb jr, schar der rappen, hond hůt gepflanzt einen boum
25 des nyds vnder üch vnnd vns, der weren sol von welt zů welt by
vnsern vnnd vnser kinds kindes leben.» Also schieden sich all ge-
fůgel, das sy keinen kůng satzten vff die zit. Darnach gedacht der
rapp der schmach vnd wort, die er wider den åren gethon het, vnd
sprach in sinem hertzen: «Fůrwar, ich hab mit diser warnung mir
30 vnd miner gesellschafft ein ewigen hassz vffgetrået, vnd es ist vnder
allem volck keinr gesin, der daz hab wellen reden; vnd ist ir doch
vil vnder jnen gesin, die so uil dauon gesehen haben als ich, vnd
haben doch ir zungen gemeistert vnnd gedacht, was jnen darumb
arges nachuolgen möcht, vnnd sy hond kůnfftige ding betracht, vnd
35 ich nit, vnd ich hab daran gejrret. Dann ein wyser sol sich nit an
sein wyßheit vnd ein starcker an sein stercky lassen, daz er darumb
yemants veindschafft vff sich lad; denn er glycht dem, der gifft
trinckt vnd die darnach mit tryack vertriben will. Nun merck ich

an mir selber, das nit genůg ist, gůter vnnd vernůnfftiger werck zů
seind, sonnder wer sich wyser wort damit [144] flysset, der mag in
sinen sachen seldeglich volfaren; vnd acht mich darumb hůt für den
vnwysesten der gantzen schar der vogel, daz ich mit dem mund die
5 ewig veindtschafft vnd widerwärtigkeit von den åren allein mit wor-
ten geschöpfft hab; denn es sprechen die wysen, es sy der schäd-
lichest vnd yppigest verlust, der allein mit worten empfangen werd,
vnnd der best nutz, der allein mit worten gewunnen werd.» Vnd
der rapp gedacht jm dis so zů grosser widerwärtiger anfechtung,
10 das er kranck ward vnnd des starb. Herr künig, das ist, das du
mich gefragt hast von der vrsach der veindtschafft zwůschen den
åren vnnd den rappen.» Der künig sprach: «Ich hon dich verstan-
den, vnd wolt got, das der rapp vff erd nie kommen wär, der vns
in dise not bracht hat! Vnnser vätter hond ein sur trüblin gessen
15 vnd vnser zen müssen sich darab erggen.» «Nun verlassen wir dise
red,» sprach der küng, «vnd sag mir, wie wir vnser sach vollenden
söllen; denn ich weiß, das ir gemůt noch nit gesettiget ist des, so
sy vns gethon haben.» Antwurt der rapp: «Vor hab ich dir gesagt,
warumb nit gůt sy, wider sy zů fechten; aber möchten wir fünd
20 vinden, damit wir sy gantz von der welte vertilgten, das wär dem
künig zů thůnd. Dann mit geschydigkeit vnnd ordnung thůt ein man,
das ein annder mit stercky nit gethon möcht; dann mir ist gesagt,
das ettlich mit ir wyßheit vnd vffsätzen einen einsidel betrogen, daz
er leugnet, das sein ougen gesehen hetten.» Der künig sprach: «Wie
25 was das?» Antwurt der rapp: «Es was ein einsidel, der het ein
geiß koufft vnd wolt die got opfern nach der alten ee. Vnnd do er
die trůg, do begegneten jm dry betrieger; die wurden zů rat, wie
sy jm die geiß nämen. Vnnd sprach der ein trügner: «Sehent
disen einsidel den hund tragen! Waz will er mit dem hund thůn?»
30 Der annder sprach: «Ich sich disen einsidel, ob er annders ein ein-
sidel ist; dann ich sich sein houbt nit, mein ouch nit, das er einr
sy; dann wer er ein einsidel, er würff den blüttigen hund von jm
vnnd wüsch sine cleider vnnd sinen lyb.» Der dritt sprach: «Ein-
sidel! Wilt du den hund verkouffen?» Vnnd do sy all dry also red-
35 ten, do gedacht der einsidel, der das tier trůg, es wär ein hund,
vnd sprach zů jm selbs: «Der mir den verkoufft hat, der hat mich
villicht betrogen.» Vnd warff die geiß von jm vnnd ylet zů sinem
hůß vnnd wüsch sich vnnd sine cleider. Dise dry namen die geiß

vnd teilten die vnder sich. Ich hab dir dis byspel gesagt, das du
betrachtest, ob die är beschib vnd mächtig seind, doch mögen wir sy
mit vnnser beschydigkeit überkommen, das wir sy all ertödten. Nun
[145] hab acht mines rates vnnd das du dem genůg syest! Des er-
5 sten, so hab geberd, als ob du mir vast veind syest vnd mich ser
hassest vor allem dinem volck, vnd zerzerr vnnd·wund mich, bis das
du mich vast mit blůt becleibest vnd mich vff das erdtrich nider-
werffest vnd ligen lassest by dem boum, da vnser aller wonung ist;
vnd dann so solt du vnd all dein volck da dannen wychen an ein an-
10 der statt, vnd so ferr von dannen, das man ůch nit gesehen mög, bis
ich wider zů ůch kum mit warer antwurt.» Der küng thet nach
sinem geheiß. Darnach hetten die är kundtschafft vnd kamen mit
macht zů disem boum, der wonung der rappen; vnnd do sy niemands
da funden, do karten sy wider, vnnd einr vnder jnen sach disen blü-
15 tigen rappen vnd flog zů jm vß zehen siner gesellen vnd fragt in,
wannen er wär vnnd waher er käm vnnd wa die schar der rappen wären.

Der rapp gab antwurt vnd sprach: «Ich bin der vnd des sun.
Aber das du fragest nach den rappen, syhest du nit min schmertzen
vnd min wunden, der von den rappen billich ir heimlicheit wissen
20 solt?» Vnd do in der künig der ären sach, do sprach er: «Wissent,
das diser rapp ist [146] ein fürst des küngs der rappen vnd sein se-
cretary vnd jnnerer rat, vnd darumb wundert mich, wie oder durch
was jm dise widerwärtigkeit begegnet sy.» Vnnd der rapp ward dar-
uff gefragt. Der gab antwurt: «Böser rat vnnd närrisch verstendtnuß
25 hond mich hiezů bracht.» Er ward gefragt, warumb. Er antwurt
vnd sprach: «Da ir den rappen gethätten alles, das ir in gethon
haben, darjnn ir vil tod gelegen seind, also nach ůwerm abscheid be-
růfft vns vnser küng für jn vnnd sůcht von vns rat über dise sach,
ob er wider ůch stryten solt. Daruff sagt ich: «Mich bedunckt durch
30 nicht, wider sy zů stryten; dann sy seind mächtiger dann wir vnd
herter adern vnd keckers hertzen; vnnd mein rat ist, das ir ůch mit
jnen betragent vnd frid sůchent, ůch zů růw, vnd jnen vndertänig wer-
den. Vnd seind jnen nit widerspennig, sonnder gebent juen tribut, was
sy vff ůch legen, zů ůwer bewarung, vnd werden des zů rat mit vn-
35 sern stetten vnd landen!» Sy waren all gantz dawider vnnd wurden
einhellig, wider ůch zů vechten, es würd gůt oder böß. Ich redt
aber dawider vnnd riet jnen ůch vnderwürffig zů machen, vnd sprach:
«Wissent ir nit, das niemans von seins veinds henden bas komen mag,

dann so er sich dem vndertänig macht? Dann ir sehen, daz höw vff
der matten blibt vor dem wind, dann es wycht vff all ort vnnd de-
müttiget sich vor dem wind; vnd der boom, der hoch vnnd hart
ist, wirt von dem wind zerbrochen; dann er demüttiget sich nit, das
5 er wych oder sich neig, sonnder widerstat er, bis das er zerbrochen
würdet von dem wind.» Vnd do sy das von mir horten, do sprachen
sy zů mir: «Bist du icht von der schar vnser veind? Wir sehen
yetz, das du vnnsern veinden bystast vnnd fürderst vns vnnsern ver-
lust, das du gnad by jnen erwerbest vnnd das sy dich in gewalt by
10 jnen erhöhen.» Vnd vielen damit über mich vnd begiengen an mir
alles, das du syhest.» Vnd do dis der künig der ären hort, do sprach
er zů einem sinem rat: «Was bedunckt dich mit disem rappen?»
Der antwurt: «Mich dunckt nit besser, dann in zů tödten; dann er ist
ein vil wissender, mer dann wir, vnd er ist einr von den edelsten
15 vnd wysesten den räten des künigs der rappen, vnd sein vertilckung
wirt vns zů grosser rûw kommen vnd den rappen zů grosser verlust
vnd schaden; dann sy haben keinen mer by jnen, der in so vernünff-
tigen rat geben mög. Dann es sprechen die wysen: Wen got gros-
ses berat vnd er das verlürt, der findt es selten wider; vnd welicher
20 sinen veind begert zů überwinden, vnnd das gelück [147] schafft jm
den in sein hannd vnd er achtet des nit, das er jn vmbbring, dem
ist nit nütz sein wyßheit, sonnder jm zů künfftigem schaden. Dann
wann er den gern wider het, so mag jm der nit werden.» Darnach
fragt der künig den andern sinen rat, was in güt bedücht von des
25 rappen wegen. Der sprach: «Mein rat ist, das du jn nit tödtest;
dann den demütigen vnd armen ist barmhertigkeit zů erzeugen, vnnd
ob der ein veind wär, noch ist er von dem tod zů erledigen; vnd er ist
yetz gefangen, darumb ist jm glouben zů halten. Es hat menger
hilff gefunden von sinen veinden vnd ward damit sein fründ, als des
30 alten manns wyb, die in lieb gewan, do sy jm veind was.» Sprach
der künig: «Wie was das?» Antwurt der rapp: «Man sagt, es sy
vast ein rycher kouffman gesein vnd vast alt; der het ein schöns
jungs wyb vnd ward doch von ir nit lieb gehalten, vnd sy wolt jm
ouch am bett nit gehorsam sein, vnd wie vast er sy zů jm zoch, so
35 zoch sy von jm. Vff ein nacht, als sy aber by einander lagen, do
kam zů jnen ein dieb, vnd die frow erwachet von dem gang des diebs
vnd ward sich förchten vnnd von forcht schmuckt sy sich hart an
den man, bis er ouch erwachet. Do sprach er: «Wannen kumpt mir

diser nûwer [148] grûß, das du dich mir nâher thûst dann vor ye?»
Vnd hort damit den dieb vnd marckt, das sy von forcht des diebs zû
jm geruckt was, vnd sprach zû dem dieb: «Ich acht mirs für ein groß
genad, die du mir vff dis nacht gethon hast, darumb ich dir mein
5 leben lang gûtes schuldig bin, das du vrsach bist, das mich mein ge-
mahel vmbfangen hat. Nymm yetz, was dir gefalt, vnnd sy dir vß
minem huß erloubt, zû tragen, was du bedörffent bist!»

Der künig sprach zû dem dritten ratgeben: «Was bedunckt dich
mit disem rappen?» Der antwurt: «Mich will nit beduncken, das
10 wir in tödten sollen. Dann wann einr vindet den, der von sinen
gesellen gewundet vnd geschmähet worden ist, der ist jm anzûnemen
vnd jm zû halten, jm selbs zû gût; dann der hat macht, in zû berich-
ten die hendel seins vinds vnd alle anschleg offnen. Vnd dem künig
mag vil gûts dauon komen, wenn sich sein veind teilen, glich als der
15 einsidel gelediget ward durch mißhel des tüfels vnd des diebs.»
Sprach der künig: «Wie was das?» Antwurt diser ratgeb: «Man
sagt, es sy gewesen ein einsidel, dem wär ein kû durch got geben.
Die sach in ein dieb heimfûren vnd gedacht, wie er jm die stelen
möcht, vnd gieng dem einsidel nach. Vnd vff dem weg kam jm der
20 tüfel in gestalt eins menschen. Sprach zû jm der dieb: «Wer bist
du oder was hast du müt?» Diser antwurt: «Ich bin der tüfel vnd
will in diser nacht vnderston, den einsidel zû erstecken, vnd gang
darumb, hie zû beiten, wann die lûte vmb in schlaffen kommen.»
Sprach der dieb: «So hab ich jm willen, die kû zû stelen.» Also
25 giengen sy mit einander zû des einsidels huß. Nun het der einsidel
sein kû angebunden vnd sich an sein bett gelegt, zû schlaffen. Vnd
do sy in das huß kamen, do gedacht der dieb: «Dir gebürt, zû ylen,
daz du vor stelest; dann villicht so der tüfel den einsidel würgen
will, so würt er villicht schryen, dauon die anndern in dem huß er-
30 wachen, vnd würden jm wöllen zû hilff komen vnd möchten dich vil-
licht damit finden vnnd vahen; darumb ist gût, das du die kû vor
stelest.» Also sprach der dieb zûm tüfel: «Halt vnnd verzûch ein
wil! Laß mich die kû vor stelen, darnach erfüll du dinen willen!»
Disem antwurt der tüfel: «Das thûn ich durch nichtes; ich will jn
35 vor würgen. Darnach nymm, was du wöllest!» Der dieb sprach:
«Nein. Ich wil erst man sein.» Vnnd also in ir zweyung vnnd krieg
wurden sy so enthellen, das der dieb dem einsidel rûfft vnd in warnet,
sprechende: «Einsidel, stand vff! Diser tüfel will dich jm schlaff

[149] erwürgen.» Vnnd also stůnd der einsidel vnnd sein hußgesind vff. Damit fluhen der tůfel vnnd der dieb, vnnd also entran der einsidel von dem tod vnnd behůb sein ků.

Vnnd darumb hab ich dir dise fabel gesagt, das ein wyser man sich etwan nähen sol zů seins veinds gesellen, ob er vou dem erfarn mög, was sein veind in sinem hertzen wider in hab.» Vnnd do diser rat siner red ennd gab, do hůb der erst an, der rat geben het, das man in tödten solt, vnnd sprach zů dem künig: «O wie verfůret dich diser rapp vnnd zůcht dich mit sinen glanntzen worten, daz du jm gloubest vnnd getrůwest! Nun sagen die wysen, sich sy zů bewaren vor demůtigen worten; wöllent aber ir all ůch selbs vnnd das ůwer verlieren, so geloubent jm! Aber ich sag ůch, lond von disem rat vnnd sehent wyßlich in diß sach als die, die erkennen söllen die vffsätz vnnd versůchung jr veind, vnnd das sich ůwer hertz nit von nützem rat stell vnnd args fůrnem dir vnd dinem volck! Dann, herr, sol minem rat gefolgt werden, so will ich, das ir disen rappen tödtent; dann ich besorg, sol er by vns bliben, daz vnser ennd böß werd. Dann ein vernünfftig man lat sich mit worten [150] nit betriegen, wann jm got sinen veind in sein hannd gibt, aber der vnwyß wirt mit seinen schmeichenden worten betrogen. Herr künig, bis nit als die hinlässigen, der hertz betrogen wirt durch wort vnd darzů bracht werden, das sy worten bas gelouben, dann daz ir ougen gesehen houd, als eins mals ein zymmerman, der verlougnet, das er mit sinen ougen gesehen, vnd gloubt, das er mit den oren gehört het!» Sprach der küng: «Wie das?» Antwurt diser rätgeb: «Es was ein zymmerman, der het gar ein schöns wyb vnd die er vast lieb het; die het einen bůlen. Vnnd do das durch gůt gůnner vnnd sein gesipten dem man gesagt ward, do wolt er des eigentlichen jnnen werden, das jm warheit diser sach offenbar würd, vnnd sust wolt er es nit gelouben, er sech es dann mit sinen ougen. Vff ein mal hieß er jm sein wyb essen bringen; dann er wolt gon in ein statt von dannen nach siner arbeit vnnd da ein zit beliben. Des ward die frow fro. Vnd also nach dem essen gieng er uß vnd befalch sinem wyb, wol zů hůten vnd frölich zů seind. Vnd do er ußgieng, do lůgt jm sein wyb nach, bis sy in nit mer gesehen mocht, vnd gieng do wider in ir huß. Aubentz schleich der zymmermau vnnd verbarg sich nit ferr von der thůr des huses vnd nachtes gieng er in das huß vnd leit sich vnder das bett, do er gewonlich mit sinem wyb schlieff. Daz wyb wond, ir man wär

hinweg, vnd schickt nach jrem bůlen vnd ließ jm sagen, daz ir man
vßgangen wär. Der kam; vnd nachdem sie geassen vnd getruncken,
do leyten sy sich zůsamen an das bett. Vnnd do sy also lagen, do
empfand vnd hort der zymmerman alles, das sy theten. Die frow
5 befand des mannes vnder dem bett vnd weckt iren bůlen vnd sprach:
«Ich weiß, das mein man vnder dem bett ligt; nun will jch, das du
mich mit luter stymm fragest, welichen ich allerliebst hab, dich oder
minen man. Vnnd laß nit von disem fragen, bis ich dir das gesag!»
Vnd do er sy anfieng zů fragen, do redt er mit luter stymm, das
10 der zymmerman das wol hören möcht. Sy antwurt vnd sprach:
«Warumb fragest du mich oder meinst du, das etwar sy, den ich
lieber hab, dann minen eelichen man? Wir bůlerin haben vnser
bůlen durch nicht annders lieb, dann das wir vnsern glust mit jnen
volbringen vnd ir person gantz nicht ansehen. Vnd wann vnnser
15 will vergat, so seind sy in vnsern ougen als ander mann; dann ein
eelicher getrůwer man ist sinem wyb besser, dann vatter vnd můter,
brůder vnd kind. Darumb verflücht sy daz wyb, die nit mer das
leben ires eelichen manns, wann jr eygen leben lieb hat!» Vnd do
der man vnder dem bett dise wort hort, [151] den gab er mer glou-
20 bens, seins wybs liebe zů getrůwen, dann waz er vor gesehen vnd
gegriffen het, vnnd sprach in seinem hertzen: «Nun weiß ich, das
mich mein wyb von gantzem hertzen vnnd gemůt lieb hat.» Vnd
bleib also ligen, bis daz der tag wol vffgangen was. Morgens frů
gieng der bůl sinen weg. Das wyb lag, als ob sy schlieff. Do kroch
25 der man herfůr von dem bett vnd fand sy schlaffen vnd satzt sich
an ir syten vff das bett, vnd bließ ir in ir antlit, für die hitz,
vnd fieng sy an zů küssen vnd zů vmbfahen, bis das er sy vom
schlaff erwact. Do sprach er: «Mein will vnnd gemůt sy dir zů
erlösung alles dines kumers! Lig still vnd schlaff! Dann du hast
30 dis nacht nit vil geschlaffen, vnnd wann ich dein nit geschont, ich
het den bößwicht hynacht langs ertödet vmb die vnrůw, so er dir
zůgefůgt hat, das ich dich můssig von jm gemacht het.»

Diß byspel hab ich ingelegt, das ir nit die syen, als diser, was
er mit sinen ougen sach, daz er das vernichtet vnd geloubt der red,
35 die sein oren gehört hetten. Vnnd darumb, herr künig, so gloub
nit den worten dis rappen! Dann fürwar, in jm ist kein trůw;
dann er ist nit eines warhafftigen geschlechtes. Vnnd es mag nie-
mans sinen veind schädigen, wenn er wider uß sinen handen [152]

kompt. Nun haben vns die rappen bis uff disen tag kein schad sein
mögen. Aber waz fürer geschech vnd ob dis rappen bywonung vns
nützlich oder tougenlich, oder ob er darumb zů vns komen ist,
vns zů schaden, ist zwyfelich. Darumb ist mein rat, endtlich jn zů
5 tödten. Dann wissen, daz ich die rappen nie geförcht hab, dann so
ich üch von disem rappen hör reden. Dann die weil wir kein rap-
pen by vns gehebt, haben sy vns gantz kein schaden züfügen mögen;
aber sol diser rapp by vns blyben, so walt sein, der sein gewalt
hat!» Der küng wolt sein oren nit neigen zů diser sag vnd von
10 sinem torechten, eigenwilligen gemüt vnd gebresten halb siner
wyßheit gebot er, den rappen zů füren in sinen sal vnd sein mit
gůter wartung pflegen vnd zů heilen sein wunden. Darnach sprach
der är, der den rat geben het, den rappen zů tödten, zů dem küng:
«Herr, so ir den rappen nit tödten wöllen, so acht in doch by dir
15 als dinen veind vnd bewar dich vnd dein volck vor jm! Dann sonn-
der zwyfels der rapp ist vernünfftig vnd vffsätzig, vnd ich mag ach-
ten, daz dise geschicht der gesellschafft, die der rapp zů dir sůcht,
zů vnserm schaden sy.» Der küng achtet diser wort aller nit, sonn-
der er verachtet in vnd sine wort vnd ließ damit nit, dem rappen
20 gůts zů thůnd vnd in allen dingen zů eeren. Nun was diser rapp
wyß vnd vernünfftiger red vnd het bald erfasset, was dem küng
der ären anmůtig waz, oder was jm mißfiel; vnd alle tag sagt er jm
fabeln vnd red von frömbden vnd wysen dingen, vnd damit macht
er, daz jm der küng von tag zů tag ye günstiger vnd ye günstiger
25 waz vnd jm getrüwen ward; vnd redt dazwüschen mit den vmbsten-
dern vnd hoffgesind des künigs schimpfliche vnd ergetzliche wort,
damit sy in all lieb gewunnen. Vnd vff ein tag, als sy vor dem
küng stůnden, der rapp vnd vil der ären vnd ouch der är, der den
rat geben het, in zů tödten, sprach der rapp: «Es ist war, daz mich
30 die rappen geschediget haben vnnd mich durch jren nyd haben wöllen
tödten. Darumb hab ich mich geförchtet vnnd mir fürgesetzt, von
diser gesellschafft nit zů wychen vnd nymmer růw zů haben oder
fröud, bis das ich minen willen an jnen volbring. Vnd so ich das
gnouw betracht, so find ich nieman, der sy bas bekriegen vnnd über-
35 winden mög, dann ir. Aber wolt got, das ich sy einiger überwinden
vnnd zů nicht machen möcht! Nun hab ich etwann gehört, wer
sich zů einem opffer geb in das für durch sinen obern, der hab das
höchst opfer gethon vnd dem werd, was er beger. Nun wölt ich

8 *

mich gern lassen brennen, das ich durch mein anrůffen zů einem ăr
wůrd, das ich mich [153] an minen vinden, den rappen, gerechen vnd
mein hertz an juen mit rach setten möcht.» Darvff gab der ăr ant-
wurt, des rat was, in zů ertödten, vnd sprach: «Ich glich dich mit
dinen wolschmeckenden worten, die du offenbar machest, vnd dem
bösen in dir, daz du verdeckest, dem win, der ein gůten rouch vnd
schöne farb hat, vnd doch, so man den trinckt, schmackt als es-
sich. Dann wissz, ob wir dich tusig malen verbrannten vnd ob als
dick ein ander vogel von dir wůrd, ob das mùglich wăr, so wůrd doch
zů allen malen uß dir nicht dann die natur eins rappen, obwol din
gestalt anders wůrd, als von dem mùßlin, von dem gesagt ist. Do
daz durch die gantz welt gefůrt ward zů den măchtigesten, welichen
es zů man haben wölt, die verschmăcht es all, allweg eins măchtigern
begerende, bis daz es wider zů sinem anfang kam.» Fragt der kůng,
wie das wăr. Antwurt der ăr: «Man sagt, es wăr ein einsidel, der
got dient, vnd nachdem er ein volkommner mensch waz, do erhort
in got in sinem gebett. Vff ein zit saß er by einem wasser. Dar-
über flog ein sperber, der trůg ein mùßlin in sinem fůß, vnd dis
mùßly empfiel dem sperber für die fůß des einsidels. Der einsidel
erbarmdt sich ir vnd band die in ein lind tůchlin vnd het begird, die
jn sinem hůß zů ziehen, vnd forcht doch, daz sein hůßgesind darab
vnlust het, vnd batt got, das er das mùßly ließ werden zů einem
töchterlin. Dise bett ward von got erhört, vnd ward das mùßly ver-
wandelt jn ein măgetlin vast schön.

[154] Der einsidel fůrt die heim in sein hůß vnd zoch die vnd
seyt sinem hůßgesind nicht dauon, daz es ein mùßlin gewesen wăr.
Dann sy gedachten, das diß kind sein gesipt wăr oder koufft.
Vnnd do das töchterlin manbar ward, gedacht der einsidel: «Dise
tochter mag nit allweg on einen man sein, der sy regier vnd von
dem sy fröud hab.» Vnnd sprach zů der tochter: «Erwel dir einen,
welichen du wilt, zů einem man!» Sy antwurt: «Ja, aber einen, dem
niemant gelych sy in gewalt vnnd herschafft.» Sprach der einsidel:
«Ich weiß niemans der sunnen gelych in gewalt vnnd herschafft.»
Daruff reiniget sich der einsidel vnd batt die sunn, ein erlůchterin
aller welt vnd măchtig über all ander geschöpfft, sein tochter zů ne-
men. Die gab jm antwurt: «Es wăr vnmöglich, das ich dir, der von
got so miltiglich erhört wirt, das versagen solt; aber ich bin nit der
măchtigest, besonnder so gang zů dem gewaltigen fůrer der wolcken,

der ist mächtiger dann ich! Dann wenn er will, so verhebt er mir
den schein, das ich den dem erdtrich nit geben mag.» Vnd do der
einsidel zů dem kam by ennd des meres, da sich alle wolcken erhe-
ben, do batt er in, wie er die sunnen gebetten het. Der antwurt:
5 «Es ist war, mir hat got solichen gewalt geben, den sein engel in
sinem hymel nit haben mögen; aber noch ist einer, der noch mer ge-
walts hat, dann ich, vnnd das ist der meister der wind, der mich vn-
dancks würfet von eim ennd der welt an das annder, vnd das ich jm
nit widerston mag, oder sinen gewalt vnd gebott widerrüffen mag.»
10 Vnd der einsidel gieng zů dem meister der wind, vnd wie er vor ge-
sprochen het, also sprach er zů jm ouch. Er antwurt: «Es ist war,
mir hat got mer gewalts geben, dann vil andern geschöpfften; aber
ich hab dir einen zů zeigen, der mächtiger ist, dann ich, dem ich
dick hab wöllen widerstandt thůn vnd mocht in nie überwinden.»
15 Der einsidel fragt in, wer er wär. Der regierer der wind sprach:
«Es ist diser grosser berg, der vor dir ist.» Vnd der einsidel kart
sich gegen dem berg vnd sprach: «Ich will, daz du mein tochter zů
wyb nemest, so du doch der mächtigest vnd gewaltigest bist.» Der
bergs prach: «Es ist war, daz du sagest; aber ich will dir einen zei-
20 gen, der mächtiger vnd stercker ist dann ich, der in mich grabt vnd
tilbet, vnd ich mag jm nit widerston.» Der einsidel sprach: «Wer
ist der?» Antwurt der berg: «Es ist die mus.» Vnd der einsidel
sprach zů der mus sein bitt, wie er das vor gegen den andern ge-
thon het. Antwurt jm die mus: «Es ist war, was der berg von mir
25 gesagt hat. Aber wie gebürt es mir, ein wyb zů haben von mensch-
lichem geschlecht, [155] so ich ein mus bin vnd mein wonung ist in
den nydern hülinen des bergs vnd löchern der velsen?» Vff das
sprach der einsidel: «Tochter, wilt du der mus wyb sein? Dann ich
find kein sterckern noch gewaltigern, wiewol ich sie all ersücht
30 hab. Wilt du nun also, so will ich gott bitten, dich wider lassen zů
einer mus werden, oder was du wilt.» Vnnd die tochter erwelet ir,
wider zů einer mus zů werden. Das geschach. Vnnd gab sy der ein-
sidel der anndern mus. Die fürt sy mit ir in den berg in ir hüly.

Dis fabel hab ich dir, verräter, vorgesagt. Dann ob man dich
35 verbrannt vnd dich wider werden ließ, so würd doch uß diner äschen
nicht anders dann ein rapp, der du vor bist.» Do der küng der ären
dis reden hort seins ratgebens, do gedacht er vnd sein volck, jm zů
uolgen; aber der rapp hůb wider an vnd macht jm mit sinen fabeln

vnd kurtzwiliger red ir gemůt zů jm so genaigt, daz er jnen liebt vnd mer danu vor gunst zů jm gewunnen. Vnd sprach zů jm der kůng: «Es ist nit not, das wir dich verbrennen, das du vnser einer werdest; dann wir selbs wöllen dich wol an jnen rechen.» Vnd hiemit macht jm der rapp fůrer vnnd fůrer ein genädigen herren mit seiner ver- nunfft vnnd kurtzwil, bis jm sein wunden genusen, vnnd er [156] gantz zů sinen vordern krefften kam. Vnd do er so lang by dem kůng vnd den sinen was, bis er ir heimlicheit vnd anschleg, was sy wider die rappen thůn wolten, befand vnd ingenam, vnnd wie sie sich in ordnung hielten vnd wa sie sich nachtes hielten vnd wonung hetten vnd wie sy die bewachten, do flog er eins tags verstolenlich hinweg vnd kam zů sinem kůng vnd der schar der rappen. Zů denen sprach er: «Ich verkünd ůch fröud! Dann vnser veind hat got in vnser hand geordnet.» Sy waren siner zůkunfft all fro; dann sie wanten in all verlorn hon, on allein der künig, der dise geheimd verschwygen het. Vnd sprach der künig: «Was gefelt dir, zů thůnd?» Antwurt der rapp: «Wissz, daz die ären gemeinlich all nacht by einannder wonen in einer hůly eins bergs, darjnn sie sich all nacht samlen, vnd ist die hůly vornen eng vnd jnnwendig wyt für gewalt eins über- fals. Darumb so nymm, herr kůng, von allem dinem volck, was fliegen mag, vnd nem yeglicher ein holtz, das dürr sy, in sinen schnabel, so groß er das getragen mag! So will ich ein für zů mir nemen, vnd fliegen mir nach in diser nacht, vnnd wann wir zů der hůly kommen, so lassen sy das holtz alles vff das loch der hůly fallen vnnd ich das für darjn, vnnd von [157] vnser aller lufft von vnsern vettichen, die wir states bewegen söllen, so enbrinnt das für. Welicher dann heruß will, der verbrinnt, oder wirset sich an dem für, das er licht zů überwinden ist; welicher aber darjnn blibet, der ersticket von dem rouch vnd hitz.» Sy volgten jm vnd theten nach siner ler. Vnnd mit solichem vffsatz vnd vnderrichtung des rappen durch sein kundt- schafft sturben der künig der ären vnd all sein gesellschafft, vnd da- durch wurden die rappen sicher vnd wondten fürer by ir wonung mit růwen vnd on sorg ir veind.

Darnach sprach der künig der rappen zů disem rappen, sinem rat: «Mich wundert, wie du so lang hast mögen bliben by den ären. Dann die wysen sagen, es sy grüselicher dann der biß der schlan- gen vnd dem brannd des füres lidlicher, dann einem by sinen veinden wonen vnd gesellschafft haben deren, die jm nit hold seind.» Antwurt

der rapp: «Es ist war, das du sagst, herr künig, aber wann ein ver-
nünfftiger by sinen veinden wonen müß, so gebürt jm, gedenck zů
haben, wie er sich mit sinen worten vnd geberden vnd mit grosser
geschidiger gedult überfür vnd zornige wort mit schmeichendem antlit
milte vnd mit den grusenlichen milteglich vnnd mit den schmeichen-
den behütlich wandel vnd das sein achsel bereit sy zů aller bürdin der
widerwärtigkeit, die jm by wylen schmertzlicher seind, dann ein schutz
von einem pfil; als der wyß siech, der bittern tranck nympt vmb
gesuntheit der artzny, die er dauon empfacht.» Sprach der künig:
«Sag mir, wie was die wyßheit der ären vnnd ir vernunfft?» Ant-
wurt der rapp: «By in allen fand ich kein wyßheit noch vernunfft,
dann by einem, der riet, mich zů ertödten. Vnd durch ir aller tor-
heit vnnd vnuerstendtnuß achten sy, seins rates nicht zů uolgen; dann
sie meinten, das niemand wyser wär, dann sy, vnd niemand log wider
sy legen solt, oder möcht, vnd verachten gantz des einen rat vnd
bedachten nit den vßgang jr sach. Nun spricht man: Wer sinen
veind in hohen ceren oder gewalt findet, der sol sich vor jm hüten,
als vor der schlangen, (der mag man nymmer getrüwen,) vnnd so ferr
er mag, so sol sich der man dauor hüten vnnd von sinem veind wychen.
Hab nit wandels mit jm; kum mit jm in kein wasser; lig nit an si-
nem bett; trag nit sine cleider; ryt nit sein pferd; nym mit jm kein
artzny; jß nit mit jm ob sinem tisch! Dann zwyfelich ist eim mann,
mit sinem veind gemeinschafft zů haben. Dann sich sol [158] ein
wyser man vor allen zwyfelhafftigen dingen hüten. Aber die är ha-
ben mir durch ir groß narrheit all ir heimlicheit geoffenbart vnd
nicht vor mir verholen.» Sprach der künig: «Ich merck, das die är
ir groß hochfart vnd vnwyßheit in verachtung verfürt hat.» Antwurt
der rapp: «Du sagst war. Dann wer beschlüsset sinen rat mit dem
vngerechten vnd nympt gůt ennd? Wer wirt übel wund vnd lydet
nit schmertzen? Oder wer setzt sein glouben vff die vntrüwen vnd
wirt nit betrogen? Welicher ysset zů vil vnd wirt nit siech? We-
licher künig hat närrisch rät vnnd entgiltet deren nit? Man spricht
aber, wer sich selbs mit sinem eignen rat verfürt, dem gebrist gůter
wyßheit. Aber lieger vnnd betrieger haben nit getrüwe gesellschafft,
vnnd dem gytigen gebrist alles gůten. Der kündig samlet sünd, vnnd
der künig, der hinlässig ist vnd sein rät verachtet, verlürt sein wesen.»
Sprach der künig der rappen: «Es ist groß widerwärtigkeit vff dich
gangen, da du den ären, dinen veinden, soltest vndertänig sein vnd

von jnen gekestiget werden.» Antwurt der rapp: «Diß hab ich alles
gedultiglich gelitten, wann ich gedacht an das künfftig gůt, das vns
allen dauon komen solt; dann ein yeglicher, der widerwärtigkeit lydet
vmb gůtes, das jm darumb vfferston mag, daz sol jm nit schwär sein.
5 Dann ich hab gehört, das ein schlang eins froschen knecht ward vnd
das sy sein pferd was, wann das not thet, vnnd thet das vmb irs
nutzes willen.» Fragt der künig: «Wie was das?» Sprach der rapp:
«Es was ein schlang; do der vast alt vnd kranck ward, das ir die
krafft gantz entgangen was, das sy ir spyß nit mer eriagen mocht,
10 vff ein tag nötiget sy sich selbs, zů kriechen bis zů einem brunnen,
darjnn vil frösch waren. Vnnd do jn die frösch sahen, sie sprachen:
«Was ist, das wir dich so trurig vnd demůtig sehen?» Der schlang
sprach: «Was gůtes kumpt nach dem alter? Wissent jr nit, da ich
jung was, das ich ůch zů allen malen erschreit vnd all tag von ůch
15 aß? Nun ist mir mein krafft so gantz entgangen, das mein fleisch
verzert, mein gebein krafftloß vnd mir mein hut gedorret ist, das ich
ůch nit mer erschreien mag, vnnd stigen ir vff mich, jch möcht mich
ůwer nit erweren. Nun gond vnd sagent das ůwerm künig!» Vnd
da sy das jrem künig, dem grossen frosch, sagten, der kam selbs vnd
20 wolt das sehen, vnd sprach zů dem schlangen: «Was gebrist dir so
trurig?» Antwurt der schlang: «Ich hab dis gantz nacht eim fro-
schen nachgeylet vntz in eines einsidels huß. Der het ein lieben sun
vnd do der wandelt in dem huß, do trat er mich vff minen schwantz;
den hab ich gebissen. Vnnd [159] do das der einsidel sach, do sůcht
25 er mich, vnnd do er mich nit erlouffen mocht, do het er ein gebett
über mich gesprochen, daz mir got min krafft genomen hat, vnd bin
nun der arbeitseligest vnder allem geschlecht der schlangen. Herr
küng, nun bin ich in dinem gewalt. Schaff mit mir nach dinem wil-
len! Vnnd wilt du, so will ich gar gern din fůrung sin, dich zů tra-
30 gen, war din will ist.» Vnnd do dis der künig der frösch hort,
do gedacht er, das dis sin groß eer wurd, das er vff einer schlangen
ryten solt, vnd reit also mengen tag vff der schlangen. Vff einen tag
sprach der schlang zů dem künig der froschen: «Du weist, daz ich
ein arme person bin, kranck vnd nit mächtig, min spiß zů erholen zů
35 miner notdurfft. Das gůt, daz du mir nun thätest, das thätest du
got zů eeren, vnd bitt dich, du versehest mir ein spyß zů vffenthal-
tung miner notdurfft des lebens.» Antwurt der groß frosch: «Ich
bekenn, das du on redliche versehung diner spyß nit leben magst,

sonnder so du min fürung bist, jch will dir ein versehung thůn diner narung.» Vnnd gebot, jm all tag zů narung sins lebens zů geben zwen frösch. Des benůgt den schlangen vnd was des froschen fůrung sin leben lang.

[160] Dis fabel hab ich dir gesagt, das du verstandest, alles, das ich by den ären erlitten hab, das mir daz nit wee gethon hat, so ich gedacht, das dir vnnd vns allen das zů gůt kommen solt, als ouch geschehen ist, das wir dardurch vnser veind überwunden hond.» Sprach der künig: «Eins ist, das mich vnder allem wundert, wie du vnder jnen gedultig sin mochtest, so dir so uil widerwärtigkeit vnd schmach begegnet, das du das alles so gedultiglich lyden mochtest. Sag, kam dir nie etwan zorn in din gemůt, daz sy an dir verston möchten?» Antwurt der rapp: «Herr künig, jch hab ir hertz mit senfften worten vnd demütiger zungen, die ich jnen erzaigt, vnd lachendem mund also gewaicht, daz sy zornig gemůt an mir nit erkennen mochten. Dann man spricht, wer vnder sinen vinden sy, die er vörcht, die sol er mit vernünfftigen worten vnd wyßheit vnd mit eererbietung ankeren vnd sich hüten, das er nicht tratzlichs wider sy sprech, oder mit hoffart erschin. Vnd herr künig, wissz, wann ein künig ein frommen, verstendtlichen rat hat vnnd was er mit des rat handelt, ob es sich wol verzühet, so kumpt es doch zů gůtem ennd; vnd wann er ein bösen vngerechten rat hat, ob der wol wyß vnd clůger red ist on die werck vnd ob dem künig by dem zů wylen ein sach gerat, so wirt sy doch zůletst vmfellig. Vnd ich bin mer fro, das du zů růwen kommen bist, dann vmb vnser aller erlösung; dann die zit diner forcht vnd vnmůtes halff an vns weder essen noch trincken noch schlaffen von diner betrůbnuß. Dann man spricht, das dem siechen der schlaff nit růwig sy, vntz er am genesen ist, oder dem sin begird, dem von dem küng ein summ gelts verheissen ist, bis er sy empfacht, oder dem sin sorg, der sinen veind förchtet, bis er in überwindet. Vnnd man spricht: Welichem sin siechtag endet, der gewint růw sins libs, vnd wer ein schwäre bürdi von sinen achslen leit, dem růwen sine lend, vnd wer sinen vind überwindet, der gewint rüw sines hertzen.» Sprach der küng: «Sag mir, wie hielt sich der küng der ären in sinem regiment vnd in sinem rat vnd vnder sinem volck?» Antwurt der rapp: «Der küng der ären was ein tor, träg vnd hochfertig. Es waren sin rät all narren, on der ein, der mich hieß tödten.» Sprach der küng: «Was hieltest du von dem, der dich hieß

tödten, das du in so lobest?» Antwurt der rapp: «Herr, er was
wyß vnd vernünfftig vnnd betrachtet die sachen von anfang, was ir
ennd bringen möcht, vnd het sinen küng lieb vnnd verhielt jm nieht,
daz zů förchten was, vnd verschweig jm ouch nicht, was gůt was,
[161] vnd wann er sach, das der künig ettwas vnbillichs thůn wolt,
so redt er, was jm zů sinn was, vnd zeigt dem künig den weg der
gerechtigkeit vnd offnet jm die warheit vnd gab jm solichen rat, als
er siner sel oder lyb gethon het. Vnd darzů het er sust vil gůter sit-
ten vnd wysen in jm, die ich yetzmal nit all erzelen kan.» Sprach
der künig: «Fürwar, ich find dich ein man der werck vnd die andern
der wort on werck.» Nach dem sprach Sendebar zů sinem künig
Dißles: «Sich, was die rappen den åren gethon haben, die krencker
sind gewesen, dann die åren! Nun ist nach diser lere eim yeglichen
sin veind zů förchten, vnd ,sich sol ein yeglicher halten, als die
rappen, vnd nymer sinem veind glouben oder getrůwen; vnd ob er jm
liebe erzeigt, so ist es doch in sinem hertzen nit. Aber wer jm selbs
fründ vnd günner meret, das kumpt jm zů gůt bis zů ennd siner wil
vnd zů der zyt siner widerwertigkeit, vnd wer barmhertzigkeit hie
mitteilet, der findet eere vnd wird, hie vnd in der ewigen zyt.

Hye hat en ennd das fünfft capitel von den rappen vnd den åren
vnd hebt nun hyenach an daz sechst capitel von dem affen vnd der
schiltkråden, vnd sagt von dem, der eins zů fründe begert, vnd wann
er in findet, daz er in nit zů behalten weist, bis er in verlůret.

[162] Der künig Dißles sprach zů Sendebar, sinem wysen: «Ich
hab dine wort verstanden, das du mir gesagt hast, wie sich ain man
halten vnd bewaren sol, wann jm ettwas begegnet von sinen veinden.
Nun sag mir, ob besser vnnd lychter sy, gůtz zů überkomen, oder, so
es überkommen ist, zů behalten.» Antwurt Sendebar: «Wissz, herr,
das geringer ist vnnd lychter sind die ding zů gewinnen, dann zů be-
halten! Dann man findet, die gůtes sůchen vnd finden vnd darnach
nit wissen zů behalten, bis sy daz wider verlieren; dann stond sy ge-
schmächt in irem gemüt vnnd in irem wesen, glich als die schiltkråd
stünd vor dem affen.» Sprach der künig: «Wie was das?» Ant-
wurt Sendebar: «Man sagt, do der künig der affen alt ward vnd sin
stercky vnd macht gantz verloren het, do ward er von eim sinem
diener vom küngrich verstossen vnd lands veriagt, vnd nam er das
küngrich. Der alt aff floch vnd kam an staden des meres. Da fand
er gar vil gůter frůchtboum von [163] vygen vnd andern süssen

dingen. Da nam er sin wonung vnnd styg vff ain vygboum vnd aß
der frücht, vnd jm empfiel ein vyg jn das wasser. Die ersach ein
schiltkräd vnd nam die zů ir spyß. Vnd dem affen gefiel der ton
von dem wasser von dem val der vygen vnd warff der vygen darjn
5 vil, ye aine nach der andern. Die schiltkräd nam die vnd aß sy
vnd wißt nit, daz der aff ir die vygen warff. Vnd do die schiltkräd
ir houbt für das wasser thet, do sach sy den affen vff dem boum
vnd der aff sy in dem wasser, vnd erschracken beid ab einander
vnd näheten sich zůsamen vnd gefiel yeglichs dem andern vnd er-
10 butten sich selbs einander zů gesellen vnd verglobten sich vnd
heten fürer iren wandel by einander. Vnd die schiltkräd bleib so
lang by irem gesellen, das sy vergass, heim zů komen, vnd gantz
kain sorg nam für ir gemahel, oder daz in zů ir verlangte. Vnd
do sin wyb sach, das ir man nit wider kam, do ward sy trurig vnd
15 clagt das einer ir gespilen.

   Vnd do ir gespil ir clag vernam, do sprach sy: «Du solt vmb
kain sach an dinem man zwyfeln oder trurig sin; dann mir ist ge-
sagt, er sy by dem staden des meres in gesellschafft eines affen, vnd
essen und trincken daselbs güter spyß in fröuden; das ist vrsach
20 sins vßblibens. Volg mir, hab als clein verlangen nach jm, als er
nach dir, vnd so er din vergessen hat, daz thů hinwider! Vnd magst
du den, der dir jn also entzogen hat, durch vffsätz vnd heimlich vor
dinem man vmbbringen, das thůn!» Sy sprach: «Wie thůn ich
das?» «Also thů jm! Iß vnd trinck lützel vnd wandel vast an der
25 sunnen vnd stell dich an den wind vnd lufft vnd myd daz wasser!
Vnd wann din man kumpt, so will ich dir güten rat geben.» Sy
thet, was sy ir gespil hieß, vnd ward ir die hut so dürr vnd hart,
als ain rind von ainem boum vnd gantz mager. Hyczwüschen ge-
dacht die schiltkräd heim zů irem gesind sins huses vnd kam heim
30 vnd fand sin wyb mager vnd dürr vnd gantz verkert irs libs. Vnd
do er sy fragt, was siechtags sy het, sy schwaig vnd erzaigt sich
zorniger gesicht vnd geberd, vnd ir gespil antwurt vnd sprach:
«Wissz, das diser vast böß vnd sorglich ist! Doch wär ir zů helfen,
es ist aber dir vnmüglich.» Antwurt der schiltkräd: «Liebe, sag
35 mir, mit was artzny ist ir zů helfen? Villicht süch ich, sy zů finden.
Daz sol got vnd min wyb wissen, möcht ich ir mit miner sel helfen,
daz ichs ir nit versagt!» Die gespil sprach: «Wissz, das dieser siech-
tag nit geartznyet werden mag, dann mit einem hertzen ains affen,

das sy daz´ásse, vnd het sy daz yetzo, so wär sy bald gesund.» Do
dis der schiltkräd hort, do gedacht er: «Dis ist dir vnmúglich, das
du aines affen hertz überkommen mögest, du [164] wöllest dann
dinen getrúwen, lieben gesellen betriegen vnd vmb sin leben bringen,
5 daz got nit wöll, dise sünd vff mich zů laden, vnd ist mir doch schwär,
zů vermyden, das dauon min wyb mir sterb. Dann ein getrúw, bider
wyb mag mit gold noch silber nit verglicht werden, noch mit kainer-
ley schlacht sach; dann sy ist ein hilff des lebens ains manns in
diser welt vnd jm sin sel zů behalten in die ewigkait, vnd mir ge-
10 zimpt, sy vom tod zů erlösen.» Vnd hůb sich vff, zů gond zů dem
affen. Vnnd gedacht aber in sinem gemüt: «Wie würd ich das übel
thůn an minem getrúwen vnnd gůten gesellen durch mins wybs wil-
len?» Vnnd gieng also in den gedencken biß zů dem affen. Vnd
do in der aff sach, do fröut er sich vnd gieng jm engegen vnd sprach:
15 «Was hat dich bewegt, so lang von mir zů sind, vnd was ist dis vr-
sach?» Antwurt der schiltkräd: «Nicht, dann die scham, daz ich dir
noch nie diner gůttat hab mögen lonen vnd diner miltigkeit vnnd
edels gemüts widergeltung thůn. Darumb hab ich mich geschampt,
wider zů dir zů kommen.» Darzů antwurt der aff: «Du solt dich
20 darumb vor mir nit schämen, ouch daz gegen mir nit melden; denn
ich beger des nit, allein beger ich, diner gesellschafft zů ergetzung
mins hertzen zů dir zů haben, vnd bin benůgig, das ich mit dir miner
betrůbnuß vnnd widerwärtigkeit vergessen mag, die mir zůgefallen sind
von dem tag, als ich verstossen worden bin von minem rychtum, minen
25 kinden vnnd fründen.» Antwurt der schiltkräd: «Noch ist billich, das
ein fründ vnnd gesell dem andern widergeltung gůtes willens erzaig,
vnd das mag allerbast gesin durch den fründ vnd gesellen. Nun
bist du noch nie in minem huß vnd wonung gesin, das ich dir min
wyb, kind vnd fründ hab mögen zaigen, damit ein gesell dem andern
30 die merest fründtschafft erzaigen mag, das dir von mir noch nie er-
zöugt vnnd mir billich zů einer schand zů schätzen ist.» Antwurt jm
der aff: «Es sol niemand von sinem fründ mer begeren, dann das er
jm sin hertz vnnd sin trúw offne vnd in lieb hab, als sich selbs; dann
das annder ist als ain yppigkait; dann die pferd, ochsen vnd camel
35 sind zůsamengebunden, wann sy ir spyß essent.» Sprach der schilt-
kräd: «Du sagst war; dann es sol nieman von sinem fründ mer be-
geren, dann siner fründtschafft vnd jm glouben halten vnd nit vmb
gab oder nutz, den er von jm hab. Dann man sagt: Wer zů uil

von sinem fründ oder gesellen begert, zů haben, dem geschicht als
dem kalb, das sin müter zů hart sugen will. Also schlecht es die
ků zům letsten, daz es zů der erden felt. Darumb sol ich dich
sůchen vnd dir widergelten nach minem vermögen vnd nach dinen
5 [165] wercken, die mir von dir erzaigt sind, vnnd darumb will ich,
das du mit mir zů minem huß komest; dann das ist an ainer statt
mit vil gůter boum vnd frůcht. Vnd ich will, das du vff minen rucken
sitzest, so will ich dich bis zů miner wonung tragen.» Vnd do der aff
hort von den gůten frůchten vnnd boumen, do überkam in sin gelust
10 vnd ouch die gůt gesellschafft, das er dem schiltkräden vff sinen
rucken saß. Der trůg in durch ain wasser. Vnnd do er in mitten
des wassers kam, da gedacht er an das groß mord, das er mit dem
affen begon wolt, vnd betrachtet: «Solt du an dinem getrůwen gesel-
len die vntrůw thůn vmb dins wybs willen, so doch lützel trůw in
15 wyben ist durch ir vnbestendtlich liebe? Dann man sagt, das gold
werd bewert in dem für, die menschen by iren geschäfften, die tier
by schwären bürdinen, aber ain wyb mag by nicht bewert werden
oder erkannt, das ir zů getrůwen sy.» Vnd in solichen gedencken
stůnd er still vnd schwam nit fürer.

20 [166] Vnnd do der aff sach, das sin gesell also still stůnd vnd
nit fůro schwam, gedacht er: «Der schiltkräd hat villicht args in si-
nem gedanck wider dich. Wer weist, ob das hertz mines gesellen in
argem sich gegen mir verkert hat vnd mich villicht in willen hat zů
schädigen? Dann in der welt ist nicht beweglichers zů enndrung, dann
25 das hertz. Vnd es sprechen die wysen: Wenn sich das hertz eins
getrůwen gesellen, vatter, můter oder wybs verkert, daz mag nit ver-
halten, sonnder das můß durch wyß geberd oder wort geoffenbart
werden.» Vnd sprach zů sinem gesellen: «Fründ, warumb schwimst
du nit? Ist ichtes, das du in dinen gedencken fürchtest?» Der schilt-
30 kräd antwurt: «Ja. Ich bin beschwert, das ich dir nit sollich eer,
als sich gebürt, in minem huß erbieten mag, als billich wär, kranck-
heit halb mines wybs.» Der aff sprach zů jm: «Wissz, din wider-
můt vnd leid mag dinem wyb an ir gesundtheit nit zůlegen, dir ouch
nit nütz sin. Darumb verlaß das vnd sůch artzny, diner frowen zů
35 gesundtheit!» Antwurt der schiltkräd: «Ich hab vil artzny gesůcht
vnd vind nichts, das ir gehelffen mag, jch het dann ein hertz eins
affen jr zů spyß.» Do das der aff vernam, do gedacht er in sinem
hertzen: «Verflůcht sy der glust! Wie grossen kummer bringt er

den lûten! Noch verflûchter sy der appotecker, der sy das getranck
gelert hat! Yetz hat mich ouch min grosser gelust in disen strick
bracht, da ich kein flucht haben mag, weder durch geschidigkeit
noch emsigkeit. Werlich ein rechte red ist, der do sprach: Wer
5 sich lat genûgen des, das jm geben ist, vnd nit fûrer sûcht, der
lebt sicher vnd vnbeschädiget. Aber die menschen der gytigkeit
vnd die jrem gelust nachuolgen, die bringen ir tag ju widerwärtig-
keit vnd betrübten vßgang. Nun merck, dise artzny hat mich vff
disen wag bracht, vnd mir ist zü bedencken, kurtzen rat zü nemen,
10 wie ich engon mög dem strick, der mir geleyt ist, das min tod nit
der schiltkrädin leben werd.» Vnd sprach zü sinem gesellen: «Ey,
warumb hast du mir das nit gesagt, do wir vff dem land waren?
So wer ich fûrwar heim gangen vnd het min hertz genomen vnd
das diner frowen gebracht. Dann die wysen sagen, das man dryen
15 nicht versagen sol: dem einsidel durch sin heiliges leben, dem künig
. durch sinen gewalt, vnd den frowen; dann sy sind allein das leben
der mann.» Sprach der schiltkräd: «Wa ist din hertz?» Antwurt
der aff: «In minem huß hab ichs gelassen.» Sprach der schiltkräd:
«Warumb hast du das gethon?» Antwurt der aff: «Es ist vnnser
20 gewonheit, wenn wir affen zü gast vßgon wöllen, so lon wir vnnser
hertz daheimen; dann es ist von natur [167] hässig vnnd vnuerträg-
lich; vmb das wir vnser fründ, dahin wir geladen werden, niemans
erzürnen vnd allen zorn von vns vßschlahen vnd verlassen mögen,
fûren wir das nit mit vns. Aber wilt du, so laß vns widerkeren! So
25 will ich das nemen vnd dir es geben, deinem wyb zü bringen.» Vnnd
do der schiltkräd das hört, ward er vast fro vnd sprach zü dem affen:
«Yetz thůst du mir ein grosse frûntschafft.» Vnd kert wider ylend,
bis sy an des meres staden kamen. Bald sprang der aff von dem
rucken der schiltkräden vff das land vnd ylet zü sinem boum der
30 frûchten vnd steig daruff vnd ließ den schiltkräden vff der erd. Vnd
do er daruff lang verharret, do rûfft jm der schiltkräd vnnd sprach:
«Gesell, kum herab vnnd bring dein hertz, das wir gangen!» Dem
antwurt der aff: «Ich merck, das du mich geachtet hast für den esel,
von dem der fuchs sagt, der weder oren noch hertz het.» Der schilt-
35 kräd sprach: «Wie waz das?» Antwurt der aff: «Es ist gesin an
einem ennd ein löw, dem wüchs ein postem. Der ward dauon gantz
verzert, das in all sein krafft verlassen het vnnd gantz nicht mer macht
het, sein narung zü eriagen. Nun het er by jm zü diener einen fuchs,

der gelebt des überigen, das dem löwen von eriagter spyß über ward.
Darumb was diser siechtag des löwen dem fuchs widerwärtig. Vnnd
yff einen tag sprach der fuchs zü sinem herren: «O herr aller tier,
warumb sich ich dich siech vnd so gantz verzert deins libs?» Ant-
5 **wurt der löw:** «Diß alles ist allein vrsach min geschwer, das ich
zü grossem siechtagen in minem lyb trag, vnd damit der widermüt,
das ich mir selbs wol zü helffen wist vnnd das kranckheit halb nit
thůn mag. Dann wann ich die oren vnd das hertz eins esels het vnd
minen lyb vor in einem fliessenden wasser wol erwüsch vnd darnach
10 das äß, so würd mein siechtag mich verlon.» Antwurt der fuchs:
«Das ist mir licht zü uolbringen. Dann ich weiß nach by vns einen
brunnen, dahin kumpt zü ziten ein wüllinweber, zü weschen sine
tüch, die er vff sinem esel dahin fürt; den mag ich zü dir bringen.
Nym von jm, was du wilt!» Der löw sprach: «Magstu das gethon,
15 so magst du by mir grosse genad erwerben.» Der fuchs was flyssig
vnnd ylet zü dem brunnen vnnd fand da den weber sein tüch wäschen
vnnd den esel neben jm vff der waid in dem holtz vmbgon. Zü dem
sprach er: «Wie find ich dich hie so mager vnd gebresthafft vnd ge-
brochen vff dinem rucken?» Antwurt der esel: «Dis alles ist von
20 boßheit meins meisters; der kestiget mich vnd erhüngert mich rechts
hungers vnd darzü legt er vff [168] minen rucken so schwäre bürdi,
die mir mein hut also vffrissen.» Sprach der fuchs: «Warumb blibst
du in solicher arbeit vnd hunger by jm?» Antwurt der esel: «Wa
sol ich hingon? Dann wa mich die lüt ergriffen, so nemen sy mich
25 vnd überladen mich mit schwären bürdinen.» Sprach der fuchs:
«Wilt du mit mir gon, da du findest faiste weid vnd wasser mit güten
krüttern vnnd da dich weder rind noch tier irren, dann allein annder
esel vnd da kein freißlich tier ist?» Vnd do der esel das hort, do het er
darab groß gefallen vnd sprach zü dem fuchs: «Vnd ob ich nit der
30 güten wünn vnd weid zü lieb dahin gieng, so benügt mich doch von
hertzen diner güten gesellschafft, by deren mir für alle kurtzwil
lycht wer, zü seind die tag meins lebens.» Vnd gieng also mit jm.
Vnnd do er in zü dem löwen bracht, do wolt in der löw angefallen
haben. Do vermocht er es nit; dann in jm was kein macht noch
35 krafft. Vnnd also kam der esel vngeschädiget von dem löwen.

[169] Vnnd do der löw den esel also vngeletzet hingon ließ,
do sprach der fuchs: «Herr küng, warumb hast du disen esel von
dir gelassen? Vnd by dem höchsten schwůr, hast du dann den

esel mit willen von dir gelassen, so hast du mir groß kestigung
vnd hunger meins libs zůgefůgt; jst aber das geschehen von onmacht
deins libs, so wee vns, daz nit mer krafft vnsers vermögens in vns
ist! So wär vns sterben besser dann leben.» Der löw gedacht:
«Solt du sprechen, du habest in vor onmacht vnnd blödy deins libs
gelassen, so würt der fuchs mercken, das du gantz kein nütz bist,
vnnd daruff von dir wychen; sagst du, das du solichs mit mütwillen
gethon habest, so hat er dich für einen toren vnd das du jm sein teil
seinr speiß vergünnest, vnd wirt dir aber zů bösem enud.» Vnd sprach:
«Magst du den esel wider bringen, so will ich dir offenbaren, war-
umb ich das gethon hab.» Antwurt der fuchs: «Der esel ist yetz
miner betrůgnuß jnnen worden, vnd hat er oren, zů hören, oder ein
hertz, so ist er billich gewitziget, das ich in nit mer betriegen mag.
Destminder nit will ich gon vnd jm vrsach erzelen, die in hiezů
bewegen mögen.» Vnnd gieng zů dem brunnen vnnd wartet da aber
des esels, bis sein meister dahin kam vnnd sein tůch ablůd. Vnd
do der esel zů weid gieng, do ließ sich der fuchs sehen, vnd do jn
der esel von ferre sach, do sprach er: «Pfy dich! Was woltest
du aber mit mir beginnen?» Antwurt der fuchs: «Nicht will ich
mit dir beginnen, dann alles gůt. Es ist war, ich het dich zů ann-
dern eseln gefůrt, von denen ich dir gesagt het, vnd du hast das
gesehen, was sy dir gethon haben, sonnder durch grosse liebe vnnd
gefallen, die sy zů dir gewunnen, hetten sy sonnder fröud vnd ge-
fallen von diner bywonung; aber du erschrackst vnd zwyfeltest, jch
het dir das zů argem gethon. Aber fürwar, hettest du ein cleine zit
beharret, du hettest eer gesehen dir zů geschehen vnnd ein solich
wesen von dinem geschlecht, den eseln, das du vor nie geschen
hast.» Vnd nachdem der esel vor all sein tag nie kein löwen ge-
sehen het, ouch nit wißt, was es was, gieng er zům andern mal mit
dem fuchs; dann er begert, zů seind by seins glychen, den eseln,
von denen er jm gesagt het. Vnd do er aber zů dem löwen kam,
do ergreiff in der löw vnd zart jm sein syten vff vnnd sprach zů
dem fuchs: «Bewar vnd behůt in, bis ich gen wasser gange vnd
mich gewäsch, vnnd das ich darnach sein hertz vnnd sein oren freß
zů miner gesundtheit!»

[170] Vnnd so der löw gat vnd sich in dem wasser wäschet
nach rat seins artzets, die wyl ysset der fuchs die oren vnd das
hertz des esels. Vnd do der löw wider kam, do sprach er zů dem

fuchs: «Wa seind die oren vnd das hertz des esels?» Antwurt der
fuchs: «Löw, du soltest billich wissen, het diser esel oren gehebt,
er het mögen hören, vnd ein hertz, so het er mögen verston; vnd
wann das also wär gesin, so wer er nit wider zů dir kommen, do
er erstmals von dir entrunnen was.» Dis fabel hab ich dir für-
gesagt, das du wissest, daz ich nit thůn will, als der esel.» Sprach
der aff zů der schiltkräd: «Du woltest mich veruntrüwet hon mit
deinen vffsätzen. So bin ich durch mein anschleg vnd vernunfft wi-
der entrunnen. Dann man spricht: Was der narr durch sein tor-
heit verhönt, das wirt durch die wyßheit widerbracht.» Antwurt
der schiltkräd: «Du bist gerecht in diner red, vnnd ich weiß, das
ein wyser sine wort mindret vnnd sine werck meret; vnd wann er
sich übersicht in torheit, so weist er, das in siner vernunfft wider
zů büssen, als ein künstlicher ringer, wann der zů der erden ge-
worffen würdet, der weist sich darnach vor des glych zů bewaren.»
«Hör vff!» sprach Dißles, der künig, zů sinem wysen. «Ich verstand
by diser [171] fabel, welicher jm selbs ein gůt oder nütz ding über-
kompt, das der flyß haben sol, solichs nit durch schnöde vrsach zů
verlieren; dann einem man wirt nit alweg statt geben, nach verlust
bessers oder so gůtes zů überkommen.»

Hye hat ein end das sechst capitel von dem affen vnd der schilt-
kräden vnd hebt nun an das sibent capitel von dem einsidel, vnd
ist von dem, der behend ist in sinen sachen vnd das ennd nit be-
trachtet.

Der künig Dißles sprach zů Sendebar, sinem wysen: «Ich hab
acht genomen diner wort, das ein mensch by wylen ein ding, daran
jm gelegen ist, verlürt, nit daz es verloren sein můß, oder verloren
sein wöll, allein das der besitzer siner vnwyßheit halb solichs nit
behalten kan. Nun sage mir vff das, da einr in sinen sachen ylend
ist vnd darjnn künfftigs nit betrachten kan!» Antwurt Sendebar:
«Welicher sein sachen ylends volbringt vnd künfftigs nit betracht
in seinen sachen, dem volgt rüw nach, vnd das end seinr sachen
wirt als des einsidels mit dem hund, den er todschlůg on schuld.»
Sprach der künig: «Wie was das?» Antwurt Sendebar:

«Man sagt, es sy gesin in einr statt vast ein erber man, der
got dienet, vnd der het ein wyb, die was vnfruchtbar. Vnnd batten
got vmb ein frucht irs lybs. In nachuolgenden tagen empfieng die
frow. Des was der man fro vnd sprach zů siner frowen: «Fröwe

dich! Dann du wirst einen sun geberen, der wirt ein widerbringung
vnsers gemüts vnd ergetzung vnsers hertzen. Den will ich mit gůter
regierung vnd meisterschafft ziehen zů gůten gebärden vnd wercken,
vnd das er eines gůten lümden werd vnd das vnser nam vnd geschlecht
5 an jm gegrösset werden sol vnd damit ein eerlichen samen vnnd ge-
dächtnuß nach mir laß.» Antwurt das wyb: «Du solt nit reden, daz
du nit weist. Du weist noch nit, ob ich gebir oder nit, vnd gebir
ich, ob das ein knab oder tochter ist; vnd ist es ein knab, ob er
lebent blibt, vnnd blibt er lebent, was vernunfft jm got verlich oder
10 was wesens. Darumb verlaß dine vnnütze gedenck vnd hoff zů got
vnd wart, was er vns bescher! Dann ein wyser man sol nit reden
von dem, das er nit weist, oder die werck gottes vrteilen. Dann
allein der will gottes [172] wirt erfült, vnnd wer soliche ding mit
sinen gedencken ordnen will, dem geschicht als dem man, vff den
15 das vaß mit honig geschüt ward.» Sprach der man: «Wie was das?»
Antwurt die frow: «Man sagt, es wont eins mals ein brůder der
dritten regel, der got vast dienet, by eins künigs hoff. Dem versach
der künig alle tag zů vffenthalt seins lebens ein kůchinspyß vnd ein
fläschlin mit honig. Diser aß all tag die spyß von der kůchin vnd
20 den honig behielt er in eim irdin väßlin; daz hieng ob siner bettstatt
so lang, bis es vol ward. Nun kam bald ein grosse türi in das honig.
Vnd eins morgens frů lag er an sinem bett vnd gewart des honigs
jn dem väßlin ob sinem houbt hangende. Do viel jm in sinen ge-
danck die türi des honigs vnd fieng an, mit jm selbs zů reden: «Wann
25 diß väßlin ganntz vol honigs wirt, so verkouff ich das vmb fünff gul-
din; darumb kouff ich mir zehen gůter schaff, vnd die machen alle
des jares lember, vnd der werden eins jars zweintzig; vnd die vnnd
das von jn kommen mag in zehen jaren, werden tusig. Dann kouff
ich vmb vier schaff ein ků vnnd kouff daby ochsen vnd erdtrich; vnd
30 die ků meren sich mit ir frucht; da nym ich die ochsen zů arbeit der
äcker; von den andern küen vnnd schaffen nym ich milich vnnd wollen.
Vnnd so also anndre fünff iar fürkomen, so wirt es sich also meren,
das ich ein grosse hab vnd richtumb überkommen würd. Dann will ich
mir selbs hoch vnd hübsch büw thon vnd mir selbs knecht vnd kel-
35 lerin kouffen. Vnnd darnach so nym jch mir ein hübsch wyb von
einem edlen geschlecht, vnnd die beschlaff ich mit kurtzwiliger liebi;
vnd so empfacht sy vnnd gebirt mir einen schönen, glücksäligen vnd
gotsförchtigen sun; vnd der wirt wachsen in lere vnd künsten vnnd

in wyßheit. Durch den laß ich mir ein gůten lůmbden nach minem
tod. Aber wurde er mir nit gefolgig sein vnd miner straff nit acht
nemen, so wolt ich in mit minem stecken über sein rucken on erbermde
hart schlahen.» Vnd nam den stecken, damit man pflag das bett zů
5 machen, jm selbs zů zaigen, wie freuenlich er sinen sun schlahen
wölt, vnd schlůg das irdin väßlin, daz ob sinem houbt hieng, zů stucken,
das jm das honig vnder sein antlit vnd an das bett troff, vnd ward
jm von allen sinen gedencken nicht, dann das er sein antlit vnd bett
wäschen můst.

10   Nun hab ich dir dis fabel gesagt, daz du von dem, das du nit
weist, nit reden noch wyssagen solt. Dann man spricht: Du solt
dich des mornigen tags nit gůden; dann du weist nit, was dir hůt
zůfallen mag.» Vnnd do dis [173] der man hort, do geschweig er.
Vnnd nach ordnung der zit gebar die frow ein lustlichen sun. Des
15 wurden sy beid gefröut. Vnnd do sy von kindbett gieng, sprach
die frow zů irem man: «Hie belib vnd wart des kinds, biß ich mich
in die kirch antwurt vnd reingung nach frowen ordnung empfach!»
Vnnd do der vatter also by dem kind einig saß vnd das wyb yetz
hinweg was, do kam des künigs bott nach dem man. Nun het er
20 in sinem huß einen hund, der jm vast lieb was. Der sach ein schlan-
gen vß einem loch zů dem kind kriechen, das er schädigen wolt.
Den begreiff er mit sinen zenen vnd zerreiß den zů stucken, das jm
dauon sein mund schweissig ward. Vnnd do der man wider in sein
huß kam, do gieng jm der hund engegen. Vnd do er jm sinen
25 mund schweissig sach, do gedacht er, das jm sein kind von jm ge-
fressen wäre, vnnd schlůg den hund, das er starb, vnbetrachter sach.
      [174] Darnach gieng er in das huß, vnd do er das kind lebent
fand vnd die schlangen by jm tod, do marckt er, das der hund die
schlangen getödt het, vnnd ward des leidig vnnd sprach: «Ey, das
30 das kind ye geborn ward, daz ich minen getrüwen hund zů tod ge-
schlagen hab!» Vnd do das wyb heim kam, do sach sy den schlan-
gen vnd den hund tod, vnd do sy die geschicht erfragt, sprach sy:
«Das ist die frucht, die einem yeglichen dauon kumpt, der sin für-
nemen ylent vnd vnbetrachtet thůt, vnd jm volget billich rüw vnd
35 truren nach.» Darnach sprach Sendebar zů sinem küuig: «Die men-
schen, die mit vernunfft vnd fürbetrachtung ir sachen volbringen,
die volfürent die in glücksälig ende, dahin daz der wütend vnd ylent
nit mit stryten bringen mag. Darumb sol ein vernünfftiger sin

9 *

sachen beträchtlich vnd frůmglich handlen, damit er die zů gelobtem ennd bringen mög.»

Hye hat ein end das sybent capitel von dem einsidel, der schnell ist in sinen sachen vnd das ennd nit betrachtet, vnnd hebt nun an das acht capitel von der muß vnd dem mußhund, vnd ist von dem, der sůn sůcht zů sinem veind in nötten.

[175] Der kůnig sprach zů sinem meister: »Ich hab verstanden dine wort von dem, der sin werck nit fürsichtiglich handelt vnd was jm zůletst dauon kumpt. Nun sag mir von einem krancken, wann der zwůschen die hend sinr veind kumpt, durch was geschidigkeit jm gebůr, von jnen zů kumen.» Antwurt Sendebar: «Wann ain man zwůschen die hend siner veind kumpt, so gebůrt jm, vffsätz zů sůchen vnnd sich by wylen mit dem ainen zů sůnen vnd sich mit dem in gesellschafft zů verheissen, damit er sich von dem anndern erlösen mög. Dann glich als zů allen ziten ain frůnd vmb vrsach des andern veind werden, also mag zů allen ziten ain veind durch vrsach des andern frůnd werden. Dann wann ein man sicht, das jm sin veind zů statten sins lebens oder wesens sin mag, so gebůrt jm wol, den zů frůnd zů sůchen, deßglichen wann er sicht sinen frůnd in mit vntrůwen mainen, so gebůrt jm wol, den zů lassen. Dann wer sich mit sinem veind gebůrlicher zit versůnen kan vnnd sinen frůnd, wann er den ainest in vntrůw findet, lassen, der mag sich wol schadens erweren, als ains mals thäten die mus vnnd der mußhund, die sich selbs durch ir beider versůnung vom tod erloß-teu.» Sprach der kůnig: «Wie was das?» Antwurt der maister: «Es was ain grosser boum by dem staden des meres in ainer grossen wyti. By dem wonten vil tier, vnd vff des boumes esten waren vil wonungen der vogel. Vnden in dem boum waz ain loch, darjnn wont ain mußhund, der hieß Peridou. Daby was ain schram, dar-jnn wonet ain muß, die hieß Ronn. Vnd nachdem daby zů men-gem mal die waidlůt kamen, zů iagen, begab sich vff einen tag, das die jäger ire netz vffspienen vnd der mußhund darjn viel. Vnd so die mus vß jr schram gat, ir spyß zů sůchen, so sicht sy den mußhund in dem netz gefangen vnd fröut sich sins vngefelles vnd wißt nit, was ir nahet; vnd so sy hindersich sicht, do erblickt sy ainen hund, der ir begert, vnnd sy übersich sach, so sicht sy ainen åren vff dem ast des boumes, der ir ougen gab. Do gedacht die mus: «Louffest du hindersich, so vahet dich der hund; gast du für-

sich, so nympt dich der är; flühest du die baide, so müst du zů
dem mußhund; so bist du erst jn dines rechten veinds hand.» Vnnd
da sy sach, das sy mit iren [176] vinden vmgeben was, do sprach
sy in irem hertzen: «Von disen ängsten mag mich niemand ledigen,
5 dann vernunfft vnd geschidigkeit. Nun sol min hertz nit erschrecken
von dem, das mir betrübtnuß bringen möcht. Dann aim wysen,
kecken man sol sin vernunfft vnd fürsichtigkeit nit engon in wi-
derwärtigkeit; dann fürsichtigkeit der wysen ist, das sy in der
zyt der zůfäll ledigen mag, mer dann jr stercky vnd rychtumb; dann
10 ein wyser man sol nit erschrecken in den dingen, die er thůn will.«

Die mus sprach: «Mir ist notturfft, mich zů behüten zů der
hand vnd zů der hand, hindersich zů lůgent vnd fürsich zů ge-
denckent vnnd übersich zů schouwent, wie ich mich bewaren mög,
vnnd merck, mir nůntz bessers zů sin, dann ich thů mich zů disem
15 mußhund vnnd sůch friden zů jm. Denn ich sich, das jm hilff so
wol als mir notturfft ist, sich sines vngefelles vnd sorg des todes
zů erledigen, darjnn jm nieman so bald tougenlich sin mag als ich.
Villicht so er hören wirt min getrüwe, ware vnd vffrechte wort, die
ich jm zůsprechen will, er wirt villicht mir glouben vnd frid zů mir
20 sůchen, angesehen, das er dardurch gelediget werden mag; vnd da-
mit mag ich durch in ouch gefristet werden.» Vnd gieng zů dem
[177] mußhund vnd sprach: «Wie erschinst du hie?» Er antwurt:
«Du sichst mich in der not.» Die mus sprach zů jm: «Ich lüg dir
nit, will ouch trůgenlichs nicht mit dir reden, besonnder in gantzer
25 warheit. Dann ich hab lang begert, den tag zů erleben, dich in
solicher not zů sehen, vnd ist mir doch sorgfältigkeit zůgeuallen,
die mir solich fröud diner widerwärtigkeit hingenomen hat. Nun
mag dich niemans so wol dauon erledigen, als ich. Darumb hör,
waz ich dir sag! Es ist nit verborgen, der hund vnd der är hassen
30 mich vnd ouch dich. Nun bin ich clein vnd schnöd. Gang ich hin-
dersich zů minem loch, so würd ich dem hund; gang ich fürsich,
so nympt mich der vogel; flüch ich dann zů dir, so yssest du mich.
Woltest du aber mich des lebens trösten, so möcht ich dich ledi-
gen, das ich ouch thůn wolt, vnnd dir dine netz zernagen. Nun
35 gloub mir minen worten! Dann wer niemans getrůwt, dem getrůwt
ouch niemans; der ist ouch nit wyß. Darumb nym von mir gesell-
schafft vnd gib mir din trüw, das ich in dich ouch glouben setzen
mög! Vnnd als ich dich lebende beger, das ich lebend blib, also

solt du min leben begeren, das du lebend blibest. Vnd glicher wyß, als von dem mer niemans gelediget werden mag, dann durch schiff, vnnd mit den schiffen nicht, dann durch menschen, die das regieren vnd füren künden, also mögen wir durch vnser gesellschafft erlöst
5 werden von diser not.» Do der mußhund hort die wort der mus, do erkannt er ir trüw vnd was des fro vnnd sprach zů ir: «Du hast wol geredt vnnd gerecht sind dine wort. Nun volbring das, dadurch frid zwüschen vns gekrefftiget werd; dann ich will dir den gelouben halten, den du mir erzeügst.» Sprach die mus: «Gib mir din trüw,
10 das ich mich zů dir getör stellen! Dann wann das der hund vnd der vogel sehen, das ich sicher by dir wandel, so werdent sy ir hoffnung gegen mir, mich zů fahen, abstellen vnd min leben sichern; vnd wenn ich sich, das sy hinweg sind, das ich on sorg by dir sin mag, so will ich dann dine band zernagen.» Also gab er der muß sin
15 trüw. Daruff gieng sy zů jm. Vnd do der hund vnnd vogel sahent, das die mus mit dem mußhund gesellschafft vnd wonung het, do machten sy sich von dannen. Damit nüg die mus das netz. Vnd den mußhund, als einen gefangen, beducht, daz die muß langsam wär mit irem nagen, vnd sprach: «Gesell! Wie arbeitest du so gemach
20 zů miner ledigung! Dann so ylende du begert hast zů diner ledigung diner sorgfältigkeit, so ylende soltest du ouch mich erledigen. Dann gedächtest du noch den hassz vnnsers [178] geschlächts vnd der zwüschen dir vnnd mir gewesen ist, das gezäm sich nit nach dinen worten; dann fürer sol diser hassz kain statt in dinem hertzen wider
25 mich haben. Dann die gerechten vnd fromen behalten nit affterhassz, zů gedencken vorders schaden, sonnder durch ein einige richtung lassent sy hassz vnd schaden; dann wer vndanckbar ist der güttat, der verdient billich schaden.»

Darzů antwurt jm die muß: «Nym war! Es sind zweyerley ge-
30 sellen: der erst ist getrüw in siner liebi; der annder, des liebi ist mit vffsatz vnnd geuärde, des red ist süß vnd ain falsch hertz, vnd ist doch by wilen der yeglicher zů haben vnnd den zů bruchen zů sinem werd; aber der getrüw gesell sol sin leben wagen durch hilff sines getrüwen gesellen. Doch sol niemans sinen gesellen, ob der
35 vntrüw ist, verlassen, aber sich vor sinen tücken hüten. Dann wer da sůcht frid mit sinem veind vnnd jm getrüwt vnd sich nit bewart, dem ist glych, als der sinem glust nachuolget vnd ysset bain für fleisch, vnd mag doch die sin mag nit verdöuwen, vnd wirt jm

zů vngůt. Dann ich sol yetz bedencken das gůt, das ich von dir hab, vnnd dir dines willen widerfaren nach dinem gefallen vnd mich daby [179] vor dir bewaren, das mir nit vngůtes widerfar vnd mir min gezwungenliche gesellschafft, mich args zů erweren, nit vrsach sy 5 grössers schadens. Dann alle ding sind zů ir zyt zů geschehen; dann was zů siner zyt nit geschicht, daz hat nit wurtzel, bringt ouch nit frucht. Darumb will ich din netz fürsichtiglich nagen, doch das ain tail gantz blib, darjnn du verhefft vnnd nit gantz ledig, das du mir nit schädlich syest, vnd will dir doch das zů der zyt abbissen, 10 so ich waiß, das du mir nit schaden magst, so du ledig bist.» Zwü-schen diser red kam der jäger. Vnd do den der mußhund von fernes sach, do erschrack er vor vorcht, sin leben zů uerlieren. Do sprach die mus: «Nun ist zyt, das ich dir daz netz gantz zernag vnd abbyß.» Vnd ee der jäger zů dem hag kam, do was der strick zerbissen, also 15 das der mußhund ledig vnd vff den boum geflohen vnd die muß in ir löchlin kommen was. Do das der jäger sach, do nam er das zer-rissen netze vnd gienng betrůbt jn sin huß.

Darnach gieng die mus vß ir hůly vnd sach den mußhund. Der sprach zů ir: «Frůnd! Wie wilt du nit zů mir komen, so du mir doch 20 so groß gůttat erzaigt hast? Es gezimpt sich, daz du essest der frucht diner verdienung [180]. Darumb kum zů mir vnd vörcht dir gantz nicht! Dann du hast mich vor dem tod bewart. Darumb solt du von mir vnd minem geschlecht des widergelt nemen vnd alles daz min sol din sin.» Vnd der mußhund schwůr jm by dem, der ewig- 25 lichen lebt, das er jm glouben solt in sinen worten. Daruff gab jm die mus antwurt vnd sprach: «Welicher nit waist, mit sinem vind zů wandlen, als mit sinem frůnd, vnd besunder mit sinem vind, des er durch nottůrfftlich vrsach zů frůnd bedarff, also das er sin leben jm vnder sin fůß legen vnd doch darnach sin natur erkennen sol, der 30 lebt glich als ein schlaffender, der vor einem helfand stat. Dann die wysen hond genempt den frůndtlichen ain frůnd durch die frůndt-schafft, die jm begegnen mag, vnd den widerwärtigen den vind durch vrsach der vindtsäligen sachen, die er von jm wartend ist. Vnnd der vind lebt in der welt nit, des vindtschafft ich nit besorg. Nun brucht 35 ein yeglich mensch sin selbs rat zů aignem gůten. Nun gyt der rat aigner fürsehung, sich vor sinem vind zů förchten. Vnd sol doch ein wyser zů·zyten der vindtschafft wychen vnnd jm gůtes erzöugen durch gůtes, das jm daruß komen mag, des glich den frůnd verlassen vnd

sin gesellschafft miden durch künfftig args, das jm dauon zůfallen
möcht; glych dem kind, das hanget an der můter, wann es begert,
zů sugen, vnnd wann sy vffhört seugen, so thůt sich das kind wider
von der můter; des glich alle, die ainander vmb gaben lieb haben.

5 Also sol ouch ain vernůnfftiger man sinen nutz von sinen fründen
vnd vinden kiesen; dann by wylen mag jm gůts begegnen in fründt-
schafft, die zwůschen jm vnd sinem widertaile gemacht wirt. Es sol
aber ein vernůnfftiger man sin alte gesellschafft mit sinem fründ, ob
jm der vff die zyt nit nůtz sin mag, darumb nit verlassen, sonnder

10 den stät in fründtschafft halten vnd jm getrůwen vnd sinen vind all-
wegen förchten. Dann welicher vind gewesen vnd durch etwas nutz
vnd gewinns, den er darumb haben oder empfahen möcht, ein fründ
worden ist, wenn derselb nutz oder vrsach der liebi enend genomen
hat, so enndet sich ouch sunnder zwyfel die fründtschafft vnd setzt sich

15 in das erst siner natur, als das wasser, die wil das ob dem für hanget,
so ist es warm durch vrsach der hitz des fürs, vnd wann es da dan-
nen gethon, so wirt es kalt, als es vor in sinr natur waz. Nun bist
du mir der grössest vind vnder allen creaturen, aber durch das gůt,
das vnser ieglichs vom andern nemen mocht, begab sich, daz wir ge-

20 sellen [181] wurden. Aber nun hat end die forcht, die vns vnser
gemůt zůsamenzwang, vnnd ist vnser gemůt fürer fry. Darumb ist
der alt hassz, den wir gegen einander von rechter natur hond, bald
wider ingeuallen. Dann so ich die spyß bin, vnd du der begerest zů
essen, vnd ich kranck vnd du starck, wie möcht dann vnder vns ge-

25 sellschafft on sorg sin, vnd besonnder minthalb? Dann ich mag dich
nit fressen, als du mich. Dann welicher sinem vind gloubt, der felt
jm zůletst in sin hand. Dann die wysen haben gesprochen: Wann
ein krancker sinem vind weder getrůwet noch gloubt, so ist er vor
jm allersicherest; deß glich wann der starck sinen cleinen vind ver-

30 achtet, so felt er jm doch zůletst in sin hannd, so er des zům minsten
achtet. Wann die wysen sprechen, das ain vernůnfftiger sol anhan-
gen sinem vind, wann sy beid einander bedörfen, vnd sich jm getru-
wen durch vrsach sin selbs not vnd darnach in wider fliehen vnd
hinfür halten als des ersten. Dann alle widerwärtigkeit kommen vast

35 von getruwen, die man zůsamen hat; dann eim vernůnfftigen vertrůwt
yederman, aber er nit yederman, dann allein, do er sin nutz by ge-
spüren mag. Nun ist die fründtschafft zwůschen dir vnnd mir, als
ferr sy was zwůschen dem jäger vnnd dir. Doch wie ich von dir

gescheiden sin sol, so günne ich dir doch bessers von erzaigter fründt-
schafft vnd main, das dich din natur solichs ouch ler.» Vnd hiemit
gieng die mus in jr löchly vnd der mußhund gieng sin. straß.»

Hye enndet sich das achtend capitel von der mus vnnd dem muß-
5 hund vnd vahet nun an das nünde capitel von dem küng vnd dem
vogel, vnd ist das capitel von den gesellen, die einander hassen, vnd
wie einer dem andern nit getrüwen sol.

[182] Der künig sprach zů sinem wysen: «Ich hab verstanden
din fabel, wie sich zwen durch not gesellen, vntz sy iren schaden für-
10 kommen. Nun sag mir von zweyen, die einander lieb gehabt, vnd
durch handel, den sy mit einander haben, einander hassen werden,
was die einannder darnach getrüwen söllen.» Antwurt Sendebar, der
meister: «Vernünfftig vnd fürsichtig mann söllen nit getrüwen iren
veinden, ob jnen die gůten willen vnd wandel erzaigen, als der vogel
15 erzaigt gegen dem künig, des sun er getödt het.» Sprach der künig:
«Wie was das?» Antwurt der meister: «Man vindet geschriben, das
zů Yndia vogel syen, geheissen Pynzan, deren der künig zů Yndia ainen
alten vnnd ainen jungen het. Der alt was gelert reden, kund ouch
die menschen verston. Dise vogel beualch der künig einer magt des
20 huses, ir wol zů wartent. Darnach gebar des künigs wyb ainen sun,
dem der jung Pynzan vil bywonet vnd sonnder fründtschafft zů jm
gewan. Vnnd da das kind zů sinen jaren kam, traib es vil kurtzwil
mit dem vogel. Der vogel aß vnd tranck ouch mit dem kind. Vnd
der alt Pynzan flog all tag vff ein hohes gebirg vnd bracht da dan-
25 nen zwen tatteln gar edels geschmacks vnd gab dem vogel, sinem
jungen, den ainen vnd des künigs sun den andern. Dise frucht gab
dem vogel vnnd kind so gůte krafft, das sy mercklich dauon zůnamen
an stercky vnd wesen. Vnd do der künig das sach, do het er gros
gefallen darab vnd beualch ouch, grossen flyß zů haben zů den vo-
30 geln, vnd ward in sunder günstig. Vff ain tag, do der alt Pynzan
aber vßgeflogen was nach siner spyß, do saß der jung Pynzan dem
jungen künig in sin schoß vnd het kurtzwil mit jm. Vnd der knab
ward des schimpfs müd vnd urtrütz, vnnd do der vogel des nach si-
ner gewonheit nit lassen wolt, do erzürnt das kind vnnd warff den
35 vogel wider die erd, das er starb.

[183] Vnnd do Pynzan der alt von dem berg mit der speiß kam
nach sinr gewonheit vnd sach sinen jungen Pynzan vff der erden tod
ligen, do truret er vnd sprach: «Verflücht syen alle künig, alt vnd

jung! Dann in jnen ist weder trůw noch glouben oder barmhertzig-
keit. Vnd wee dem, den got mit ir gesellschafft verwundet, vnnd
wol dem, der vßwendig der kůnig hŏff sin narung hat! Dann
sy schätzen noch achten niemans dienst noch frůndtschafft, wie ge-
5 trůw jnen der sy, vnnd haben niemans lieb, dann von dem sy war-
ten sind oder vermeinen, nutz zů empfahen, vnnd da sy by wylen ir
verkerter yppiger will hinneigt, vnnd wann das geschicht, so haben
sy darnach kein vffsehen oder liebe zů jnen vnnd alle ire werck
sind trugenlich vnd begriffenlich.» Vnnd gedacht Pynzan der alt
10 in jm selber: «Ich sol nit růwen, bis ich mich gerochen hab von
disem minem grymmen veind, in dem weder liebe noch trůw ist,
der sin aigen diener hingibt vnd verachtet, die ob sinem tisch essen.»
Vnd in grymm ylet er zů dem jungen kůnig vnd kratzt jm sin ou-
gen vß vnd flog damit hin vnd saß in die hŏhi. Vnd do dis dem
15 kůnig gesagt ward, do truret er diser geschicht vnnd sůcht geschy-
digkeit, damit er den vogel vmbbringen mŏcht.

[184] **D**arnach hieß jm der kůnig bereiten sein pferd vnnd rait,
zů sůchen den vogel, vnnd erfand in vff einem hohen velsen vnd
růfft jm vnd sprach: «Ich hab dir abgelassen vnd vergeben dein
20 verschuldigung, vnd bist fůrer by mir ein frůnd geachtet. Ker wi-
der zů mir vnd fŏrcht dir nit!» Aber der vogel wolt zů jm nit
vnnd sprach: «Herr kůnig, jch weiß, daz ein schädiger gepiniget
werden sol nach siner ůbeltat; dann mit welicher maß einr misset,
mit der sol jm ouch gemessen werden. Vnd die gesetzt spricht:
25 Hand vmb hand, fůß vmb fůß, oug vmb oug! Vnd wiewol das
in diser zit verzogen wůrdet, so můß es doch kůnfftiglich gebessert
werden. Dann got richt die sůnd der vätter vff die kind. Aber
das mir dein sun gethon hat, darumb hab ich ylent rach an jm ge-
thon vnd by sinem leben hab ich jm sine werck vergolten.» Daruff
30 antwurt der kůng vnd sprach: «Wir haben ůbel gethon an dinem
sun vnd dich damit beschwert. Darumb schetzen wir dich nit wi-
der vns gethon haben. Darumb so ker wider vnnd bis sicher!»
Des antwurt Pinzan: «Ich kum nit wider zů dir. Dann die wysen
haben verbotten, das sich niemans in sorgfeltigkeit geben sol. Dann
35 sy verbieten, das sich das hertz der menschen nit neigen sol zů den
sůssen worten [185] seins widersachen vnd zů dem, der sich einem
mer erbietet, dann er sich selbs wirdig weist, vmb das er nit
betrogen werd; dann jn nyd vnd haß wirt nit gůter gloub funden.

Man hört ouch von den wysen, das ein vernünfftiger man achten sol sinen brûder vnd gesellen als sin nechsten, vnd die jm trûw erzeigen als sin frûnd, sinen sun als sinen gehilffen, sein tochter als sein mißhellung, sein wyb als sinen hader, sein gesippten als die hungerigen vogel, vnd vnder denen allen sol er sein selbs person einig achten vnd abgescheiden. Nûn acht ich mich einig vnnd abgeschaidenn. Vnd von dir hab ich dis widerwärtigkeit empfangen, vnd hast mich doch geeret für all ander vnd darzû, das du mich selbs wider sûchest. Aber wych von mir vnd gang dinen weg mit friden! Dann ich würd mein straß ouch faren.» Daruff antwurt jm der künig vnd sprach: «Hettest du nit schaden vnnd schmach von vns empfangen, so hettest du des vrsach nach diner anzeugung. Aber so wir nit begern, dich zû laidigen, vnnd dein schuld abgelassen haben, warumb widerst du dich, zû vns zû kommen?» Antwurt Pynza: «Du solt wissen, daz veindtschafft des hertzen die grössest ist vnnd ist vrsach vnlidenlichs schmertzens, vnd die zung mag das mit ir süssen red nit dilcken oder vß dem hertzen mit worten ziehen, vnnd das hertz bezûgt, das es vnbeweglicher ist, dann die zung; dann es ist grösser, dann die zung, vnnd gibt ir dick bewegnuß, zû reden, des es vnbewegt blybt. Nun wissz, das mir mein hertz sagt, das dein hertz wider mich gedenckt vnd sûcht, an mir rach zû thûnd, das ich befind, daz mein hertz dich hasset vmb die geschicht, so mir geschehen ist. Wie möcht es dann sein, das dein hertz mich lieb het, so ich dich hassz? Dann wissz, das mein hertz gantz wider dein zung ist.» Sprach der künig: «Waist du nit, das dick zwayung vnder den menschen erstat vnd das darnach einr dem andern getrûwt, wann sy gesünt vnd gefrûndt werden?» Antwurt Pynzan: «Es ist war, das du gesagt hast. Aber die wysen vnnd vernünfftigen behelffen sich geschidigkeit vnnd vernunfft, wie sy sich bewaren; dann sy wissen, das veind vnd die nyd vnd hassz zûsamentragen, sich nit alweg mit gewalt rechen, besonnder mit listen vnd fürbetrachtung; glych als ein clein man vahet ein helfand, der ist der größt aller tier; vnd man sicht, so ein metzger ein schaff, oder wie vil er will, von der hert nympt vnd die metzget, nicht dest minder dringen die andern schaff alle zû jm vnd vergessen, daz sy gesehen haben, waz an irs glych begangen ist; vnd des glych als die hund, wirt vnder denen einr von sinem meister todgeschlagen, dest minder nit bliben die [186] andern an irem dienst. Aber ich will nit deren einr sein, die sich

durch jr tumheit also verwarlosen, sonnder ich will mich vor dir
bewaren nach allem minem vermögen.» Sprach der künig: «Ein
edel gemüt verlat nit sinen gesellen also von jm wychen. Dann es
seind nit alle menschen einr natur vnd gemüts; dann etlich seind,
5 vor denen sich ein yeglich man hüten sol, vnd ob sy darumb glou-
ben geben; vnd seind ander, deren worten zů glouben ist; dann ire
werck geben des schin.» Antwurt Pynza: «Veindtschafft ist forcht-
sam vnd erschrockenlich, vnd darumb gezympt sich einem yeglichen,
sinen veind zů förchten, vnd sonnder die in der hertzen der künig
10 ist; dann sy wöllen gewißlich gerochen sein; dann sy güden sich,
das dann jnen die rach eer vnd lümden bring. Darumb gebürt
sich einem vernünfftigen, das er sich nit mit schmeichenden worten
sines veinds vahen laß. Dann der nyd ist geschlossen in derselben
hertzen, glych als das für vnder der äschen, die nit holtz hat, vnd
15 glych als das für holtz begert zů siner narung seins flammes, also
sůcht der veind wort zů vrsach siner veindtschafft, die ouch dann nie-
mans löschen mag, weder rychtum noch demütigkeit der zungen, noch
keinerley vnderwürflicheit. Es seind ouch etlich veind, denen ir
widerparthyen widerston mögen durch ir listigkeit vnd fürbetrachtung.
20 Vnd wiewol ich vnwyses rates bin vnd der kunst verachtlich vnd ist
ouch meinr vernunfft zů uil, das in dinem hertzen wider mich ge-
würtzelt ist, vßzürüten, darumb gezympt mir billich, dir nymmer zů
glouben. Vnd mich bedunckt nit bessers, dann ich ferre mich · von
dir die zit mines lebens.» Antwurt der künig: «Weist du nit, das
25 niemans genügsam ist, sinem veind gůtz oder böß zů thůnd, dann
so vil in gottes willen ist? Vnd demnach, hat dich got geachtet, von
mir zů sterben, so hast du kein flucht, mir zů entrinnen; jst es aber
dir von got nit also erachtet, ob ich dich dann jetz in gewalt miner
hend het, so möcht es doch nit geschehen; dann wider den geord- ·
30 neten willen mag yemans nicht volbringen; vnd glycher wyß als ein
mensch nichtz durch sich selbs schöpffen, also mag es ouch nichts ent-
schöpffen, dann das jm von got zůgeordnet ist. Vnd demnach wirt dir
vnbillich zů sünd geschätzt, das du minen sun geblendet hast, oder mi-
nem sun, das er dinen jungen getödt hat, sonnder es ist alles von
35 got, vnd so wir alle gottes seind, so sollen wir gedult haben siner
werck.» Antwurt Pynzan: «Die götlich fürachtung ist, wie du sagst,
doch verbietet die götlich fürsehung nit, das sich ein frommer vor
sinem veind bewaren sol vnnd daby got sine werck lassen zů [187]

geschehen nach sinem willen. Dann du weist, wär einer fürgesehen
von got, das er jm wasser verderben solt, so wär niemans, der jm
dauor sin möcht; doch käm er zů den meistern der wyßheit vnd
het iren rat, sie rieten jm all, das er sich nach allem sinem höch-
⁵ sten vermögen vor wasser hůte, vnd in hieß kein vernůnfftiger, daz
er můtwilliglich darjn springen solt, das er damit die schickung
gottes erfüllet; dann man schatzt den für einen toren, der das thet.
Dann die wysen sagen, wer sich selber tödt, der hab keinen teyl
hie, noch in der künfftigen welt. Darumb hat got die sel in des
¹⁰ menschen cörper geschöpfft, das sy den wissz zů bewaren vnd nit
von jm zů scheiden, bis der kumpt, der sy wider von dem lyb schei-
den sol. Darumb sag ich, wiewol ich fürgesehen bin, noch will ich
nymmer so nach zů dir kummen mit willen oder gedencken, das ich
des ursach sin wöll. Dann ich weiß, das du yetz mit dinem mund
¹⁵ wort redest, die nit in dinem gemůt sind; dann ich weiß, daz du
mins lebens begerest vnd min sel zů scheiden von minem lyb; aber
die sel förcht den tod vnd flücht in. Nun sůcht man, die vogel zů
vahen vmb drů ding: oder sy zů spyß, oder zů kurtzwyl, oder sy
zů verderben. Darumb sůchest du mich nit, zů essen, (dann min
²⁰ fleisch ist nit gesund,) oder zů kurtzwyl, (dann ich kan nit singen,)
sunder sůchst du mich zů tödten vmb dinen sun. Darumb ist mir
din gesellschafft gantz nicht nůtz; denn wenn wir yetz gesellen wä-
ren vnd du gedächtest an mine werck mit dinem sune vnd ich an
dins suns werck mit minem jungen, so wurden vnser beider hertzen
²⁵ verkert.» Antwurt der küng: «Es ist nit billich einem, der des
gewalt het, den nyd oder hassz nit uß sinem hertzen zů uerlassen vnd
geselligliche liebe darjnn zů setzen; dann es ist den menschen dar-
umb vernunfft vnd verstendtnuß geben, das sy mächtig sin sollen,
uß jren hertzen das böß zů thůnd vnd das gůt zů empfahen.» Sprach
³⁰ Pinzan: «Vindtschafft ist glych einem geschwär an einem fůß; ye
mer einer sich daruff stůrt zů gond, ye vester sich sin siechtag
meret; oder eim blöden ougen; ye mer man das anrůrt, ye böser
das wirt. Also ist einr, der sinen reind hasszt; ye mer sich jm der
nahet, ye mer sin hertz beschwert wirt. Vnd wer in ein sach oder
³⁵ jn ein bösen weg gat, der beider ennd er nit weist, der betrügt sich
selbs. Wer nit töuwen mag vnd vil ysset oder ein grossen mundt
uol schluckt, dem sin kel nit wyt ist, der ist an jm selbs schuldig,
glych dem, der sich lat bezalen mit gůten worten sins vinds vnd

jm gloubt, der ist sin selbs veind; dann es gezimpt sich nit einem
sinnigen, an einer sorglichen statt zů gond, so er danon kummen
mag. Nun hab ich menge statt, da ich hinkummen [188] mag, da
mir keins gůten gebrist. Dann es sind fünfferley sitten; wer die
5 behelt, der mag dardurch zů gůtem vnd begirlichem end vnd daby
fründ vnd gesellen überkummen: das erst, das er sy vnschuldiger
hend, also das er niemant beger, schaden zůzůfügen; das ander, daz
er wissz, das gůt von dem bösen zů erkennen; das dritt, das er
sich bewar vor allen vneerlichen sachen; das vierd, das er adelicher
10 werck sy; das fünfft, das er gotsförchtig sy. Dann das ist böser
richtum, der nit mit den armen geteilt würdet, vnd ein böses wyb,
die jrem mann widerspennig ist, vnd das bösest vnder den kinden,
das sinem vatter vngeföllgig ist, vnd der böst vnder den gesellen,
der verrätter ist, vnd der böst vnder den küngen, der den vn-
15 schuldigen tödtet, vnd das böst der erden, da kein frid noch ord-
nung ist. Vnd ich hab zů dir kein glouben vnd mag an mir selbs
nit finden, mich zů dir zů thůnd.» Vnd damit grüßt Pynza den
küng vnd schied von dannen.

Hie endet sich das nünd capitel von dem küng vnd dem vogel
20 vnd vahet nun an das zehende capitel vom küng Sedras vnd Billero,
sinem fürsten, vnd ist von dem, der sinen zorn verzůhet vnd damit
sin vntat überwindet.

[189] Es sprach der künig Dißles zů Sendebar, sinem wysen:
«Ich hab acht genumen diner sag, die du mir gesaget hast, welicher
25 sinen herren erzürnet oder der herr jn. Nun sag mir, wie sich der
küng halten soll zů vngefelliglichen zyten zů bewarung sins lybs
vnd nutz sins rychs vnd wie er sich erzeigen sol, mit milter hand,
oder mit stercky siner werck, oder getörstigkeit sines hertzen, oder
mit adelicher erzöugung, oder mit verziehung sins zorns!» Antwurt
30 der meister: «Nicht ist, damit der küng sin rych so wol bewarn
vnd sin eere grössen mag, dann das er in allen sinen wercken vnd
fürnemung das vnrecht vnd gähen zorn vermyd, (vnd dise tugent ist
allein in den hohen vnd edlen gemüten,) vnd ouch das der küng si-
nen rat setz uff verstendig vnd frum männer, die der sachen geübt
35 syen. Aber das best vnder den allen jst, daz er sinen zorn verziech,
wann er über yemans zorn hat, das er den nit vnbedacht ylends
straff. Vnd wiewol das allen menschen zů tůnd nütz, so ist es doch
dem küng allerbast stond, vnd wann er sin geschäfft handelt mit

mannen der vernunfft vnd gerechtigkeit vnd sich erberkeit flysset
vnd sich behilfft der gerechtigkeit vnd eerlicher werck, so meret
sich sin rych; wann aber ein man sinen zorn nit verzühet vnd nit
betrachtet, was er thün wöll, vnd sich beratet mit den yppigen vnd
die nit adelichs gemüts, so sind sin sachen nit uffgeendt; dann ein
wyser soll sinen rat haben mit den wysen. Vnd ob der küng ver-
nünfftig vnd sinen räten getrüw ist vnd on sy heimlichs nicht handelt,
damit mag er sin sachen höhen vnd in friden leben vnd sinen vinden
widerston; vnd wenn in sin rät straffen, das er das mit lachendem
gemüt vffnem vnd sinen zorn vermyd, als ouch das thet Sedras, der
küng von India, mit Billero, sinem fürsten.» Sprach der küng: «Wie
was das?» Antwurt Sendebar: «Es jst in India gesin ein mächtiger
küng von der statt Ordo vnd mächtig über ander küng, genant Se-
dras. Der hett vnder andern sinen fürsten einen gehabt, genant
Billero. Diser waz wyß, vernünfftig vnd gotsförchtig vnd ein willfarer
des küngs in sinen diensten vnd demütiger süsser wort, vndertänig,
gehorsam vnd getrüwe sinem herren vnd ein fürsichtiger versorger
des hoffs sins künigs. Vff ein nacht lag der künig an sinem bett.
Do sach er in sinem schlaff acht tröum vnd erwachet dauon, vnd do
er wider entschlieff, do kamen jm dieselben tröum wider in sin ge-
dächtnuß. Vnd warent dis die tröum: jm was, es stündint zwen rot
[190] visch vor jm vff jren schwäntzen vnd zwen wasservogel flügen
nach einander vnd vielen jm in sin hend; ein schlang gieng jm durch
sinen lincken füß vnd sin gantz lyb was nassz von blüt, vñd er wüsch
sinen lyb mit wasser vnd er stünd vff einem hohen wißen berg vnd
sach by sinem houbt ein fürin sul vnd sach daby ein wißen vogel,
der grůb jm in sin houbt.

Morndes, do der küng von sinem bett gieng, do was er betrübt
vnd schůff, zü berüffen die erscheiner der tröum vnd die geschrifft-
wysen. Die waren all vß einr statt, die derselb küng vor bekriegt
vnd belegert vnd daruß zwölff tusent man erschlagen vnd darnach
gewunnen hat. Vnd do die für in kamen, do sagt vnd offnet er jnen
sin troum vnd batt sy, jm den zü erscheinen. Sy gaben jm antwurt
vñd sprachen: «Diß ist ein groß wunderzeichen, vnd nye mensch hat
des glych in tröumen gesehen, vnd gefelt dir, so wöllen wir vns all
versamlen vnd vns ersüchen vnd ein erscheinung dins troums thün
vnd dir den verkünden.»

Vnd do dis dem küng gefiel, do satzt er jnen ein zil uff den

sibenden tag. Vnd do dise all zůsamenkamen, do redten sy vnder
in selbs jn grosser geheim vnd versprechnuß gelůbds, der sy zůsamen-
schwůren, vnd damit hůb der eltest vnder jnen an vnd sprach : «Wir
wissen, waz diser tyrann an vns vnd vnsern frůnden mit grymmer
5 handlung [191] gethon vnd vnder vns zwölff tusent man erschlagen
hat. Nun ist vns die zyt geben, das wir vns des an jm rechen mö-
gen, vnd wir hond des vrsach, vnsern willen an jm zů uolbringen.
Darumb söllen wir zů dem küng gon vnd jm dis sach des troums
schwär, groß vnd böß machen vnd forchtsam in sinen ougen, vntz
10 wir jn also zů forcht bringen, daz er gerůcht, zů thůnd, was wir in
heissen. Vnd wann wir mercken, daz er vor forcht darzů geneigt
würdet, so sagen wir jm sin blůtvergiessen, daz er gethon habe, das
sollichs nit vermyd, rach über in zů schryen, bis das sollichs mit
sinem lybe vnd mit sinem rych gebessert werde, er gebe vns dann
15 ettlich siner rät zů tödten; mit deren blůt mög die rach gestillet
werden vnd sust nit, dann durch sinen lyb vnd sin rych. Vnd wenn
er vns fragen wirt, weliche wir wöllen, so wöllen wir des ersten vor-
dern Helebatt, die küngin, die jm vnder allen andern wyben die
liebste ist; wir wöllen ouch sins brůders sun, sinen heimlichen schri-
20 ber, dem er vnder allen kantzlern getrůwt; wir wöllen ouch Billero,
den fürsten siner ritterschafft, der sin heimlicher rat ist; wir wöllen
ouch sin schwert, des glych uff erd keins ist; wir wöllen ouch sin
wiß helfand, daz er zů stryt rytet; vnd wöllen wir, das er vns eins
darzů gebe, das ist Kynaron, sinen heiligen frůnd; mit denen mögen
25 wir rach an jm thůn. Vnd wann er vns das alles zůsagt, dann so
sprechen wir: «Küng! Dise werden din erlösung sin, [192] damit wir
din leben vnd din rych erlösen mögen. Dann wann das geschicht,
so mögen wir darnach die göt anbetten vnd für dich bitten vnd dann
din lincke syt mit der getödten blůt salben vnd darnach mit geseg-
30 netem wasser wäschen, damit du von diner sůnd gereiniget würdest,
mit der du disen zorn erworben hast; vnd darnach wirt dann din
antlitz von dir ouch gesalbt mit edlem öl; dann so gast du wider in
dinen sal vnd bist dann gereiniget von der schwären urteil, so die
wyßheit der göt über dich geben hat.» (Vnd sprechen dann:) «Wilt
35 du nun vnserm rat volgen vnd gefallen dir, vns die personen zů ge-
ben, das du dadurch dir din leben erkouffest vnd fürer on widerwär-
tigkeit leben mögest? Wa du aber das verneinst, so wirt über dich
volgen die schwär vrteil, die dir erscheint ist, oder kůrtzlich sterben,

oder von dinem rych vertriben werden.» Wir müssen vns ouch ein
wyl kestigen mit vasten vnd abbruch vnsers wesens, das wir miß-
förmiger angesicht erschinen, als ob wir sider mit vasten vnd grossen
gebetten vnd studierung vnser bücher vns zů solicher kestigung bracht
⁵ haben. Dann mögen wir den küng des bereden, das er vns dis geben
wirt, so mag vns darnach sin lyb vnd land nit engon vnd daz wir
vns nach vnserm willen wol an jm rechen mögen.» Diser rat des
alten gefiel jnen allen vast wol, vnd beschlussen also jren rat, uff den
gesatzten tag dem küng das in der besten form fürzůhalten. Vnd do
¹⁰ sy für den küng kamen, do hůb der alt uff vor in allen vnd sprach:
«Der küng leb vnd sinem künglichen lyb blib ein vernůnfftig gemůt!
Yetz haben wir vnser bücher gelesen vnd haben die mit grossem flyß
uff den troum des küngs ersůcht mit vil vasten vnd gebettes, das wir
dem küng verkünden mögen, was jme vnd sinem rych nütz sin mög.»
¹⁵ Vnd sagten dem küng iren rat, wie ob stat. Vnd do der küng das
hort, do ward er betrůbt vnd sprach: «Weger ist mir sterben, dann
leben, daz ich alle die solt geben, zů tödten, die ein fröud mins le-
bens sind. Thůn ich das, so bin ich tod vnd hab fürer kein lust,
zů leben oder zů rychsnen, vnd darumb so thůn ich das nit; daz
²⁰ verliessung der getrůwesten vnd der liebsten ist der tod.» Die mei-
ster gaben dem küng antwurt vnd sprachen: «Herr, will dir nit
mißfallen, so wöllen wir dir offenbaren, das din antwurt nit tougen-
lich ist, das du dir annder lieber schätzest dann din eigen lib; dann
du behaltest billicher dinen eygnen lib vnd din rych. Vnd thů, das
²⁵ wir geredt haben, so erlebst du ein gůt end, vnd laß dich benůgen
an din selbs person vnd verwechsel die vmb ein andre! Dann nym
acht, ob all din gesippten vnd gesellen hingond, so magst du
annder finden, aber vmb din selbs person magst du kein andre fin-
den. Vnd förcht nit, ein cleins [193] zů uerlassen, das du darumb
³⁰ eins grossen manglen werdest, vnd dich zů uerlieren vmb eins an-
dern cere oder nutz! Dann wissz, das ein yedes mensch von natur
begert jm selbs, zů leben, vnd als das leben durch vil arbeit
vnd betrůbtnuß in den cörper kumpt, also wirt es ouch durch vil
bewarung vnd schickung darjnn behalten. Vnd bedenck, das din
³⁵ leben ist gesin ein überkummen dins rychs, darjnn du mit grossem
krieg, arbeit, widerwärtigkeit vnd schweiß dins lybs sorglichen kum-
men bist jn vil langer zyt vnd jar. Vnd das wilt du jn einem
puncten verlieren? Vnd es ist doch als zů nicht gegen diner person

zů schätzen. Darumb ist dir vngeteilt on alles mittel zů raten, dir zů geben, das wir gefordert haben vmb erlösung vnd behalt dins lebens vnd dins rychs.» Vnd do der künig dis vernam, do erschrack er vnd ward jm sin schmertz gemeret vnd gieng in sinen sal vnd leyt sich vor schmertzen uff sin antlitz vnd wand sich als ein visch, der vß dem wasser uff trucken land geworffen wirdet, vnd gedacht in sinem gemůt: «Mit was füg soll jch das groß übel thůn oder was ist mir zů welen, ob ich uff min eygen person des warten sy, oder ob ich die minen allerliebsten vnd getrůwesten hingeb? Vnd so ichs thet, wie lang möcht ich dann in růw vnd fryden belyben in minem rych? Dann es ist mir nit ewig; dann morn oder übermorgen stirb ich sust. Vnd darumb ist mir jn diser sach eigentliche fürbetrachtung notturfft. Dann was [194] wirt mer min kurtzwyl sin, so ich Helebatt, min gemahel, ertödt? Was gewinn ich fröud minen ougen zů sehen, so ich mines brüder sun vnd minen sun verlür? Vnd wie mag min rych geweren, so ich Billero, den fürsten miner ritterschafft, hingib? Wie mag jch werlich in minem rych geschätzt werden, wann ich min wiß helfand vnd min gůt schwert hingib? Vnd wie ein schantlich künig würd ich geheissen, wann ich dis alles verlür! Vnd wie leb ich nach dem verlust, oder was fröud mag ich haben?» Vnd hiemit kamen die mär siner trurigkeit in sin volck. Das empfieng ab sinem truren grossen kummer. Doch so trüg der künig vrsach sins kummers allein in sinem hertzen.

Do nun Billero, der fürst, die trurigkeit sins herren befand, gedacht er, jm nit zů gezimen, den küng selbs zů fragen vmb sin beschwert, vnd gieng zů Helebatt, der küngin, vnd sprach: «Wissz, frouw küngin, das von dem tag, als ich zů des küngs dienst kummen bin, vor mir von jm kein sach nie verborgen gewesen ist, als sinem jnnern vnd heimlichen rat vnd secretary, jm darüber zů raten. Nun merck jch, das er disen zůfal vor mir verhelt, damit ich teilung sins willens vnd getrůwens gegen mir achten můß, das ettwas zwyfels gegen mir sy vnd sinem liebsten wyb; vnd ich merck, das die meister der schalckheit, der er rates gepflegen hat jm uff sinen troum, (deren fründ er vor zwelff tusig tod erschlagen hat,) jm dis jngegossen haben mit irem falschen rat, damit sy vns vnderstond vom leben zům tod vnd jn von sinem rych zů bringen. Darumb, küngin, so stand uff vnd gang zům küng vnd frag in, was vrsach sins trurens sy! Dann ich zwyfel, selbs zů jm zů gond. Darumb

gang du vor vnd erkonn die vrsach! Dann du weist, das des kŏnigs
gemŭt ist, was man jm sagt, das er bald daruff entzŭndt wŭrdet
vnd das er clein vnd groß sachen glych achtet. Dann ich weiß, mŏ-
gen in die verräter betriegen vnd in vmb sin frŭnd vnd sin rych vnd
5 darnach vmb sin leben bringen, das sy ir todten frŭnd gerechen mŏ-
gen vnd sich selbs vnd ir statt uß sorgen vnd dem schwären ioch der
eigenschafft entledigen mögen, das sy darzŭ iren größten flyß bruchen.»
Antwurt die kŭngin: «Ich getar zŭ dem kŭng nit kummen, so er so
betrŭbt ist. Du weist, das jm nit gefellig ist, daz in solichem sinem
10 wesen yemans zŭ jm nach.» Sprach Billero: «Hŭt mŭst du mer,
dann gewonheit ist, anfahen. Dann jch hab dick den kŭng gehŏrt
uff hohen glouben reden, wann er uff das hŏchst trurig wär, wann
Helebat, die kŭngin, für sin angesicht käm, so endet sich all sin
widerwärtigkeit. Darumb so [195] gang vnd sprich jm zŭ mit lieb-
15 lichen vnd fründtlichen worten! Villicht erfröuwest du jm sin ge-
mŭt.» Also gieng die kŭngin zŭ dem kŭng vnd fand in ligen in si-
nem bett vnd satzt sich zŭ sinem houbt für in uff das bett.

Die kŭngin sprach zŭ dem kŭnig: «Herr, was haben dir dise vn-
getrŭwen man gesagt, daz sy dich mit jren vnwarhafften worten so
20 betrŭbt haben? Sag mir doch die vrsach dins trurens vnd laß din
getrŭwe dienerin mit dir truren, oder stand uff vnd laß din kŭngin
mit dir frŏud haben!» Antwurt der kŭng: «Nit mer mir minen
schmertzen durch din fragen!» Sprach die kŭngin: «Wŭrd ich in
dinen ougen also geschätzt, so sol doch kein mensch also verzagt
25 heissen, das nit durch sin gŭten vnd getrŭwen frŭnd vnderlib sins
kummers empfahen soll; dann glych, als kein mensch so groß sŭnd
gethon hat, er hab die macht, durch sinen beichter abzŭlegen, also
soll kein mensch so grossen vnmŭt tragen, es mŏg in durch bywesen
gŭter frŭnd vnd ir ergetzung miltern. Dann ist es vmb geschehen
30 ding, das nit widerbringenlich, so ist der wysen rat, das zŭ lassen;
jst es dann vmb kŭnfftige ding, so sind alle kŭnfftige ding wandel-
barlich. Dann wer die hertzen siner veind erfröuwet mit sin selbs
truren, das ist vnwyßlich.» Sprach der kŭnig: «Yetz hab ich mit-
lyden mit dir, vnnd ist nit gŭt, das ich dir [196] das offnen soll;
35 dann es ist ein sollich sach, darumb du, min sun vnd min besten vnd
getrŭwesten frŭnd sterben söllen. Wie kan ich daby vngetrurt sin?
Dann wissz, ich hab die wysen meister der statt, die ich nechst ero-
bert hab, beschickt, daz sy mir minen troum erscheinen solten, die

10 *

mich geheissen haben, dich vnd minen sun vnd Billero, mins brüders
sun, den fürsten minr ritterschafft, vnd ander min getrüwen tödten.
Wie mag ich nun frölich sin, so ich dich mit mer sehen vnd die an-
dern all mit dir tödten soll? Ist yemans in diser welt, dem es also
5 gelegen wär, der nit truren solt?» Vnd do die küngin dis hort, do
wolt sy keinem truren glych thûn vnd sprach: «Herr küng, vmb kein
sach solt du dich herumb bekümmern. So min leben dinen tod für-
kummen mag, des will ich dem künig willig sin; dann dir sind noch
mer wyber beschert vnd die du yetz hast, die besser sind dann ich.
10 Aber eins will ich vom küng begeren vmb die liebe, so ich jm er-
zeigt habe, das er nach minem tode den vntrüwen mannen nit gloub
vnd nach mir niemans tödt, bis daz er dise sach eygentlich vnd eygent-
licher erfar vnd betracht, das in sollichs nit gerüwen werd; dann der
küng mag niemans erkücken, den er getödt hat. Dann man sagt zü
15 einem byspel, wer edel gestein hab, der soll es nit hinwerffen, er zöug
sy dann dem, der sy kenn. Doch so soll der küng bedencken, das
dise mann den küng nit lieb habent. Dann er hat jnen ir fründ vnd
gesippten erschlagen vnd sy vnd ir statt mit gewalt gewunnen; das
alles mögen sy noch nit vergessen haben. Darumb hat dir nit ge-
20 zimpt, jnen die heimlicheit dins troums zü erzöugen vnd zü offnen
vnd noch minder, dich ires rates zü gebruchen; dann du verstast, vn-
menschlich zü sind, das du din getrüwesten rät, die din rych durch
ir wyßheit zü uffgang mit ir regierung bracht haben, tödten soltest,
dinen sun, der din leben ist, soltest sin blût vergiessen, den fürsten
25 diner ritterschafft verlieren, din helfand, din gût schwert, daran din
wer vnd vffenthaltung dins libs ligt, in dins vinds hand geben soltest,
jch geschwyg dines wybs; dann ich beger, vor in allen zü sterben.
Vnd das doch der küng sich darnach baß besinn vnd erkennung thû,
was jm zü recht füg! Dann wann du das alles ertödtest, so verlürst
30 du alle kurtzwyl diner ougen vnd liebe dines rychs vnd seld dines
sigs. Dann so mögen sy dich überwinnden vnd rach an dir thûn vnd
dich uß dinem rych triben vnd sich wider in jren gewalt rüwiglich
setzen. Aber eins mag jch dir in trüwen raten. Der wyß vnd ge-
lert, frumm Kynaron, [197] der ein heyliger man ist, zü dem füg dich
35 vnd offenbar dem din heimlicheit vnd mit jm beschlüß dinen rat!
Der weißt, warlich von künfftigen vnd vergangen sachen zü sagen,
vnd er ist wyser, dann die all, vnd darzü gerecht vnd heylig, vnd
den mag ouch in sinem rat niemans argwönig haben. Den frag vmb

alles, das du in dinem troum gesehen hast, vnd sagt er dir, als dise
gesagt haben, so volstreck din sach on weigern; sagt aber er dir
annders vnd des du warheit befindest, so volbring din macht an disen
als ein gewaltiger küng!» Diß gefiel dem künig vnd reit zů Kynaron
5 mit trurigem schmertzen. Vnd do er zů jm kam, do stůnd er von
sinem pferd vnd grůßt jn.

Vnd do Kynaron den küng empfieng, do sprach er: «Waz vrsach
hat den küng hůt zů mir getrungen vnd warumb hat er ein trurig
antlitz vnd nit sin kron uff sinem houbt?» Antwurt der küng: «Do
10 ich eins mals geschlaffen hab an minem bett, do hort ich acht stym-
men, vnd do ich wider entschlieff, do sach ich acht tröum, vnd do ich
die den meistern, dinen brůdern von der statt, die ich eemals ge-
wunnen, geoffenbart hab, die haben mir ein böß erscheinung gethon,
vnd demnach förcht ich, daz mir vngefell nahe, das ich durch stryt
15 erschlagen oder von vngefell von minem rych vertriben werd.» Ant-
wurt jm Kynaron: «Der küng sol nit erschrocken sin, noch [198] dise
erscheinung förchten; dann dise erscheinung wirt dem küng gar schier
zů gůtem end, zů eer vnd nutz erschynen, vnd bedüttung dins troums
ist dis vrsach: die zwen roten visch, die by dir gestanden sind uff
20 jren schwäntzen, bedüten, das die zwen küng von Arabia vnd von Sin-
lach dir schicken werden zwen groß näpff voller edels gesteines; vnd
die zwen wasservogel, die du hast gesehen fliegen hinder dir vnd die
dir in din hend gefallen sind, bedüttent, das dir der keiser von
Kriechen schicken wirt zwey pferd, der glych in diser welt nit sind;
25 vnd die schlang, die du gesehen hast durch dinen lincken fůß gon,
bedüt, das dir der künig von Tharsis wirt schicken ein schwert, des
glych vff erd so gůt nit ist; vnd das du wondest, din lyb wär be-
sprengt mit blůt, da wirt dir der küng von Saba schicken ein kostlich
rot purpurcleid zů künglicher wird; vnd daz dir was, als ob man
30 dich wůsch, da wirt dir der küng von Thabor schicken das kostlichest
wiß linin tůch, das man nempt bissum; vnd das du wondest ston uff
einem hohen berg, der wiß was, bedüt, das dir der küng von Edom
wirt schicken ein wiß helfand, das kein pferd erreichen mag; vnd
die fürin sul ob dinem houbt bedüt, das dir der küng von Cedar
35 schicken wirt ein guldin kron vff din houbt. Aber der wiß vogel,
den du wondest dir in din houbt graben mit sinem schnabel, das will
ich dir yetz nit bedüten. Aber hab aller zweyfel keinen, das es böß
sy! Doch so wirst du ein clein wider din liebsten fründ erzürnt.

Vnd dise gaben werden dir all in den nächsten siben tagen ge-
schickt.» Vnd do der küng dis hort, do dankt er dem heyligen
wysen man bis uff sine füß vnd kam wider heim in sin huß vnd sprach:
«Uff erd ist kein wyser dann der heylig Kynaron, vnd jch will warten
5 siner wort siner bescheidnen zyt.» Vnd an dem sibenden tag hett
sich der küng nach geheiß Kynarons becleidet in küngliche cleid vnd
saß in dem sal der fröuden uff sinem künglichen stül, vnd in vmb-
stünden die wysen sines rychs in kostlicher wat. Vnd wie Kynaron,
der wyß, jm bescheiden hett, also kamen zů jm die botten all einr
10 nach dem andern mit jren gauben, vnd der küng sach das edel ge-
stein, guldine cleynat vnd die grossen gauben. Do ward sin hertz
erhöhet in fröuden, vnd sprach in sinem hertzen: «Ich hab billich
gesündet, das ich min heimlicheit den vntrüwen mannen geoffen-
bart hab.»

15 [199] Nach disem sprach der küng: «Ich hab min sach nit wyß-
lich betracht, das ich minen troum den vngetrüwen geoffenbart hab,
vnd wa mich nit die gnad der gött behüt het vnd der rat der küngin,
so het ich mich vnd min rych vernichtet vnd min liebsten vor mir
jn vnschuldigen tod geben. Vnd darumb gebürt sich einem yeglichen,
20 nit schnell in sinen sachen zů sin, sunnder rat zů süchen siner ge-
trüwen vnd denen volgen; dann rat Helebat, der küngin, vnd daz
ich ir gefolgt hab, das hat mich gewisen zů dem heiligen man
Kynaron, der mich mit siner bescheidung by minem rych behalten
vnd das ich min liebste frouwen, kind vnd getrüwesten fründ nit in
25 den tod geben hab zů uerlierung mins rychs.» Darnach berüfft der
küng sinen sun vnnd Billero, den fürsten sines rychs vnd sinen heim-
lichesten, vnd sprach zů jnen: «Es gezimpt sich nit, dise gauben in
minen schatz zů legen, sunder die vnder üch zů teilen, die jren lyb
für mich geteilt haben solten, vnd mit Helebatt, die mich mit jrem
30 rat by minem rych vnnd vor grossem schaden vnnd üch all by üwerm
leben behalten vnnd min grossen schmertzen in groß fröud bekeret
hat.» Antwurt Billero: «Das jst nit groß, das wir vns all für den
künig in tod geben haben solten. Dann welicher getrüwer diener
wolt sich nit [200] sinem herren in den tod geben? Dann wer sich
35 für sinen herren vnd liebsten nit in den tod geben wolt, der wär nit
ein man der rechten vernunfft. Darumb soll den küng nit wundern,
das sich sin getrüwen knecht für in zů dem tod geben wolten. Wir
sind ouch darumb nit wirdig, von disen gauben zů nemen, allein dinem

sun solt du dis mit fryem gemüt geben.» Antwurt der küng: «Yetz
haben vns die göt groß güt beschert. Darumb nym dauon on alle
scham, was dich zů dinem teil gelust, vnd hab damit fröud!» Sprach
Billero: «Geschech, das dem küng gefall! Doch so nem der küng
vor dauon, was jm behag!» Also nam der küng das wiß helfand
vnd das schwert vnd gab sinem sun das pferd vnd das ander sinem
brůderssun Billero, vnd das wiß cleid schickt er Kynaron, dem hei-
ligen man, vnd meint, das er des wyssen cleids wirdig wär. Aber
die kron vnd das purpurcleid, sprach der küng, wären allein die
wyb wirdig zů tragen, vnd sprach zů Billero, sinem fürsten: «Nym
die kron vnd das purpurcleid vnd gang mir nach jn das frouwen-
zymmer vnd berüff dahin Helebatt, min gemahel, vnd minen bůlen
vnd heiß ir yegliche eins nemen!» Billero legt jnen die krou vnd
das purpurcleid für vnd vou begir zöugt er Helebatt, der küngin,
mit sinen ougen tougenlich, das sy das purpur für die kron nemen
solt. Nun stůnd der künig vnd sach Billero vnder sin ougen, ob er
der küngin sunder anzeigung geben [201] wolt. Das vermarckt die
küngin vnd wiewol sy daz bedütten Billeris sach, doch nam sy die
kron vnd ließ das purperclcid, vmb das der küng nit mercken solt,
daz ir Billero mit sinen ougen bedüt het.

    Es geschach, als dick Billero darnach für den küng gieng, so
zwiret er mit den ougen, als ob er das von gewonheit tet, das der
küng darumb nit böses in sin hertz verfieng. Nun waz gewonheit
des küngs, wann er ein nacht by der küngin schlieff, das er die
ander by der dirnen schlieff. Vnd vff ein nacht, da der küng by
der küngin schlaffen wolt, do hett sy jm ein essen bereit von ryß
vnd nam ein guldin schüssel, darjnn die spyß was, vnd gieng zů
dem küng vnder ir kron.» Vnd das kebswyb sach das vnd ward
bewegt in nyd wider die küngin vnd leyt an ir purpurcleid vnd gieng
in den sal zů der küngin vnd dem küng. Der sal ward erlücht von
dem cleid des purpurs vnd siner kostlicheit. Vnd do daz der küng
sach, do ward er bewegt in ir liebi vnd sprach zů Helebatt: «Für-
war, du hast torlich gethon, daz du die kron nempt vnd verliessest
das kostlich cleid, des glych wir in vnser trapnig nit haben.» Do
dis die küngin sach, das der küng sin dirnen für sy lobet vnd liebet
vnd sy verschmächt vnd nit angedenck waz irs getrůwen rates, der
in by sinem rich behalten het, do ward sy erzürnt wider den küng
vnd nam die schüssel mit der spiß vnd schutt sie dem küng uff sin

houpt, daz es jm durch sin antlitz vnd bart vff sine cleid ran. Hie-
mit was der letst troum war [202] worden, das jm der wiss vogel
in sin houbt gebissen hett. Der küng ward von diser geschicht vast
erzürnt vnd berüfft Billero vnd sprach: «Sich, wie verschmächt bin ich
5 in der küngin ougen! Vnd jch gebüt dir by miner kron, das du ir
das houbt on alle frag abschlahest. Vnd erschin nicht mer vor
miner angesicht, bis solichs von dir geschehen ist!»

Billero gieng von der angesicht des küngs vnd sprach zü jm
selbs: «Ich würd ir nit tödten, bis der küng sines zorns gemiltert
10 ist. Dann ein wyß, froms wyb ist ein eer jrs küngs vnd des rychs,
vnd darzü ist ir gelych nit vnder allen, die der küng lieb hat, vnd
kein stund mag er on sy frölich sin; vnd von ir wyßheit ist yetz
manig mensch von trübsáligkeit erlöset vnd der küng selber, vnd
wir hoffen alle gnad durch sy gegen dem küng. Vnd ich weiß, daz
15 mich der küng würd ewiglich hassen, würd ich mit jrem tod ylen, vnd
weiß, das mich der küng noch darumb über alle wysen eeren würdet.
Vnd der küng wirt noch in diser sach gewitziget, das er in keiner
siner sach ylen würdet on sittige fürbetrachtung. Wirt er aber ir nit
mer gedencken, noch belangen nach ir haben, so mag ich dann wol
20 sin gebott erfüllen.» Vnd also fürt Billero die küngin in sin huß
vnd schüff, jn einem gemach ir zü warten durch edel personen vnd
jr fürsehung vnd eer zü thünd, als siner küngin, bis das er befand,
was in des küngs gemüt waz. Vnd damit nam Billero sin schwert
vnd bestreich das mit blüt eins lambs vnd gieng trurig vnd schmertzen-
25 hafft für den küng.

[203] Billero sprach: «Ich hab din gebott erfült vnd Helebatt,
die küngin, ertödtet.» Über ein clein zyt darnach gedacht der küng
der schonheit der küngin, vnd fiel jm jn sin gemüt ir fürsichtigkeit
vnd güte geberd, die sy an ir gehabt, vnd wie sy so wyßlich vnd jm
30 so gefelliglich gelebt vnd in erst vor grossem schaden vnd schanden
bewarnet hett; vnd viel jm zü ein strenger rüw jrs todes vnd schampt
sich doch, zü fragen von Billero, ob er sy getödt hett oder nit, vnd
was doch hoffen, das Billero sin wyßheit daz zü thünd nit gestattet
hett. In dem sprach Billero zü dem küng: «Der küng sol nit trurig
35 sin oder betrübt; dann truren vnd weinen geben nit wider, das ver-
lorn ist, sunder es bringt dem gemüt mindrung vnd dem lyb abbruch
vnd macht darzü trurig alle, die den küng lieb hond, vnd macht frö-
lich, die den küng nyden; vnd wer das hört, der hat den küng nit

für wyß, das er ein so groß sach gethon vnd sich daruor, was jm
daruß gon möcht, nit wol besunnen hat, vnd bringt den küng zů uerachtung vnd zů schätzung grosser torheit, vnd das er dardurch destminder geschätzt würdet. Darumb rat ich dem küng, das er sich
5 nit betrüb vmb ein sach, die nit widerbringenlich ist. Dann es
sprechen die wysen: Die mercklichest wyßheit ist, des zů uergessen,
daz nit widerbracht werden mag. Vnd will dem küng gefallen, so
will ich jm des ein glychnuß sagen.» Antwurt der künig: «Ich beger,
des ein glychnuß zů hören.» Sprach Billero: «Man sagt, es syen
10 gesin zwo tuben, ein man vnd ein wyb, vnd die hetten ir nest voll
weitzenkörner getragen. Vnd sprach der man zů dem wyb: «Ich
will, das wir nicht von disem gesamelten weitzen essen bis in den
winter, wann wir des nit mer weder jm veld noch jn den schüren
finden.» Zů dem sprach das wyb: «Ich hab dich verstanden vnd ich
15 will die bewaren.» Nun waren die körner, die sy jngetragen hetten,
fücht von regen worden vnd dauon vffgeschwollen, vnd do die sunn
heiß schinen ward, do derret sy den weitzen, das sin gar wenig
schein. Nach vil tagen kam der man wider zů dem nest vnd sach
den weitzen, als er wond, gemindert vnd sprach zů sinem wyb: «Du
20 weist, daz ich dir gebotten hab, nicht von den körnen zů thůnd bis
in den winter, so wir nicht finden weder durch veld noch gebirg.»
Antwurt das wyb: «Ich hab des nit versůchet, sunder durch die sunnen vnd durch die dürren wind sind sy also geschwinen, das ir wenig
schinet.» Dis wolt der man nit glouben vnd beiß sy mit sinem
25 schnabel durch ir houbt so lang, bis sy starb. Vnd do der winter
kam vnd die regen mit den füchten winden, do ward der weitz wider
fücht vnd geschwall also, das sin nest gantz wider voll ward. Do
erkant er, daz sin wyb war gesagt vnd [204] er sy vmb vnschuld ertödtet hett, vnd fieng an, schmertzlich zů truren, das er weder essen
30 noch trincken mocht, vntz er starb. Darumb, herr küng, zimpt sich
eim wysen man, das er nit schnell sy jn sinen sachen, so er künfftige
ding nit betrachtet. Darumb, herr, so sůch du ouch nit, das nit zů
finden ist, besunder behalt noch das, darjnn du bist, das du daz
nit alles verlierest, das dir nit geschech, als dem affen mit den lin-
35 sen!» Sprach der küng: «Wie waz dem?» Antwurt Billero: «Es
ist gesin ein man, der trůg ein geschirr voll linsen zů marckt. Vnd
do er kam jn einen wald, do stalt er die linsen von jm vnd leyt
sich schlaffen. Vnd do das ein aff sach von einem hohen boum,

der styg herab vnd nam der linsen ein hand uol, vnd do er wider
uff den boum stygt, so velt jm ein linsenkorn von siner hand. Der
aff ließ sich nit genûgen der andern linsen in sinr hand vnd styg
wider zů der erden, das einig linßlin zů holen, vnd so er ein ast
nach dem andern ergryffen soll, so verlûrt er die andern alle zů
dem, das jm erstmals empfallen was.

Also, herr der kûnig, du hast ob hundert wyber vnd mit keiner
vnder denen wilt du frölich sin vnd begerest deren, die du nit fin-
den magst.» Vnd do dis der kûng hort, do geloubt er, daz Billero
die kûngin getödt het, vnd sprach zů Billero: «Durch ein verschul-
digung, durch die ich dich hieß die kûngin tödten, das hast du ge-
thon vnd hast [205] nit ein wyl verstreckt, zů bedencken, was du
thetest.» Antwurt Billero: «Das wort des kûngs vnd das wort des,
daz nit widerrůfft werden mag, sind glych.» Sprach der kûng:
«Wer ist der?» Antwurt Billero: «Zwen sind, deren kummer groß
ist vnd lûtzel fröud: des, der da spricht, das weder verdienen noch
pin nach diser welt sy, vnd der nie kein barmhertzigkeit hie be-
wysen hat.» Der kûng sprach: «Sehe ich Helebatt, so wär in diser
welt nicht, darumb ich truren wolt.» Antwurt Billero: «Es sind
zwey, die vmb nicht truren söllen: wer all tag barmhertzigkeit er-
zöugt hat vnd der nie gesûndet.» Sprach der kûng: «Ist nit mûg-
lich, daz ich Helebatt mer gesehen mag?» Antwurt Billero: «Zwey
sind, die nit sehen: ein blinder vnd ein touber; dann als der blind
mit den ougen nit sicht, also mag der toub, was er mit den ougen
sicht, daz gůt für daz böß nit erkiesen. Dann es ist geschriben: Der
tor wandelt in der vinsternuß.» Sprach der kûng: «Sech ich Helebat,
so wär min fröud groß.» Antwurt Billero: «Zwey sind, die da sehen:
der ougen hat vnd der vernûnfftig ist.» Sprach der kûng: «Sech jch
daz antlitz Helebats, jch würd des nymmer gnûgig.» Antwurt Billero:
«Zwey sind, die sich nit setten: der sin gemůt allein setzt, rychtum
zů samlen, vnd den einr spyß gelust, die jm nit werden mag.» Sprach
der kûng: «Sol ich dir nit noch in allen dingen nachuolgen?» Ant-
wurt Billero: «Es sind zwey ding, den man nit nachuolgen soll: wer
sagt, das nit ein kûnfftig gericht sy über alle menschen, vnd wes
oren stond, zů losen, das jm nit zûgestat, zů hören.» Sprach der
kûng: «Ich bin durch Helebat willen helffloß worden.» Antwurt Bil-
lero: «Drû ding sind, die helffloß heissen: ein rûns on wasser, ein
land on ein herren vnd ein wyb on einen man.» Der kûng sprach:

«Du straffst mich hüt wol.» Antwurt Billero: «Drü ding sind zů straffen: wer vntrůw ist an sinem herren; der die gesetzt weist vnd die nit haltet, vnd wer dem gůtz thůt, der es nit erkennt.» Sprach der küng: «Du hast Helebat versumpt, daz du ir gerechtigkeit nit hast an den tag geleyt.» Antwurt Billero: «Zwey sind, deren gerechtigkeit on schuld versumpt wůrdet: der ein sydin cleyd anthůt vnd barfůß gat, vnd der ein junckfrouw zů der ee nympt vnd sy darnach von jm thůt vnd über ein lang zyt sy wider nympt.» Der künig sprach: «Du bist herter pingung wirdig vmb din getat.» Antwurt Billero: «Dry sind, die pingung wirdig sind: wer dem args thůt, der jn nie erzůrnt; wer zů eim frembden tisch sitzt vngeladen vnd sin nachburen bitt vmb das, so er weist, das er nit hat, vnd von siner bitt nit lassen will.» Sprach der küng: «Du soltest schwygen, bis mir der zorn vergieng.» Antwurt Billero: «Drü ding schwygen: die schlang in der hend jrs beschwerers, vnd der nachtes visch vahen will, vnd der hohe ding [206] betrachtet.» Sprach der künig: «O sech ich Helebat!» Antwurt Billero: «Drü sind, die da begeren, das sy nit finden: der böß, der da begeret, mit den gůten geschätzt vnd geachtet werden; der mörder, der da begert, zů sind in dem staut des einsidels, der gottes antlitz schout; vnd der täglichs sündet vnd doch ablaß begert von got vnd sich daruff lat.» Der küng sprach: «Ich bin gar schnöd geschätzt in dinen ougen.» Antwurt Billero: «Dry sind, die jren herren verschmähen: der knecht, der wider sinen herren zornlichen redt on sach vnd jm nit schwyget; der knecht, der rycher ist, dann sin herr; vnd der knecht, der von sinem herren zů vil wol gespyset wůrdet.» Der künig sprach: «Du verspottest mich mercklich.» Antwurt Billero: «Vier sind, der man spotten soll: des, der sich berůmpt, in vil stryten gewesen sin vnd uil lüt erschlagen vnd zů feld vil gůtes gethon haben, vnd an jm kein wunden hat; vnd der sich vßgibt für einen abgescheiden menschen mit vil vasten vnd betten vnd kestigung sins lybs vnd daby feist, rotfar vnd starck ist; vnd ein jungfrouw, die ein wyb verspottet, die einen eelichen man nam, (dann niemans weißt, ob sy vsserhalb der ee einen man hat oder den nemen mag;) vnd wer beweint die vergangen zyt, die vnmüglich sind wider zů bringen, vnd begert, das nit wär, daz doch geschehen ist, vnd das zů sind, das vnmüglich ist.» Sprach der küng: «Du hast nit warlich gefarn, das du die küngin getödtet hast.» Antwurt Billero: «Drü sind, die ir sachen nit warlich volbringen: wer lügt vnd

man jm gloubt; wer ein fraß ist vnd darumb kein arbeit thůt; vnd
wer sinen zorn nit gezemen kan, das er überhang an jm gewinnt.»
Der küng sprach: «Hettest du warlich vnd gerechtiglich gehandelt,
du hettest die küngin nit ertödtet.» Antwurt Billero: «Vier sind, die
warlich vnd recht handlen: der knecht, der ein gůt spyß bereitet si-
nem herren, der jn vast gelust vnnd betracht doch sinen herren
vnd spart sy dem; vnd ein man, der sich mit eim wyb lat
benügen; vnd ein küng, der sin sachen thůt mit sinen getrůwen
vnd wysen; vnd der sinen zorn gewaltiglich gezwingen mag.» Sprach
der künig: «Noch förcht ich dich.» Antwurt Billero: «Vier sind, die
da förchten, daz nit zů förchten ist: ein cleiner vogel ist, der thůt
nachtes sinen fůß über sin houbt, das der hymel nit vff in fall; vnd
ein agleist, die stelt sich vff ein bein, daz sy förcht, das erdtrich wöll
vnder ir wychen; vnd ein krott, die förcht, ir wöll erdtrichs gebresten
zů ir spyß; vnd ein fledermus, die tags nit fliegen getar; dann sy
gedenckt, das sy der schönst vogel sy von der welt, vnd förcht dar-
umb gefangen werden, das man sy jnschließ.» Der küng sprach:
«Es gezimpt sich nit, mer by dir zů harren.» Antwurt Billero: «Es
sind acht ding, die nit zůsamenhören: nacht vnd tag; der gerecht
vnd [207] der vngerecht; gůtz vnd böses; leben vnd der tod.» Sprach
der künig: «Yetz ist vindtschafft wider dich in minem hertzen ge-
wachsen, vmb das du Helebat getödt hast.» Antwurt Billero: «Es
sind acht ding, die gegen einander vindtschafft tragen: der wolff vnd
der bur; katz vnd mus; habich vnd tub; der rapp vnd krott.» Der
küng sprach: «Du hast gantz din wyßheit zerstört mit dem tod He-
lebat.» Antwurt Billero: «Vier ding sind, die wyßheit vernichten:
wer sin gůte werck, der er gewont hat, mit schand verwürcket; vnd
ein herr, der sinem knecht mer eer erbütet, dann notturfft ist; vnd
ein vatter, der sin gehorsami kind nit lieber hat, dann die vngehor-
samen; vnd der sin heimlicheit eim verrätter vnd schwätzer sagt.»
Der küng sprach: «Ich hab mir selbs in dis widerwärtigkeit vrsach
geben.» Antwurt Billero: «Es sind zwey, die jnen selbs angst zů-
bringen: der sin versen von der erden höcht vnd vff den zehen gat,
(dann der ist nymer sicher vor fallen;) vnd ein blöder, der sich rümet,
das er kein veind oder stryt förcht, vnd wann er zů vechten getrun-
gen wirt, das er dann durch sin flucht geschandt würdet.» Der
künig sprach: «Ich hab ein gelübt gethon, daz ich dich ertödten wöll.»
Antwurt Billero: «Es sind vier ding, die ein mensch globen soll,

nymmer von jm zů lassen: ein gůt pferd, da der herr wol vnd sicher
uff geritten ist; ein ochsen, der wol zůhet; vnd ein wyse frouw, die
jren man lieb hat; vnd einen getrůwen knecht, der sinen dienst trůw-
lich volbringt vnd sinen herren förchtet.» Der kůng sprach: «Ich
5 fiud nymer irs glychen.» Antwurt Billero: «Es sind vier ding, die
nit glychs haben: ein wyb, die vil mann erkant hat vnd sich darnach
an einem benůgen lat; der alle lugnen erkent vnd sich der begangen
hat vnd darnach allweg war saget; der in allen sachen sin selbs rat
hat vnd jm nie mißriet; der all sin tag ein wůterich gewesen ist vnd
10 zů einem einsidel wirt.» Sprach der kůnig: «Du hast weder die ge-
rechtigkeit noch die sůnd betracht, do du Helebat getödt hast.» Ant-
wurt Billero: «Vier sind, die weder gerechtigkeit noch sůnd betrach-
ten: der kranck, der mit siechtag ůberladen ist; der knecht, der
sinen herren nit förcht; der wider sinen veind, der jm wider eer vnd
15 recht schaden zůgefůgt hat, rach begert zů sůchen; vnd der schnöd,
der keiner gůtheit achtet.» Sprach der kůng: «Yetz hast du schmertzen
in min hertz gossen.» Antwurt Billero: «Dry machen jnen selbs
schmertzen: wer ein krieg anfacht, des er ab sin möcht; wer nit kind
noch nach gesippten hat vnd jm not nach rychtum ist vnd das mit
20 wůcher vnd fůrkouff gewinnt; ein alter, der ein jung wyb nympt.»
Der kůnig sprach: «Wir söllen fůrer nit mer glouben jn dich haben.»
Antwurt Billero: «Es sind vier, in die man kein glouben setzen soll:
an die nater, [208] schlangen, an den wolff, an ein vntrůwen herren
vnd an den menschen, der am sterben ist.» Sprach der kůng: «Wir
25 söllen vns vor dir bewaren.» Antwurt Billero: «Vor vieren soll sich
ein yeder bewaren: vor eim morder, vor eim lůgner, vor sinem viud
vnd vor einem wůtrich.» Sprach der kůng: «Es soll dir gnůg sin,
das du mich also versůcht hast.» Antwurt Billero: «In zehen weg
versůcht man die ding: ein starcken man in eim stryt; ein ochsen jm
30 pflůg; ein knecht by siner trůw; die wyßheit des kůngs mit uffent-
haltung sins zorns; den kouffman in siner gattung; den gesellen gegen
sinem gesellen in ablaßung sins zorns; den getrůwen frůnd jn der
not; den geistlichen in beharrung siner gůten werck; des edlen natur
by siner milte; den willigen armen mit benůgung sinr schlechten not-
35 turfft.» Der kůng sprach: «Wie getarst du vor mir reden, so du
minen zorn merckst?» Antwurt Billero: «Es sind siben, die nymmer
von des kůngs zorn ußgeschlossen werden: der sin zung nit meistern
kan, wann er gereitzt wůrt; der wyß, der kein gůt werck thůt; ein

hochfertiger, gloryerender narr; der richter, der vmb sin urteil miet nympt; der rych gytig vnd der das annder ouch vnderwyset; vnd der got dient allein darumb, das er gerümpt werd.» Der küng sprach: «Du bist zů grymm wider mich vnd hast mir vnd dir übel geton.» Ant-

5 wurt Billero: «Es sind acht ding, die in selbs vnd andern args tůnd: ein narr, der nicht wyß vnd sich selbs für wyß halt vnd ander leren will; wer sůcht, das er nit finden mag; ein gewaltiger, der ein schalck ist; einer, der niemands rates begert vnd sich selbs für den wysesten halt; der sich herrendienst annympt vnd weder vernunfft noch wyß-

10 heit hat; der von eim toren rat nympt, wie er ein wysen bekriegen soll; wer sin eignen herren betriegen will; der ein ampt eins herren hat vnd darjnn vntrüw jst vnd sich nit straffen lat.» Hiemit schweig Billero; danu er marckt, das der küng betrübt waz vmb die küngin vnd daz er groß schmertzen nach ir het, vnd gedacht in sinem ge-

15 můt: «Ich bin nun schuldig, das jch dem küng erzöug, darumb er mich ewiglich lieb gewinnt vnd allen zorn hinlasset jn dem, daz ich in also mit worten ersücht vnd angezogen hab.» Vnd sprach zů dem küng: «Herr küng, got wöll din rych regieren vnd din eer vnd wird erhöhen! Dann din glych ist vff erd nit, vnd du hast kein din glych

20 vor dir gehabt; es wirt ouch nach dir keiner din glych. Dann du hast dinen zorn über mich verhalten, das jch vß minem torochten sinn vnd durch gebresten miner wyßheit fürgenummen hab, wider dich zů reden, vnd din güti hat das gestattet, vnd so du dinen zorn wider mich verlengt hast vnd gantz nicht vnendlichs darzů geredt, sunder erkennt, was ich [209]

25 geredt oder gethon hab, das sollichs uß getrüwen vnd rechten grund mins hertzen gangen ist. Vnd hab ich damit gesündet, das jch din ge- bott nit volstreckt vnd miltiglich gebrucht darjnn hab, so hast du doch gewalt, das an mir zů rechen; dann ich stell mich hůt in dinen gewalt.» Vnd do der küng dise wort hort, do verstůnd er daby, das

30 er Helebat nit ertödt het, vnd was des fro vnd sprach zů Billero: «Wissz, waz mir vrsach geben hat, wider dich nit zů zürnen! Ich wißt din liebi vnd din trüwe gegen mir, die ich in allen dinen diensten befunden hab, vnd hofft, du hettest die küngin nit getödtet vnd be- trachtet, ob sy wider mich gesündet het, so hett sy doch nit in bö-

35 sem, noch durch eignen willen oder vindtschafft, sunder durch nyd gegen dem kebswyb gethon, vnd ich solt ir billich geschont haben; vnd darumb was ich über dich nit zornig, ob du es volbracht hettest; dann ich het schuld der sach vnd gedacht: «Wie magst du in darumb

tödten, so du jm das zů thůnd beuolhen hast?» Aber du hast mir
yetz gnad vnd dienst gethon, des glych mir nie geschehen ist. Dar-
umb bist du von mir lobs vnd eeren werdt; darumb bring sy bald
fůr vns!» Billero gieng mit fröuden von dem kůng zů Helebat vnd
sprach, das sy sich zieret mit kůnglicher waut vnd sich fůr des kůngs
angesicht antwurt. Das geschach. Vnd do sy der kůng sach, do ward
sin fröud gegrösset jn sinem hertzen, vnd sprach: «Nun hab macht,
zů thůnd, was dir gefelt! Wann din wort will ich nit widersprechen.»

[210] Darnach sprach Helebatt zů dem kůnig: «Gott wöll din
rych bewaren! Du soltest vmb minen tod nit so betrůbt worden sin;
dann ich hett dich erzůrnt.» Antwurt der kůng zů Billero: «Du hast
an mir wol gethon, das du die kůngin nit ertödtet hast; dann ich
hett sy mit minem geheiß getödtet vnd du hast sy vor dem tod be-
halten, vnd darumb würd ich dich fůrer nit mer hassen, besunder solt
du jn minem rych gewaltig sin, zů heissen vnd zů uerbieten.» Ant-
wurt Billero: «Herr, ich bin din knecht; doch eins bitt ich von dir,
das du fůrer nicht ylest in dinen sachen, sunnder mit gůter vor-
betrachtung die kůnfftigen ding bedenckest.» Antwurt der kůng:
«Du sprichest wol, vnd ich soll fůrer kein sach volbringen, ich soll
sy zehen mal von anfang vntz zů mittel vnd vom mittel vntz zů
end bedencken.» Vnd gab der kůngin fůr jren schrecken kostlich
gewand vnd cleinat. Vnd sy belib fůrer by dem kůng in grossen
fröuden. Darnach vnderredt sich der kůng mit Billero, wie er das
gantz geschlecht der vntrůwen vnd valschen wyssagen verdarbt, die
jm sine troum so zů grossem schaden erscheint hetten, jn vnd die
sinen zů uerlieren, sin rych dardurch zů zerstören, vnd wie er Kyna-
ron, den heyligen man, begaben vnd erhöhen wolt, durch des rat er
vor argem behalten waz. Vnd ward zů rat, die zů verbrennen.»

[211] Hye hat ein end das zehent capitel von dem, der sich in
sinem zorn enthalten kan, vnd hebt an das eilfft capitel vnd ist von
einem jäger vnd einer löwin vnd sagt von dem, der von übel thůn
lasset durch schaden vnd wider wärtigkeit, die jm zůgefůgt würt.

Dißles, der kůng, sprach zů Sendebar, sinem wysen meister:
«Ich hab din fabel gehört vnd verstanden, was ein kůnig vnd regie-
render herr thůn můssen zů der zyt jrs zorns vnd wie sy den mit
vernunfft meistern můssen. Nun sag mir durch glychnuß von einem,
dem widerwärtigkeit zů handen gat, dardurch er gestrafft wirt vnd
von bösem lat vnd zů gůtem kert.» Antwurt der meister: «Es

volbringt niemans böses oder schädlichs dem andern, dann die toren
vnd die vngerechten vnd der nit vergangens, gegenwärtigs vnd künff-
tigs betracht. Vnd kumpt by wylen, wann dem bösen boßheit be-
schicht, die jm widerwärtig ist, er gedenckt daby der andern, denen
5 er ouch schaden zůgefůgt hab, vnd wirt dardurch von argem gezogen ;
vnd des ist ein glychnuß von eim jäger vnd einer löwin.» Sprach
der küng: «Wie was das?» Antwurt Sendebar: «Es was ein löwin,
die hett zwey junge löwlin in ir hüly geborn vnd was ußgangen, denen
spyß zů bringen. Hyczwüschen gieng ein jäger nach sinem weid-
10 werck vnd fand die löwlin vnd ertödt die vnd zoch juen ir hut ab
dem lyb vnd trůg die hin vnd ließ sy also tod vor dem loch des
velsen ligen.

[212] Vnd do die löwin wider zů ir wonung kam vnd jre löw-
lin tod ersach vnd geschunden, do erschrack sy vor grossem leyd
15 vnd ließ darumb mangen schrey. Diß erhort ein fuchs, der nit ferr
von ir sin wonung hett, vnd gieng zů der trurigen vnd fragt sy,
was ir gebrest. Dem sagt sy vnd zöugt jm irn schaden. Der fuchs
sprach: «Vmb nichte solt du dich also pinigen vnd solichen schmertzen
vmb dis sach an din hertz legen, dich darumb also zů kestigen,
20 sunder du solt dich selbs vrteilen mit rechtem gericht vnd darfür
haben, das dir der jäger dis widerwärtigkeit durch nichts annders
zůgefůgt hab, dann das du daby gedencken söllest, was widerwärtig-
keit du mengem zůgefůgt habest; dann yetz magst du bedencken,
waz leides die gehabt, die schaden von dir genummen haben, by
25 dem schaden, den du lydest. Darumb hab gedult der getat des jä-
gers! Dann es haben vil von diner getat ouch gedult haben müssen.
Dann es ist geschriben: Mit der maß ir messen, also wirt üch ouch
gemessen, vnd aller werck widergeltung vnd allen boumen ir frucht.»
Antwurt die löwin: «Erclär mir dis!» Der fuchs sprach: «Wie vil
30 ist der jar dines lebens?» Antwurt die löwin: «By hunderten.»
Sprach der fuchs: «Wavon ist din lib also lang gespyset worden?»
Antwurt die löwin: «Ich hab gelebt von dem fleisch der tier.»
Sprach der fuchs: «Weist du icht, ob die tier, die du gefressen hast,
ouch vätter vnd můter gehebt haben?» Antwurt sy: «Ja, das weiß
35 ich.» Sprach der [213] fuchs: «So wissz, das die zů glycher wyß
betrůbt vnd geschmertziget worden sind von jren kinden, als du von
den dinen, vnd wissz, das dich diser kumer von nichte angangen
ist, dann durch din böß hertz, das niemans geschont vnd sine werck

nit betracht hat, das letst sů bedencken, daz dir des glych ouch beschehen möcht.»

Vnd do die löwin dis von dem fuchs vernam, do erkant sy, das ir sollichs durch dise vrsach begegnet wår vnd das sy zům dickern mal sunnder alle erbermde jren lust uff die tier volbracht hett, darumb ir dis zů erkantnuß irs vnrechten begegnet wår, vnd ließ daruff fůrer von jrem roub vnd begieng sich mit frucht der erden. Vnd do der fuchs vernam, daz die löwin sich allein mit frucht der erden begieng, do sprach er zů ir: «Ich gedacht, daz mangel der frucht von mißgewechs kummen wår, bis daz ich dich sich essen spyß, die andern tieren gewachsen ist, die des mangel durch dich gewinnen. Darumb wee den tieren, die allein frucht der erden niessen můssen, so du dich zů der spyß gethon hast vnd bringst jnen mangel an dem, daz dir von got nit erachtet ist!» Vnd do dis die löwin hort, do entzoch sy sich der spyß ouch, vmb das sy niemans getrang oder mangel zůfůgt, vnd bůst jren hunger fůro allein mit höw.» Darnach sprach der meister zů sinem kůng: «Diß fabel hab ich dir gesagt, das dick ein man von übel lat vmb widerwårtigkeit, die jm zůgefůgt wirt. Dann es ist geschriben: Was dir mißfelt, das thů einem andern nit!»

[214] Also hat das xj capitel ein end von dem jåger vnd der löwin vnd vahet nun an das zwölfft capitel von dem einsidel vnd dem waller vnd ist von dem, der sin gewonheit verlat vnnd sich annympt, das jm nit gezimpt.

Dißes, der kůng, sprach zů Sendebar, sinem meister: «Ich hab din fabel verstanden. Nun sag mir von eim, der sin angeborn gewonheit verlat vnd sich annympt, das er nit kan, so lang bis daz er sinr ersten gewonheit ouch vergisset, oder des jn got beratet, verlasset vnd sůcht, das jm nit werden mag.» Antwurt der meister: «Man sagt, es sy in einem land gewesen ein einsidel, zů dem eins mals ein waller kam. Vnd der einsidel gab jm herberg vnd satzt jm dar gar gůt tatteln, von denen sy beid assen. Sprach der waller: «O wie sůß ist dis frucht! Ich wolt wünschen, das die ouch in vnserm lannd wår, wiewol wir sust gůter frucht vil da haben von vygen vnd truben.» Antwurt der einsidel: «Es ist nit wyßlich, wer begert, das er nit haben mag; dann dauon empfacht er růwen, so jm das nit werden mag. Darumb soll dich als ein wysen benůgen, das dir von got beschert ist, vnd das verschmåhen, das dir nit wer-

den mag.» Vnd do der einsidel dise wort in hebreisch redt, do ge-
fiel dem waller die sprauch, das er die begeret zů lernen, vnd batt
den einsidel, das er in der sprauch vnderwiß, vnd bleib by dem ein-
sidel ein lang zyt, diser sprauch zů gewonen.

5   [215] Der einsidel sprach: «Es ist wol, das dir geschech, so du
dinr sprauch verlougnen wilt vnd ein andre lernen, als der agleisten
geschach mit der tuben.» Sprach der waller: «Wie was das?»
Antwurt der einsidel: «Man sagt, die agleister hab gar ein getör-
stigen gang für ander vogel gehabt; vnd sy sach ein tuben gon vnd
10 derselb gang geuiel ir baß vnd thet sich zů deren vnd batt, sy
den zů leren, vnd bezwang sich mit harter arbeit vnd langer ge-
wonheit darzů vnd entzoch sich irs ersten angebornen ganges gantz.
Vnd do sy von der tuben kam, do kund sy den gang nit behalten,
vnd do sy wider zů den andern vogeln kam, do jrrt sy an der tu-
15 ben gang vnd wolt sich jrs angebornen gangs wider annemen vnd
hett des zů recht ouch vergessen vnd gieng gnappen mit irem lyb
vnd gefider vnd ward damit von allen andern vogeln verspottet.
Diß glychnuß sag ich dir, das billich ist, daz du min sprauch nymer
wol gelernest vnd der dinen daby vergessest; dann der heisset bil-
20 lich ein tor, der das sůcht, daz jm nit werden mag vnd das sin
vordern nit geůbt haben.»

    Hye hat ein end das zwölfft capitel von dem einsidel vnd dem
waller vnd hebt nun an daz dryzehent capitel von dem löwen vnd
dem fuchs vnd ist von der liebe der herren nach jrer vindschafft.

25   [216] Der küng sprach zů Sendebar: «Ich hab dich gemerkt.
Nun sag mir von einem küng mit sinem hoffgesind, wie einer ver-
sagt würdet, vnd wenn der künig jm veind wirt vnd darnach sin vn-
schuld befindet, wie er sich gegen demselben halten wirdet.» Ant-
wurt Sendebar: «Wann der küng einen getrůwen rat hat, der jm
30 versagt vnd jm sin vnschuld kund würdet, lat er da sin vngenad
nit ab, das ist dem küng zů schaden; doch sol der küng sin dienst
betrachten, ob die vnuorteylig syen vnd nit mit täglichem heüschen
oder überniessen geschehen, vnd ob er den küng von natur oder
durch gaub lieb hab. Dann soll der küng nit lichtlich args wider
35 in glouben oder in vmb clein verhandlung vmbringen, sunder mißtat,
ob die von jm geschehen, ablassen, so er in sust gerecht vnd ver-
nünfftig weist. Dann des küngs glück vnd merung sins rychs ligt
an sinen wysen vnd getrůwen räten; dann die wyßheit ist nit touglich

on die trůw, noch die trůw vnd liebhabung on die wyßheit. Dann
die geschäfft der kůng sind groß vnd vil vnd der gerechten, getrůwen,
wysen rät lützel. Darumb soll der kůng die für die andern kiesen
vnd liebhaben vnd sich deren ůssern, die böser sitten vnd werck
5 sind, vnd soll die lernen von einander erkennen vnd sol den gerechten
[217] jrer werck nit vngelont vnd die bösen nit vngestrafft lassen.
Dann wann der kůng das nit thůt, so wirt der gerecht lassz in si-
nen wercken vnd der böß gesterckt in sinem fürnemen. Des ist
ein glychnuß von eim fuchs vnd einem löwen.» Sprach der kůnig:
10 «Wie was das?» Antwurt der meister: «Es was in einem land in
India jn einr prouintz ein fuchs, der vernünfftig, wyß vnd getrůwer
rät, gerecht vnd gelert was, vnd so der by andern tieren was, so
begieng er doch irs wesens oder getat nit, oder keinerley vnrechtes
ward von jm gesehen, also das er kein blůt vergoß, ouch aß er
15 kein fleisch, also daz sin gesellen dick mit jm kriegten, warumb er
nit siner natur sins geschlächts nach lebte, darjnn er geborn wär.
Des gab er antwurt vnd sprach: «Mir soll von ůwer gesellschafft
kein sünd anhangen; dann die wyl ich min gemůt vor sünden be-
waren mag, so jrrt mich ůwer gesellschafft nicht; dann die sünd
20 wirt nit empfangen von der statt oder der gesellschafft, sunder von
willen des hertzen oder volbringung der werck. Dann glych als die
an heyligen stetten sind, nit all gůte werck würcken, also volbringen
die nit all böse werck, die an yppigen stetten wonen; dann wären
alle werck darumb gůt, das sy an heiligen stetten geschehen, vnd
25 die böß, die nit an heiligen stetten geton werden, welicher dann
einen in der kirchen todschlůg, der hett wol gethon, vnd welicher
einen jn eim stryt todschlůg, der hett übel gethon. Also bin ich
ůch bygewonet mit minem lyb, aber nit mit minem gemůt mit nach-
uolgung der werck.» Vnd er belyb ouch also vil zytes in sinem wesen.
30 Nun was daby nit ferr ein löw, der herschet über vil tier vnd
hett ein groß hoffgesind. Vnd do der vernam diß fuchs wesen, das
er so gerecht vnd gůtes wesens was, do gefiel er jm vnd besandt in.
Vnd do er für den kůng kam, do erkundt er sin wesen selbs mit
worten vnd fand an sinen worten vnd wesen, was man jm gesagt hett,
35 vnd was des fro vnd gewan in lieb. Darnach über ein zyt berůfft
er jn vnd sprach: «Wissz, das min land wyt ist vnd bedarff darjnn
amptlůt vnnd verweser. Nun vernym ich von diner vernunfft, trůw
vnd erberkeit vnd hab dich selbs darumb erkunnet vnd find, was

mir gesagt ist, dadurch ich willen zů dir gewunnen hab, also das
ich dich mir zů diener haben vnd dich zů dem obersten regierer
mines lands vnd geschäffts vnd über all annder setzen vnd dir daz
gantz regiment empfelhen will.» Antwurt der fuchs: «Min herr der
5 künig soll das nit reden; dann der künig soll zů sollichen geschäfften
erwelen wyß vnd vernünfftig, der er vil hat, die ouch sollicher ampt
begirig sind; dann wer nit willens zů eim ampt hat, der regiert
nymmer wol. Nun hab ich nie begerung [218] gehabt zů des küngs
ämptern, vnd so du über vil tier gewaltig bist, so magst du die wol
10 vnder in finden, die all darzů tougenlicher sind, dann ich, vnd die
begird darzů haben.» Sprach der küng: «Ich will, das du min beger
mit nichte fürer widersprechest; dann ich würd dich nit von minr
angesicht lassen, bis du solichs ampt annympst.» Der fuchs sprach:
«Herr, des küngs ampt mag niemans, dann zweyerley lüt mit nutz
15 besitzen, der ich entweder bin: ein grymmer, vnbarmhertziger vnd
einer, der alle menschen bis an sich selbs verachtet. Damit werden
sy forchtsam vnd durchbringen ir fürnemen; dann welicher in eins
küngs ampt schämig, sensftmütig vnd barmhertzig ist, der mag sin
ampt dem herren nit nützlich regieren, ouch so wirt er am ampt nit
20 lang gelitten; dann wider jn sind des küngs fründ vnd des küngs
veind; der fründ des künigs vergünt jm des ampts vnd nympt uff in
acht, wamit er in versagen mög; der veind des küngs hasset in vnd
will gedencken, was jm zůgefügt werd, es gang durch jn; hyemit gibt
sich einr jn forcht des todes.» Antwurt der küng: «Des laß dir nit
25 forcht sin! Ich will din wesen also von jnen scheiden vnd dich also
in eerlichen staut setzen, das du von jnen vnangefochten blybest, vnd
was du thůst, das soll gethon sin vnd uff dine wort soll allein glou-
ben gesatzt werden.» Antwurt der fuchs: «Wilt du mir die gefelligiste
eer thůn, so laß mich jn minem wesen hinleben in miner wonung;
30 dann gar uil besser ist mir, zů leben in minem sundern, einigen wesen
minr hüly, dann jn des küngs hoff by vil der lüt, benydet vnd be-
hasset. Dann ob in miner wonung nit allweg vil der spyß, so ist
da genüge eins fridsamen lebens; dann wer on forcht vnd sorg leben
mag, den genügt wasser vnd brot. Dann jch weiß, wer gewalt hat
35 in des küngs hoff, das dem mer widerwärtigkeit begegnet, dann an-
dern menschen. Nun ist ein mindre zyt uff erden on anfechtung vnd
widerwärtigkeit besser gelebt, dann ein vast lengere zyt in arbeit vnd
forcht.» Antwurt der löw: «Ich verstand dich, aber ich will dich

nit verlassen; dann ich weiß, daz du war sagest.» Sprach der fuchs:
«So der küng ye sinen willen an mir haben wil, so verheiß er mir
jn trüwen vnd glouben sins sigels, das er mich gen jm nit versagen
laß, er stell mich für sin antlitz zů red vnd hör min versprechen
5 uß min selbs mund, daz mir niemans mine wort der entschuldigung
verker! Dann ich weiß, das die, so vnder mir vnd minder dann
ich sind, mich nyden werden durch forcht mins namens; die mir
glych sind an adel, die werden mich nyden vmb das ampt; die über
mich sind der geburt, die werden mich nyden, das mich der küng
10 über sy geeret hat; vnd darumb soll der küng nit über mich ylen
mit sinem zorn on warlich erfindung der vnpartyschen personen.
Vnd wann mir der küng das verglobt, so will ich jm trüwen dienst
vnd hülff thůn nach minem vermögen vnd jn mit [219] keinen sachen
veruntrüwen.» Der küng versprach jm das nach siner beger vnd
15 satzt jn damit über all sin lannd vnd über all sin diener, in was
stantes die waren, vnd handelt mit sinem rat all sachen, also daz
er jn für all ander sins landes lieb gewan; dann so mer er sinen
rat hort, ye meer sin vernunfft spürt. Dis alles ward den andern
sins hoffs widerwärtig vnd schwär, das sy von einem fuchs regiert
20 werden solten, vnd fiengen in an, zů nyden, so lang bis sy einen
gemeinen heimlichen rat über jn besatzten, wie sy in vom leben
bringen möchten.

Es geschach, do sy dise sach beschlussen, das sy uff ein tag
in des küngs hoff giengen vnd funden da ein edel fleisch, das der
25 küng jm selbs geordnet hett zů siner spyß, die jm sunder gefellig
waz zů sin selbs mund. Das namen sy dieblich vnd schickten daz
in des fuchs huß, jm vnwissent, vnd verburgen das an ein heimliche
statt, gantz on des fuchs schuld. An dem andern tag fordert der
löw sin spyß, vnd do die verloren was vnd er sich daruff erhungert
30 hett zů lust der spyß. Nun was der fuchs uff das mal nit zů hoff,
sunder in dienst des küngs ußgefaren. Vnd do der küng der spyß
mangelt, do ward er grymmzornig. Vnd die solichen rat angelegt
hetten, die gaben dem küng vrsach, mer vnd mer darnach zů fragen,
vmb das sin [220] zorn gemert würd. Vnd do der löw in sinr frag
35 beharret, do sahen sy einander an, als ob sy ettwas dauon wißten
vnd das vngern sagen wolten, vnd hüb doch einer vnder jn an mit
einfältiger geberd vnd sprach: «Nun sind wir doch schuldig, dem
küng zů sagen, was vns gesagt ist, damit er wissz, was jm arg oder

gůt sy, wiewol vnser vil sind, denen dise geschicht leyd ist vnd es
ouch warlich nit glouben, der einr ich bin; dann mir ist gesagt,
das der fuchs das gestolen hab vnd das heimlich in sin huß jm zů
spyß getragen.» Sprach der ander: «Ich gedenck nit, daz ers gethon
hab, sunder so er bisher kein fleisch gessen hat; doch so ist gůt, das
solichs erfarn werd; dann es mag on got niemans wissen, waz in der
menschen hertzen verborgen ist. Aber wirt dis vff den fuchs
wärlichen funden, so ist dester baß das ander alles zů glouben,
das vns daby von jm gesagt ist.» Der dritt sprach: «Es sol
niemans dem andern zů wol getrůwen; dann vntrůw trifft doch zů-
letst jren meister, so daz er sich des nit entschuldigen mag.» Sprach
der vierd: «Wie solt der entschuldigt werden, der sinen herren be-
trůgt?» Der fünfft sprach: «Mir ist nit heimlich gesin sin trůgery
vnd boßheit von dem tag, als ich in zů hoff sach; darumb hab ich
mer dann zů eim gesprochen: «Diser schalck vnd glißner gat, als ob
er heilig sy, vnd ich weiß, das er nit on grossen vorteil lebt mit be-
trůgnuß, als sin geschlecht vor jm all gethon haben.» Der sechst
sprach: «Diser fuchs sagt vor vns allen, es wär glych, ein grosse
sucht vnd ein forchtsamkeit vnd ein ampt zů haben in des kůngs hoff,
vnd hat sin boßheit so an einr schnöden sach erzöugt, das sich doch
zů uerwundern.» Der sybent sprach: «Wirt dis warlich erfunden,
so ist es jm billich für ein grosse trůgnuß zů achten. Wer nun trůgt
sinen herren, der verlöugnet der gnad, so jm beschehen ist; so ist
ouch kein grösser übel, dann der die gnad, so jm geschicht, verachtet;
dann vndanckbarkeit ist ein groß übel.» Der achtent sprach: «Ir reden
als die warhafftigen vnd gerechten; aber der kůng wirt schaffen, die
ding zů ersůchen in des fuchs huß, vnd die darumb hören, die das
ußbracht hond; dann so befindt der kůng schuld oder vnschuld.»
Der nünd sprach: «Ist noch nit zů sinem huß geschickt, so werd
bestelt, das sollichs bald beschech; dann der fuchs hat allenthalben
uffloser, das er das wissen vnd es fürkummen möcht.» Der zehent
sprach: «Ich zwyfel, so es in sinem huß funden vnd uff jn offenbar
gemacht, er werd dannoch den kůng mit sinen schmeichenden vnd
gelerten worten darzů bringen, daz er jm war zů lügen vnd lugnen
zů war mach.» Vnd mit solichen worten beharten sy vor dem künig,
bis das er glouben uff jre wort satzt vnd hieß nach dem fuchs [221]
gryffen vnd jn fragen, war das fleisch kummen wär, das er jm
beuolhen. Der sagt, das er das dem kuchinmeister geben het zů

bewaren. Der ward für den küng geschickt. Vnd do in der küng darnach fragt, der antwurt, das jm der fuchs das nit geben hett; dann er was der einer, der wider den fuchs mit den andern den rat beschlossen hett. Vff das schickt der küng in des fuchs huß, das hinder jm zů sůchen. Dahin giengen die zwen, die das tougenlich darjnn verborgen hetten, vnd namen das wider vnd trůgen das für den küng. Nun was vnder denen, die sollichen anschlag über den fuchs gemacht hetten, ein wolff. Der het noch nit darzů geredt vnd sich vnpartysch sehen lassen, vmb das sin red darnach von dem küng dester krefftiger vffgenummen würde. Er was ouch von dem küng als ein frummer vnd warhafftiger geachtet. Diser sprach zů dem küng: «Ich hab zů disen dingen des fuchs bisher nit reden wöllen; dann siner vnschuld wolt ich jm gar wol gegünnet haben; dann er hat sich gegen mir sunder wol vnd trüwlich gehalten; ouch sind sin vordern vnd ich wol mit einander herkummen. Noch bin ich dem küng mer, dann dem fuchs schuldig vnd sag also, sydmals dem küng dise getat vom fuchs offenbar worden ist vnd mit warlichem schin an den tag kummen, so ist dem küng sollichs nit lichtlich hinzůlassen; dann solt er die übeltat [222] an dem verkiesen, es würd menger noch daruff vnrecht thůn; sunder solt der fuchs by sinem ampt blyben, so getörst er doch niemans vmb vnrecht straffen; dann er förcht, jm würd sin vnrecht fürgeschlagen, vnd wurd übersehen, daz dem küng zů grossem schaden käm; man würde ouch dem küng darnach dest minder sinen schaden sagen. Wirt aber diser nach siner verdienung gestrafft, des künigs hoff ist dest forchtsamer.» Des gestůnden jm die andern vmbstender all, die vor darzů geredt hetten vnd des anschlags teil hetten, vnd des gestůnd jnen der künig vnd hieß den fuchs gebunden jn ein kärcker füren.

Vnd do der fuchs also in den kärcker beschlossen was, do redt einr des küngs diener, die darzů iren anschlag gethon heten, vor dem küng vnd andern: «Mich wundert der vernunfft vnd wyßheit des küngs, das jm des fuchs boßheit vnd tück so lang verholen bliben sind.» Der ander sprach: «Diß ist mer zů wundern: ich sich nit, das der küng vmb alles, so jm gesagt vnd eins teils kuntbar worden, daruff ouch der schalck jn gefencknuß kummen ist, achtet, jn zů fragen mit pinlicher frag; dann er mag des glych noch vil an jm erfinden.» Daruff ward der küng bewegt vnd

schickt zů jm zwen, die mit jm redten vnd des ersten mantlich fragen solten, wamit er sich diser ding entschulden möcht. Die kamen wider vnd verkerten des fuchs wort siner entschuldigung gantz gegen dem küng, also daz sin sach böser erschein, dann vor; dann
5 sy sagten, der fuchs spräch, der küng het jm gantz nuntzt zů behalten geben. Des ward der küng bewegt vnd hieß jn ußfüren vnd ab jm richten, als er das an rat der vmbstender, die den anschlag über in gethon hetten, erfand. Nun was vnder andern tieren des künigs hoffgesind ein yltiß, der diser ding nit schuld vnd daby ver-
10 numen hett die vntrůw, so mit dem fuchs gespilt ward. Der ylet zů des küngs müter, der alten löwin, vnd sprach: «Frouw küngin, min herr, ůwer sun, der küng, der ist ergrimpt über sinen vicitum, den fuchs, vnd hat jn heissen vom leben zům tod richten; vnd den fürt man yetz hin, vnd ich besorg, das der küng nit warlich bericht vnd
15 dise ding dem fuchs jn vntrůw vnd nyd beschehen syen. Darumb, gnädige frouw, sind daruor vnd lassent in den sachen bedachtlich erfaren vnd das der küng den fuchs muntlich höre! So werdent ir vnschuld des fuchs erfinden.» Vnd do dis die löwin hort, do marckt sy, das uffsatz herjnn gebracht, so es so ylend zůgangen was, vnd
20 schickt den yltiß zů denen, die jn ußfürten, daz sy still stånden vnd mit dem fuchs nicht übels zů sinem tod handelten, bis sy selbs zů dem künig, jrem sun, kåm, vnd fůgt sich zů dem löwen und sprach: «Sun, durch waz übeltat [223] hast du den fuchs heissen tödten?» Der löw sagt ir den handel der sach. Sprach die müter: «Sun, du hast
25 zů vil vast geylet, den fuchs vmb ein solich sach zů tödten. Oder weist du nit, wer sin sach ylends volbringt, das dem die frucht des růwens nachuolgt? Wenn aber ein man sin sach miltiglich vnd beträchtlich handelt, so mag jm kein afterrůw nachuolgen. Nun ist niemans in der welt, dem lange fürbetrachtung, eygenliche erkunnung vnd
30 miltigliche fürnemung siner sachen baß zůstanden, dann dem küng gegen sinen dienern. Dann wie ein wyb hofft in jren man, ein sun jn sinen vatter, ein junger in sinen meister, ein volck in sinen fürer, also ist dem diener gegen sinem küng. Aber des küngs hoffnung soll allein zů got ston, jn des forcht er blyben soll in aller gerech-
35 tigkeit, vnd das houbt siner regierung soll sin erkennung sinr diener, yeglichen wissen in sinen billichen staut zů setzen vnd nit aller wort acht nemen, sunder friden vnder jn vestigen; dann das gibt der kånghoff, das sy einander nyden vmb jren staut, yeglicher den andern zů

trucken vnd zů uerstossen. Darumb solt du nit alle ding glouben vnd gebürt dir nit, nachdem du den fuchs jn sunderm willen empfangen vnd in über all ander gesatzt vnd die gantz regierung benolhen hast vnd jn in allen sinen sitten vnd wandel gerecht funden
5 mit wysem rat, wider in also grymlich vmb ein solich sach zů zürnen, die du villicht noch nit zů rechter warheit erfunden oder in selbs darumb muntlich gehört hast. Dann söllen die fürsten dins rychs, die den fuchs so in grossen eeren von dir erhöcht gesehen haben, vernemen, das du wider den fuchs vmb ein stuck fleisch erzürnt
10 vnd in darumb zů tödten bewegt worden bist, so wirst du in jrem gemüt billich schnöd vnd lichtmütig gehalten. Dann es mag sin, das dich böß schwätzer darzů bracht haben, die jm veind sind vmb die eer, so du an in gelegt hast. Es soll aber ein küng, wann er ein diener zů einem hohen ampt vnd über ander setzet vnd der vor
15 jm verclagt würdet, gar mit grossem flyß erfarung thůn, das jm sin schnelle vrteil nit darnach widerwärtigkeit sins hertzen bring, vnd ettwann nit sinen eignen ougen, ob er das gesehen, oder sinen oren, ob er das gehört hett, glouben; dann es bringt ettwann vil übels. Wie manig sach lyt verborgen, die weder mit sehen, noch hören,
20 noch in gestalt zů recht erkunt sin mag, sunder mit betrachtlicher versůchung, glych als der win, der by wylen schön in dem glaß erschint vnd wol der gehörd nach tönet, vnd wann man den versůcht, so hat er gantz ein bösen geschmack; oder glich dem ein har jn sinen ougen lyt, der schätzt das ein gantzen lock; oder daz würmlin,
25 das nachtes schint, das schätzt der tor für ein liecht, aber der [224] vernünfftig leyt das in sin hand vnd befindt dauon kein hitz. Darumb, min sun, du solt betrachten das wesen des fuchs in dinem rüwigen gemüt vnd dann magst du wol sprechen: «Wie solt er das gethon haben, so er nit fleisch ysset? Vnd ich hab in geordnet
30 über all minen hoff vnd schätz, trincken vnd essen vnd in sust nye vnrecht funden, wie möcht in sin hertz also betrogen hon, daz er mir das stel, das ich jm mit minr eygnen hand geben hab zů behalten, das er das solt dieblich also in sin huß tragen vnd des zůletst löugnen, das ich jm das geben hett?» Darumb, sun, erfar
35 dich baß! Dann du solt wissen, das von anfang der welt allweg die bösen die güten hassen vnd die toren die wysen vnd die geburen den adel zů uertriben geneigt sind. Darzů hab ich von dir selbs gehört, das du von dem ersten tag sinr bestellung in nye anders,

dann getrüw, gerecht vnd vnforteilig erfunden hast; vnd ich weiß,
würd der küng diser ding grundtlich erfarung thůn, er wirt erfinden,
daz dis ein getretner rat über den fuchs gewesen ist von denen, die
jn nyden, vnd das jm dis fleisch heimlich on sin wissen in sin huß
5 verborgen worden ist. Dann wann der sperber ein fleisch zwüschen
sinen clauwen tragt, so flügt jm die krü nach, jm das zů nemen. Also
thůnd die, so des fuchs ampt begeren; dann dis ist nit durch nutz
dins hoffs beschehen, sunder durch eygnen nutz vnd nyd. Darumb
betracht du ouch, was dir nütz sy! Dann es gezimpt eim wysen,
10 sich vor zweyen zů bewaren: das er sich nit von den frumen wysen
üsser vnd das er sinen gesellen nit betrieg, vnd zwey gůte zů be-
halten: sich von den valschen ferren vnd den grymmen toren fliehen.
Nun ist der fuchs dir der allernächst dins hoffgesinds vnd dir vnder-
tänig vnd getrüw vnd hat dich nie gevorteilet vnd vil nachred vnd
15 widerwärtigkeit von dins nutzs wegen erlitten vnd dir nie nicht
verhelt. Darumb hast du wol gelouben uff in zů setzen vnd wider
in nit bald zů gelouben.» Vnd do diß die löwin mit dem löwen,
irem sun, redt, do hort das der wysel, deren einr, die sich wider
den fuchs zůsamen versprochen hetten, vnd ward von diser red er-
20 schrocken, also das er besorget, das der küng uff siner můter red
ersůchung thůn würd vnd solichs erfarn, vnd erkant sich gegen dem
küng sinr schuld vnd batt damit vmb gnad vnd sagt dem küng dise
vereinung vnd wie sich der anschlag über den fuchs von anfang
bis zů end gemachet hett. Vnd do die löwin die vnschuld des
25 fuchses hort, do sprach sy zů irem sun: «So dir yetz die vnschuld
des fuchs geoffenbart ist vnd wie jn der sach durch die dinen ge-
handelt ist, das sy dir so ein grosse sünd uffgeleget vnd den fuchs
vmb vnschuld durch dich ertödtet haben wolten, die solt du billich
all dins lands verwysen [225] vnd din vnschuld damit offenbaren; da-
30 durch wirst du gegrösset vnd fürkumpst, das solich lügen in dinem
hoff nit geübt werden, oder an dich valschlich bracht, ouch fürer kein
soliche gesellschafft valscher einung in dinem hoff versamelt werden
mag. Dann jch sag dir, sorgfältigkeit heimlicher verbuntnuß ist zů
fürkummen nach vermögen; dann sich, so man krut vnd graß zůsa-
35 menwindet, man macht daruß ein seil, daran man ein camel binden
mag. Vnd du solt nun den fuchs wider an sin statt setzen sines
ampts vnd nit gedencken, das er dich engelten laß, das du jm in
der sach erzöugt hast. Vnd er weist, yeglichs an sin statt zů setzen.

Vnd glych als man findet, das fründ veind werden mag, also findet man ouch, das veind fründ werden mag; dann uß verwantem fründ würt veind. Der vndanckbar, der verrätter, der grymm, der verachter güter werck, der nit künfftigs leben geloubt, das gütz vnd böses widergolten werd, der sin gemüt nit von zorn gezämen mag, der sin zung nit gemeistern mag, der eygenwillig, der nach zorn nit vergeben kan, wer geneigt ist zů vorteil, wer mit betrügnuß vmbgat, wer sin gemüt vom spil vnd vnküscheit nit ziehen kan, wer sich den win überkumen lat, wer von niemant gůtes gedencket, wer halsstarck vnd nit schämig ist, zů disen ist sich stäter getrüwer gesellschafft nit zů uerlassen vnd nach entschlagner fründtschafft gantz kein fruchtbar sün zů uersehen. Vnd darumb sol ein yeglicher, vnd sunder der künig, gůten vnd framen bywonen, denen zů getrüwen ist, das jnen nach begangner vindtschafft aller fründtschafft zů getrüwen ist, als der da gůter werck ist vnd nit glübt bricht, der recht thůn lieb hat vnd boßheit hasset, der fridsam ist vnd jrrung vermidet, der senfftmütig ist vnd nit eins hässigen hertzen ist, der verschulte ding gegen sinem ebenmenschen geren ablasset vnd der jn fründtschafft verharret vnd sich aller vntat schämpt. Derselben einer ist din getrüwer fuchs gesin.» Antwurt der küng: «Ich hab den fuchs dickers mals versůcht vnd find an jm gůten wandel vnd getrüwen, wysen rat vnd was einem uffrechten, vernünfftigen zůgestat. Darumb mag ich dir volgen, in wider zů sinem staut vnd jn min heimlicheit zů nemen.» Darnach beschicket der löw den fuchs, vnd do er für in kam, do verjach er jm sin schuld, die er an jm begangen hett, vnd sagt jm, wie das an in bracht was, vnd begert an in, das ampt wider von nüwen dingen zů empfahen.

[226] Der fuchs gab dem löwen antwurt vnd sprach: «Herr, du magst gelouben, das du nit fürchten solt, das ich dich der vntrüw, mir gethon, engelten laß, vnd gezimpt sich doch dem küng, dem erzürnten nit wol zů getrüwen, besunder die eines lychten glouben sind; vnd dem küng ist ouch erloubt, all tag gegen mir zů gedencken: «Der fuchs hat gegen mir den hassz noch vnuergessen vnd verbirgt das in sinem hertzen, bis er solichs widergelten mag.» Vnd, herr küng, dir gezimpt, miner werck dester baß acht zů nemen, ob ich die endern vnd anders dann vor handlen würd. Aber das alles mag der küng an mir fürkummen vnd ich an jm nit; denn er mag mich sins diensts entsetzen, wenn er will; so můß ich dem küng dienen,

so lang er will, wiewol min forcht gegen dem künig mer, dann sin gegen mir vrsach hat. Dann ob ein diener sinen künig nie erzürnt hat, so hond doch die wysen gesprochen: Du solt jn den künig kein trüw setzen. Nun will der künig die, so jn zů miner vnschuld gereitzet

5 haben, uff raut siner måter des lands verwysen. Wann das geschicht, so nympt der künig derselben geschlecht vnd die jnen gesipt sind zů jm; die werdent, so dick sy [227] mich ansehent, bewegt, das ir vordern durch mich vertriben sind, vnd nit lassen, sunnder dem künig vor sinen oren tönen, wie sy mich dem künig in sinen zorn bringen.

10 Darumb will der künig, so mag ich lyden, sy nit zů uertriben; dann der künig mag sy dann zů recht an mir erkennen; dann hond sy tugent in jrem gemůt vnd vorcht des küngs, so werdent sy sich ir getat schämen vnd mich für des küngs erwelten halten; sagent sy aber dem künig args von mir, so weist der künig, das er doch on

15 gnouw erfarung nit glouben vnd denen jren werdt darumb gon lassen soll.» Antwurt der löw: «Yetz erkenn ich din gerecht hertz vnd setz dich daruff zů minem obersten. Dann man soll einem frumen zů recht durch sin frümmkeit hundert mißhendel, ob er die gethon hett, ablassen, vnd ich weiß, daz dir min mißhandel, an dir began-

20 gen, vergessen würdet; so würd ich dich des geniessen lassen vnd vnser liebe würt damit gegen einander gesterckt.» Vnd also ward der fuchs wider in sin ampt gesatzt vnd höher dann vor von dem küng geeret, der jn ouch lieb gewan vnd vertrůwet jm bis an sin end.»

Hye endet sich das dryzehent capitel von dem löwen vnd dem

25 fuchs vnd hebt nun hye an das vierzehent capitel von eim gold-schmid, einer schlangen, einem affen, einer natern vnd von einem waller, vnd ist dis capitel von erzöugung barmhertzigkeit.

[228] Der küng Dißles sprach zů Sendebar, sinem wysen: «Ich hab dis din fabel wol verstanden, vnd gefelt mir. Nun sag mir, we-

30 lichem mann man gůtz thůn oder getrůwen vnd was dem geschehen sol, der args dem thůt, von dem er gůtz empfangen hat, vnd sag mir darüber ein glychnuß.» Antwurt der meister: «Wissz, herr küng, daz die sitten der creaturen nit glych, sunder vnderscheiden sind vnd vnder allen creaturen, die geschaffen sind, es syen vierfüssig, zwey-

35 füssig oder gefügel, nichtz edler ist, dann der mensch. Vnd findt man doch darunder gerecht vnd vngerecht, vnd man findet by wylen vnder den vnuernünfftigen tieren, die mer erkantnuß haben vmb gůt-tat, so jnen geschicht, dann der mensch selber. Aber der küng ist

schuldig, erbermd zů thůnd zů siner zyt, sunder denen, die es er-
kennen; vnd er sol vor erkennen die eigenschafft vnd sitten des
menschen, ob er der sy, der glouben halt vnd gnad erkenn; vnd sol
nit den adel vnd geburt für die erberkeit ansehen. Ouch sol er die
5 armen nit verschmähen, jnen gnad zů erzöugen, óuch ein man, der
nit von des küngs hoff vnd doch wyß, frum vnd gůter sitten, vnd
das kundtlich wär, nit verschmähen, sunder den zů hoff nemen vnd
in nach sinem verdienen eeren; vnd sol doch der küng die, so er
by jm stätes haben will, gar wol erkunnen vnd forsch uff sy haben,
10 was geschlächtes vnd wie ir vätter besitt gewesen vnd wa sy erzogen
syen, vnd nit allein uff die gesicht buwen; glych dem gůten artzet,
den genügt nit, des siechen gebresten allein durch sin augesicht zů
erkunnen, sunder er besicht jm den harn vnd gryfft jm an sin ader-
schlag vnd hat acht siner hitz vnd kelti vnd bewegung siner glider.
15 Es sol ouch ein rechter barmhertziger schnöden geschöpften barm-
hertzigkeit zů siner zyt erzöugen. So ist ouch dem wysen ettwenn
nůtz, die hand an sich zů ziehen vnd nit yederman zů getrüwen.
Vnd dauon schribent die wysen ein glichnuß.» Der küng sprach:
«Wie ist das?» Antwurt Sendebar: «Man findet geschriben, das uff
20 ein zyt ein waller fand uff einem weg ein tieff grůb, von den wild-
nern dahin gegraben, zů vahen die wilden tier. Vnd do er jn grund
der grůben schouwet, do sach er darjnn einen menschen, der was
ein goldschmid; vnd by dem sach er einen affen, ein schlangen vnd
ein nater. Vnd do der waller das ersach, do sprach er zů jm
25 selbs: «Nun gibt die zyt, daz du ein groß barmhertzigkeit an disem
man [229] erzöugen magst, jn zů lösen von den henden siner veind.»
Vnd band ab das seil, damit er gegürtet was, vnd warff des dem
man das ein teil hinab vnd behielt das ander ort in siner hand, das
er daran heruffstigen solt. Daz begryff der aff durch sin hehendig-
30 keit vor dem man vnd sprang damit uß der grůben. Der waller
warff das zům anndern mal hinab; do kroch die nater daran heruff.
Zům dritten mal ergreiff es die schlang vnd kam damit uß dem loch.
Dise dry waren dem waller des danckbar mit demütiger vndertänig-
keit vnd erbietung widergeltes vnd warneten in all dry vor dem
35 goldschmid, das er jn heruß nit ziehen solt, dann es lebt kein man,
der vmb güttat so vndanckbar wär, als er; vnd namen hiemit vrloub
von jm vnd sprachen: «Ob dich din weg ymmer für vnser wonung
hintragt, die nit ferr von einannder an einem wasser sind, by einer

künglichen statt, so wöllen wir dir diser gůttat nach vnserm ver-
mögen dancken vnd dir des vnsern mitteilen nach vnserm vermögen.»
Vnd schieden sich damit von jm. Darnach warff der waller das seil
wider in die grůb vnd halff dem man heruß vnd achtet nit der war-
5 nung der tier. Diser goldschmid danckt jm mit geblůmten worten
der barmhertzigkeit vnd genad, an jm begangen, vnd wolt jm des, ob
er zů siner wonung ymmer nahen würd, vngedanckt nit lassen.

[230] Nach ettlicher zyt begab sich dem waller, zů gond die
straß für den affen. Von geschicht bekumpt jm der aff, vnd do er
10 in ersach, do grůßt er in getrůwlich vnd sprach: «Ich hab by mir
yetz nicht, damit ich dich geeren mög. Aber harr ein clein wyl!
Ich will bald widerkummen.» Vnd gieng hin vnd bracht jm vil
gůter vnd edler frucht, damit der bilger sinen hunger vnd durst,
den er leyd, lustlich vnd gnůgsamlich bůsset, vnd nam dauon darnach,
15 so uil jm eben was, vnd schied von jm. Vff dem weg kam jm die
nater; die was siner zůkunfft fro vnd grůßt jn vnd sprach: «Groß
ist die genad, die ich von dir empfangen hab, vnd bitt dich, hye zů
blyben, bis ich widerkumm.» Vnd gieng die nater schlichent in
des küngs hoff der statt, die nach darby was, jn der tochter kam-
20 mer, darjnn sy vor dick gewesen was, vnd nam da ir kron vnd
cleinat, das sy vnbeschlossen fand, souil sy des getragen mocht, vnd
bracht die dem waller vnd sagt jm nit, wie sy das überkummen hett,
vnd nam von jm vrloub. Der waller gedacht: «Dise tier haben dir
groß widergelt gethon vmb dinen dienst, vnd bin demnach in hoff-
25 nung, kumm ich zů dem goldschmid, er werd als ein vernůnfftig
mensch das ouch erkennen vnd mir doch by dem minsten diser cleinat
mit grossem nutz abhelffen.» Darnach kam der waller in die künig-
lich statt. Vff einer gassen kam jm der goldschmid vnd grůßt jn
frůndtlich vnd fůrt in mit jm in sin hůß vnd hielt in eerlich. Der
30 waller zöugt dem goldschmid die kron vnd cleinet vnd sagt jm, wie
er von dem affen vnd der nater begabt worden wär, vnd batt, jm
des mit nutz abzůhelffen. Der goldschmid bekannt die kron vnd
cleinat vnd sprach zů dem waller, das er sin beiten solt, bis das er
widerkäm; vnd gieng zů dem küng vnd offenbart jm, wie das er
35 die kron vnd cleinat sinr tochter by einem man funden, den er in
sinem hůß, sin zů erbeitten, verlassen hett. Do dis der küng ver-
nam, do sandt er nach dem waller, vnd da er by dem die kron vnd
cleinat fand, do hieß in der küng begryffen vnd jn nackent vff einen

esel setzen vnd durch die statt ußgeiseln vnd jn darnach hencken.
Vnd do sy jn also durch die statt fürten mit grossem geschrey vnd
streichen, do gedacht er an die wort der tier vnd ir warnung vor
dem goldschmid vnd sprach weinende mit luter stymm; «O hett ich
des rates der tier vnd ir warnung gefolgt, so wär ich in disen kum-
mer nit kummen!»

[231] Dis hort die schlang, die ir wonung by der straß hett,
vnd bekant des bilgers stymm vnd gieng herfür vß jr hüly. Vnd
do sy disen man in sollichen nöten sach, do trurt sy vnd gedacht,
uffsätz zů süchen, wie sy jm zů hilff kummen möcht. Sy sach, das
des künigs sun, ein junger knab, ouch vff disem weg gefürt ward.
Zů dem drang sy sich vnd beiß den in sin bein. Bald ward er
geschwellen. Das volck bleib still ston, von schrecken jrs jungen
herren. Es ward nach den artzaten vnd beschwerern, ouch den astro-
nomen geschickt, kunst zů süchen vnd zů erfinden, wie dem jungen
küng zů helffen wär; das beschach mit grossem flyß durch tryack
vnd anders, vnd es halff gantz nicht. Darnach beschwůren vnd
süchten sy durch die kunst der astronomey, das der knab wider
reden ward vnd sprach mit heller stymm: «Es sy dann, das der
bilger, der zů dem tod vnschuldiglich gefürt wirt, zů mir kum vnd
min geschwulst begryff, so mag ich nit genesen.» Vnd do dis dem
küng gesagt ward, do hieß er den waller für sich bringen. Der
ward von jm gefragt; der sagt jm alles, wie es von anfang vntz uff
die [232] stund ergangen waz, vnd besunder, wie er von den tieren
vor dem goldschmid gewarnet vnd warumb er in die statt gangen
was, vnd hůb uff sin hend vnd ougen vnd sprach: «O allmächtiger
got, als warlich ist, das ich vnschuldig zů disem tod gefürt bin, so
gewarlich mach disen menschen gesund!» Uff stund ward der jung
küng gesund. Vnd do dis der küng sach, do eeret er den waller mit
gauben, vnd schied mit friden vnd fröden von dem küng. Vnd der
küng hieß den goldschmid hencken vmb sin groß vndanckbarkeit vnd
das er darzů den waller zům tod verraten hett.»

Hye hat ein end das vierzehent capitel von dem waller vnd dem
affen, schlangen, natern vnd dem goldschmid vnd ist von dem, der
dem vndanckbarn gůtz thůt. Vnd vahet nun hyenach an das fünff-
zehent capitel von des künigs sun vnd sinen gesellen vnd ist von
göttlicher erachtung, der niemands entrinnen mag.

[233] Dißles, der künig, sprach: «Ich hab vermerckt, welichem

von billicheit gůtz zů thůnd ist vnd welichem nit. Nun sag mir von einem toren, der in hohem staut ist, vnd von eim wysen vnd eim, der sin person kestiget, vnd ob yemans die schickung gots fliehen oder die fůrkummen mög.» Antwurt Sendebar: «Glych als ein man nicht zů recht probiert werden mag, dann durch ein wyb, also mag der wyß nit gnůgsamlich sin, dann durch vernunfft. Nun mag vernunfft vnd geschicklicheit nit dann durch übung oder von got kummen vnd dem menschen geben werden, als des kůngs sun vnd sinen gesellen.« Sprach der kůng: «Wie waz das?» Antwurt der meister: «Man sagt, es syen vier gesellen uff dem weg zůsamenkummen; der ein was eins kůngs sun, der ander eins kouffmans sun, der dritt eins edelmans sun, der vierd was ein wandler, die all vier kamen uff dem weg vnd geselten sich zůsamen durch armůt, die sy all litten; dann sy hetten nicht, dann allein ir cleider.

Dise vier giengen eins tags gegen einr grossen kůnglichen statt, vnd do sy geriet hungern, do wurden sy einander fragen, wie sy ir spyß überkummen möchten. Vnd do sy mangerley anschleg theten, do sprach des kůngs sun: «Wir sagen, was wir wöllen, so gat es [234] doch allein den weg, wie es von got geordnet ist, vnd wer sich an in lasset mit getrůwer hoffnung, der wirt nit verlassen.» Antwurt des kouffmans sun: «Fürsichtigkeit mit vernunfft ist ob allen dingen.» Der edelman sprach: «Ein vermögenlich wolgestalte jugent ist ob den allen.» Der wandler sprach: «Ich mein, sorgsamkeit mit übung sy das best nach minem verston.» Mit diser disputatz naheten sy zů der statt vnd sassen zůsamen vnd betrachten, wie sy ir spyß den tag erobern möchten, vnd do sprachen die dry zů dem wandler: «Du sagst von diner sorgsamkeit, gang hin vnd sorg so uil, daz wir dis nacht vnser spyß haben!» Der antwurt: «Dis besůch jch also, wann das an ůwer einen kum, das er solichs ouch thů.» Vnd gieng hin in die statt vnd fragt, waz arbeit ein man eins tags thůn möcht, damit er sich selb vierd den tag spysen möcht. Man sagt jm, nicht bessers dann holtz tragen; dann da was holtz tür vnd ein wald ein gůte ferre von der statt, da man sich beholtzen můst. Er gieng bald in den wald vnd band ein busch holtzes, des er zů tragen hett, vnd trůg das in die statt. Zů stund verkoufft er das vmb zwen silbrin pfenning vnd koufft darumb spyß jm vnd sinen gesellen vnd schreib an die port der statt mit einr kryden: «Ein sorgsamer frummer hat mit übung sinr sorgfältigkeit eins tags zwen silbrin pfenning gewunnen.»

Vnd gieng damit zů sinen gesellen vnd bracht jnen tranck vnd spyß, damit sy den tag gespyset wurden, des sy wol benůgt.

[235] An dem andern tag frů sprachen sy zů dem edlen: «Nun lůg, das du vns hůt versorgest mit spyß vnd nymm dir din hůbsche vnd was du weist zů hilff!» Der gieng hin vnd so er zů der statt nahet, do gedacht er in jm selbs: «Du kanst nicht arbeiten oder anders, damit du icht überkummen mögest, vnd ist dir doch schantlich, vngeschafft wider zů dinen gesellen zů kummen.» Vnd stalt sich also in solichem gedencken vor der statt an einen boum, in meinung, sich von sinen gesellen zů scheiden mit leyd. Von geschicht gat da für ein ryche burgerin, ein wyttwe. Do sy in sach mit einer so hůbschen, wolgestalten jugent, do schatzt sy in vermögenlich vnd ward entzůnt in siner liebe, vnd do sy in ir huß kam, do schickt sy ir maget nach jm vnd bereitet jm kostlich wirtschafft vnd behielt in by ir den gantzen tag vnd nutzt den nach jrem gefallen. Aubentz gab sy jm hundert silbrin pfenning. Darumb koufft er spyß für sich vnd sin gesellen vnd schreib an das tor: «Mit einer vermögenlichen jugent hat einer eins tags hundert silbrin pfenning gewunnen.» Vnd kam frölich widerumb zů sinen gesellen.

[236] An dem dritten tag sprachen sy zů des kouffmans sun: «Gang hin vnd mit diner fürsichtigkeit vnd vernunfft schaff, das wir hůt vnser spyß haben!» Diser gieng durch die statt bis an die port des meres vnd sach, wie ein grosser naue mit kouffmanschatz zů land stieß vnd das die koufflůt alle zůlieffen vnd hetten sich geeint, mit dem patron zů reden vnd zů tädingen. Vnd do der patron uff der koufflůt gebott nit antwurt geben wolt jnen gefellig, do sprachen sy: «Wir söllen yetz nit mer darzů reden. Morn gerůwet jn, das er vns nit zůgesagt hat. Es ist doch niemans vsserhalb vnser, der das bestand.» Diser junger kouffman stůnd vnerkant, fürsichtiglich zů sehen, wenn die koufflůt wychen wolten, vnd sobald das beschach, do gieng er zů dem patron, der den namen sines vatters kant, vnd koufft das vmb fünfftzig tusent guldin. Sobald das die andern koufflůt befunden, do giengen sy bald zů disem jungen kouffman vnd gaben jm fünff tusig guldin gewines vnd bezalten sy den patron. Vnd do er dis empfieng, do schreib er an das tor, do er sinr gesellen geschrifft geschryben fand: «Mit fürsichtiger vernunfft hat einr eins tags fünff tusig guldin gewunnen vnd dauon sich vnd sine gesellen gespyßet.» Vnd kam mit grossen fröuden zů jnen.

Beispiele.

12

[237] **M**orndes, do es tagte, do sprachen dis dry zů des künigs sun: «Gesell, es ist an dir. Gang hin vnd versorg vns spyß vnd bitt got, daz er dir vil bescher, so du sagst, es sy alles von got allein beschert!» Er gieng gegen der statt. Uff dem weg gedacht er: «Was wilt du beginnen? Du kanst nit kouffmanschatz, du magst ouch nit arbeiten, so hast du nit sunder vernunfft vnd weist dich in keinen weg zů behelffen.» Vnd satzt sich vor der statt by der straß nach by dem tor uff einen stein. Nun was der küng der statt uff denselben tag erbloß tod, vnd alles volck volgt der lich zů grab für die statt jn ein cappel, für disen jungen hin. Der jung küng saß verdacht vor widerwärtigkeit on alles versinnen, das er gegen der bar nit uffstünd. Des nam ein gewaltiger des volcks acht, das er gantz kein erbermde mit der lich vnd den clagenden het; darumb schlůg er disen an sin wangen vnd sprach: «Du ver-flůchter aller menschen, solt du vmb des küngs tod, den alle men-schen clagen, nit leyd oder mitlyden haben?» Vnd stieß in gantz von dem steine hinweg. Vnd do sy widerkamen, do sach in diser, der in vor gescholten hett, aber uff dem stein sitzen vnd sprach zů jm: «Hab ich dir nit vor gesagt, du soltest dich hie nit mer finden lassen?» Vnd nam in als ein verräter vnd leyt in jn einen kärcker. Er batt got mit weinen vnd grosser hoffnung, das er in vor sinen gesellen nit ließ zů schanden werden. Morndes kam alles volck zů-samen vnd wolten jnen einen küng welen. Do stůnd diser gewaltig uff vnd sagt allem volck, wie er einen man jn fencknuß vnd wie er den funden hett, vnd vor allen dingen riet er, den zů fragen, ob er da vmb verrättery gewandelt het. Uff das ward der gefangen für alles volck gestalt vnd gefragt, wie er in das land vnd durch was vrsach er dahin kummen wäre. Diser antwurt vnd sprach: «Wissent, das ich des küngs» (vnd nampt sinen vatter) «sun bin uß dem land; vnd do min vatter gestorben ist, do ist das rych an mich gefallen, vnd hat min junger brůder, der mer anhangs jm rych denn ich gehabt hat, mich vom rich verstossen, vnd von sorg, das er mich darzů nit ertödt, bin ich gewychen vnd jn das land geflohen.» Vnd do dis daz volck hort, do was vil vnder jnen der koufflüt, die sinen vatter ge-kennt vnd in demselben küngrich gewandelt hetten, vnd sagten, wie gar ein framer man derselbe küng gewesen wär, vnd schryen all mit gemeiner stimme: «Leb vnser küng!» Vnd walten in zů jrem herren. Nun was ir gewonheit, jren gewelten küng mit grossen eeren zů allen

porten der statt zů fůren vnd die jm jnzůgeben. Vnd do sy zů der
port kamen, do sin gesellen durchgangen waren, do sach er ir ge-
schrifft, die sin gesellen dahin geschriben hetten, vnd bleib da still
ston vnd hieß darzů schriben: «Empsige sorgsamkeit, vermögen-
5 liche jugent, [238] fůrsichtige vernunfft vnd was gůtes oder böses dem
menschen begegnet, ist alles von got erachtet durch verdienung
des menschen.» Des verwunderten sy sich all solicher vernunfft in
disem jungen man vnd fröuweten sich, jnen selbs ein solichen herren
erwelt haben, vnd schatzten, das juen daz von got erachtet wår. Vnd do
10 er in sinen kůnglichen sal von dem volck gefůrt vnd uff den stůl des
richs gesetzt ward, do sandt er nach sinen gesellen, das sy für in
kumen solten, vnd hieß für sich samlen sin edlen des richs vnd die
wysen vnd alles volck. Vnd do die all vor jm stůnden, do fieng er
an vnd sagt jn also:

15 Des ersten lobt er got vnd dancket dem vnd höhet sinen namen
vmb die groß gůttat, die er jm erscheint hett, vnd sprach: «Min ge-
sellen hond nit gloubt noch erkennt, was jnen begegnet, das es von
got eracht wår.» Vnd offnet allem volck, wie er vnd sin gesellen
dahin kummen wåren vnd wie es yeglichem vff sin fůrnemen gangen
20 wår, vnd sprach: «Nun můssen sy das an mir erkennen; dann weder
durch wyßheit, vernunfft, fůrbetrachtung, empsigkeit, noch durch ge-
walt jst mir dis versehung zůgefallen. Ich hab ouch von dem tag,
als ich von minem brůder von dem rych verstossen ward, nie ge-
dacht oder fůrbetracht, zů solichen eeren zů kummen, dann das got,
25 der almůchtig, dis also geschickt vnd mich in bilgers wyß hergewisen
vnd mich zů einem gewaltigen kůng gemacht, so [239] mich gar mit
cleiner narung genůgt hett.» Do stůnd einr von dem volck uff
vnd sprach: «Nun hören wir erst, das du dis richs billich wirdig bist,
so dir got so vil wyßheit vnd vernunfft verlyhen hat, vnd das wir
30 mit dir, als einem wysen kůng, versorget sind vns zů gůtem. Vnd got
ist dir für ander getrůw; dann er hat dich nit on geschicht uff dis
zyt hergeschickt; dann du werest sust dis rychs nit empfåhig worden;
vnd got hat mit dir vnsern nutz erfůllet, darumb wir jm billich lob
vnd danck sagen, das er vns mit dir also geert hat.» Vnd daby
35 stůnd ein ander uff vnd sprach: «Wir sind schuldig, got zů loben,
der dich kůng über vns gesatzt hat; dann dis ist allein durch sin ord-
nung geschehen. Vnd ich sag ůch: in der zyt miner jugent was ich by
eim edelman, vnd doch ich man ward, do beducht mich, die welt vnd

jren wollust zů uerlassen. Vnd do ich mich abschied, da bliben mir
an minem lon über zwen pfenning vnd ich gedacht, den einen vmb gots
willen zů geben vnd den andern zů minr notturfft zů behalten, vnd
sach uff eim markt einen vogler tragen zwo turteltuben, die er ge-
5 fangen het, vnd gedacht: «Es ist nit grösser verdienung gegen got,
dann der yemans vom tod erlösen mag.» Vnd feilset die zwo tuben ;
vnd do er mir die beid nit wolt vmb den einen pfenning geben, do
gedacht ich: «Lösest du die ein on die ander, so sind sy von ein-
ander verwysen.» Vnd gab die zwen pfenning vmb die zwo tuben
10 vnd trůg die uff einen wyten anger vnd ließ sy fliegen. Die flugen
hin vnd sassen uff eines boumes ast. Vnd do ich von in schied, do
hort ich, das die ein zů der andern sprach: «Yetz hat vns diser von
dem tod erlöset vnd vns vnser leben vmb alles sin gůt, das er vermocht,
erkoufft. Wir sind jm billich gůtes mit widergeltung schuldig.» Vnd
15 rüfften mir wider vnd sprachen: «Du hast vns groß genad erzöugt,
die wir dir schuldig sind, zů widergelten. Nun wissz, das by der
wurtzel dis boums ein grosser schatz ligt; dahin grab, so findest du.»
Ich gieng zů dem boum vnd grůb vnd fand ein schatz. Do danckt ich
got vnd batt jn, das er sy vnd mich vor allem übel behůt, vnd sprach
20 zů jn: «So ůwer vernunfft vnd wyßheit so hoch ist vnd darzů zwů-
schen himel vnd erd fliegent, wie sind ir in disen strick gefallen, uß
dem ich ůch erkoufft hab?» Die gaben mir antwurt: «Du wyser
man, weist du nit, das der flug den vogeln, der louff den schnellen,
noch die stercky den strytenden nicht verfacht, allein die zyt der
25 göttlichen ordnung beschlüsset die ougen der lebenden, damit sich
kein creatur bewaren kan wider das, so jm von göttlicher schickung
geordnet ist?»

Hye hat ein end das fünffzehent capitel von des küngs sun vnd si-
nen gesellen vnd vahet nun hyenach an das sechzehent capitel von den
30 vogeln, vnd ist von denen gesellen, die sich vnder einander selbs be-
triegen.

[240] Darnach sprach der küng Dißles zů Sendebar, sinem mei-
ster: «Ich hab dine wort verstanden, so du gesagt hast von der gött-
lichen schickung, der niemans entrinnen mag. Nun gib mir ein
35 glichnuß von gesellen, do einr den andern vnderstat, zů betriegen!»
Antwurt Sendebar: «Es ist gesin ein sew, do vil lustlicher wasser
influssen, darjnn vil visch waren; vnd diser sew waz ferr von
den lüten vnd dahin die vogel von dem mer keinen wandel hetten.

Vff ein zyt kam dahin ein vogel, der land genant Holgot, vnd do
der die genüchte des sees vnd lustlicheit der wasser in heimlicheit
vnd ferre der lüte sach, do sprach er zů jm selbs: «Her wilt du
din wyb vnd gesind füren zů ewiger wonung irs lebens; dann hie
5 mögen wir gnůgsam vnd lustliche spyß finden zů aller notturfft;
dise wonung wirt mir vnd minen kinden zů erb, vnd niemans
ist mir hie widerwärtig.» Nun het er ein wyb; die saß uff die
zyt in irem nest ob jren eygern, die schier ußschlieffen solten. Dise
het ein andern vogel, der ir früntlich vnd gesellig was, der hieß
10 Mosam; der was ir vast lieb, also das ir weder essen noch trincken
schmackt oder keinerley kurtzwyl on den vogel. Vnd do sy hort
das fürnemen jrs manns, das waz ir vast widerwärtig vnd wolt daz
jrem fründ nit verhelen, wiewol ir der man das hart verbotten het,
yemans zů sagen, vnd gedacht fünd, wie sy vrsach gewinn, zů Mo-
15 sam, dem vogel, zů kummen, daz sy diser ding hinder jrem man
anschleg mit jm tät, vnd sprach zů Holgot, jrem man: «Yetz sind
vnser jungen schier zytig, ußzůschlieffen. Nun ist mir gesagt gar von
einr nützen artzny vnsern jungen, wenn sy ußschlieffen söllen, das jnen
ir gefider vast vnd bald starck wachsen werd, ouch sol es jnen sast
20 gelücksälig sin ir leben lang für all böß zůfell. Wär dir nun ge-
sellig, so wolt ich das süchen.» Der man sprach: «Waz ist das?»
Sy antwurt: «Es ist ein visch jn eim see einr jnsel, die mir gezöugt
ist, vnd dis weist niemant, dann ich vnd von dem es mir gesagt ist.
Darumb so sitz du die wyl über die eyger, an miner statt zů brüten,
25 bis ich widerkum, so will ich der visch einen oder zwen bringen,
die wir mit vns füren zů dem see, da wir hin wöllen.» Der man
sprach: «Es gezimpt sich nit einem vernünfftigen, alles das zů er-
süchen, davon jm der artzat sagt; dann etwann sagen sy von dingen,
die man nit haben mag vnd zů überkummen vnmüglich oder vast
30 sorglich sind; dann ich hab offt gehört, das ir bücher sagen von
kostlichem medicament, das zů machen sy von dem vnschlyt des lö-
wen vnd [241] von dem gifft der natern; aber kein vernünftigen
ist darumb zů raten, das er darumb den löwen in der wiltnuß vnd die
nater jn der hüly süchen sölle vnd sich damit in sorg des todes geb.
35 Darumb so laß von dinem fürnemen vnd nym mit dir dis nest mit
vnsern jungen zů tragen dahin wir wöllen! Dann da magst du aller-
ley visch finden vnd die weist niemans, dann wir. Vnd wissz, wer
sich an der artzet ler kert vnd sich wysen lat, artzny zů süchen an

sorglichen stetten, dem geschicht als dem affen.» Sprach daz wyb:
«Wie was das?» Antwurt der man: «Man sagt, das an einer statt,
die vast früchtig vnd gepflantzt waz, mit vil gůter fruchtboum, wasser
vnd weid, daby het ein aff lange zyt gewont. Demselben affen wůchs
5 in sinem alter die rud, daz er vast schebig vnd vnsuber ward. Dis
waz jm vast überlestig; dann er ward dauon mager vnd krafftloß,
das er sin spyß nit mer gewinnen mocht. Von geschicht kam ein
ander aff zů jm. Der sprach: «Wie sich ich dich so gantz dins libs
verzert vnd ermagert?» Diser antwurt: «Ich weis sin kein sunder
10 vrsach, dann das es der will gottes ist, den niemans fliehen mag.»
Antwurt der ander aff: «Ich hab vor einen erkent, der des glich
siechtagen hett, vnd dem mocht nit geholffen werden, dann mit einem
houbt einr schwartzen natern, vnd do er das aß, do genaß er. Dar-
umb, möchtest du das haben, es wär din genesen.» Antwurt diser
15 aff: «Wie möcht ich daz überkummen, so ich min narung vor on-
macht nit gewinnen mag?» Diser gab jm antwurt vnd sprach: «Ich
sach vor zweyen [242] tagen vor einr hüly in einem hohen velsen
einen man ston, wartende einer schwartzen natern, vmb ir zungen zů
haben sinem herren zů einer credentz; da will ich dich hinwysen.
20 Vnd hat er die ertödtet, so nym dir das houbt!» Antwurt der siech
aff: «Ich bin kranck; magst du mir icht gůtes zůwysen, daz stůnd
mir zů widerdienen.» Er fürt in mit jm vnd zöugt jm ein hüly vnder
einem hohen velsen, darjnn er wist eines tracken wonung. Vnd do
der siech aff hinuffkroch, do fand er vor dem loch grosse tritt; die
25 wond er, das sy ein mensch gethon, der die nater gesůcht het, vnd
gieng damit bis in das loch; do lag der track vnd zuckt den affen
jm zů spyß. Do diser aff dis hort vnd befand, das der track den
alten affen fressen het, do satzt er sich in gewer der gůten frucht-
boum vnd hat also sinen gesellen betrogen vnd jm artzney gezeigt
30 zů sinem tode.

Dis byspel hab ich dir gesagt, zů verstond, das eim vernünff-
tigen nit gezimpt, zů wagen sin leben uff eins andern rat, des er
kein eigenschafft hat, vnd ob jm daran vil nutz gezöugt wär.» Das
wyb antwurt: «Ich hab dich verstanden, aber es gebürt sich mir
35 vor allen dingen, dahin zů kummen; dann es ist gantz on alle sorg
vnd das wirt vnsern jungen vast nutzlich sin, sy damit vor vil miß-
fällen zů bewaren.» Do der man sach, das sin wyb solichen gelust
vnd geneigten willen darzů hett, do sprach er: «So du ye dir selb

das zů thůnd fůrgesatzt hast, so lůg, das du mit nieman, wer der sy, der dir bekummen möcht, red habest das, so wir zů thůnd vor vns haben. Dann die wysen sprechen, eins yeden vernunfft sy zů loben, aber das fůr die grőßest vernunfft, der sin heimlicheit vergraben 5 kan, das sy niemans find.» Also flog der vogel, do er Mosam, sinen lieben vogel, fand vnd sagt jm alle heimlicheit diser sach, war sich ir man ziehen wolt an ein statt zů einem see, do genůgi der visch frisch wasser vnd lustliche wonung wär vnd on sorg aller tier vnd menschen, vnd sprach: «Möchtest du fund finden, das du dahin ouch 10 kummen möchtest vnd doch mit willen mins manns, dann sol mir ichtzit gůtes widerfaren; so hab ich doch des on dich kein fröud.» Diser vogel begert, by ir zů sind, ouch wider willen des manns, vnd sprach: «Warumb wär ich gezwungen, allein mit willen dins manns da zů sind? Wer hat jm sunderlichen gewalt an dem end geben fůr 15 mich vnd ander? Warumb solt es nit mir als jm erloubt sin? Vnd jch will uff stund dahin vnd mir ein wonung machen, so jch hör, daz es ein so genůchtsame stat ist. Vnd wirt din man kummen vnd mich wöllen da dannen triben, ich wird es jm nit gestatten vnd jm sagen, daz er, noch sin vordern nie kein besitz des gehabt 20 hond, oder mer gerechtikeit da haben mög, dann ich oder ander.» Sprach daz wyb: «Du sagst recht, aber ich [243] hab dich dahin zů mir erwelt, doch daz allweg frid vnd gůter will vnder vns allen sy; dann soltest du mit widerwillen mins mannes dahin kummen, so wůrd zwůschen vns schand vnd laster vnd vnser frůndschafft vnd 25 fröud zů trurigkeit bracht.» Antwurt der vogel: «Du sagst war, doch so sag du ein weg, damit es mit willen dines manns zůgon mög.» Sprach das wyb: «Ich rat, du gangest zů jm, als ob du vmb dis sach gantz nuntz wissest, vnd sprich: «Wissz, frůnd, das sich begeben hat, daz ich nächt fůr einen see gewandelt bin vnd hab 30 gesehen vnd befunden, daz es ein fruchtbar wonung ist, vnd es wondt gantz niemans da; vnd ich hab mir fůrgesatzt, dahin min wonung zů machen. Wilt du mit mir dahin? Dann da ist vile der visch.» Vnd dis red mit minem man, ee ich wider heim kum! So weiß ich wol, er wirt dir hinwider sagen, daz er die statt vor ouch funden 35 hab, vnd sagt er also zů dir, so sprich du: «So bist du der statt wirdiger dann ich, aber ich bitt dich, laß dir gefellig sin, mich by dir zů haben; dann dir sol kein vnglichs von mir begegnen; dann jch will din gůter frůnd vnd gesell sin.» Dis volget der Mosam vnd kam zů Holgot, dis vogels man. Das wyb flog allernächst zů einem see vnd vieng zwen visch, als ob sy die in sunderm wasser vnd von ferren herbracht het, vnd trůg die heim jrem man vnd sprach: «Diß sind die visch, von denen ich dir gesagt hab.» Vnd fand disen vogel by jrem mann vnd thet nit der glych, als ob sy in vor in so kurtzem gesehen hett.

[244] **D**iser vogel redt mit des andern vogels man, dem Holgot, wie er des vom wyb vnderwisen was. Vnd gab jm diser vogel antwurt, jm wäre sin gesellschafft gefällig. Vnd das wyb wolt fürkummen, das ir man nit gedencken möcht, das sy jm daz geoffenbart het, vnd erzöugt sich widerwärtig vnd sprach zů jrem man: «Wir haben die statt allein erwelt, vmb das daselbs kein ander vogel noch tier sind, vnd besorg, wirt diser vogel mit vns kummen, jm volg nach ein schar annder vogel, siner gesellen, damit vns gebüren werd, die statt ouch zů uermyden.» Antwurt der man: «Du sagest recht, aber ich getrůw disem vogel vnd hoff, wir söllen vns mit siner hilff ander vogel, ob vns die überfallen oder überdringen wolten, erweren. Darumb ist villicht gůt, daz diser vogel by vns wone; dann es soll niemans in sin eygne stercky getrůwen haben; dann wir sind nit die sterckisten vnder andern vogeln. Aber hilff gibt zů den krancken, den starcken zů überwinden, als den mußvahern, die den wolff überwunden, der jnen widerwärtig was.» Sprach das wyb: «Wie was das?» Antwurt Holgot: «Man sagt, daz by des meres staden wär ein schar wolff. Vnder denen was ein wolff, der getörstiger was, dann die andern. Vff ein zyt wolt er rům vnder sinen gesellen erwerben vnd gieng uß, zů jagen uff ein gebirg, da vil menge der tier waren. Vnd diser berg was zů allenorten beschlossen, das die tier vor andern tieren sicher waren. Vnd dise tier wondten alle fridsamlich uff dem gebirg. Vnder denen waz ouch ein schar muß-hund; die hetten einen küng. Nun war diser wolff mit geschydigkeit uff dis gebirg kumen, vnd do er befand, daz die tier ir beschlossen wonung da hetten, do nam er sin wonung da vnd all tag vieng er ein tier zů siner spyß. Nun ward dis gar widerwärtig den mußhunden; denn sy wurden von jm vast geschädiget, vnd samleten sich zů jrem küng vnd verfiengen einen rat, wie sy sich sicher machten vor dem wolff. Nun waren vnder jnen dry fürůß wyß vnd fürträchtig muß-hund; die berůfft der küng vnd het mit jnen rat. Der küng fraget den ersten vnd sprach zů jm: «Was ist din rat wider disen wolff,

der vns so widerwärtig ist vnd so freißsam vnd von vnser schar so
mengen geletzt hat?» Der sprach: «Ich weiß keinen rat wider in
zů geben, dann vns got zů empfelhen; dann wir mögen jm keinen
widerstand thůn.» Er fragt den andern. Der sprach:

5   [245] «Ich rat, daz wir vns gemeinlich von diesem berg tůen vnd
vns selbs ein ander wonung sůchen; villicht finden wir an eim andern
end, da wir rûwiger sin mögen, dann wir hie sind in grosser trůb-
såligkeit vnd sorgen vnsers libs.» Der dritt sagt uff des kůngs frag:
«Min rat ist, das wir hye verliben vnd vnser wonung vmb dis vrsach
10 nit verlassen, aber eins will ich raten vnd hoff, herr kůng, thůst du
das, so wöllen wir in überwinden vnd vns zů gantzem friden sinent-
halben setzen.» Sprach der kůng: «Wie wär das zů geschehen?»
Antwurt diser: «So rat ich, das wir acht haben uff den wolff, wann
er ettwas eriagt hab jm zů spyß vnd das an ein end trag, jm zů
15 fressen, das dann der kůng, ich vnd ander des kůngs schar die stercke-
sten vns zů jm nähen, als ob wir daz überig siner spyß sůchen wöllen;
vnd so er wendt, sicher vnd vnser on sorg zů sind, so will ich uff jn
springen vnd will jm sin ougen ußkrätzen vnd krawen; darnach yeglicher
vnder vns, so er sich gegen vns nit weren kan, thů, so vil er jm schaden
20 mög, bis wir in ertödten. Vnd ob vnder vns darumb einicher stirbt
oder schaden empfacht, das sol vns nit jrren; dann dadurch erlösen
wir vns vnd vnsern kinden vnser leben, das wir vnd sy mit rûwen in
vnnserm besitzlichen wesen, das wir von vnnsern vordern ererbt haben,
belyben mögen. Dann ein wyser sol nit lichtlich von dem erb vnd
25 besitz sines vatters scheiden, [246] vnd ob er das mit forcht vnd
wagung sines lebens thůn můß.» Es geschach uff ein tag, das der
wolff jm selber ein gůte spyß gefangen hett, vnd do er die vff einen
hohen felsen trůg, des die mußhund acht genumen hetten, vnd hůb
sich der kůng vnd sin schar, die vechtbar waren, dem wolff nach
30 vnd in siner verachtung kamen sy jm so nach, das sy jm den velsen
verstůnden. Do sprang, der den rat geben het, uff in vnd kratzt jm
sine ougen uß; der kůng erfasset in by sinem wadel vnd reyß jm den
hin; darnach sy alle, yeglicher nach siner macht.

Diß fabel hab ich dir gesagt, liebs wyb, das du merckest, das
35 vns vnser stercky nit allweg gnůgsam sin möcht on einen getrüwen
gesellen. Darumb gefelt mir vnd mag raten, das wir disen zů vnserm
gesellen nemen.» Do dis das wyb hort, do was sy fro in jrem hertzen,
das ir anschlag so vnuerdächtlich fürgang gewunnen hett. Also hůben

sich der vogel Holgot, sin wyb vnd Mosam an die statt vnd machten
jnen selbs da ein nest nach ir notturfft. Vnd diser vogel macht sin
nest glych nach by jn; vnd wondten da frydsamlich mit genûchter
vnd gnûgsamer spyß vnd verhiessen einander trûw zû halten. Nun het
5 Holgot vnd sin wyb jren frûnd gar vil lieber, dann er sy hinwider
hett. Also in nachuolgender zyt do ward der wasser eins von lang-
werender wermi vnd hitz der sunnen verdorret, das darjnn gantz kein
visch was. Vnd do dis [247] der vogel Mosam acht nam, do
sprach er zû jm selbs: «Wiewol glûbd vnder gesellen vnd frûnden
10 groß ist vnd ein yeglicher das schuldig wâr, zû halten, so ist doch
ein yeglicher jm selbs vnd sinr eigen person by dem meisten schuldig,
vnd wer jm selbs nit fûrsichtig ist, wie mag der andern nûtz sin?
Vnd wer kûnfftigen schaden nit versicht jm selbs, so der gern ent-
rûnn, so ist es nit mer in sinr macht. Nun wirt mir die gesellschafft
15 diser vogel schaden, wann spyß hye gebresten wûrt. Villicht werden
mich dise vogel hynnen dringen. Nun hab ich hie also gesedlet, daz
mir hinan nit gebûrt zû kummen, vnd ist mir kein besser gesûch,
dann weg betrachten, wie ich sy tödt. So blyb ich darnach allein
hie mit rûwen vnd lust on anhangender gesellschafft oder cinicho
20 frûnd. Vnd des ersten gebûrt sich mir, den man zû tödten; darnach
mag ich dann licht weg finden, daz wyb zû tödten; dann sy ist eines
linden hertzen vnd getrûwet mir. Vnd min hoffnung ist, jch mög
den man durch ir hilff allervnsorglichest ertödten.» Vnd gieng dar-
uff zû dem wyb in truriger gestalt. Do sprach das wyb zû jm:
25 «Warumb sich jch dich also trurig?» Der antwurt vnd sprach: «Ich
trur nit, dann vngefell der zyt vnd verkerung der lûfft, darjnn vns
abgang vnser narung anligen mag.» Antwurt das wyb: «Ich sich, das
dir ettwas anligt, darumb du trurig bist.» Er antwurt: «Ja, aber es
ist allein vmb dinen wegen; doch wilt du mir volgen, so mag ich dich
30 vor diser widerwârtigkeit wol bewaren.» Sprach das wyb: «Was ist
das?» Antwurt der vogel: «Wiewol wir von gebûrt vnsers geschlâch-
tes gezweyet vnd nit einer natur, so sind wir doch gebrûder jn vnser
gesellschafft, die vnder vns bestendiger sin mag, dann gesipte frûndt-
schafft. Dann man sicht vil gebrûder von eim blût geborn wider
35 einander sin, vnd dieselb vindtschafft jst ouch dick böser dann gifft;
dann es ist ein spruch: Wer eins brûders mangelt, der mangelt eins
vinds, vnd wer nit gesipten hat, der hat ouch nit nyder. Vnd ich
will dich zû einer sach fûrdern, die din nutz sin wûrdet, vnd wiewol

es dir villicht hart ist, zů uolbringen, vnd du möchtest mir das zů
vnrecht schätzen, so ich dir daz offenbar; vnd ist doch ring jn minen
ougen, so ich gedenck die widerwärtigkeit, die du damit fürkumen
magst. Vnd darumb so nymm war mins rates vnd frag mich nit,
5 warumb, bis du das volbringest!» Sprach das wyb: «Du hast mir
yetz ein red gesagt, der ich erschrocken bin, vnd kan nit erschätzen,
was das sy, vnd geloub doch, das sollichs nit sy zů miner verderbnuß.
Aber mir ist lycht, durch dinen willen zů sterben. Sag doch din
meinung! Dann man saget: Wer setzt sin leben nit für sinen ge-
10 trůwen gesellen, der jm nützer ist, dann brüder oder kind?» Ant-
wurt Mosam: «Min rat ist, daz du dinen man [248] ertödest vnd
dich ledig von jm machest; vnd dadurch mag dir glück vnd heil zů-
rysen vnd mir mit dir. Vnd frag der vrsach nit, bis das du sollichs
volbringest! Dann wär es nit zů gůter vrsach, so getrüw mir, das
15 ich dir das nit riet; aber sobald du das gethůst, so will ich dirs
sagen. Vnd trur nit vmb dinen man! Dann ich will dir gar vil ein
bessern vnd jüngern dins geschlächtes geben, der vnser gesell sin
würt vnd der dich alweg lieb haben vnd wol bewaren soll. Vnd darzů
wirt vnser zweyer gesellschafft dester langwiriger; dann wissz, thůst
20 du nit nach minem rat, so geschicht dir als der mus, die ouch gůtes
rates nit volgen wolt.» Sprach daz wyb: «Wie was das?» Antwurt
der vogel: «Man sagt, es syen gewesen jn eim spyßgadem vil müß,
die dem wirt schaden täten. Der nam ein tier, (was glych einem
hund,) das den müsen hässig was, vnd wolt damit die müs von sinem
25 huß vertriben. Nun waz vnder den müsen ein grosse vnd sterckere,
dann die andern, vnd do die sach, wie der hußwirt sin sach über
sy bestelt het, do marckt sy, das sy sich des mit gewalt nit erwern
mocht, vnd gieng zů dem tier vnd sprach: «Ich weiß, daz dich din
herr allein darumb bestelt hat, das du mich vertriben oder tödten
30 solt. Nun bin ich kummen, das ich din gesellschafft sůchen will;
dann ich sich din vernunfft vnd will dir bywonen.» Antwurt daz
tier: «Ich hab dine wort verstanden vnd mag dich wol zů gesellen
lyden vnd will dich sichern vnd dir friden zůsagen, das du min
gesell sin söllest. Doch verheiß ich dir nit, daz ich dir nit halten
35 mag. Dann min herr hat mich gesatzt ein bewarer sins huses, das
jm icht schaden von dir oder dinr gesellschafft zůgefügt werd; da
gebürt mir nit, minen herren zů uervntrüwen. Darumb so myd
mins herren schaden oder scheid dich von diser wonung vnd versich

dir ein andre, die dir nütz sin mag! Dann thůst du das nit, so will
ich an dinem schaden kein schuld haben; dann mir gezimpt, wider
die beuelch mins hußwirts nit zů thůnd.» Antwurt die mus: «Ich
hab dich erstmals gebetten vnd hab mich dir darumb vnderwürffig
5 gemacht vmb dise bitt, vnd darumb gebürt dir nit, mir sollich bitt
zů uerzyhen.» Sprach daz tier: «Es ist war, mir gezimpt, dir fri-
den vnd liebi zů ueruolgen. Aber wie mag ich das thůn, so din
gesellen minem herrea daz sin verwůsten? Dann solt ich jm das
sin mit wisszen verwarlosen vnd ůch das niessen lon, er tödte mich,
10 vnd billich. Darumb bezůg ich mich mit dir selbs, daz du din per-
son fürsehest vor mir, vnd wych von diser wonung noch in dryen
tagen! Dazwüschen magst du dir ein andre wonung besehen. Dann
so mag ich dir gůte gesellschafft halten in gůter sicherheit.» Die
mus sprach: «Mir ist schwär, dis min wonung zů verlassen, vnd
15 hab mir recht fürgesetzt, hie zů bliben vnd mich des besten vor dir
[249] zů bewaren.» An dem andern tag begab sich, das die mus
uß irem löchlin zů louffen begund, vmb ir spyß zů sůchen. Dis
sach das tier vnd ward wider sy nit bewegt; dann es wolt ir die
dry tag halten, so es ir zůgesagt. Vnd do die muß sach, das es ir
20 nicht achtet vnd sy nit schädiget, do meint sy, des tiers gantz on
sorg zů sind, vnd betrog damit ir hertz; dann sy lebt sinenthalb
gantz on sorg in allem irem wandel. Nach den dryen tagen gieng
die mus aber vß nach ir gewonheit, vnd das tier lag verborgen jn
einem winckel des spyßgadens wartende, vnd ergratzt die mus vnd
25 verschland sy.

Dis glychnuß hab ich dir gesagt, daz du vernemest, das sich
eim verstendigen nit gezimpt, zů uerschmahen den rat sins fründs,
wann der von trůw vnd glouben gat; dann man spricht, das der rat
eins fründes, der schwär ist, glycht eiur artzny; wiewol die bitter
30 ist, so hilfft sy doch für den siechtagen. Darumb so solt du minen
rat nit verschmähen vnd das du dich din hertz betriegen lassest, daz
du dinen man nit tödtest; dann du nämest dauon grossen schaden;
dann tödtest du jn, so will ich dir einen bessern geben.» Do daz
wyb hort von eim bessern, do erschrack sy, zůzesagen, vnd begerte
35 doch, eines bessern manns zů haben, vnd sprach wider in: «Ich merck
din rat in trůwen vnd das es sy ein zeichen dinr liebi gegen mir;
dann jch befind min hertz gantz volkummen gegen dir, vnd wär din
rat [250] allein dir vnd nit mir nütz, noch wolt ich dinen willen

volbringen. Aber wie mag ich dis zůbringen? Es ist mir vnmůglich.»
Antwurt diser: «Ich zöug dir anschleg vnd vrsachen, damit es on
alle sorg geschehen mag.» Sie sprach: «Sag an!» Diser antwurt:
«Ich weiß ein bach, da vil visch jnn ist; vnd wann die vischer
groß visch daruß vahen wöllen, so nemen sy ein holtz, zů beiden sy-
ten spitz, vnd stecken daran ein visch vom kopff bis in den schwantz.
Derselben vischlin trag dinem man eins an das end, da er pfligt, zů
essen, vnd wann er das schluckt, so wirt er daran erworgen.» Das
wyb thet, wie er sy vnderwysen het, vnd trůg jm der visch einen dar
vnd warff jm den für. Nun was Holgot, ir man, hungerig; dann er
mocht vor alter sin spyß nit mer erjagen, dann was jm das wyb
bracht; vnd verschland den visch vnd erworgt daran.

Darnach bliben dis zwen vogel ein zyt by einander mit gůter
gesellschafft, aber darnach gedacht daz wyb der wort, so ir Mosam,
der vogel, verheissen het, jr einen jungen man zů geben, vnd batt sy,
das er ir vmb einen besehe. Er sagt ir das zů. Uff ein zyt wan-
delt er an des wassers staden. Do bekam jm ein fuchs. Zů dem
sprach der vogel: «Ich will dir ein sach offenbaren, dauon du fröud
empfahen wirst.» Sprach der fuchs? «Waz wär das?» Antwurt der
vogel: «Ich hab einen vogel by mir wonende, vast feist, dem ich veind
bin, vnd wolt des gern abkummen vnd gedenck, wie ich dir den
zů spyß brächt. Nun will ich jm also thůn: er ist begirig eines
mannes vnd eins jungen; nun will ich jm sagen, daz ich ein jun-
gen vogel sins geschlächtes hie funden vnd dem von ir gesagt hab,
der wöll sy nemen; vnd verbirg dich hinder disem schrouen, so will
ich jn machen sůchen, bis du jn ergrymmen magst, das dem alten
lyb ir vnkůsch gebüsset werd.» Dis gefiel dem fuchs vmb sin selbs
nutz. Also kam Mosam zů sinem gesellen vnd sprach: «Ich hab
einen dines geschlächtes funden an dem wasser, vnd so ich dem ge-
sagt hab von diner schöne vnd gůtem wandel, ouch diner vernunfft
vnd gůten gesellschafft, so zwüschen vns beiden ist, vnd von lust-
licheit diser statt, so gefelt jm, das er dich zů wyb nemen soll, vnd
hat mich gebetten, das ich dich zů siner wonung bringe, den hyrat
zů uolbringen; dann er will sich ye diner schöne vnd wyßheit er-
getzen. Darumb ¡wol uff vnd bereit dich, zů gond!» Diß gefiel dem
wyb vnd gieng mit fröuden, das sy ein jungen man haben solt. Der
vogel fůrt sy zů dem stein, da er den fuchs bescheiden het, vnd sprach:
«Hie beyt ein cleine zyt! Dis wegs wirt er herkumen.» Vnd gieng

von jm, als ob er dem vogel engegengon wolt. Vnd so das· wyb
vast lůgt vnd ir oaugen gegen dem weg stellet, zů lůgen jrs manns
zůkunfft, do sprang der fuchs uß sinem halt vnd begreiff sy by jrem
halß jm zů spyß.»

5   [251] Hye hat ein end das sechzehent capitel von den gesellen,
die sich vnder jnen selbs betriegen, vnd vahet nun an das syben-
zehent capitel von dem, der einem andern raten kan vnd jm selbs
kan er nit raten.

    Dißles, der kůng, sprach zů sinem meyster Sendebar: «Ich hab
10 verstanden din fabel, daruff du mir das gesaget hast. Nun sag
mir von eim, der andern rat geben kan vnd jm selbs nit!» Ant-
wurt Sendebar: «Es hett ein tub ir nest vff einem hohen balmen
vnd ward ir vast sur vnd arbeitsam, ir spyß so hoch zů tragen jren
jungen. Vnd wann sy ire jungen mit grosser arbeit ußgebrůtet,
15 so kam alweg ein fuchs vnd stůnd vnder den boum vnd tröwet jr, wie
er sy vnd jr jungen essen wolt, vnd bracht sy mit tröwworten dar-
zů, das sy jm die jungen selbs herabwarff, daz er sy sicher sagt.
Vff ein zyt saß die tub aber vnd brůtet ire eyger. Do stůnd gegen
ir ein spar uff einem ast, der nit ferr von ir by dem wasser sin
20 wonnng het, vnd do er die tub so trurig sach, do sprach er: «Nach-
gebur, was macht dich truren, so du diner frucht so nähig bist?»
Antwurt die tub: «Waz fröuwen mich mine jungen? Wann wissz.
sobald ich die ußgebrůt, [252] so kumpt der fuchs vnd tröuwet mir
so hart vnd tringet mich durch forcht, die ich von jm gewinn, das
25 ich jm meine jungen gib, vmb das er mich sicher sage.» Der spar
sprach: «Kennest du nit den trůgner, den fuchs? Volg minem rat,
vnd der fuchs wirt dir fůrer nit schaden thůn!» Die tub sprach:
«Sag! Ich volg dir.» Antwurt der spar: «Wann der fuchs mer kumpt
vnd dich schrecken will, so sprich: «Thů alles din vermögen, noch
30 jrt es mich nicht! Vnd wann du lernetest disen boum stigen, so
wolt ich bald mine jungen uff einen andern boum tragen vnd will
dir gantz nichtz geben.» In nachuolgender zyt kam der fuchs, do
in beducht, daz die tub ir jungen ußgebrůt hett, vnd tröuwet ir,
wie vor. Die tub gab antwurt, wie sy der spar gelert hett. Do
35 sprach der fuchs: «Sag, wer hat dich dise antwurt gewysen, so will
ich dich vnd dine jungen sicher sagen.» Antwurt die tub: «Das hat
der spar gethon, der dort by dem wasser sin wonung hat.» Der
fuchs ließ von der tuben vnd nähet sich dem sparen, vnd do er den

by dem wasser fand, do grüßt er in tugentlich vnd sprach: «Lieber nachgebur, wie magst du dich vor dem wind vnd regen enthalten?» Der spar antwurt: «Wann mich der wind uff der rechten syten anweet, so kere ich min houbt vff die lincken syten, vnd wann er mich vff die lincken syten anvichtet, so kere ich min houbt uff die recht syten vnd bin sicher.» Sprach [253] der fuchs: «Dick kumpt ein wetter, das zů allen syten wind bringet.» Antwurt der spar: «So thůn ich min houbt vnd hals vnder mine vettichen.» Sprach der fuchs: «Ich mein, daz solichs nit sin mög.» Der spar sprach: «Ja wol mag das sin.» Antwurt der fuchs: «Sälig sind ir vogel all, die got für annder geschöpfften begabet hat! Ir fliegent zwůschen himel vnd erden in einer cleinen zyt, das menschen oder tier nit erlouffen mögen, vnd kummen dahin, da sust kein creatur hinkummen mag! Vnd darzů söllent ir die groß gnad vnd vorteil haben in wind, regen vnd schnee, wenn des not geschicht, das ir ůwer houbt vnder ůwer selbs vettichen bergen mögen, damit ůch kein vngewitter schaden mag? O wie sälig sind ir! Zöug mir doch, wie das sin mög!» Der spar wolt sin kunst vor dem fuchs öugen vnd schloufft sin houbt vnder sin vettachen. Die wyl erzwackt in der fuchs in sine klouwen vnd sprach: «Du bist, der jm selbs veind ist. Du kundest der tuben gůt rät geben, ir jungen vor mir zů behalten, vnd kundest dir selbs nit raten.» Vnd fraß jn da nůchter.»

ANMERKUNGEN.

Handschriften der deutschen bearbeitung des Buches der bei-spiele der alten weisen habe ich drei benützen können, welche sämmt-lich der großherzoglichen universitätsbibliothek zu Heidelberg ange-hören. Eine vierte handschrift, die indessen diesen namen kaum verdient, befindet sich auf der herzoglichen bibliothek zu Wolfen-büttel; sie hat mir gleichfalls vorgelegen und es wird nachher von ihr die rede sein.

Daß sich außer jenen Heidelberger handschriften noch andere er-halten haben, ist mir nicht wahrscheinlich; die von mir erbetenen und allenthalben mit der grösten bereitwilligkeit erteilten nachrichten haben wenigstens ergeben, daß die k. bibliothek zu Berlin, die kf. bibliothek zu Cassel, die gr. hofbibliothek zu Darmstadt, die stadtbibliothek zu Frank-furt a. M., die h. bibliothek zu Gotha, die k. universitätsbibliothek zu Göttingen, die kf. universitätsbibliothek zu Marburg, die k. hof- und staatsbibliothek zu München, die gr. universitätsbibliothek zu Rostock, die k. ö. bibliothek zu Stuttgart, die k. universitätsbibliothek zu Tübin-gen, die stadtbibliothek zu Ulm, die gr. bibliothek zu Weimar, die k. k. hofbibliothek zu Wien unser werk nicht handschriftlich besitzen.

Über die fraglichen drei Heidelberger handschriften nr 84, nr 85, nr 466, die ich mit A, B, C bezeichne, verweise ich vor allem auf: Friedrich Wilken, Geschichte der bildung, beraubung und vernich-tung der alten heidelbergischen büchersammlungen .... Heidelberg. 1817. 8. s. 336. 483.

Die angaben, welche Wilken über unsere handschriften bringt, sind übrigens nicht ausreichend und nicht ganz genau. Er irrt ins besondere darin, daß er als den inhalt von allen dreien in folge einer nicht seltenen verwechslung die geschichte der «Sieben weisen meister» nennt.

Disen dreien handschriften gemeinsam ist, daß sie alle aus dem 15. jh. herrühren und auf papier in folio geschrieben sind. Das gröste format hat A. Der schmuck ausgemalter bilder ist gleichfalls allen dreien zu teil geworden.

Die handschrift A (auf dem rücken bezeichnet: «Fabulæ veterum sapientum pictis figuris ornatæ. Sieben weise meister.») hat nicht, wie Wilken sagt, 240 blätter, auch nicht 237, welche zahl das letzte blatt der hs. trägt, sondern 238, indem in der alten zählung blatt 202 übergangen worden ist.

Außer dem Buche der beispiele der alten weisen enthält A noch ein gebet von den leiden Christi, ein bild und zwei blätter. Anfang: «Milter ihesus der du bist myn crafft». Schluß: «Vnd uff das die crafft dyser vilfeltigen gütheyt vnd der schmertz dyns heiligen lydens an mir nit verloren werde sunder mir furstee zu dem ewigen leben. A. M. E. N.»

Unser werk beginnt blatt 3 folgendermaßen:

«Es Jst von den altenn wysen der geschlecht der welt, diß buch des ersten Jn Jndischer sprach gedicht, Vnd darnach Jn die buchstaben der Perseen verwandelt dauon hand es die Arabischen Jn Jr sprach bracht, fürer Jst es zu Hebraischer zungen gemacht, Vnd zu letscht zu latin gesatzt Vnd ietz Jn tüsche zungen geschriben, Vnd diß buch Jst lieblicher wort vnd kostlicher red, Dardurch die alten Jr wyßhait hand wöllen ußgiessen, damit sy ir wyßheit durch die wort der vernufft erzeugten, Vnd hand diß buch gesetzt uff glychnuß zu reden der Tier vnd der vogel, Vnd das gethan vmb dry vrsachen»

Schluß, blatt 238:

«Der spar wolt sin kunst vor dem fuchs eügen, Vnnd schleufft sin houpt vnder sin vättichen Die wyl erzwackt in der fuchs in sine klowen. Vnnd sprach, Du bist der jm selbs vyend ist Du kundest der tüben gutten rat geben ir jungen vor mir zu behalten vnd kundest dir selbs nit raten, Vnd fraß jn Damit hatt dis ennd. Sequitur figura huius.»

Eine vollständige seite dieser handschrift hat 24 zeilen.

Dem texte des Buches der beispiele der alten weisen gehen in A zwei blätter voran, deren zweites den könig Anastres Caßri und den Berosias zeigt. Das erste stellt rechts und links einen palmbaum dar und zwar so, daß die zweige der beiden bäume sich berühren. In den blättern schweben zwei genien, welche an bändern wappenschilder halten, wovon jedoch das rechter hand unausgefüllt geblieben

Beispiele.   13

ist. Am ende der seite steht mit schönen initialen ATTEMPTO. Das wappenschild auf der linken seite ist das wirtembergische und dieses gewährt ein erwünschtes hilfsmittel, die zeit, in welcher das erste blatt gefertigt und wol auch die handschrift geschrieben worden, genauer zu bestimmen. Dieses wappen, geviert mit den wirtembergischen drei hirschhörnern im ersten und vierten und den mömpelgardischen zwei fischen [1] im zweiten und dritten felde, ist dasjenige, welches nach dem Uracher vertrage vom 12. juli 1473 zur beständigen erinnerung an die stammeseinheit von den grafen Eberhard dem älteren und Heinrich eingeführt wurde. Vergl. Christoph Friedrich von Stälin, Wirtembergische geschichte. III. Stuttgart. 1856. 8. s. 602. 603. Das erste blatt der handschrift A ist somit in keinem falle vor dem jahre 1473 vollendet worden, wahrscheinlich aber auch nicht vor dem jahre 1484, in welchem in folge des Münsinger vertrages vom 14. december 1482 ein neues siegel angenommen wurde, das nach Stälin, a. a. o., s. 608, in der mitte den palmbaum mit einem schriftband enthielt, worauf Eberhards des älteren wahlspruch Attempto stund, rechts und links von diesem baum je einen gevierten wappenschild mit den wirtembergischen hirschhörnern und mömpelgardischen fischen, endlich am rande die namen der beiden grafen Eberhard, des älteren und des jüngeren. Macht auch das in A unausgefüllt gebliebene eine wappenschild rechts die entscheidung über das jahr, aus welchem das erste blatt herrührt, unsicher, so dürften doch die palmen und der wahlspruch in verbindung mit dem ausgefüllten wappenschilde, was alles auf dem ersten blatte von A und in dem so eben genannten neuen siegel, wenn auch nicht ganz gleichmäßig, sich findet, einige berechtigung zu der geäußerten vermutung geben.

Das waßerzeichen des für A verwendeten papieres ist eine einfache blume mit 8 blättern.

Die handschrift B, nr 85, ist von zwei verschiedenen händen auf dem rücken bezeichnet «Sieben weise meister» und «Fabulæ Morales, pictis figuris ornatæ.« B enthält 217 von alter hand gezählte blätter, auf deren letztes noch vier weitere leere blätter folgen. Unter den vielen kunstreich verzierten initialen dieser hand-

---

1. „Die mömpelgardischen zwei fische hatten zuerst die grafen Ludwig (gest. 1450) und Ulrich der vielgeliebte (gest. 1480) nach dem tod ihrer mutter Henriette von Mömpelgard (gest. 1444) aufgenommen". Ch. F. v. Stälin, a. o. a. o., s. 603, anm. 8.

schrift hebe ich ein P auf blatt 67^b und ein D auf blatt 145^a
wegen der in diesen buchstaben angebrachten wappen hervor, die
wol auf die heimat des schreibers, den schreiber selbst, oder den
künftigen eigentümer, dem die handschrift bestimmt war, schließen
laßen.

Die handschrift beginnt mit dem bilde des königs, welchem Bero-
sias, der die mütze anfaßt, mit dem buche in der hand gegenübersitzt.

Anfang, blatt 2^a :

«Es ist von den Altten Wysen der geslecht der welt, Dyss
buch des ersten jnn Jndischer sprach gedicht, Vnd darnach jnn die
püchstaben der Perseen verwandelt, Dauon haben es die Arabischen
jn Jr sprach bracht, fürter ist es zu hebraischer zungen gemacht,
Vnd zuletzst zu latin gesetzt, vnd ytzt jnn dewtsch zungen geschriben
Vnd dyss buch ist lieblicher wort und köstlicher rede, da durch die
altten jr wißheyt haben wollen vßgiessen da mit sie jr wyßheyt durch
die wort, der vernüfft erzeygent, Vnd haben dyß buch gesetzt vff
glichnyß zu reden der Tier vnd der vogel. Vnd das gethon vmb
dry vrsache»

Schluß, bl. 216^b :

«Der spar wolt sin kunst vor dem fuchs ewgen Vnd [bl. 217.]
schlewffet sin häupt vnder sin fettichen dieweyl erzwackt jne der
fuchs jn sin klaen Vnd Sprach, Du bist der jm selbs vyndt ist, Du
kündest der Tawben gutten Rat geben jr jungen vor mir zu bewaren
vnd kondest dir selbs nit ratten Vnd fraß jne, Da mit hat das buch
ein ende, Got vnd Maria komm zu vns an vnserm letzsten ende.»

Die vollständige seite enthält 32 zeilen.

Das waßerzeichen des papieres ist der ochsenkopf ohne andeu-
tung der nase und der nasenlöcher, wol aber mit augen und einer
zwischen den hörnern aufschießenden blume mit fünf blättern. Es
ist also kein Ravensburger papier. Vergl.: Sotzmann, Über die äl-
tere papierfabrication, insbesondere über die frage: ob die von Ra-
vensburg die älteste und erheblichste in Deutschland gewesen sei.
in: Serapeum. Zeitschrift für bibliothekwißenschaft, handschriften-
kunde und ältere litteratur.... Herausgegeben von Robert Nau-
mann. VII. Leipzig. 1846. 8. nr 8, vom 30. april 1846. s. 123—125.

Die handschrift C, nr 466, hat den rückentitel «Sapientes ve-
teres.» Sie enthält 288, wie es scheint von neuerer hand gezählte
blätter, auf deren letztes noch 13 leere blätter folgen.

Das titelbild zeigt den sitzenden gebräunten könig, um ihn eine versammlung von männern, worunter der meister mit dem buche. Vor dem könige liegt ein weißes hündchen — alles in einer von der gewöhnlichen auffaßung abweichenden darstellung. (Vergl. s. 198.)

Anfang, blatt 2ᵃ :

«Es jst von den alten wysen der geschlecht, der welt, dis buch des ersten in jndischer sprach geticht, Vnd darnach in die buchstaben der persen verwandelt. Dauon haben es die arabischen jn jre sprach bracht, fürer jst es zü hebraischer zungen gemacht, zü letst zu latin gesatzt. Vnnd yetz in tütsche zungen geschriben, Vnnd dis buch ist lieblicher wort und kostlicher red Dardurch die alten wysen jr wyßhait haben wöllen ußgiessen, damit si jr wyßhait durch die wort der vernüfft erzeigten Vnnd haben dis büch gesetzt vff gelichnüß zü reden der tier vnnd der vogel, vnd das getan vmb dry vrsachen»

Schluß, bl. 288ᵇ :

«Der spar wolt sin kunst vor dem fuchs eügen vnd schlöuft sin houbt vnder sin vettichen. die will erzwackt jn der fuchs in sinen clowen, Vnd sprach Du bist der jm selbs vind ist, Du kundest der tüben gütten rat geben ire jungen vor mir zubehalten vnd kundest dir selbs nit raten Vnd fraß jn»

Eine vollständige seite hat 22—25 zeilen.

Als waßerzeichen findet sich in der handschrift C die krone mit dem kreuze darauf. Die leeren blätter am schluße haben dagegen als waßerzeichen den turm.

Über den bilderschmuck der drei handschriften A, B, C verdanke ich einem bewährten kunstkenner, herrn doctor Heinrich Leibnitz in Tübingen, eine eingehende erörterung, die hier mitteilen zu können mir zu besonderem vergnügen gereicht. Sie lautet:

«1. Handschrift A, nr 84. Stilperiode: ende des 15. jahrhunderts. Blatt 1 und 2 sind von einer hand. Blatt 4 ist von einem anderen meister, vielleicht einem glasmaler. Das unter diesem blatte befindliche überklebte bild, sowie blatt 6 und 7 gehören wider einer anderen hand an. Blatt 13 und 14 weisen in der farbenbehandlung auf einen vierten meister. Ihm könnten möglicher weise blatt 6. 7. 13 und 14 angehören, aber nur, wenn man annimmt, daß er diese blätter nach schon vorhandenen anderen copiert habe. Abgesehen hiervon gehören ihm die blätter 15—202 ohne zweifel an. Die blätter 205

—237 weisen durch zeichnung und behandlung in farbe und schatten
wider auf einen glasmaler, aber nicht auf den von blatt 4. Blatt
238 ist wol eine schlechte copie nach einem größeren bilde. Die
sorgfältige durchsicht ergibt somit zum mindesten vier, vielleicht
auch sechs verschiedene maler. Sämmtliche meister haben die holz-
schnitte sei es des Directorium humane vite oder der ältesten deut-
schen ausgaben gekannt und sich in der wahl der gegenstände sel-
ten von ihnen entfernt. Ohne diese zu copieren, sind die künstler
doch, wie man sieht, öfter von ihnen inspiriert, so z. b. der meister
von blatt 2, der, obgleich er durchaus original ist, sich dennoch in
der composition seiner beiden figuren auf eine vorlage wie die der
ausgabe von 1485 bezieht. Dieses bild auf blatt 2 ist in einem
edlen und bedeutenden stile gehalten, aber so ängstlich ausgeführt,
daß es, besonders mit rücksicht auf blatt 1 wol nur eine copie sein
kann. Blatt 4 ist sicher und geschickt behandelt, aber nicht eben
bedeutend nach irgend einer seite hin.

«Ohne auf eine genauere untersuchung der blätter 6 und 7. 13
und 14 einzugehen, von denen sich 6 und 7 durch festere zeichnung
und andere farbstoffe, 13 und 14 durch andere behandlung der far-
ben und eine weit beßere malerei vor den zunächst folgenden aus-
zeichnen, gehe ich zum meister von blatt 15—202 über. Er ist
mehr dilettant, als mann vom fach, aber talentvoll und von lebendi-
ger phantasie, liebt daher einen reichen, besonders durch waßer,
schiffe und städtearchitekturen belebten hintergrund. Seine zeich-
nung ist sehr incorrect und unrein; allein er ist dennoch in seinen
figuren nicht immer ohne jene grazie, wie sie aus schlanken verhält-
nissen und anmutiger körperneigung hervorgeht, wenn auch erstere
oft übertrieben sind, letztere geziert ist. Er ist daher, trotz seiner ge-
ringen sicherheit, nicht selten feiner im ausdruck der bewegungen
und nobler in den köpfen, als die holzschnitte der ausgabe von
1484, die ihm wol bekannt sind. Malen kann er gar nicht, sondern
illuminiert nur mit meist deckenden farben. Er liebt reichere kleidung
und stimmt darin mehr mit der ausgabe von 1545 überein. Sehr
schlecht sind seine tierstücke.

«Sein nachmann von blatt 205—237 ist freilich ein ganz anderer
zeichner, überhaupt künstler, als alle anderen. Auch ihm werden
die tierstücke am schwersten, aber er übertrifft dennoch auch hierin
die bisherigen. Seine zeichnung ist im gegensatze zu seinem vor-

gänger bestimmt, scharf, seine ausführung sauber und vollendet;
seiner geringen mittel ist er vollkommen mächtig. In den gestalten
ist nichts geziertes und ideales, dafür aber haben sie desto mehr
anmutige natürlichkeit und ausdrucksvolle, fein ausgeführte köpfe.
Er war wol unzweifelhaft glasmaler.

«2. Handschrift B, nr 85. Stilperiode: ende des 15. jahrhunderts. Die bilder sind von der hand eines sehr schlechten miniators und eigentlich keiner beachtung wert. Äußerlich unterscheiden
sie sich von allen übrigen durch stärkeren auftrag und beßere erhaltung reinerer farben. Vielleicht sind alle schlecht modificierte
copieen, und dann brauchte man für die bilder auf blatt 3. 5. 6.
11. 12. 13. 14. 17. 19. 20 und 24 keine andere hand, sondern nur
andere vorbilder anzunehmen; denn in wahrheit ist ihre zeichnung
und behandlung ebenso schlecht, wie die der übrigen. Dagegen
zeichnen sie sich durch einen anderen stil, vor allem aber, wie
schon bemerkt, durch eine farbe aus, wie sie in den beiden andern
handschriften nicht vorkommt und die wol eine schwache erinnerung
an eigentliche gute miniaturen sein könnte. Abgesehen hiervon bleiben die bilder dieser handschrift in wahl und auffaßung der gegenstände den früher erwähnten illustrationen ähnlich und gewis ist
jedesfalls, daß ihr maler die handschrift nr 84 gekannt hat.

«3. Handschrift C, nr 466. Stilperiode: ende des 15. jahrhunderts. Die bilder in C unterscheiden sich von allen bisherigen zunächst dadurch, daß sie durch die ganze handschrift von einer einzigen hand und dabei unzweifelhaft originale sind. Der künstler
zeichnet meist sehr gut und seine gestalten sind ebenso charaktervoll in bewegung und stellung, als seine köpfe ausdrucksvoll und
lebendig sind. Dazu tritt eine durchaus freie wahl der gegenstände,
die den moment der erzählung oft weit treffender und glücklicher
zu faßen weiß, als diß bei den beiden andern handschriften und
den drucken der fall ist. Allerdings scheitert der künstler ebenso
wie seine vorgänger an der unzahl der illustrierten momente, so daß
seine bilder dadurch ungleich an wert sind. Indessen ist sein geschick in der zeichnung und composition nicht zu verkennen und
selbst seine tierbilder sind unbedingt beßer, als alle übrigen. Nur
gering ist dagegen die farbenbehandlung anzuschlagen. So stellt
sich denn dieser meister in einzelnen seiner blätter (vergl. bl. 3. 18.
265.) fast ebenbürtig neben den glasmaler der handschrift A, nr 84.

Sehr schön und ohne zweifel von der nemlichen hand, wie die bilder, sind auch die initialen dieser handschrift.» —

Die mit nr 71. 13. mscpt. August. bezeichnete handschrift der herzoglichen bibliothek zu Wolfenbüttel ist lediglich nichts als ein 66 gezählte blätter in folio befaßender auszug aus unserem werke nach der Ulmer ausgabe von 1484 unter dem titel:

«Extrackt Aus Einem Alten Buech gezogen So genandt wirdt Das buech Der beispil, Der Alten weisen Von Anbegin der welt Von gschlecht zu Gschlecht, Darinen vil weiser leren Vnd Ermanungen zuerfinden sein ist: MCCCCLXXXIIII.»

Anfang:

«Vorred. ES Jst von den alten weisen der geschlecht der welt, dis buch»

Schluß:

«Dan der weiß sol geflisen sein, guete werckh zu thon vnd andere das auch lernen, vnd was er ander lernet, söliches sol er auch nit vergesen, Das er nit geleicht werdt einem brunnen, Der alle Tier trenckbet vnd doch von den allen kain hilff Empfacht, Aber ein weiser man, sol ander menschen die guetten werckh zu ieben vnderichten.»

Was das gegenseitige verhältnis der drei handschriften A, B, C betrifft, so stimmen sie weder in der schreibung, noch auch überall in den einzelnen worten unter sich überein; am meisten ist diß noch bei A und C der fall. B geht mehr einen eigenen weg. Den ältesten drucken des Buches der beispiele der alten weisen ist ferner keine der drei handschriften vollkommen gleich. Es stellt sogar A im ganzen keineswegs diejenige lesart dar, welche die ältesten drucke DE bieten, vielmehr — wenn auch ·nicht in allen einzelheiten — jene, welche in den späteren drucken F G erscheint. Hieraus ergibt sich denn auch sogleich, daß mindestens zwei verschiedene recensionen unserer deutschen übersetzung frühzeitig bestanden. Ja es darf vielleicht aus einzelnen lesarten, die ich nachher hervorhebe, noch auf weitere recensionen oder wenigstens eine solche geschloßen werden.

Ich gehe zu der aufzählung der ausgaben der deutschen übersetzung des Buches der beispiele der alten weisen über. Indem ich mitteile, wovon ich kenntnis habe erlangen können, will ich indessen nicht behaupten, daß es mir gelungen sei, absolute vollständig-

keit zu erreichen. Diejenigen drucke, die mir vorgelegen haben,
bezeichne ich wider mit einzelnen buchstaben des alphabets.

1. Ausgaben ohne ort und jahr.

I. D. Ausgabe in fol., ohne ort, jahr, signaturen und custoden,
128 nicht gezählte blätter, desgleichen 128 holzschnitte. Die voll-
ständige seite hat 40 zeilen. Die großen initialen sind mit einer
einzigen ausnahme überall vorhanden; blatt 82ᵃ, zeile 1, ist der
raum für V leer geblieben: es heißt On statt Von. Das papierzei-
chen ist der ochsenkopf mit augen und nasenlöchern und mit einer
stange, worauf ein kreuz, zwischen den hörnern (vergl. oben, s. 195).
Einen titel hat diese ausgabe nicht. Das buch beginnt mit dem
titelbilde, auf welchem — übrigens ohne inschrift — der könig und
der das werk überbringende arzt dargestellt sind. [1]
Anfang:

«Es ist von den alten wysen der ge- | schlächt der welt dis bůch
des ersten | jn yndischer sprauch gedicht vnd dar- | nach in die
bůchstaben der persen ver- | wandelt, dauon hond es die Ara- | bischen
in jr sprauch bracht, fürer ist | es zů hebreischer zungen gemacht |
zů letst zů latin gesatzt, vnd yetz in | tütsch zungen geschriben
Vnd dis bůch | jst lieblicher wort vnd kostlicher red | da durch die
alten jr wyßheit hond | wöllen ußgiessen damit sy ir wyß- | heit
durch die wort der vernunfft erzöugent Vnd hond dis bůch | gesetzt
uff glichnuß zů reden der tier vnd der vogel vnd das gethon | vmb
dry vrsachen,»
Schluß:

«der spar wolt sin kunst vor dem | fuchs öugen vnd schlaufft
sin houbt vnder sin vettachen, die wyl | erzwackt in der fuchs in
sine klouwen vnd sprach du bist der jm | selbs veind ist Du kun-
dest der tuben gůt rät geben ir jungen | vor mir zů behalten vnd
kundest dir selbs nit raten vnd fraß jn | da nüchter ,»

«da nüchter,» sind die einzigen worte, welche noch in der 17.
zeile der letzten seite stehen. Der rest dieser letzten seite, sowie
die rückseite des letzten blattes sind leer. Man vergleiche über D:
D. Christiani Friderici Schnurrer, universitatis litterarum tubin-

---

1. Nach einer handschriftlichen bemerkung in dem mir vorliegenden
Stuttgarter exemplare erinnert die randverzierung des ersten textblattes an
diejenige des lebens der heiligen von 1481.

gensis nuper cancellarii, Orationum academicarum historiam litterariam theologicam et orientalem illustrantium delectus posthumus. Piæ memoriæ causa addita præfatione biographica edidit D. Henr. Eberh. Gottlob Paulus. Tubingæ. 1828. 8. s. 216—221.

[K. Heyse,] Bücherschatz der deutschen nationallitteratur des 16. und 17. jahrhunderts. Berlin. 1854. 8. s. 125, nr 1879. — K. Gödeke, Grundriß zur geschichte der deutschen dichtung. Hanover. 1859. 8. s. 359.

Nach Ch. F. Stälin, Zur geschichte und beschreibung alter und neuer büchersammlungen im königreich Würtemberg, ins besondere der königlichen öffentlichen bibliothek in Stuttgart. Stuttgart und Tübingen. 1838. 8. s. 13, wurde D von Konrad Fyner[1] zu Urach

*

1. „Vielleicht ist die vermutung erlaubt, daß jener Conrad Fyner von Gerhausen, das nur ein paar stunden von Ulm entfernt ist, welcher schon 1473 in Eßlingen und später in Urach druckte, in Hohenwangs schule seine bildung erhalten habe." K. D. Haßler, Die buchdruckergeschichte Ulms, zur vierten säcularfeier der erfindung der buchdruckerkunst geschrieben. Ulm. 1840. 4. sp. 138. Man vergl. über Konrad Fyner oder Feyner ferner: Das Angedencken des dritten Jubel-Fests der Edlen Buchdrucker-Kunst auf der Universität Tübingen, welches theils wie dieses Jubel-Fest A. 1740. am Tage St. Jacobi des Apostels von denen Herrn Kunst-Verwandten gefeyret worden, und die dahin gehörige Stücke anführt, theils einen Historischen Entwurff des Anfangs und Fortgangs dieser Edlen Kunst in Schwaben, und besonders der Academie Tübingen in denen meisten von A. 1440. biß 1540. als dem ersten Jahrhundert gedruckten Büchern enthält, dem Grossen GOTT zum Preiß und denen jeztmaligen Herrn Kunst-Verwandten zu Ehren entrichtet durch Johann Christian Klemmen, der Heil. Schrifft Doctorn, Prof. Theolog. Ordin. und III. Stip. Superintendenten. Auf eigene Kosten gedruckt und verlegt von Joseph Sigmund, ältisten Buchdrucker in Tübingen. [1740.] 4. s. 56. 57. 61. 62. — [Pl. Braun,] Notitia historico-litteraria de libris ab artis typographicae inventione usque ad annum MCCCCLXXVIII. impressis. I. Augustae Vindelicorum. MDCCLXXXVIII. 4. s. 71—76. — G. W. Zapf, Älteste buchdruckergeschichte Schwabens. Ulm. 1791. 8. s. 11. 12. 19. 150—182. 261—263. — Karl Pfaff, Geschichte der reichsstadt Eßlingen. Eßlingen am Neckar. 1840. 8. s. 232 und anm. 4 daselbst. — Stälin, Die buchdrucker des fünfzehnten jahrhunderts, in und aus Würtemberg und Schwaben, in: J. G. D. Memminger, Würtembergische jahrbücher für vaterländische geschichte, geographie, statistik und topographie. Jahrgang 1837. Erstes heft. Stuttgart und Tübingen. 1838. 8. s. 133. — K. Falkenstein, Geschichte der buchdruckerkunst in ihrer entstehung und ausbildung. Ein denkmal zur vierten säcularfeier der erfindung der typographie. Leipzig. 1840. 4. s. 173. 179. — Nach Zapf hätte Conrad Fyner seine tätigkeit zu Eßlingen im jahre 1473 begonnen und hier zuletzt noch im jahre

wahrscheinlich um 1480 oder nach einer späteren äußerung desselben gelehrten (in: Wirtembergische geschichte. III. s. 760) um 1481 gedruckt.

Exemplare dieser ausgabe besitzen die großherzogliche hofbibliothek zu Darmstadt, (E 6896), die k. öff. bibliothek zu Stuttgart, unter der signatur: Incun. nr 4028ᵇ, und die k. universitätsbibliothek zu Tübingen, unter der signatur: C. i. IX. 2 ᵃ. Ein unvollständiges exemplar — es fehlen darin blatt 2. 3 und 6 — findet sich auf der k. bibliothek zu Berlin.

II. E. Ausgabe in fol., ohne ort, jahr, signaturen und custoden, 110 nicht gezählte blätter mit denselben 128 holzschnitten wie D. Die vollständige seite hat 44 zeilen. Das papierzeichen ist der buchstab p des gothischen alphabets, übrigens nicht durchaus in derselben form. Vergl. Sotzmann, a. a. o., s. 102. 108. 126. 127. Bemerkenswert ist, daß in E der zur ausfüllung durch große initialen beim beginne von abschnitten bestimmte raum vielfach leer geblieben ist, sei es, daß es der druckerei an den nötigen typen gefehlt hat oder etwa auf den miniator gerechnet war. Der mangel fällt in den beiden mir vorliegenden exemplaren auf. Diese ausgabe beginnt ohne titel mit dem nemlichen titelbilde wie D.

Anfang:

«Es ist von den alten wysen der geschlächt | der welt dis büch des ersten jn yndescher | Sprauch gedicht Vnnd darnach jn die | büchstaben der persen verwandelt, Da | von hond es die Arabischen in jr sprach | bracht Fürer ist es zů hebreischer zung | en gemacht, zů letst zů latin gesatzt, vnd | yetz in tüsch zungen geschriben Vnd dis | büch ist lieblicher wort vnd kostlicher | red da durch die alten

1477 gedruckt. Nach Zapf, a. a. o., s. 12, hat Konrad Fyner das verdienst, zuerst und zwar schon 1475 in Eßlingen, wenn auch nicht ganze werke, so doch einzelnes hebräisch gedruckt zu haben. Mit angabe des jahres 1481 druckte Konrad Fyner zu Urach: Der heiligen leben winter und sommerteil und Plenarium nach ordnung der episteln und evangelien durch das ganze jahr. Vergl. Zapf, a. a. o. s. 261—263; G. W. Panzer, Annalen der ältern deutschen litteratur. Nürnberg. 1788. 4. s. 117, nr 126. — Nach Ch. F. v. Stälin, Wirtembergische geschichte. III. s. 780, wurde in Urach eben in den jahren 1480 oder 1481 überhaupt erstmals gedruckt, nachdem hier im jahre 1477 auch eine papiermühle, die erste in Altwirtemberg, entstanden war. (a. a. o., s. 779). Stälin, a. a. o., s. 780, hält es für wahrscheinlich, daß an Konrad Fyners berufung von Eßlingen nach Urach der erste Uracher stiftsrector, Benedict von Helmstadt, anteil gehabt habe.

jr wyßheit hond | wöllen vß giessen, damit sy jr wyßheit | durch die wort der vernunfft erzöugent, | Vnd hond dis bůch gesetzt vff glichnuß zů reden der tier vnd der vo | gel vnd das gethon vmb dry vrsachen»

Schluß auf der rückseite des letzten blattes:

«der | sparn wolt sin kunst vor dem fuchs öugen vnnd schlouft sin houbt | vnder sin vettihen, die wil erzwackt in der fuchs in sine clouwen | vnd sprach du bist der jm selbs veind ist, Du kundest der tuben gůt | råt geben jr jungen vor mir zůbehalten Vnnd kundest dir selbs nit | raten vnd fraß jn da nůchter,»

Hierauf folgt noch auf derselben seite ein holzschnitt, der übrigens nicht bis an das ende der seite reicht. Die letzten worte stehen in der 14. zeile.

Über E vergleiche man: Georg Wolfgang Panzer, Zusätze zu den annalen der ältern deutschen litteratur. Leipzig. 1802. 4. s. 22, nr 88. — Fr. Ad. Ebert, Allgemeines bibliographisches lexikon. I. Leipzig. 1821. 4. s. 242, nr 3095. (Ebert vermutet als den druckort Ulm). — Ludovicus Hain, Repertorium bibliographicum. Voluminis I pars I. Stuttgartiæ et Lutetiæ Parisiorum. 1826. 8. s. 562, nr 4028. — Gödeke, a. a. o., s. 359.

«Den druckort», sagt Panzer, a. a. o., «getraue ich mir nicht mit gewisheit anzugeben; doch möchte derselbe vielleicht Ulm sein.» Aus dem von Panzer, a. a. o., mitgeteilten schließe ich, daß die nach desselben Annalen, s. 49, nr 88, von Chr. Gottfr. von Bretschneider, in seinem mir unzugänglichen Catalogus nonnullorum rariorum librorum. Pestini. 1781. 8. s. 7, angeführte und noch vor 1470 gesetzte ausgabe ohne ort und jahr gleichfalls ein exemplar von E ist. Diese zeitangabe Bretschneiders will übrigens Panzer «dahin gestellet seyn laßen». Nach Ch. F. v. Stälin, Wirtembergische geschichte. III. s. 760, wurde auch E um 1481 von Konrad Fyner zu Urach gedruckt.

Exemplare dieser ausgabe finden sich in der großherzoglichen universitätsbibliothek zu Heidelberg und in der k. k. hofbibliothek zu Wien. Das erstere hat die nr 127 und bildet einen teil eines sammelbandes sehr verschiedenen, auch handschriftlichen, inhaltes. Man vergl. darüber F. Wilken, a. a. o., s. 352—354, wo übrigens widerum unser werk mit den Sieben weisen meistern verwechselt wird.

Ein unvollständiges exemplar von E besitzt, unter Incun. nr 4028, die k. öff. bibliothek zu Stuttgart; es stammt aus der ehemaligen oberrats-, nachherigen regierungsratsbibliothek zu Stuttgart, die im jahre 1776 der öffentlichen bibliothek daselbst einverleibt worden. Vergl. über diese bibliothek: Stälin, Zur geschichte und beschreibung, s. 41—44.

Die beschreibung, welche G. H. B[ode] in den Göttingischen gelehrten anzeigen, 1843. s. 737. 738, von einem Wolfenbütteler exemplare der ältesten ausgabe ohne ort und jahr gibt, stimmt nicht mit den drei von mir benützten drucken. Nach Bode hätte jene incunabel 125 ungezeichnete blätter in folio. «Die schlußworte, welche auch in späteren drucken gleich lauten,» sagt weiterhin Bode, «sind folgende: Das Buch der weißhait der alten weisen von anbeginne der Welt von geschlecht zu geschlecht. Auch die vorrede endigt mit den worten: Das Buch der beyspil der alten weisen u. s. f., welche sich am schluße der einzelnen capitel (es sind deren 17) widerholen.» Alle diese angaben, mit ausnahme derjenigen der capitelzahl, passen nicht auf die drei exemplare, von denen ich einsicht genommen habe. Eine nochmalige mir nicht mögliche prüfung jenes Wolfenbütteler exemplares dürfte unter solchen umständen nicht ungeeignet erscheinen.

2. Ausgaben mit ort und jahr.

I. Zwei Ulmer ausgaben von 1483, in folio.

1. Die erste schließt nach Hain:

«Hie endet sich das buch der weißhait, der alten weisen von | anbeginne der welt von geschlecht zu geschlecht. | Gedruckt vnd vollendet durch lienhart hollen zu vlm, nach | cristi geburt. m.cccc.lxxxiij. iar auff den .xxviij. tag des mayenß.»

Die rückseite des letzten blattes füllt ein holzschnitt.

Ausführlich spricht über diese ausgabe Kästner in seiner «Nachricht von einer alten deutschen Übersetzung des Buches Kelila und Dimme an Herr Friedrich Gotthilf Freytag» in: Vermischte schriften von Abraham Gotthelf Kästner. Altenburg. 1755. 8. s. 219—232. Man vergl. ferner Georg Wolfgang Panzer, Annalen der ältern deutschen litteratur. Nürnberg. 1788. 4. s. 143. 144, nr 189. — [Placidus Braun,] Notitia historico-litteraria de libris ab anno MCCCCLXXX. usque ad annum MD. impressis: in bibliotheca liberi, ac imperialis monasterii ad ss. Udalricum et Afram Augustae ex-

tantibus. II. Augustae Vindelicorum. MDCCLXXXVIIII. 4. s. 106.
107, nr xviii. — Georg Wilhelm Zapf, Älteste buchdruckergeschichte
Schwabens. Ulm. 1791. 8. s. 86, nr 37. — F. v. Diez, Über inhalt
und vortrag ... des königlichen buchs. Berlin. 1811. 8. s. 133. —
Hain, a. a. o., s. 562, nr 4029. — Haßler, Die buchdruckergeschichte
Ulms, sp. 117. 118. — Jacques-Charles Brunet, Manuel du libraire et
de l'amateur de livres. Paris. 1842. 8. s. 352. Brunet verweist auf
die von Dibdin, Ædes althorp., II. 90. 91, gegebene beschreibung
dieses druckes sammt nachbildung zweier holzschnitte.

Auch Ebert, a. a. o., s. 242, nr 3095, führt eine hollische
Ulmer ausgabe von 1483, jedoch ohne nähere bezeichnung, an.

Exemplare dieser ausgabe finden sich in der k. bibliothek zu
Berlin, in der k. universitätsbibliothek zu Göttingen, in der k. hof-
und staatsbibliothek zu München (Inc. nr 1308), in der k. k. hof-
bibliothek zu Wien.

2. Außer diesem drucke veranstaltete derselbe Leonhard Holl [1]
in dem nemlichen jahre 1483 noch einen zweiten. Der schluß des-
selben lautet, wie mir herr professor Conrad Hofmann nach dem
auf der Münchener k. hof- und staatsbibliothek befindlichen exemplare
(Inc. nr 1309[a]) mitteilt, folgendermaßen:

«Hie endet sich das buch der weißhait der alten weisen von
anbeginne der | welt von geschlecht zů geschlecht. Gedrucket durch
Lienhart Hollen zů | Vlm nach Cristi geburt M. CCCC. LXXXiij. an
sant Jacobs abent | »

Man vergl. Hain, a. a. o., s. 562, nr 4030; Brunet, a. a. o.,
s. 352.

•

1. Vor errichtung seiner buchdruckerei hatte Leonhard Holl eine spiel-
kartenfabrik, versendete seine waaren nach Venedig, Constantinopel u. s. f.
und brachte bei seinen bildern inschriften mit beweglichen lettern an. Seine
spur verliert sich mit seiner ins jahr 1492 fallenden erwähnung im Ulmer
einungsbuche, einer art von schuldhändelprotocoll, in welchem, mit ausnahme
Hohenwangs, die namen fast aller übrigen ersten Ulmer drucker begegnen.
Es sind von ihm nur drucke aus den jahren 1482—1484 bekannt. Über
Leonhard Holl vergl. man: Albrecht Weyermann, Neue historisch-biographisch-
artistische nachrichten von gelehrten und künstlern, auch alten und neuen
adelichen und bürgerlichen familien aus der vormaligen reichsstadt Ulm.
Fortsetzung der nachrichten von gelehrten, künstlern und andern merkwürdigen
personen aus Ulm. Ulm. 1829. 8. s. 185. — Haßler, Die buchdruckerge-
schichte Ulms, sp. 115—118.

Über das verhältnis dieser zwei hollischen ausgaben aus dem jahre 1483 bemerkt C. Hofmann: «Die beiden angeführten drucke unterscheiden sich nicht in den holzschnitten, so viel ich sehen konnte, sind aber außerdem, wie die oberflächlichste vergleichung zeigt, verschieden. Es ist freilich sonderbar, daß ein so umfangreiches werk in einem einzigen jahre zweimal gedruckt wurde. Es muß also einen großen erfolg gehabt haben.»

Daß diese beiden drucke im texte nicht übereinstimmen, geht auch aus den mitteilungen von Hain hervor.

Eine der beiden Ulmer ausgaben von 1483 — ich vermag nicht anzugeben, ob die erste oder die zweite — besitzen auch die herzogliche bibliothek zu Wolfenbüttel und die bibliothek des germanischen museums zu Nürnberg. Vergl.: Bibliothek des germanischen nationalmuseums zu Nürnberg. Nürnberg u. Leipzig. 1855. 8. s. 51, nr 824.

Nr 1309 der k. Münchener hof- und staatsbibliothek ist nach gefälliger mitteilung von herrn prof. Hofmann abhanden gekommen, und es läßt sich nun nicht sagen, welcher der beiden drucke, oder ob es etwa ein dritter war.

II. F. Ulmer Ausgabe von 1484, in fol.

Einen titel hat dieser druck nicht. Die vollständige seite hat 34 zeilen. F hat viele holzschnitte, deren zahl ich, weil mir ein mangelhaftes exemplar vorliegt, aus eigener rechnung nicht angeben kann. F beginnt mit:

«Das ist dz Reigister über das büch der weißhait, vnd | seind darinn begriffen all artickel, in welchem capi | tel, vnd nach welcher figur, vnd in welichem büch|staben. Es ist auch zewissen das ein itzlichs capitel mit seinem | a. b. c. anfahet vnd figuren. Das ander capitel hat zwai a. b. c. | vnd das ander a. b. c. fahet an. a. a. darnach wiß dich zerichten | »

«Die vorred»

«Dyß büch hat zwü verstentnüß, Nach der ersten figur In dem | büchstaben. c. |

Drew ding sein gebürlich eynem ytzlichen menschen zů suchen Nach der ersten figur jn dem büchstaben. d.» | u. s. f.

«Das erst capitell.»

«Das gemüt des menschen sol sich naigen zů vier dingen In dem | büchstaben. a.» | u. s. f.

Auf das register folgt:

«Die Vorred»

«Es ist von den alten weisen der geschlecht | der welt diß büch
des ersten in indischer sp|rach gedicht vnd darnach in dye büch-
staben | der perßen verwandelt, dauon hond es die | arabischen in
ire sprach bracht, fürter ist | es zů hebraischen tzungen bracht, vnd
zů | letzt zů latein gesatzt vnd yetzt in tetitsche | zungen geschriben,
vnd diß büch ist lieblicher wort vnd kostli|cher reden dardurch die
alten hond wöllen ir weißheit außgieß|sen da mit sy ir weißhait
durch die wort der vernunfft erzaigten | vnd hond diß büch gesetzt
auff gleichnuß zů reden der thier vnd | der fogel, vnd das gethon
vmb drey vrsachen.»

Schluß:

«der spar wolt sein kunst vor dem fuchs etigen | vnd schleufft
sein haubt vnder sein fettich die weil erzwackt yn | der fuchß in
sein klawen, vnd sprach du bist der im selbs feindt | ist du kun-
dest der tauben gůten ratt geben ir iunge vor mir zů | behalten vnd
kundest dir selbs nit raten vnd fraß yn vnd da | mitt hat diß büch ein end.|

Hie endet sich das büch der weißhait, oder der alten weisen |
von anbeginne der welt von geschlecht zů geschlecht. |

Gedruckt vnd vollendet durch Lienhart Hollen zů Vlm | nach
cristi geburt. M. cccc. lxxxiiij. iar. an dem negsten mitwoch | vor
pfingsten. AMEN»

Die rückseite des letzten blattes füllt ein holzschnitt.

Man vergl. über F: Panzer, Annalen, s. 152. 153, nr 209.
Zapf, a. a. o., s. 90, nr 42. — Ebert, a. a. o., s. 242, nr 3095.
Hain, a. a. o., s. 562. 563, nr 4031. — Haßler, a. a. o., sp. 118. —
Gödeke, a. a. o., s. 359.

Exemplare von F finden sich auf der k. hof- und staatsbiblio-
thek zu München, auf der k. öff. bibliothek zu Stuttgart (Incun. nr 4031,
mangelhaft), auf der mit der stadtbibliothek verbundenen beßereri-
schen bibliothek zu Ulm.

Nach G. H. B[ode] in den Göttingischen gelehrten anzeigen,
1843, s. 738, hätte L. Holl auch noch im jahre 1485 seinen druck
widerholt. Ich habe diese angabe sonst nicht gefunden und vermute,
daß sie auf einer verwechslung beruht.

III. Augsburger ausgabe von 1484.

Panzer, Annalen, s. 153, nr 210, führt diesen druck mit den
worten auf:

«Das Buch der Weisheit, oder der alten Weisen u. s. w. Ge-
druckt zu Augspurg durch Hans Schönsperger MCCCCLxxxiiij. In
folio.

Diese ausgabe .. finde ich in Gerckens Reisen. I. s. 398, an-
gezeigt. Sie soll im kloster Tegernsee befindlich sein und holz-
schnitte haben.»

Nach Panzer, Zusätze zu den annalen, s. 54, nr 210, lautet
der schluß:

«Hye endet· sich das buch der weyßheit der allten weyßen von
anbeginn der welt von geschlächt zu geschlächt gedruckt durch
hannsen Schönsperger zu Augspurg vnd vollendet an sant gertrauten
tag. Nach cristi vnnsers herren geburt M.CCCC vnd dornach im
lxxxjjjj jare.»

Vergl. Georg Wilhelm Zapf, Augsburgs buchdruckergeschichte
nebst den jahrbüchern derselben. II. Augsburg. 1791. 4. s. 225,
nr 52. — Ebert, a. a. o., s. 242, nr 3095. — Hain, a. a. o., s.
563, nr 4032. — Gödeke, a. a. o., s. 359.

Exemplar auf der k. hof- und staatsbibliothek zu München.

IV. G. Ulmer ausgabe von 1485, in fol.

182 gezählte blätter. Auf der vorderseite jedes blattes ist oben
die capitelzahl und die blattzahl angegeben. Die vollständige seite
hat 35 zeilen. Auf der letzten, einen holzschnitt enthaltenden, seite
steht oben gedruckt: «Das .xvij. Capitel. Das .clxxxij. Blat.»
Die rückseite des letzten blattes ist leer. Der holzschnitte sind es
in G 123. Custoden hat diese ausgabe nicht, wol aber signaturen,
und zwar ein alphabet a — z. Die letzte signatur ist ziij. Darauf
folgen noch drei nicht signierte blätter.

Einen titel hat G nicht. Auf der rückseite des 1. blattes —
die vorderseite ist leer — beginnt ein doppelspaltig gedrucktes «Re-
gister in das büch der weisen»

Anfang:

«[A] bgescheiden leben süchen die | welt verlassen. xiij blat V |

Ab gescheiden leben füren | durch got. da süch am xiiij
blat Y |

Adel ertzeigt sich von natur. dar- | uon süch an dem xxij N
vnd O |

Affen betrüget das er vil ding er- | faren will. das süch an
dem xviij E |

Schluß, auf der rückseite des vierten blattes:

«Zweifel vertzeůcht vrteil. lxxvj K

Zeitlich gůt sůchen. an dem v I

Zeit diser welt. sůch an dem xv A.

Ein end des Registers.»

Auf das register folgt der titelholzschnitt mit der bezeichnung
der beiden dargestellten figuren: «Anastres Thaßri.·. Berosias» Un-
mittelbar hieran schließt sich: «Die vorred. Das ij. Blat.»

«Es ist von den alten weisen der ge-|schlächt der welt diß
bůch deß ersten in | indischer sprach gedicht. vnd darnach | in die
bůchstaben der perssen verwan-|delt. dauon hand es die arabischen
in ir | sprach bracht. fürter ist es zů hebraisch|en zungen bracht.
vnd zů letzt zů latein | gesatzt. vnd yetzt in teütsche zungen ge|
schriben. Vnd diß bůch ist lieplicher wort vnd köstlicher re|den
dardurch dye alten hand wöllen ir weißheit außgiessen. | damit sie
ir weißheit durch die wort der vernunfft ertzeigten. | Vnd hand diß
bůch gesetzt auff geleichnuß zů reden der thi|er vnd der fögel.
vnd das gethan vmb drey vrsachen.»

Schluß:

«Der spar wolt sein kunst vor dem fuchs eůgen vnd slaifft sein
ha|ubt vnder sein fettig die weil ertzwackt yn der fuchs in sein
klawe | vnd sprach. du bist der ym selbs feind ist. du kundest der
tauben gů-|ten rat geben ire iungen vor mir zůbehalten vnd kun-
dest dir selb | nit raten vnd fraß yn. Vnd damit hat diß bůch ein end.|

Hie endet sich das bůch der weißheit oder der alten weisen. |
von anbeginne der welt von geschlecht zů geschlechte. Das | hat ge-
druckt Cůnrad Dinckmůt zů Vlm. nach Cristi vnsers | herren gebůrt.
M. cccc. lxxxv. iar. an sant Gregorij tag deß hei-|ligen lerers.»

Über diesen druck von C. Dinckmůt [1] vergleiche man: Seba-

*

1. „Sofern es sich bloß um fruchtbarkeit der hervorbringung handelt,
nimmt Conrad Dinkmuth neben Joh. Zainer die erste stelle unter den ulmi-
schen druckern ein. Er kann jedoch weder mit diesem, noch mit Ludwig
Hohenwang und Leonhard Holl rücksichtlich der schönbeit der hervorbringung
verglichen werden, obwol er ursprünglich in der officin eines der beiden er-
stern scheint gearbeitet zu haben." Haßler, a. a. o., sp. 119. — Mit an-
gabe der jahre 1482 bis 1493 druckte Cuonrad Dinckmuot, der mit dem
geschäfte des buchdruckers das des buchbinders verband, viele geschicht-
liche, medicinische, theologische und andere werke. In den ulmischen steuer-
büchern kommt C. Dinckmuot (die schreibung des namens wechselt) schon

Beispiele.   14

stianus Seemiller, Bibliothecæ academicæ Ingolstadiensis incunabula
typographica. Fasciculus III. Ingolstadii. 1789, 4. s. 30, nr xviij;
Panzer, a. a. o., s. 158, nr 223; Zapf, a. a. o., s. 91, nr 43; Ebert,
a. a. o., s. 242, nr 3095; Hain, a. a. o., s. 563, nr 4033; Haßler,
a. a. o., sp. 122; Gödeke, a. a. o., s. 359.

Exemplare von G besitzen die k. hof- und staatsbibliothek zu
München, die k. öff. bibliothek zu Stuttgart (unter: Incun.nr 4033).
Dem letzteren, das mir vorgelegen, fehlen einzelne blätter; es gehörte
früher der büchersammlung der Benedictiner reichsabtei Weingarten,
über welche man vergl.: Stälin, Zur geschichte... alter und neuer
büchersammlungen im königreich Würtemberg, s. 92—94.

V. Straßburger ausgabe von 1501. folio. 116 blätter, sign. A—V,
A und V je 4 blätter, die andern 6 blätter. Die blattbezeichnung
ist i—cxviij. Die blattbezeichnungen v und vj fehlen und das blatt
iv hat auf der rückseite die ziffer vj, wol deshalb, weil mit blatt
vij der text beginnt und weil man den später gedruckten bogen
A auf 6 blätter berechnet hatte. Titel:

«Dis ist das buch der wyß|heit der alten wysen. von ge|schlecht
der welt. Anfencklich von Indischer sprach in den büchstaben der
Persiē, vnd | dauon in Arabisch, Hebraysch, Latinisch, vnd ietzt zů
Tütsch nutzlich vnd gůt» ēc. [Holzschnitt.]

Schluß: «Gedruckt vnd vollendt durch Hans grüninger In der
keiser-|lichen fryen stat Straßburg nach cristi geburt. M. CCCCC. |
vnnd. I. iar. vff dornstag nach der heiligen dry künig tag.»

Ich verdanke diese mitteilungen der güte des herrn doctors Julius
Schrader in Berlin.

Man vergl. über diese ausgabe: Panzer, Annalen, s. 256, nr
520; Panzer, Zusätze zu den annalen, s. 54, nr 520; Ebert, a.
a. o., s. 242, nr 3095; Gödeke, a. a. o., s. 359.

Exemplare dieser ausgabe besitzen die k. bibliothek zu Berlin,
die großherzogliche hofbibliothek zu Darmstadt, (E 6897), die k.
hof- und staatsbibliothek zu München, die k. k. hofbibliothek zu Wien,
die herzogliche bibliothek zu Wolfenbüttel. Wegen des Wolfenbüt-

*

1476 als buchdrucker vor. Seine schicksale seit dem jahre 1499, in welchem
er die nachsteuer zahlte und Ulm verließ, sind unbekannt. Ein buchbinder
Hans Dinckmuth kommt 1484 in Ulm vor, ein buchdrucker Michael Dinckmuth
wurde 1489 acht jahre aus der stadt geschafft. Vergl. Weyermann, a. a. o.,
s. 64; Haßler, a. a. o. sp. 119—128. 94.

teler exemplares vergl. G. H. B[ode], in den Göttingischen gelehr-
ten anzeigen. 1843. s. 739. Bode irrt darin, daß er, s. 738, eine
reihe Straßburger ausgaben und darunter auch die von 1501 sämmt-
lich aus der druckerei von Jacob Frölich hervorgehen läßt.

So ist es wol auch ein irrtum, wenn F. v. Diez, Über inhalt
und vortrag... des königlichen buchs. Berlin, 1811. 8. s. 138, von
einer Straßburger ausgabe aus dem jahre 1500 spricht.

Nach gefälliger benachrichtigung des herrn doctors Bethmann zu
Wolfenbüttel befände sich auf der dortigen herzoglichen bibliothek
auch eine Straßburger ausgabe von 1512 in 4°, worüber ich indessen
keine näheren nachweisungen geben kann.

VI. Straßburger ausgabe von 1524.

Karl Falkenstein, Beschreibung der königlichen öffentlichen
bibliothek zu Dresden. Dresden. 1839. 8. s. 781, führt diesen druck
folgendermaßen auf:

«Buch der Weisheit der alten Weisen. Strasb., Grüninger. 1524.
f. mit holzschn.»

Exemplare auf der k. öff. bibliothek zu Dresden, auf der k. k.
hofbibliothek zu Wien, auf der herzoglichen bibliothek zu Wolfen-
büttel. Vergl. Götting. gel. anz. 1843. s. 739.

VII. Straßburger ausgabe von 1525.

Drucker: J. Grüninger.

Vergl. Ebert, a. a. o., s. 242, nr 3095; Gödeke, a. a. o., s. 359.

Exemplare auf der k. hof- und staatsbibliothek zu München,
auf der k. öff. bibliothek zu Dresden.

VIII. Straßburger ausgabe von 1529. Titel:

«Das ist das buoch der | weißheit» ...... [Holzschnitt].

Am ende: «Gedruckt vnd vollendet durch Johannem | Grienninger
In der freyen stat Straß-|burg Nach Cristi vnsers lieben | herren
geburt. MCCCCC. | vnd XXIX iar auff vn|ser lieben frowen | ge-
burt abent.»

In der blattbezeichnung und allem, auch den holzschnitten, ganz
übereinstimmend mit der Straßburger ausgabe von 1501.

(Gefällige mitteilung des herrn doctors Schrader in Berlin.)

Vergl. Gödeke, a. a. o., s. 359.

Exemplare bewahren die k. bibliothek zu Berlin, die herzog-
liche bibliothek zu Gotha, die herzogliche bibliothek zu Wolfenbüttel.

IX. Straßburger ausgabe von 1536. fol.

14*

Zunächst 4 blätter ohne blattbezeichnung, enthaltend: titel, register, «Etliche Sprüch der Weisen»... und: «Gedicht zům Läser.» Dann die blätter i—cvij. Die holzschnitte sind der Straßburger ausgabe von 1529 nachgebildet. Titel:

«Die alten weysen | Apophtegmata Sapientum. | DEr Alten Weisen exempel | sprůch»... .... [Holzschnitt.]

Bl. cviiᵇ enthält nur die schlußschrift: «Getruckt inn der Loblichen Statt Straß-|burg, durch Bartholmeum Grieninger. .... | M. D. xxxvi.»

(Freundliche mitteilung des herrn doctors Schrader in Berlin.) Vergl. Ebert, a. a. o., s. 242, nr 3095; [Heyse,] Bücherschatz, s. 125, nr 1880; Gödeke, a. a. o., s. 359.

Exemplare auf der k. bibliothek zu Berlin, der k. öff. bibliothek zu Dresden, der herz. bibliothek zu Gotha, der k. hof- und staatsbibliothek zu München.

X. Straßburger ausgabe von 1539.

«Der Alten Weisenn exempel sprůch, mit vil schönen Beyspilen und Figuren erleüchtet. Darinnen fast aller menschen wesen, Händel, Untrew, List, Geschwindigkeyt, Neyd, und Haß, Figuriert vnd angezeygt werden» u. s. w.

Die untere hälfte des titels bildet ein holzschnitt. Hinter dem titel ein blatt register, dann A iij, auf welchem das register schließt und sprüche von Syrach, Salomon, Seneca, Christus, Hieronymus, Cicero, Gregorius, Pamphilus, Catho [so!], Aristoteles mitgeteilt sind. Hierauf ein blatt «Zům Läser» mit einem gedichte auf der vorderseite, einem holzschnitte auf der rückseite. Dann ein blatt signiert B, beginnend: «Das bůch der Weißheit der Alten weisen von anbeginne der welt, von geschlecht zů geschlecht, Von sitten, wesen, Trew vnd vntrew, Weltlauff, vnd behendigkeyt, Vnd wie dargegen der mensch sich mit Gottes forcht, vnd gerechtigkeyt versehen soll, vff gleichniß figuren, Redender Thier vnd vögel gesetzt. Vorred dises Bůches,» u. s. w. Das folgende blatt ist oben mit ij bezeichnet, das dritte mit iij u. s. f. Das ganze umfaßt cvij blätter und A. B. C. D. E. F. G. I. K. L. M. N. O. P. Q. R. S, je zu 6 blättern und T zu 5. Das werk schließt auf der vorderseite von bl. cvij mit den worten:

«Hie endet sich das Bůch der Weißheyt, oder der Alten Weisen, von anbeginne der welt, und von geschlecht zů geschlecht.»

Auf der rückseite: «Getruckt und vollendt, in der Loblichen Statt Straßburg, bei Jacob Frölich, Als man zalt nach der geburt Christi unsers Herrn Tausent Fünff hundert vnd Neün vnd dreyssig jar.» Viele holzschnitte; folio.

(Gütige mitteilung von herrn professor doctor Theodor Benfey in Göttingen.)

Vergl.: [Johann Christian Götze,] Die Merckwürdigkeiten der königlichen Bibliothek zu Dreßden, ausführlich beschrieben, und mit Anmerckungen erläutert. Die dritte Sammlung des zweyten Bandes. Dresden. 1745. 4. s. 255. — Ebert, a. a. o., s. 242, nr 3095; Falkenstein, a. a. o., s. 781; Gödeke, a. a. o., s. 539.

Exemplare besitzen die k. bibliothek zu Berlin, die k. öff. bibliothek zu Dresden (prachtexemplar in rotem seidenbande mit ausgemalten holzschnitten), die herzogliche bibliothek zu Gotha, die k. universitätsbibliothek zu Göttingen, die k. hof- und staatsbibliothek zu München, die herzogliche bibliothek zu Wolfenbüttel.

XI. H. Straßburger ausgabe von 1545. fol. Titel:

«DEr Alten Weisenn | exempel sprüch, mit vil schö|nen Beyspilen vnd figuren erleüchtet. Dar-|innen fast aller menschen wesen, Händel, Vntrew, | List, Geschwindigkeyt, Neyd vnd Hassz, | Figuriert vnd angezeygt werden. | In welchem auch nicht weniger der heymlich neyd vnd | hassz, so sich bey weilen an Küniglichen, vnd Fürstlichen höfen, Zwi-|schen Rhäten vnnd anderen, des Regiments verwandten, mit falscher schmeych-|lerey, vnd verrhäterey der boßhafftigen, wider die getrewen vnd frummen | zütragen, gleich wie in eim spiegel ersehen vnd erkant werden. Allen | menschen nit alleyn fruchtbarlich vnd kurtzweilig, sonder auch | schimpfflich, vnd ernstlich zü lesen, vnd hören. | »

Hierauf folgt ein holzschnitt mit drei figuren. Über zweien derselben steht «Berosias». und «K. Anastres Taßri.» Unter diesem holzschnitte (diese ausgabe enthält deren eine menge) steht: «Die Alten weisen.»

Auf das titelblatt folgt auf einem neuen blatte das zweispaltig gedruckte «Register.» Es beginnt:

«Anfang des Registers | dises büchs. |

«Ein kurtze Vorred dises büchs, | Blat j. |

Welcher nit fürsichtig ist in seinen wercken, | dem geschicht, als dem mit dem schatz. j. |

Zweyerley verstand dises bůchs. ij. |

Wie vntrew offt seinen eygnen Herren | trifft. ij. |

Dem bösen willen sol man nit folgen. iij. |

Innhalt vnd argument dises bůchs. iiij. |

Das Erst Capitel. |

Von gerechtigkeyt vnd forcht Gottes. v. |

Nyemandt soll sein arbeyt verdriessen. v. |

Man soll nit zů bald glauben. vj. | » u. s. f.

Schluß des Registers, blatt 3ᵃ:

«Das Sybentzehend Capitel. |

Von dem, der einem anderen rhaten kan, vnd | jm selber nit.
cvj. | [Holzschnitt.]

Ende des Registers | dises Bůchs der Al-|ten weisen. | »

Hierauf folgen:

«Etliche sprůch der Weisen zů erkennen | die sitten der men-
schen. |

Syrach. Seyttenspil machen süssen thon, über das alles lieb
reden | zertrent feyndtschafft, vnd ist der freůndschafft anfang. | »
u. s. f. Die weisen, von welchen sprüche angeführt werden, sind:
Syrach, Salomon, Seneca, Christus, Hieronymus, Cicero, Gregorius,
Pamphilus, Catho, Aristoteles.

An diese sprüche reihen sich auf einem neuen, dem 4. blatte,
folgende reimzeilen:

«Zům Läser.» |

«Avff das die frummen menschen gůt

Sich kůndten halten in gůter hůt,

Vnd sich vor den bößen bewaren,

Ist dißes Bůch vor vil jaren,

Von den Alten weisen erdicht,

Wie es dann der Tittel bericht.

Vnd hat in India gfangen an,

Durch gar vil treffenliche mann.

Kam darnach auch in andre land,

Biß es ward den Tütschen bekant.

Inn summa dißes Bůch helt inn,

Aller menschen leben vnd sinn.

Wie man sich inn gmeyn halten sol,

Das man inn frid mög leben wol.

Was grosser list vnd gschwindigkeyt,
An der Fürsten höff sich zů treyt,
Mit klagen, liegen vnd triegen.
Was sich auch hebt inn den kriegen,
Mit list vnd vil verrhäterey,
Was glücks auch thůt wonen darbey.
Wer inn sein sachen ist zů gach,
Vnd gedenckt dem end nit nach.
Vnd was diß Bůch thůt erzeygen,
Thůt dir das Register zeygen.
Darumb sag ich zů dißer frist,
Diß Bůch inn eeren zů halten ist.
Vnd auch mit fleiß zů leßen schon,
Dann grosser nutz der kumpt daruon.
Vnd auch ein frumm Christlich leben,
So man jm thät gehorsam geben.
Das beschör vns der ewig Gott,
So kummen wir auß aller nodt.
AMEN.»

Die rückseite des blattes, welches diese reimzeilen enthält, zeigt einen holzschnitt. Unter zweien der figuren desselben steht: «Sendebar der weiß meyster.» und «Künig Dißles.»

Das nächste blatt (blatt i; von hier an beginnt die zählung der blätter) hat die aufschrift:

«Das bůch der Weißheyt der Al-|ten weisen von anbeginne der welt, von geschlecht zů | geschlecht, Von sitten, wesen, Trew vnd vntrew, Welt lauff, vnd behen-|digkeyt, Vnd wie dargegen der mensch sich mit Gottes forcht, vnd ge-|rechtigkeyt versehen soll, auff gleichnüß figuren, Redender | Thier, vnd vögel gesetzt. |

| Vorred dises Büchs. |

Es ist von den alten weisen der geschlecht der welt, diß bůch zů | dem ersten in Indischer sprach, vnd darnach in die bůchsta-|ben | der Persier verwandlet, vnd darnach hand es die Arabischen | in jhr sprach gebracht, vnd also fürter zů Hebraischer zungen | kummen, nachmals in Latein gesetzt, vnd yetz zů letst in Teütscher sprach | verdolmetscht. Welches lieblicher wort, vnd kostlicher re-den ist, dardurch | die alten hand wöllen jr weißheyt außgiessen, vnd sye durch die wort der ver|nunfft zů erzeygen, vnnd hand diß

bůch gesetzt auff gleychnůß zů reden, der | Thier, vnd der vögel.
Vnd das gethan vmb dreyerley vrsachen willen.»

Schluß der seite:

«Darumb so můß man acht nemen, was | einer lißt, oder gele-
sen hatt, Als wann du ein beyspil gelesen hast, so | kumpt denn
erst nach der figur das antwurten, auff die ver-|leßne red.   Das
will aber ein auffmerckens hon, so schon | ein exempel da zwischen
würdt eingefůrt, | so můst du nit vergessen, was du vor | gelesen
hast, So hast du den | verstandt. | »

Die vorrede schließt blatt iii^b mit den worten: «End der
Vorred.»   Auf derselben seite unten steht dann noch: «Argument
vnd innhalt dises bůchs. | »   Blatt iiii beginnt sodann: «REgieren-
der herr, des reichs zů Edom was ein gwaltiger ků|nig, bey sei-
ner zeit genant, Anastres Taßri.   Der het bey jm | einen weisen
gschrifftglerten mann, der was genant Berosias | der was ein fürst
der artzt, durch sein hohe kunst der artzney, vnd empfieng | von
dem Kůnig hohen sold vnd eersamen stat.» u. s. f.

Blatt iiii^b enthält eine: «Teylung der Capitel dises bůchs,
Der beyspil | der Alten weisen, von geschlecht der welt, etc. | Dem
Läser hoch dienstlich. |

DAs Erst Capitel sagt von Berosia, Vnd ist von forcht vnd
gerech-|tigkeyt Gottes.» u. s. f. Schluß:

«Das Sybenzehend ist von der tauben vnd dem fuchs, vnd sa-
get von | dem, der einem andern rhaten kan, vnd jm selber nit.» |
Das erste capitel beginnt blatt v folgendermaßen:

«GVt eer vnd kunst sagt Berosias, ein haupt der weisen, des |
reichs zů Edom, der diß bůch in die zungen der Persiern ge-|setzt
hat.   Ist mir von meinem vatter vnd můter nicht dem | minsten in
dem Kůnigreich zů India zů gefůget für alle anderen meine ge-|
schwisteren.   Damit das sye mich in dem sybenden jar meines al-
ters zů schůl | gesetzt haben zů lernen die bůcher der artzney.» u. s. f.

Am rande ist stets der inhalt des textes angegeben; so zu
dieser stelle: «Lob der älte|ren die die | jungen zeit|lich inn die |
schůl schicken.» | Namentlich werden ferner moralische lehren aus-
gehoben, wie dergleichen auch die erzählung unterbrechen, so gleich
im ersten capitel, bl. v: «Nyemandt soll sein můh verdriessen lon,
das jm nit geschche | als dem, der verkaufft das sein zů sammen kauffs, |
vnd verlor wol das halb daran.» | «RVwe nit mit deiner arbeyt,» u. s. f.

Das 17. capitel schließt blatt cvij (die blätter sind mit rö-
mischen ziffern gezählt) mit den worten:

«Der spar wolte sein kunst vor dem | fuchs üben, vnnd stieß
sein haupt vnder sein fettich. Dieweil er-|zwackt jn der fuchs inn
seine klauwen, vnd sprach. Du bist | der jm selbs feyndt ist, Du
kundtest der tauben gůten | rhat geben, jr Junge zů behalten, vnd
kanst dir | selber nit rhaten, vnd fraß jn. | »

Holzschnitt.

«Hie endet sich das Bůch der Weißheyt, oder der | Alten Wei-
sen, von anbeginne der welt, vnd | von geschlecht zů geschlecht.»

Die rückseite von blatt cvij beginnt mit einem holzschnitt.
Darauf folgen noch die worte:

«Getruckt vnd vollendt, inn der | Loblichen Statt Straßburg,
bey Jacob | Frölich, Als man zalt nach der geburt Christi | vnsers
Herren, Tausent Fünffhundert | Viertzig vnd fünff jar. | »

Der holzschnitt, welcher sich an diese worte schließt, stellt ei-
nen schwan dar, welcher die geige spielt.

Vergl. F. v. Diez, a. a. o., s. 138. 139; Gödeke, a. a. o., s. 359.

Exemplare besitzen die k. bibliothek zu Berlin, die k. univer-
sitätsbibliothek zu Tübingen (C. i. ix. 2ᶜ), die herzogliche bibliothek
zu Wolfenbüttel.

Die von F. v. Diez, a. a. o., s. 138, genannte Frankfurter aus-
gabe von 1545 beruht wol auf einer verwechslung mit H.

XII. Ausgabe von 1548, ohne ort. in 4°.

148 blätter, die vier ersten signiert x, dann sign. A—Z. a—o.
Titel in reicher einfaßung, Bathseba im bade, oben David. (Mittei-
lung des herrn doctors Schrader in Berlin.)

G. H. B[ode] gibt in den Göttingischen gel. anz., 1843. s. 739,
den titel so an:

«Der Altenn Weisenn Exempel, Sprüch, vnd Vnderweisungen,
Wie sich einem ieden frommen Ehrliebenden, vor der vntrewen,
hinderlistigen, geschwinden, bösen Welt, vnd Weltkindern zuhüten,
vorzusehen, Auch Weißheit vnd Vorsichtigkeyt darauß zulernen,
Durch schöne alte Beispil, vnnd weltweise Lehren vnuergrifflich vff
Historien der Gethier gewendt vnd fürgestelt.»

Vergl. Gödeke a. a. o., s. 359.

Exemplar auf der k. bibliothek zu Berlin.

Nach F. v. Diez, a. a. o., s. 138, wären auch 1556 oder 1558 ausgaben in folio erschienen.

XIII. Frankfurter ausgabe von 1565. 8.

«Der Alten Weisen Exempel, Sprüch, mit vil schönen Beispielen
vnd Figuren erkläret .... Getruckt zu Franckfort am Mayn.
1565.» 8. Am ende: .... «in verlegung Sigmundt Feirabents, vnd
Simon Hüters.» (Mitteilung des herrn doctors Julius Schrader in Berlin.)

Nach G. H. B[ode], in den Götting. gel. anzeigen, 1843. s. 739,
hat diese ausgabe 151 gezeichnete blätter mit 98 holzschnitten.

Vergl.: Catalogi librorum germanicorum alphabetici: Das ist:
Verzeichnuß der Teudtschen Bücher vnnd Schrifften, in allerley
Faculteten vnnd Künsten, so seyther Anno 1500. biß auff die
Herbstmeß Anno 1602. außgangen, vnd in die gewöhnliche Franck-
furtische Catalogos sind gebracht worden, nach Ordnung der vnder-
schiedlichen Materien vnd deß Alphabets, in ein Corpus zusammen-
gezogen. Secunda pars. Mit Römischer Keys. May. Priuilegien auff
zehen Jahr nicht nachzutrucken, begnadet. Gedruckt zu Franck-
fort am Meyn bey Johann Saurn, in Verlegung Petri Kopffen.
M.DC.II. 4. [bildet den zweiten teil von Joannes Clessius, Elenchus
consummatissimus librorum u. s. w.] s. 221.

Vergl. ferner: [K. Heyse,] Bücherschatz, s. 125, nr 1881; Gödeke,
a. a. o., s. 359.

Exemplare finden sich auf der k. bibliothek zu Berlin, der
herzoglichen bibliothek zu Gotha und der herzoglichen bibliothek zu
Wolfenbüttel.

XIV. Nürnberger ausgabe von 1569. 8.

Clessius, a. a. o., II. s. 221, gibt den titel so an:

«Der alten Weysen Exempel, das ist Vnterricht von allen Hän-
deln, wie sich jetzund ein jeder Ehrliebender vor der hinderlistigen
vnnd schwinden Welt fürsehen sol. Auß den alten Weisen Scri-
benten gezogen. Nürnberg, 1569. 8.»

Vergl. Gödeke, a. a. o., s. 359.

XV. Frankfurter ausgabe von 1583. 8.

Clessius, a. a. o., II. s. 221, führt folgenden titel an:

«Der alten Weisen Sprüch vnd Exempel mit vielen schönen Bey-
spielen vnnd Figuren erklärt. Franckfurt. Nicol. Bass. 1583. 8.»

Vergl. Gödeke, a. a. o., s. 359.

XVI. Frankfurter ausgabe von 1592. 8.

«Der alten Weisen Exempel, Sprüch, mit vil schönen Beyspielen vnd Figuren erkläret. Darinnen fast aller Menschen wesen Händel vntreuw list geschwindigkeit neid vnd hasß figuriert vnd angezeigt werden» u. s. w.

Gedruckt zu Franckfurt am Mayn M.D.XCII. Das folgende blatt A ij. enthält unter der aufschrift «Zum Leser» dasselbe gedicht wie die Straßburger ausgabe von 1539, von welcher diese nur ein in der sprache modernisierter abdruck ist. Dann folgen blatt 4. 5 (so bezeichnet mit sign. A iij. A iiij) «Etliche Sprüch der Alten Weisen,» ebenfalls wie in der Straßburger ausgabe.

Das letzte blatt enthält auf der vorderseite: «Gedruckt zu Franckfurt am Mayn, durch Nicolaum Bassen, Im Jar nach Christi Geburt M.D.XCII.»

(Gefällige mitteilung des herrn professors doctor Theodor Benfey in Göttingen.)

Diese ausgabe ist für das Deutsche wörterbuch von Jacob Grimm und Wilhelm Grimm benützt worden. Vergl. daselbst, I. Leipzig. 1854. 4. sp. lxix.

Exemplare finden sich auf der k. bibliothek zu Berlin, der k. universitätsbibliothek zu Göttingen, der k. k. hofbibliothek zu Wien.

Hiermit schließt die reihe der alten ausgaben.

Nach G. H. B[ode], in den Götting. gel. anz., 1843. s. 739, ist das werk auch sehr oft als volksbuch gedruckt worden.

. Übersieht man die große zahl der sich fort und fort, manchmal in den kürzesten zwischenräumen widerholenden ausgaben, so drängt sich von selbst die bemerkung auf, daß unser werk einen ganz außerordentlichen und seltenen beifall gefunden, daß ihm für die bildung und erziehung jenes geschlechtes des 15. und 16. jahrhunderts der gröste wert beigelegt worden. Und hieraus erklärt sich vielleicht auch eine erscheinung, die bei unserem buche, wie bei so vielen anderen, selbst noch des 17. jahrhunderts, sogleich auffallend entgegentritt, ich meine die vielfachen änderungen, denen es nach und nach, je später, desto mehr, unterworfen worden. Die absicht, das gefeierte werk für den unterricht, für die belehrung immer ausgiebiger zu machen, die dargebotenen regeln schärfer hervortreten zu laßen, mag zu mancher umgestaltung veranlaßung geworden sein. Um das, was ich im sinne habe, recht anschaulich zu machen, brauche ich nur an den Simplicissimus zu erinnern, bei welchem uns Kellers vortreffliche ausgabe den fraglichen hergang aufs klarste

zeigt. Wie vieles von den änderungen der späteren drucke ent-
stand hier einfach dadurch, daß man den grösten bedacht darauf
nahm, die erzählung des ursprünglichen verfaßers überall für zwecke
der moral und der belehrung auszubeuten! Gewis ist es dem Buche
der beispiele nicht anders ergangen. Man vergleiche nur die Ulmer
ausgaben von 1484 und 1485 mit ihren registern, die Straßburger
ausgaben von 1539 und 1545, wo die moral bereits so deutlich ge-
zogen wird.

Keine von den ausgaben stimmt, so weit ich sie habe unter-
suchen können, vollständig mit der andern oder mit den hand-
schriften überein.

Die beiden incunabeln ohne ort und jahr, obwol sie im allgemeinen
eine und dieselbe lesart widerholen, unterscheiden sich doch beträcht-
lich. E macht vielfach den eindruck des unfertigen, eines ersten ver-
suches, dem es auch, weit mehr als D, nicht an manchfachen druck-
fehlern und auslaßungen mangelt. Für den text, den ich gebe, habe ich
denn in der absicht, den ältesten druck zu erneuern, D zu grunde
gelegt. Von den handschriften habe ich A vom anfange bis zu ende
vollständig mit D vergleichen, B und C wenigstens für viele beson-
ders bedeutende stellen zu rate ziehen können. Wenngleich A, wie schon
oben, s. 199, bemerkt worden, nicht der recension in D E entspricht,
so bietet diese handschrift dennoch häufig ein willkommenes hilfsmittel
zur verbeßerung offenbarer fehler und zur ergänzung unleugbarer,
manchmal wol durch versehen des setzers entstandener, lücken im
texte der beiden undatierten drucke. Ebenso sind mir auch F G
(vergl. oben, s. 206—210) von nutzen gewesen. Was sich aus der ver-
gleichung der drucke und handschriften ergeben, teile ich, so weit
es mir für die herstellung des textes oder für die geschichte des-
selben von belang schien, im nachfolgenden mit.

Alle abweichungen, zumal willkürlichkeiten der schreibung zu
verzeichnen, lag ganz außer meinem plane und wäre bei einem
prosadenkmale dieser art auch sicher ohne wert. Wo ich eine
änderung im texte, wie ihn D bietet, vorgenommen, entweder mit hilfe
der handschriften, anderer drucke oder in folge eigener vermutung,
ist es stets von mir angezeigt worden mit einziger ausnahme einer
etwaigen bloß graphischen abweichung, wo ich indessen auch nicht
ohne den vorgang der gedruckten oder handschriftlichen hilfsmittel
irgend etwas aufgenommen habe. Anders verhält es sich, abge-

sehen von dem gebrauche lateinischer statt deutscher lettern, damit,
daß ich im anlaut der substantive den kleinen buchstaben, der auch
als die regel erscheint, durchgeführt, für den anlaut der eigennamen
stets den großen buchstaben gesetzt habe. Daß ich die abkürzungen,
wie dz für daz, vm̄ für vmb, vn̄ für vnd, ē für en oder em aufgelöst,
versteht sich von selbst, ebenso daß ich composita wie mitgesell
u. dergl. zusammengeschrieben und nicht getrennt widergegeben habe.

Ganz gehört mir die interpunction an, die in den handschriften
und drucken bald durchaus fehlt, bald auf die verkehrteste weise an-
gebracht ist.

So habe ich denn den alten druck keineswegs diplomatisch
genau widerholt; ich hoffe, daß der text von D, wie ich ihn gebe,
von keiner geringen zahl von fehlern und misverständnissen, die
ihren ursprung zu großem teile wol in der druckerei haben und
die vortreffliche arbeit des verfaßers entstellen, gereinigt und
eine verwendung des buches zu ernsten zwecken, seien es nun sprach-
liche oder literargeschichtliche, erst recht möglich erscheinen werde.

Ich laße nun zunächst die lesarten, denen ich nur wenige andere
bemerkungen angereiht habe, folgen.

Seite 1, 25 von dem argen D. vor A.

2, 15 allen A. aller D.

3, 26 der A. dem D. Auch A hatte früher dem, hat aber über
m ein r gesetzt.

4, 7 vnderrichten A. vnderichten D. 32 gesellen A B C E.
34 das halb A B. annderhalb C. and'halb E.

5, 15 die kappe d. h. der mantel.

6, 16 fehlt A. Dagegen hat E: Diß ist das ennd der vorred.

7, 2 caßri D E. Taßri A. taßri F. thaßri G. Taßri H.

8, 5 torehten A. torrechten D. 12 caßri D E. Taßri F. taßri
A. taßri G. Taßri H. 13. 14 E hat hier die druckfehler versten-
niß, lenrē. 24 der habe ich statt den in D gesetzt.

9, 8. 9 ist von der Tuben der mus hirsen vnnd dem schiltkreden
vnnd sagt von trüwer geselschafft C. 19 tragen vnd wie ainer dem
andern nit getrüwen C. [sol fehlt C.]

11, 1 Hye vahet an das Erst capittel. Vnnd sagt von Berosia
vnnd ist von vorcht vnd gerechtickait als du das lesen wirdest A.
Also haben ain end die vorreden vn̄ register. Hyenach hebt an
Das erst Capitel dises büchs vnnd sagt von Berosia Vnnd ist von

vorcht vnnd der gerechtigkait gottes des herrn C. Hie Vahet an das Erst, Capittel, vnd sagt von Berosia vnd ist von forcht vnd gerechtikeyt, als du das lesen würdest B.

12, 16 güttät A. gütdet D. 24 erfragt ich D. ich fehlt A und ich habe es denn auch gestrichen.

13, 21 schlaffet A. schlaffent D. 23. 24 lies: Antwurt — menschen. Das t ist während des druckes verschoben worden.

14, 7 übekummen D. 10 den monschin E. dē m. D.

15, 9 galbrünnen A. galpbronnen B. gallgbrünnen C. 25 kart A. kort D. dem A. den D.

16, 14 gesatzt A E. . gesatz D.

17, 8 sinen A. sinem D. 16 heittery A C. hellung B.

18, 16 dünn A. dann D.

19, 3 treümigen A. trämmigen D. trämigen E.

20, 2 doch nit A. damit D. 17 grousenlichen A. grußamlichen B. grüsenlichen C.

22, 7 kouffmanschafft A. kouffmanschatz D. 24 so bist du A. du fehlt D. 28 amacht A C. onmacht B. 31 nider fehlt A B C. 33 statt war hat D ward. 34 lüwen A. leügen D.

23, 23 fürer A. für D. 27 vor A. für D.

24, 2 eim gebornen E. ein geborn man A D. 9 lies: sag dir. 13 vrbunsch A C. urbunst E. ja nyd vnd haß vnd vnnützlich vertzert werden B.

25, 9 oder vngefellig A. fehlt D E. oder vngefellich G. 36 die ich A. das ich D.

26, 6 geling A. gelüng D. 13 D hat den druckfehler veir. 14 jnen A. jm D. erst A, (aber von späterer hand eingesetzt) E. fehlt D. 16 vergifftiger A E. vernüfftiger D. 18 stand A. standen D. 19 tückischen A. tückischer D. 31 küng E. küngē D. 32 wüld A. weld D. 35 hofgesinds A.

27, 2 wiewol ich nit nach D. nach fehlt A. 3 auch A. fehlt D. 15 den A. fehlt D. 33. 34 war zů sy dir nütz sigen vnd wie ieglicher sinen dienst volbringe E.

28, 1 krafft oder A. fehlt D. 29 mütwillen A. mütwillen E. mit willen D. 34 rechtes A. rechtens D E. würtz D. wurtz E.

29, 1 Passioniert D E A. PAs betrübt F. BEtrübet H. Dem mir vorliegenden exemplare von G fehlt das betreffende blatt. 28 statt dich hat D dick.

30, 3 uff A. ab D.

31, 27 deuppel. Vergl. unten, s. 76, 8.

33, 18 mordes DE A C. mörders B. mords G. 19 wandten A. wonten C. meynten B. 22 knüttlen A. knütteln C. gertten zu der stat vßschlahen B. 25 stan A C. ston B. fehlt D E. 29. 30 Hett nit die fraw sich selbs vergifftet mit dem Ror B. Hett nit die frouw sich selbs mit dem ror vergifftet C. 32 lewttert er jm dysc wort B. lutert er im sine wort C. 35 so gib A. fehlt D.

34, 3 vor A. von D. 7 könn A. künd D. 29 sin A. fehlt D. 36 gebalten A. gehaben D.

35, 4 fürsichtickait A. fürsichtigen D. 13 so A. fehlt D. 29 werden das wirt A. das fehlt D. vnd fehlt A.

36, 20 dir A. fehlt D. 29 volbringen A. verbringen D.

37, 23 bruwen vor A. 29 tagzyt A. zyt D.

38, 7 vnnd den fuchs A. den fehlt D. 11 zum tod A. fehlt D. 24 mach mir das offembar A.

39, 30 vil A. fehlt D.

40, 12 selten langt A. nit langt D. 15 da A. fehlt D. 34 oder an gŭt A. an fehlt D.

41, 23 funden A. fehlt D. 32 das A. fehlt D.

42, 16 ward A. was D.

43, 34 statt lebt D E C hat A lest, B leßt. nit D E. fehlt A B C. sinem lust D E C. sinen lust A. synen lust B. 37 gewissz D E. gewiß A C. fehlt B.

44, 8 ward A D. werd E. 25 das er ist A. das fehlt D.

46, 6 choes A D C. Choes E B. kost G. spys A. spyse B. fehlt C D. speiß G. 7 zu sunderm grossen A. zu sunderm grossem B. zŭ sinem grossen C. zŭ grossem D. zŭ große E. zŭ sunderē grossen G. 37 dir A. fehlt D.

47, 17 du A. fehlt D.

48, 29 jm A E. jnen D.

49, 2 darumb wöllen wir jm A G. fehlt D E.

51, 22 schuldig Vū sunder ein wiser der sol E. schuldig vnd sündet, Dann ein weiser sol A. schuldig vnnd sündet. daū ein weiser soll G.

52, 4 Volg vns vnd A D. Volg, laß vns E. folg mir vū laß vns G. 10 ersyg D. versech A. versig E. 17 mag daran gebresten E. mag gebresten daran gewinnen A D. Das letztere ist offenbar unrichtig wegen mir. 18 Sy sagten ir das zŭ E. zu tŭnd D. zu tůnd A. 31 das sy A E. erden vnd D.

53, 12 der storck D E G. stercky A. Ich ändere störckin, nach 16, wo G den druckfehler stöckin hat.

54, 15 war A. vor D E.

55, 37 mag E. macht D. macht es A.

57, 4 das wir es da finden A. fehlt D E. 18 potestat A D G. Potestat E B. Do sy für den richter kamen do fragt er sy ob kainer zůgen darumb wären C. 22 potestat A D G. Potestat E B. richter C. 27 hinnacht D E. hynnacht A. hynacht C. die nacht B. heinet G. 29 potestat A C D G. Potestat E. Potestat kömpt B.

58, 9 ordůet D. ordnet E G A B. ordinert C. 19 dar A. fehlt D E. potestat D E G A C. Potestat B. 23 do E. fehlt A D. 26 potestat A C D E G. Potestat B. 38 verworren E. lebt A. blibt D. belibt E.

59, 23 vnd sprach A. fehlt D E.

60, 11 darumb jch dich wol glychen D. darůb jch dich wol glichē E. mag fehlt D E. jch mag dich A ohne darumb. 25 wolge-schaffner A. wol fehlt D E. wolgeschaffener G. 27 vnd kam dar-nach wider in des mans hůß A. fehlt D E. vnd kam darnach wider in deß mannß hauß G. 30 tags E. tag D. zůgt D. zugt E.

61, 16 vnd sůssen A. fehlt D E.

63, 3 ergetzlich D. ergetzlichs E. 10 kellila inn wonten E. kel-lile in wonten D. 34 ist es D. es ist E G. 36 du A. fehlt D E.

64, 32—34 Der kůng — erfart. E stimmt in diesem satze mit D. In A, welche hs. hier abweicht, ist nach dem worte nieman eine lůcke, in welche eine neuere hand vnrecht thůn eingesetzt hat. Also: Der kůng sol ouch nieman vnrecht thůn. Jch wil auch uff dine wort niemans pinigen oder urteilen bis ich die warhayt erfar A. Der kůnig soll auch niemant vnrecht thůn. ich will auch auff deine wort niemand penigen oder vrteilen biß ich die warheit erfar G.

65, 19 trurigen A. fehlt D E. traurigen G. 22 rechtfertigung A. gerechtfertigung D. 24 erzeigt sich D. ertzögt sich E. sich fehlt A. 26 Alle A. fehlt D. 37. 38 dem menschē D. dē mensche E. fehlt A G.

66, 5 E stimmt mit D. — bewart wider den der sich ge-richt hat vnd die gerechtigkeit A. bewaret wider den der sich gericht hat wider die gerechtigkeit G. 9 jm A. fehlt D. 20 allein dz jch in minr gerechtigkeit mins hertzē vn in der vnschuldigkeit minr hend bin bliben D. allein dz ich in der gerechtikeit mins hertzē vn in der vnschuldikeit minr hend bin belibē E. Allein das ich meiner gerechtigkeit getraw vnd der vnuorteilikeit meineß hertzen vn̄ in der vnschuldigkeit meiner hend bin ich beliben G. Allein das ich minr gerechtigkeit getruw vnd der vnforteilkait mins hertzen vnd in der vnschuldigkeit minr hend bin ich bliben A. 31 uff A. fehlt D. 34 ee A. ob D.

67, 4 denn E. den D. 19 druckfehler in D: So dald statt So bald. 35 wird E. wurd D. wůrd A.

68, 5 wůrd A. wurd D. würde E. 8 D hat den druckfehler stůnd. E hat: von stund. 13 dins lebens A. dins libs D E. 15 verflůcht D E. 29 zů dymna D E. fehlt A G.

69, 4 trowlich D E. trůwlich A. tretlich G. 14 schůtzen A. setzen D E. (setzē E.) 24 nenest E. nemest A D. Vergl. Jacob Grimm, Über einige fälle der attraction. Berlin. 1858. 4. 34 be-stättiget D. bestätiget E. bestetigt G. bestrittiget A.

70, 2 antwurten D. antwůrtē E. antwurt geben A G. 13 statt dymna D E haben A G: er. 14 mit D E G. Dafůr hat A: zu.

71, 22 gewundet A. gebunden D. gebundē E. 23 die růw A. der růw D. d' růw E. 32 täglichem D. täglicher A. täglichē E. 37 nach mögest folgt in D: Sequitur figura.

72, 1 wenn D. wann A. wan̄ E. 13 vmgeben D. vmb gebē E. 19 kommen A. fehlt D E. 22 grosser D. größer E. 38 vnd wider-můttig A. fehlt D E.

73, 9. 10 gesetzt wyß D A. gesetzt biß G, offenbar druckfehler. E hat bloß: der wyß. 19 lugen E. 26 mißfellickait A.

75, 12 Vnd gerecht ist der jn dem kein falsch kein vnwarheit vnd kein böses ist E. kein falsch, vnd warhaft ist der Jn dem kein böses ist A. vnwarhaffte D. 24 der zeichen A. des zeichens D.

76, 13 dine werck A. die werck D E.

77, 16 miner frůnd vnd aller E. vnd brůder fehlt E. 21 statt hast hat E haust. 29 vßtragen E. vßtrag A D. 33 vnd ouch das ich dir nit beuilch D. vnd ouch dz ich dir nit beuilch E. fehlt A G. statt wöllest D E G hat A den schreibfehler bellest.

78, 31. 32 die er mit dir A. die er mir D E. 33 sust werest vnberůfft E. du fehlt E. 34. 35 barmhertzikeit in jm hat E. oder gůttat fehlt E.

79, 21 grecht D. gerecht E. 32 brächt E. brecht D. 35 wůrd jm ewigen E. wurd in ewigem D.

80, 2. 3 so ich das sagt, das ich nit getan hett A. fehlt D E.

10 wissent E. wissen D. 13 lugent E. lügen D. 16 die worte grossen zů India A fehlen D E. 21 Sittikuß vnd ein papagew D E. sittikus vnd ein papagoy G. Sitikust vnd ein papagew A C. Sittich vnd ein papagaw B. 29 sprach E.

81, 12 können A. künden D. 15 wöllen A. wöll D. 21 verjach vff D. vff fehlt A. 29 vō D. von E. vom A. 31 Laussest du E.

82, 4 verfürt A. gefürt D E. 13 hebt D E. vahet A.

83, 15 über A. fehlt D E. 22 kert A. kort D E. sin A E. sinen D. 31 vnd zů flucht E. 32 Sembar E. Sambar D A B C. samber G. 37 herachtet D E. erachtet A.

84, 7 ergrůnden A. erschwůmen D E. 12 geledigest A D E. Ich habe gelediget geändert. 20 gewesen A. fehlt D E. 21 erlöst D. erlößt E. erlediget A. 24 liebe E. liebin D. 28 schloff in ir hůly E, abweichend von A D.

85, 5 karren A B C. korn D E. ein karren über mör G. 17 gescheen A E. geschehen D. 20 grössest A E. grössist D. 21 vnbestendigē E. vmbstendigen A D. 30 dem ratzen E. 35. 36 nym war Ein wasser D E. nym warm wasser A. nimm warm wasser G. 37 verlest A D E. Ich habe verlescht gesetzt. 38 gůts E.

86, 2 wenn D. wann E. 24 vertalb A. vergrůb D E. Ich habe das alte wort hergestellt. 34 über E. fehlt A D. 37 vor A. von D.

87, 20 nach zů A D. nach by der widerbringung E. 32 von A D E. vor B C G.

89, 4 ußgan A. vßgang D E. 24 ouch fehlt E. 36 schiltkrot E; ebenso 90, 4.

90, 3 zu A. fehlt D E. 8 laß dis sag E. 11 was ich D E. ich habe ich getilgt. 21 gessen A E. geessen D. 22 E hat den druckfehler do let der einsidel. 25 vmbgangen A. gangen D E. 33 des D. das E A G.

91, 2 sprachen E. 6 in hoff A E. in fehlt D. 9 getůren A. getören D E. 22 Aubents habe ich statt Aubens in D E gesetzt. 26 würd D. wird E.

92, 4 gibt E. gitt D. 5 den vngehülseten E. die v. D. 10 telben A. graben D E. 10. 11 das hort ich alles den waller reden D E. Nach alles hat A eine lücke; die worte den waller reden, für die der raum leer geblieben, fehlen. G hat: Dieß hört ich alles dann. jene worte fehlen gleichfalls. — stiend E. 15 talb A. grüb D E. 19 sind A E. seind D. ebenso 93, 7.

93, 16 ouch A. fehlt D E.　20. 21 die worte: es sprechen —
vnd, welche sich in D und E finden, fehlen A. In A heißt es: ver-
gessen, Dann ein mensch. Ebenso G: vergessen. dann ein mensch.
25 ärgers E. argers D.　26 boum E. bom D.　32 toubt A. tobt DE.

94, 4 Vnd des das er D. vnd das er E. vnd deß das er G.
8 Es sy D. es sy E. er sy A. er sei G.　38 Vnd do mich der
schmerz verließ, do zwang mich mein begird fehlt E.

95, 1 verfůrt E. verfůrt D.　9 all schätz E.　15 gytigen E.
gůttigen D.　21 last D. laßt E.

96, 11 ioch A. fehlt D E.　23 dein D. dim A. dinem E.　25
vntrů D. vntrůw E.　27 dem mag habe ich statt den in D E gesetzt.
gemůtz D. gemůtes E. gemůts A.　33 die lůfft A B. den lufft C D E.
36 es wäre — giengen fehlt D E. Diese haben nur: herfůr giengen
aber zů samen. Die 3 hss. A B C haben diese stelle. Auch G hat:
es wer do nit forchtsams. sie kamen vō iren wonungen vnd giengen.

97, 9 genähet D. genahet E. kommen A.　14 waren sy D E.
sy fehlt A. ich habe es getilgt.　21 kam A. kamen D E.　24 das
E. die D.

98, 5 schloff jn ein löchlin by einer wurtzel des boums A. ver-
schluff sich jn ein löchlin D. verschluff sich in ir löchlin E. im
text sollte statt des baums stehen eins baums. G hat eins baumbs.
16 Yetz hab ich A. Ich hab D E.　30 Din A E. dem D.

99, 3 für vnd für vnd für D. für vnd für A E.　4 vnd wir all
D E. das wir all A.　5 der rapp A. der fehlt D E.　6 tedten D.
theten E.　11 sinen netzen A. sinem netz D E.　16 der zouberer
oder böser geist D. der zoberer vnd der bößen geist E. der zaubrer
oder böser geist G. der zoubrer oder böser gaist A.　25 von dem,
der A E. dem fehlt D.　26 vnnd was dem zu lest dauon A. was jm
dauon D E.

100, 9 großer boum mit vil E. vnd mit vil D A.　10 vff dem
selben boum waren wol A. waren fehlt D. vff dē wol tusig rappē
nester jre jungē für zůbringē warē E.　15 iren D. jrē E. ir A.
25 jnen A E. jm D.　33 sich A. fehlt D E.

101, 1. 2 vns vor vnnsern vinden A. vns wider vnnser veind D.
vns wider vnser fiend E.　5 verkůn D. verkůnden A E.　7 werlich
A. wärlich D. warlich E.　14 sprach der kůng A. sprach er D E.
32 waugen D. wagen E.　35 die D E. dise A.

102, 1 trygelten E. trygůlten D A.　3 harjnn D. herjnn E.

herjnne A. 31 ee er kumpt A. ob er kumpt D E.

103, 21 bekumpt E. bekunt D A. 22 nach schadens hat in A eine neuere hand vffgericht eingesetzt, was D E fehlt. G hat dagegen auch: auff gericht. 38 dise A. die D E.

104, 11 vorhands D. vorhannden A. vorhand E. 24 völgig D E. gefolgig A.

105, 8 er ouch getruwe E. ir ouch getrůwen D A. 15 grůßlich D E. großlich A. 19 gedacht der D. gedacht er A E.

106, 17 der helfand A. dz helfand D E. 22 der A. er D E. 25 begeb A. begab D E. 30 nationen A. nation D E.

107, 26 Goud fehlt E. 32 ersuchen A. uersůchē E. uersůchen D. 34 die A. fehlt D E. 35 sine werck A. die werck D E. 35. 36 vnnd sinem ebenmenschen gůtes gůnnen vnd args vergunnen] diß alles fehlt E. E hat: verdampnuß vnd da sy dise gůte wort.

108, 5 sich A E. fehlt D. 26 vnnsern A. vnser D E. 30 vff getrůet A. vff getrůget D E. 31 hab A E. habē D.

109, 14 trůblin A. trůbel D. tribel E. 23 betrogen E. betrůgen D. 28 sehent zů disem D. sehend zů disen E. zů fehlt A. sehent disen einsidel G.

110, 2 beschib A C D E. bescheid G. beschyd B. 3 beschidikeit E. bescheidigkaytt A. geschydigkeyt B. beschidigkait C. bescheidigkeit G. 5 ob A. fehlt D E. 35 Sy waren aber D. aber fehlt A E.

111, 5 neigt D E. naig A. 8 fůrdrůst D. fůrderst E A. förderst G. 13 antwurt A. sprach D E. 18. 19 grosses D. grossen E. groß G. 27 ob er D E. ob der A.

112, 12 zuberichten A. zu fehlt D E. 37 so A. fehlt D E.

113, 1 hußgesind A. hauß gesind G. gesind D E. 7 an A, am rande nachgetragen, wol von späterer hand. fehlt D E. Auch G hat an. 8 sölt D E. solt A. 13 als die die erkennen A. als die erkennen D E. 26 lieb het. het G. fehlt A D E. Ich habe het ergänzt, da es offenbar hierher gehört.

114, 17 brůder fehlt E. 26 in ir antlůt A. vnder ir D E. 28 erwagt D E. Ich habe erwact gesetzt. erweckt A G.

115, 3 komen ist oder vns A D. oder fehlt E und mit recht. G hat abweichend von A D E: vnd ob diß rappen beiwonung nůtzlich oder dogentlich od' ob er darumb zů vns komen ist od' vns schadē ist zweifelich. Damit stimmt auch F. 8. 9 Es verdient besonders hervorgehoben zu werden, daß, während A und G sonst

sehr oft übereinstimmen, an dieser stelle eine auffallende abweichung
der handschrift und des druckes sich zeigt. Die worte: aber sol diser
rapp by vns blyben, so walt sein, der sein gewalt hat — die sich
in A E finden, fehlen in G und F. In G heißt es: habē sie vns
gantz kein schaden zůfůgen mögē. Der kůnig wolt u. s. f. 10
gemůt sinn vnd D E. sinn, das offenbar nicht hierhergehört, fehlt
A G. 21 verfasset D. verfaßt E. ich habe erfasset geändert.

116, 6 roch D E. rouch A. 7 schmackt er D E. er fehlt A.
8 Dann A. Wann D. wann E. 24 mätlin D. mägetlin E. metly
A. medlin G. 27 gesipt A. gesippter D. gesipter E.

117, 10. 16 In diesen beiden stellen, wo D E einsidel haben,
hat A heremit, G misverständlich herr mit, F herre mit. Ab-
weichend von D E haben A F G vnd sprach wie er vor gesprochen hett
Der antwürt. 20. 21 vnd tilbet fehlt E. 38 jm A D E. es ist wol
zu lesen jnen.

118, 1 lieb D E. liebt A. 7 so A. fehlt D E. 25 vnnser A.
vnser G. vnsern D E. 26 enbrůnnt D. enbrinnt E. 27 verbrůnnt
D. verbrent E. statt wirset D, wůrset A hat E versert, G F besengt.

119, 3 vielleicht ist zu lesen wie er sie. sich A D E. In dem
mir vorliegenden exemplare von G fehlt leider das betreffende blatt.
6 bereit E. breit D. 10 wie was dz die wyßheit E. 14 ist wol
zu lesen lâge = nachstellung. 20 wandels D E. hanndels A.

120, 16 mein gebein D. mein bein E. mein gebain A F. In dem
mir vorliegenden exemplare von G fehlt das betreffende blatt. 17
erschreigen D. erschreiē E. 23 vnd do er wandelt. do fehlt D E.
30 froschen D. frōschen E. frösch A.

121, 3 froschen D. froschē E. frosches A. 9 vnderm D E. vnder
A. 17 vernünfftigen D E. senfftmüttigen A.

122, 2 vor anfangs D E. von A. von anfang G. vō anfangs F.
14 sinen D A. sinē E. Ich habe sin geändert. 21 der A. fehlt D E.

123, 2 vnd aß der frucht desselben vygen boumbs E, abweichend
von A D. 9. 10 erbutten sich selbs einander zů gesellē E. erbutten
sich selbs zů einandern zů gesellen D. zů einander zů gesellen A.
14 do G. fehlt A D E. 17 zwyfel D E. zwifeln A. 18 dem staden
A. dem fehlt D E. 29 zů irem gesind sins huses D E. zů sinem
gesind des huses A.

124, 3 hertz A. hertzē D E. 13 D hat den druckfehler affem.
E: affen. 24 worden A. fehlt D E.

126, 9 weg D E. wag A. 36 postem, d. h. beule. So bei: Conradus Swestermüllner [arzt des markgrafen Johann zu Brandenburg], Regiment vnd lere wider die swaren kranckhait der pestilentz. Gemacht vnd geendet zu Colen an der Sprew Anno.. lxxxjjjj. 4. «In dritten wie man es mit den bulen oder apostemen halten soll.» Vergl. Panzer, Zusätze zu den Annalen. s. 54, nr 205ᵇ. 37 mer A G. fehlt D E.

127, 5 mines geschweres D E A. meines geschwers G. Ich habe min geschwer geändert. 6 trag A G. tragen D E. 22 bist D E. blibst A. 27 do dich weder rind noch tier irren, dann allein annder esel vnd do kein freißlich tier ist A. vnd do dich weder rind noch tier irren dann allein ander esel vnd do kein fraislich tier ist G. Die worte *dich* und *irren* fehlen D E, ebenso 28 *da* vor kein. In dem mir vorliegenden exemplare von F fehlt das betreffende blatt.

128, 18 vonn fernet D E. von vernis A. von ferre G.

129, 12—14 So weist er das in siner vernunfft wider zů büssen D E. So weis er das in siner wißhayt zů büssen A. so waiß er das in seiner weißhayt zů büssen F. so weiß er das in seiner weißheit zebůssen G. 16 Hör A G. Har D E. 23. 24 betracht was schadens er dauon enpfahenn ist A G F. fehlt D E.

130, 31 nym ich milich Vnnd so also anndre fünff iar für komen D E. nymm ich milich vnnd wollen Als es anndre fünff iar für komen A. nym ich milch vnd woll ee das vnder [sic] fünff iare fürkummen F. nimb ich milich vnd woll ee das andre fünff iar fürkomen. G. 33 richtung D E. richtumb A. reichtumb G.

131, 2 geföllig D E. fölgig G. gefolgig A. 25 von Jm A. von ym G. fehlt D E. 36 F G haben hier denselben fehler: nit vernunfft vnd vor betrachtung ir sach volbringen vnd volfüren.

132, 9 zů letst A. zů letsch D E. zeletst G. 15—17 Mit dem texte (D) stimmt A E. In F G ist die stelle unrichtig: dann gleich als tzů allen zeyten ein freündt vmb vrsache des andern feinde würdt, also mag zů allen zeyten ein freündt vmb vrsach des andern fründt werden F. dann geleich als zů allen zeiten ein freünd vmb vrsach deß andern feind würd. Also mag zů allen zeiten ein freünd vmb vrsach deß andern freünd werden. G. 23. Der mag sich wol schadens erweren D. wohl fehlt E. Statt wol haben A G vil. 26. by staden D E. by dem staden A. bei dem staden G.

133, 18 mit D E. min A. mein G.

134, 2 hilff D E. schiff A. schiffe G. 10 getör D E. getür A.
G meidet das wort und setzt dafür müg. 32 yeglichen D E. ye-
glicher A G. 37 dem ist geleich als dem der G. dem vor der
fehlt A D E.

135, 3 mir min habe ich gesetzt statt mich D E G. — A hat
mich, aber durchstrichen. 19 doch A G. fehlt D E. — G hat hier
unrichtig: so du mir doch so grosse tügent erzeiget hast. 28 not-
türfftlicher D. notürfftlicher E. nottdurftlicher A. notürfftiglich G.
28 D stimmt mit E. A ist verwirrt. G hat: allso das er seinē lieben
die hend vnder sein füß legen vnd darnach sein natur erkennen soll.
33 warten D. wartē E. wartend A. warten G.

137, 28. 29 nach het er ist in A eine lücke, in welche eine
neuere hand die in D E fehlenden, dagegen auch in G sich findenden
worte gros gefallen darab eingesetzt hat. Da diese worte offenbar
hierher gehören, habe ich sie in den text aufgenommen. In G lautet
der name des vogels pinsa.

138, 1—3 dann in yn ist weder treü noch gelauben oder barm-
hertzigkeit. wol dem der außwendig der künig höff sein narung hat
G. Die worte Vnd wee — verwundet, vnnd fehlen G. A D E haben:
vnnd glich wol dem. Ich habe glich, das die rede stört, getilgt.

139, 2 die worte: sin nechsten — erzeigen als fehlen D E. Ich
habe sie aus A, womit B übereinstimmt, in den text aufgenommen.
5 vnabgescheiden D E. vnd abgescheiden A B. vnd ab gescheiden F.
6 die worte: Nün — abgeschaidenn fehlen D E. Ich habe sie aus
A, womit B übereinstimmt, in den text aufgenommen. G hat fehler-
haft: so höret man auch von den weisen das ein vernünfftiger man
achten soll seinen brüder vnd gesellen als seinen nechsten menschen.
vnd die ym treü ertzeigen als seinem freünd. seinem sun als seinem
gehilffen. seiner tochter als seiner mißhellung. sein weib als sein
hader. sein gesippten als die hungerig fögel. Vnd vnder den allen
so soll er sein selbs person einig achten vnd ab gescheiden. Vnd
von dir hon ich dise widerwertigkeit entpfangen …

140, 10 güten F. hüten G. 31 ouch nichts entschöpffen. nichts
A. fehlt D E G.

141, 25 Es ist nit billich einem der nit gewalt het den nyd oder
hassz uß sinem hertzē züuerlassen vnd geselligliche D E. Es ist
nit loblich A. Es ist nit lobilch [sic] einem der doch nit gewalt hat
den neid oder den haß aus seinem hertzen zü erlassen. vnd auch

gesellgliche G. Vielleicht trifft die von mir in den text aufgenommene vermutung das richtige. 27 dem menschen A D E G. Ich habe den menschen geändert. 35 jn ein A G. fehlt D E. 36 mit dem text stimmt E. oder einen grössern mundtuol schlucket denn sin kel nit wyt ist A. grössern muntfol schlickt dann sein kel weit ist G.

142, 20 Sedret D E. Sedras G. Ich habe Sedras geändert, wie der name nachher lautet.

143, 2 eerlichen wercken D. erlicher werck G. 13 von der statt ordo A D E. In auffallender weise abweichend von den übrigen haben F: vō d'stat trilingū; G: von der stat trilingum. 15 pillelo A. sonst auch Billero. 29 tröm A D E. Ich habe tröum geändert, wie es oben, 19, 21 hieß.

144, 4 in vns vnd vnser D E. an vns vnd vnsern G. 10 jnen D E. jn A. yn G. 13 nit vermyd, rach über in zů schryen, bis das sollichs D E A. fehlt G. nit vermeyde rache über in zů schreien biß das sollichs F. 15 mag D E. mög A. můg G. 24 das ist kynaron sinen heiligē frūnd D. dz ist kynaron sinem helgē frūnd E. vnd wöllen wir das er vns darzů geb kymeron sein heiligē freůnd G. kymiron A. kymeron F. 31 mit den D E. Ich habe der geändert. G hat: damit du deiner sünden gereiniget wirdest mit den du. 34 hetten D E. hat A G. 38 erscheint A D E. erschinen F G.

145, 6 E hat abweichend von D ganz unrichtig: so mag vns dar nach sin lyb vnd land nit engond megen. 27 nym nit acht D E. nit fehlt A G. Ich habe nit getilgt, da es die rede stört. 28 die worte: aber vmb din selbs person — finden fehlen G. In A sind sie dagegen vorhanden. 32 durch dz vil arbeit A D E. dz fehlt G. Ich habe dz weggelaßen, da es offenbar nicht hierher gehört.

146, 2. 3 din lebē D E. A hatte sichtlich dins lebens, die beiden s sind aber radiert. deines lebens vnd reichs G. 8 das warten D E A. des w. G. 11 morn oder morn D E. morgen oder morgen A. morn od' übermorgē G. 29 sinem jungen vnd heimlichen D E. sinem jnnigen vnd h. A. jnnern vnd heymlichen B. seinē innigē vnd heimlichē G.

147, 25 vnderlib. Dieses wort versteht G nicht mehr; hier heißt es: vnder liebe.

148, 12 statt eygentlicher hat G grüntlich. 34 kynaron D. kynarō E. kymeron A. kimeron G.

149, 12 eines mals D. eins mals E. eemals A G. 13 wir D E. mir F G. 20 bedūtcn habe ich geändert für bedūt D E. Betūdt A. bedeūtē G. Sinlach D E. Emlach A B. emlach C F G. 30 Thabor D E. Thabar A. Tabar B. thabar F G. kostlichest D E. köstlich B. kostlich F. kostlichst G.

150, 1 all geschickt D E A. all fehlt G. Ich habe dieses zweite all getilgt. 17 die A G. fehlt D E. hetten D A. hettē E. het G. 21 nach rat A D E G. Ich habe das unrichtige nach getilgt. 28 sunder die A G. sunder den D E. 38 dincn D E. deinen G. Ich habe dinem gesetzt.

151, 4 F und G weichen ab von den übrigen: geschehe das dem künig zů gefalle F. Geschech das dē künig zů gefalle G. 9 sprach der küng D E. fehlt F G. 19 merckung hett B F G. mercken solt D E. merckung A. hett fehlt A. 22 zwiret D E A. winckct G. er das G. der das A D E. 33 verliesset D E. verlicst A. verliessest G. 34 trapnig D E. trapnyg A. trabenei G. 38 sie G. sy A. es D E.

152, 4 Sich A G. fehlt D E. 15 würd ewiglich hassen. Ich habe würd ergänzt, das A D E F G fehlt. 18 ir A. fehlt D E. 30 gefelliglich D E. geselliglich A. gesellklich G. 31 zů G. fehlt A D E.

153, 2 mocht D E. möcht A G. 15 bewärn D. bewärē E. bewarn A. bewaren G. 22 des A. deß G. das D E. 23 geschwinen A C D E. geschwunden B F G.

154, 24 was er mit den ougen sicht fehlt G. Diese worte haben dagegen auch A E. 25 daz böß. daz fehlt D E. das A. vor dē bösen G. 37 Ein rūns on wasser D E. ein rūns von wasser fehlerhaft A. rūnß von wasser B. Ganz abweichend und, wie es scheint, unrichtig haben F G: ein rausch von einem wasser. vnd. Dieses vnd fehlt A D E.

155, 12 G hat hier unrichtig gegen die andern: vnd sein nacht baurn bitt vmb das so er waiß das er nit hat. vnd von seiner bit vmb das er waiß nit hat nit lassen will. 29 gethon hab D. geton hab E G. gcton hab A. Ich ändere: haben. 32 vnd ein jung frouw die ein wyb verspottet die einē eelichen man nam, dann niemans weißt ob sy vsserhalb der eo einē man hat oder den ncmen mag D E. vnd ein iunck fraw die ein frawen verspottet die einen elichen man hat od' den ncmen mag F. vnd ein iungkfrau die ein frawen verspotet die ein eelichen man hat oder den ncmen mag G. man hat

oder den nemen mag A, wo indessen der fehler durch ein zeichen an-
gedeutet ist. — man hat, Oder den nemen mag B. vnnd ein junge
frouw die ain wyb verspottet die ainen eelichen man nam, dann
niemands weiß ob sy vsserthalb der ee einen man hatt oder den nemen
mag C. 34 zyt D E. zytt ist in A durchgestrichen, daneben steht:
ding. ding F G.

156, 2 kan vnd der überhang an jm gewinnt D E. kan das er
überhang an jm gewinnt A. dz er über hand an ym gewinnet F. kan
das er über hand an ym gewint G. 3 hettest du warlich vnd ge-
rechtiglich gehandelt D E. gefarn vnd gehandelt B. gefarn fehlt auch
F G. 6 der jn vast gelust vnnd betracht doch sinen herrren] diese
worte fehlen D E. Ich habe sie aus A aufgenommen. Sie finden
sich auch in B: der jne fast gelüst, Vnd betracht doch synen herren.
Auch G hat: der yn fast glust vnd betracht doch seinē herren vnd
sparet sie dem. Auch F hat diese worte. Der ausfall dieser offen-
bar hierhergehörigen worte ist wol durch das doppelte herren veran-
laßt. 13 Mit D stimmen E A überein. F und G weichen ab: vnd ein
aglaster stellet sich auff einen füß vnd fürcht dz ertreich sol vnder
im ein fallen F. vnd ein aglaster stelt sich auff ein füß vnd förcht
das ertrich sol vnder ym einfallen G.

157, 26 vor sinen vinden D E. vor seinē feind G. vor sinem
vyent A.

158, 1 miet D E A C. gab B G. 2 der rych gytig vnd der ann-
der ouch vnderwyset D E. Der wiß gyttig vnd der das annder ouch
vnderwyset A. Der weyß geittig B. Der wiß gittig C. das B C. —
d' weyß geytig vnd der dz ander leůt auch vnderweyset F. d' weiß
geitig vnd der das ander leůt auch vnderweist G. 19 Nach kein din
glych haben D E die worte: yetz uff erd vnd du hast kein din glych.
Ich habe diese worte getilgt. A hat: kein dinen glich vor dir gehabt.
keinen gleichen vor dir gehabt F. keinen geleichen vor dir gehabt G.
21 über mich verhalten über das D E. über mich behalten das A.
über mich behaltē das G. Ich habe über vor das getilgt. 27 miltig-
lich gebrucht dar jnn hab D E. milteckeyt darjnn gebrucht hab A.
miltikayt darinn gebraucht hab F. miltikeit dariū gebraucht hab G.
35. 36 durch nyd gegen des kebs wybs D E. in nyd gegen der kebs-
fröuwen A. in neid der kebß frawen G. Ich habe dem kebswyb
geändert.

159, 2. 3 Darumb bist du von mir lobs vnd eeren werdt fehlt in

G, abweichend von A D E. In G heißt es: geschehē ist. darumb bring sie bald für vns. 17 Ich habe hier beßern zu sollen geglaubt: sunnder mit gûter vorbetrachtung die. D hat: sunnder die mit gûter vorbetrachtung vnd die künfftigen ding bedenckest. E: bedencken. F: sunder die mit gütter vor betrachtung vnd dye künfftige ding bedenckest. G: sund' die mit gûter vorbetrachtung vnd dic künftige ding bedenckest. A: Sonnder die mit gutter. 20 zehen malen D E. zehen mal F. zehenmal G. 24 wyssager D E. wyssagen A. weissagen F. weissagē G. 26 zůuerlieren sin rych D E. zůuerderben vnnd sin rych A. zůuerderben, vnd sein reich F. zůuerderben vnd sein reich G.

160, 16 trurigen lewin A. traurigen lewin F. traurigē lewin G. lewin fehlt D E. 34 vätter oder mûter D E. vater oder mûter A. vatter vnd mûter F. vater vnd mûter G.

161, 4 waren A D E. wâr G. 23 ist A G. fehlt D E. 28 das jn D. dz in E. des jn A. des yn G.

162, 11 in den zů leren D E A. in fehlt G; es heißt hier: den zelernen. 12 gebornen D E. angebornen A G. 20 mag fehlt D E. Ich habe es nach s. 161, 29 ergänzt. das jm nit zu statt vnd sin A. das ym nit zůstat vnd sein G. 25 Ich hab dich gemerkt, d. h. verstanden. So gebraucht auch noch Schiller dieses wort, Cabale und liebe, I, 2: Sie werden mich ja doch wohl merken.... Merken? Nicht doch. 27 wirt G. fehlt A D E. 28 befinden D E A. befint G. 31 sinen D E. sin A. sein G. 35 oder in. — in fehlt A D E G.

163, 6 nit vngestrafft A G. nit fehlt D E. 15 warumb er nit siner natur sins geschlächts nach lebte D E A. warumb er nit seiner natur seinem geschlecht nach lebte F. warumb er nit seiner natur seinē geslecht nach lebte G. 34 jm A. im F. ym G. fehlt D E.

164, 21 verbůnt jm des amptz vnd nympt uff in acht D E. vergünnet ym des ampts vnd acht nit F. vergünet ym des ampts vnd acht nit G.

165, 8.9 die werden mich nyden vmb das ampt, die über mich sind der gepůrt die werden mich nyden das mich A. die werden mich nyden vmb das ampt, Die vber mich sint der geburt die werden mich nyden das mich B. die werden mich nyden vmb das ampt Die über mich sind der gepurt die werden mich nyden das mich C. An dieser stelle haben D E übereinstimmend wesentliches ausgelaßen; beide haben nur: die werden mich nyden das mich. —

F hat: die werdend mich neiden vmb das ampt die über mich
·seind d' geburt die werden mich neyden dz mich. G hat: die wer-
dent mich neiden vmb das ampt. die über mich seind d' gebůrt die
werdē mich neiden das mich. 12 verglobt D C. verglaubt E A.
verglůbd B. verglaubt G. 14 sachen zů vertrůwen D E. sachē
veruntreŭen G. zuuervntrůwen A. zuuervntrewen B. zůuervn-
truwen C. 16 handelt D E F G B. hiendel A C.

166, 2 ouch warlich D. warlich ouch E. ouch etlich A. et-
lich B. auch etlich G. 7 verborgen ist Der dritt sprach es ist
war es mag niemans wissen was in der menschen hertzen ist D E.
Diese worte Der dritt — hertzen ist fehlen A B F G. In folge
dessen hat G 9 drit statt vierd, 12 fierd, 13 fünffte, 17 sechst,
21 sibent, 25 acht, 29 neünd, 31 zehent, während D E 9 der vierd
haben und s. w. und mit der zwölfft schließen, ohne jedoch einen
elften zu haben. Ich bin im texte A B F G gefolgt und habe demnach
jene offenbar unrichtig widerholten worte getilgt und demgemäß die
redenden in der weise von F G gezählt, übrigens für die zahlen die
in D gebrauchten genommen. Für die ganze stelle haben übrigens
nur F G das richtige; denn A B haben zwar passend Der dritt
sprach u. s. f. ausgelaßen, allein A zählt dann fälschlich doch auch
bis zwölf, wobei gleichfalls elf fehlt. 8 wärlichen D. warlichen E.
warlich F. fehlt G. 13 gesin A. fehlt D E. gewesen G F. 18 Es
wär glych ein grosse sucht vnd ein forchtsamkeit ein ampt D E. es
wär gleich ein grosse sucht vnd ein ampt F G. es wär glich ein
grosse sůcht vnd ein ampt A. Ich habe vnd nach forchtsamkeit
eingesetzt. 20 vnd sin boßheit so an einr schnöden sach erzöugt
des ist sich doch zůuerwundern D E. vnd hat sin boßheit so an
einr schnöden sach erzeügt das sich doch zůuerwundern A. vnd
hat sein boßheit so an einer schnöden sach ertzeiget das sie doch
zůuerwundern ist G. vnd hat sein boßheit so an einer schneden
sach erzaigt das sie doch zů verwundern ist F. 31 uffloser D.
vffleser E. auf loser G. 38 der sagt A D E F G. Der fuchs sprach
B. kuchinmeister D E. küchinmeister A. küchen schreiber F.
kuchen schreiber G.

167, 34 statt mer D E hat G nit. 36 auf kummen ist folgt in
D E das der küng minder. Ich habe diese worte, welche den satz
verwirren, gestrichen. A hat: das der küng in nünt achtet. G hat:
das der künig yn nit acht zefragen.

168, 2 entschulden D E. entschuldigen A C F G. entschül-
digen B. 4. 5 dann sy sagten, der fuchs sprach, fehlt B, während
A C diese worte haben. nuntzt D. nuntz E. nüntz A. nichts B.
nützit C. nichtz F. nichts G. 8. 9 Nun was vnder andern tieren
des künigs hoff gesind ein yltiß A D E. Nun was vnd' andern
tieren deß hofgesindes ein yeltes G. Nun was vnder andern tieren
deß hoff gesinds ain yelteß F. Nůn was vnder andern thieren des
königs hoffgesind ein yltiß B. Nůn was vnder anndern tieren des
hoff gesiud des kůngs ain yltiß C. 13 vnd hat jn heissen. hat
habe ich eingesetzt; hat fehlt A D E G. 15 syen rührt von mir her.
A D E haben: sy. G hat: sei. 20 yltiß A B D E. ylteß F. yeltes G.
In C findet sich der schreibfehler ytlyß. vßfürten A. fürten D E.
vßfurtten B. vßfürten C. aus fürten G. 21 handelten F G. han-
deltten B. hiendlen A C D E. 37 das gibt der kůng höff D. dz
gibt d' künig höff E. das gibt d' künighof G. das gibt der kůng
hoffs A.

169, 7 Vielleicht ist zu lesen: Dann so die fürsten. 9 ver-
nämen D E. Ich habe vernemen gesetzt. 14 ein diener. ein habe
ich eingesetzt; ein fehlt A D E G. vnd der vor jm. vnd habe ich
ergänzt, es fehlt A D E G. 17 nit G. mit A D E. 33 solt A G.
fehlt D E.

170, 1 gerecht vnd G. vnd gerecht A D E. 5 statt fleisch hat
A spis, G. speiß. 6 das A G. fehlt D E. 19 gantz erschrocken E.
gantz fehlt A D F G. Statt erschrocken haben F G erschrecken.

171, 8 spil vnd A. vnd fehlt D E. von vnkeůscheit vnd spil G.
20 fuchs gesin A. fehlt D E. fuchs gewest G. fuchß gewest F.
27 von nůwem dingen D E. dingen fehlt A. von neůem von ym G.
von newen von ym F.

172, 1 sin habe ich ergänzt. dann gegen mir A D E. dann ym
gegē mich G. 15 vnd denen jren werdt darumb gon lassen soll D.
deren E. vnd tlann iren wert gantz darumb gan lassen sol G. vnd
den iren werd darumb gan lassen soll A. 20 so würd ich dich des
geniessen lassen vnd vnser liebe würt fehlt G. G hat nur: ver-
gessen wirt damit gegē einander gesterckt. In A D E finden sich
die in G fehlenden worte. 33. 34 vnd vnder A G. vnd fehlt D E.

174, 5 geblümten A. gelůmbten D E. geplēten G. 13 ge-
schwellen D A F. geswellen G. geschwollē E. 14 ir astronomen A D.
astronomien F G. astronomon E. 30. 31 der kůng A. d' künig G.

fehlt D E. 35 dem vndanckbern A. den vndanckbarn D E. den vndanckpern G. 37 göttlicher erachtung D E. schickung A. d' götlichen schickung G. 38 Jch hab vermerckt welichem von billichheyt A. Diesem entsprechend D E. Abweichend von A D E hat G: Ich hab vermercket von willigkeit wem.

176,2 in so hohem staut D E. in hohem stat A G. 12 wandler A D E. wauderer G. 24 disputatz A D E. disputirung G F.

177,9 in solichem gedencken vor der statt D E. in solichen A. mit sollichen gedencken für die stat F. mit solichen gedencken für die statt G. 13 in siner liebe A. in ir liebe D. in ir libe E. in seiner lieb G. 16 silbrin D E. guldin A. gulden F. gülden G. 18 silbrin D E. silberin A. gulden F. gülden G. 19 widerumb A. wider G. fehlt D E. 23 grosser D E. grosse F G. 29 stund vnerkant — wenn die kouffůt A. stůnd vnd erkunt — wenn sy D E. stůnd vnerkant — wann die kaufleůt G. 32 fünff tusig D E. fünff tusent A. fünfftausent F G. 33 jungen kouffman D E. fehlt A F G. 37, 38 vnd dauon sich vnd sine gesellen gespyßet D E. vnd dauon spis für sich vnd sine gesellen A. vnnd dauon speyß für sich vnd seine gesellen F. vnd dauon speiß für sich vnd sein gesellen G. 38 grossen D E. fehlt A F G.

178, 8 nach by dem tor D E. fehlt A F G. der statt D E. der yetz gemelten statt A. der selben stat F G. 9. 10 vnd alles volck volgt der lich zů grab für die statt jn ein cappel für disen jungen hin zůgrab D. vnd alles volck volgt der lich zů grab für die statt in ein Cappell für disen Jungen hin zů grab E. Vnnd alles volck volgt der lych zů grab für die statt, jn ein Cappell für disen jungen hin zu grab A. vnd alles fock [sic] folgte der leich zů grabe für die statt yn ein kloster für dysen iungen byn F. vnd alles folk folgt d' leich zů grab für die stat in ein closter für disen iungen hin G. Ich habe zů grab am schluße des satzes, als offenbar irrig, gestrichen. 11 on alles versinnen D E. on alle versinnlichayt A. on alle versinlichkeit F. on alle versinlicheit G. 25 vor allen dingen D E. fehlt A F G. vnd riet den zů fragen F. vnd riet den zefragen G. 30 gestorben ist A. ist fehlt D. gestarb E. 37 heren D. herrē E.

179, 4 schriben, das D E A. schreibē. Das G. Ich habe das getilgt. 6 erachtet ist D E. ist fehlt A und G. eracht G. 7 verwůnderten A. bewunderten D E. wunderten G. 9 schatzten D E.

satztē G. jnen dz A. dz fehlt D E. yn das G. 27 mit cleiner
miner narung D. mit cleiner narūg E. mit kleiner narung G.
meiner fehlt auch A. 29 so dir A G. do dir D E. 31 dann er
hat dich nit on geschicht uff dis zyt her geschickt D. dann er hat
dich nit ō geschicht uff dis zit her geschickt E. dann er hat dich
nit vngeschicht auff dise gesellschafft bracht F G. In A ist nach
dis eine lücke, in welche eine spätere hand die worte gesellschafft
bracht geschrieben hat. 36 dann diß G. das dis D E. 37 Vnnd
ich sag ůch A. Vnd ich sag eůch G. vnd sag ůch D E.

180, 2 ůber zwen pfenig G. vor zwen pfennig A. vor zwen
pfenning D E. 13 vmb alles A. vmb als D E. vmb alls G.
18 fand ein schatz vnd danckt got D E. vand ein schatz, do danckt
ich gott A. fand ein schatz do danckt ich got G. 19 vnd mich D E.
fehlt A G. 28 von dem künd D. von dem küng E A. von dem
künig G. von des kůngs sun C. 33 din wort D E. dein wort G.
dine wort A. 37 vil vischentzen D E. vischitzen A. fisch G.
38 die vogel A. die fogel G. die fehlt D E.

181, 6 vnd wirt dise wonung D E. dise wonung wirt G. vnd
fehlt G, ebenso auch vor niemans [G nieman]. 12. 13 das wz ir
vast widerwärtig vnd wolt dz jrem frůnd nit verhelen D. das jr
vast widerwärtig vnd dz irē frůnd nit verhelē E. Man sieht,
daß E hier fehlerhaft ist. das was ir fast widerwertig vnd wolt
das irē freůnd nit v'helē G. 13. 14 wie wol ir der man das
hart verbotten het yemans zů sagen D E. wie wol ir der man dz
hart verbotten het vnd A. wie wol ir der ma [sic] dz hart ver-
boten het vnd F. wiewol ir der man das verboten het vnd G.
17 uß zů schlieffen A. aus zeslieffen G. uß zů fliegen D E. 18 uß-
schlieffen A. aus slieffen [ohne söllen] G. uß fliegen D E. 33. 34
nater D E A. dy natern F. die natern G. die fehlt D E A.

183, 4. 5 aber das für die größest vernunfft der sin heimlicheit
vergraben kan das sy niemans find Also flog D. Die worte das sy
niemans find fehlen E. aber das für die gröst vernunfft der sein
heimligkeit vergraben kan das sie niemant find. Allso flog G.
20 mögen E. mügen G. mög D A.

184, 17. 18 ob vns die überfallen oder überdringen wolten D E. ob
vns die überdringen wolten A. ob vns die übertringen wölten G.

185, 9 verliben D E A. blyben B. beleiben G. 18 sin ougen
ußkrätzen D. sin ogen uß kretzen E. sin ougen uß kräwen A.

sein augē aus kratzen vnd krawen G. 27 vnd do er die G. und do er dz E. vnd do er das D. Vnnd do er das A.

186, 3 glych nach by jm D E A. gleich nahe bei yu G. 8 visch A. fisch G. vischentz D E. 16. 17 Nun hab ich hie also gesedlet dz mir hinan nit gebūrt zū kummen vnd ist mir kein besser gesūch dann weg betrachten wie ich sy tōdt D E. Nūn hab ich mich hie also gesetzt, das mir von hinnen nit gepūrt zū komen, Vnnd ist mir kein besser gesūch, dann weg zubetrachten wie ich sy tōt A. Die worte mich gesetzt von sind von neuerer hand eingetragen und man sieht, daß A wol auch gesedelt hatte. nun hab ich mich hie gesetzt das mir vō hinn nit gepūrt zekomen vnd ist mir kein besser versūch dann weg zesūchē wie ich sie mūg ertöten G. 22 D hat den druckfehler hoffnunff. E: hoffnung. 29 do wilt du D E. doch wiltu G. Doch wilt du A.

187, 9. 10 Wer setzt sin leben nit für sinen getrūwen gesellen, der jm nūtzer ist, dann brūder oder kind? So habe ich statt des textes der drucke und der handschrift āndern zu sollen geglaubt. D E haben: wer sin leben nit setzt fūr sinen getrūwen gesellen Dann der ist jm nūtzer dann brūder oder kind. G hat: wer sein lebē nit setzet für sein treūen gesellen. dann der ist ym nūtzer dann brūder oder kind. A hat: wer sin leben nit setzt für sinen getrūwen gesellen, dann der ist jm nūtzer dann brūder oder kind. 33. 34 vnd will dich sicher vnd dir friden zū sagen vnd das du min gesell sin söllest D E. vnd will dich sichern vnd dir frid zūsagē dastu mein gesell sein solt G. vnd will dich sicher sagen vnd dir fryden zusagen vnd das du min gesell sin söllest A.

188, 5 sollichs bitt D. solichs bitt E. solich bet G. sölich bitt A. 7 zūeruolgen D. zūeruolgen E. zūerfolgen G. 9 todte D E. töt G. 11 daz du din person fūrsehest vor mir vnd wych D E A. dastu dein person anfechtest vnd weich G. Iñ dem mir vorliegenden exemplare von F fehlt das betreffende blatt. 19 so es G. so er D E A. das es G. das er D E A. unter er ist wol hund zu verstehen, vergl. 187, 24. 34 zū zesagen D. zū sagen E. zesagen G. zu sagen A. Hier hat D allein das richtige.

189, 4 vischentz D E A. fisch G. 15. 16 vnd batt sy das er ir vmb einen besāch D. besach E. vnd batt jn das er ir vmb einen besehe A. vnd bat yn das er ir vmb ein besche G. 17—20 zū dem sprach der vogel jch will dir ein sach offenbarē dauon du

frŏud empfahen wirst sprach d' fuchs wz wār das, antwurt der
vogel jchab [so!] D. zů dē sprach der uogel ich will dir ein sach
offenbarē dauō du frŏd empfahē wirst sprach d' fuchs wz wār
dz antwurt d' vogel jch hab E. zů dē sprach der fogel. Ich
will dir ein sach offenbaren dauon du freūd enpfahē solt. ich
hab G. Man sieht, daß G. wesentliches ausläßt. Zu dem sprach
der vogel Jch will dir ein sach offenbaren, dauon du freūd entpbahen
würdest. Sprach der fuchs wz wer das Anttwurt der vogell jch hab A.
21 gedeucken A D E. gedenck G. 25 hinder disem schrouen D A.
hīder disen schrouē E. hinder disen felß G. 26 ju ergrymmen
A. sy ergrymmen D E. yn ergreiffen G. 26. 27 das dem alten
lyb ir vnkůsch gebůsset werd D. dz dē altē lib ir vnkůsch ge-
bůsset werd E. das dē altē weib ir vnkeūscheit gebůst werd G.
36. 37 Der vogell fūrt sie A. Der fogel fūrt sie G. der fūrt sy
D E. vogel fehlt diesen beiden.

190, 3 do sprang der fuchs uß sinem halt vnd begreiff [be-
gryff E] sy by jrem halß jm zů spyß D E. do sprang d' fuchs
auff iren hals vnd ergraiff sie bei irē kragen ym zů speiß G.
Do sprang der fuchs uff jren hals vnd ergraiff sy by jrem hals jm
zů spyß A. 5—8 E stimmt mit D. In A lautet diese stelle: Hye
hat das sechzehend Capitel ein ennd. Vnnd ist von den gesel-
len, die sich vnnder jnen selbs betriegen. Vnnd vahett nun an
das sybenntzehent Capitel vnnd das lest, Vnnd ist von dem, der
einem anndern raten kan vnnd jm selbs nitt. — F hat: Hie endet
sich das sechzehend capitel von den fŏgeln, vnd fahet an das siben-
zehent capitel vnd das letst vnd ist von dem der eym andern raten
kan vnd ym selber nit. G hat nur: Hie fahet an das sibentzehent
Capitel vnd das letst. Vnd ist von dem der einem andern raten kan
vnd ym selber nit. 10 daruff du mir das gesaget hast D. daruff du
mir gesagt hast E. das fehlt E. darauff du mir das gesagt hast G.
15 trŏwt jr wie A. trŏwet wie D E. traet ir wie G. traūwet ir
wie F. 16 mit trŏw worten D. mit trŏuw worten E. mit trŏw A.
mit drawen F. mit traen G. 31 wŏlt D. wolt A E.

191, 3 Der spar antwurt jm vnnd sprach Wenn A. Der spar
antwurt vnd sprāch Wann G. Der spart antwurt Wann D E. 6. 7
dick kumpt ein wetter die zů allen syten wind bringen D E. Dick
kumbt ein wetter das zů allen seitten wind bringt G. Dick kumpt
ein wetter das zů allen sytten wind bringett A. Die handschrift

hatte auch die und bringen, verbeßert aber das und bringett. 15.
16 das ir ůwer houbt vnder ůwer selbs vettichen (vetichen E.) bergen
mögen D E. das ir ůwer houpter vnder ůwer selbs vättichen bringen
mögen A. das ir ewere haubter vnder ewre fettig bringen můgend F.
das ir eůcrer heůbter vnder eůwer fettig bringẽ můgent G. 22 vnd
fraß jn da nůchter D E. Vnd fraß jn. Damit hatt dis ennd A. vnd
fraß yn vnd da mitt hat diß bůch ein end F. vnd fraß yn. Vnd da-
mit hat diß bůch ein end G.

192, zeile 2 von unten, lies: Diesen statt Disen.

Eine eigene erörterung über die geschichte des Buches der bei-
spiele der alten weisen, über seinen indischen ursprung, die ver-
änderungen, welche seine anfängliche darstellung erfahren, seine
unterlage und seinen zweck, sowie über seine allmähliche verbreitung
durch die sprachen des morgen- und des abendlandes wird man hier
um so weniger erwarten, als unser werk erst in neuester zeit noch-
mals nach allen jenen richtungen hin gegenstand der umfaßendsten
und gründlichsten untersuchungen geworden ist. Aus demselben
grunde darf ich mich wol auch einer anhäufung literarischer nach-
weisungen überheben und mich darauf beschränken, wenige arbeiten
namhaft zu machen, welche dem schriftstellerischen erzeugnisse ge-
widmet sind, dessen älteste deutsche bearbeitung ich hier gebe.
Es sind folgende:

Über inhalt und vortrag, entstehung und schicksale des könig-
lichen buchs, eines werks von der regierungskunst, als ankündigung
einer übersetzung nebst probe aus dem türkisch - persisch - arabischen
des Waassi Aly Dschelebi, von Heinrich Friedrich von Diez, königl.
preuß. geheimen legationsrat und prälaten, ehemals außerordentlichem
gesanten und bevollmächtigten minister des königs am hofe zu Kon-
stantinopel. Berlin. 1811. 8.

Calila et Dimna, ou fables de Bidpai, en Arabe . . . par Sil-
vestre de Sacy. Paris. 1816. 4.

Man vergl. ferner Silvestre de Sacy in den Notices et extraits
des manuscrits de la bibliothèque impériale. IX. P. I. s. 397 ff. Paris.
1813. 4.

A. Loiseleur Deslongchamps, Essai sur les fables indiennes et
sur leur introduction en Europe. Paris. 1838. 8.

John Dunlops Geschichte der prosadichtungen, aus dem eng-
lischen übertragen von Felix Liebrecht. Berlin. 1851. 8. s. 193—196.

G. H. B[ode], in: Göttingische gelehrte anzeigen. 1843. 73—75 stück, s. 721—742.

Pantschatantra: Fünf bücher indischer fabeln, märchen und erzählungen. Aus dem Sanskrit übersetzt mit einleitung und anmerkungen von Theodor Benfey. Erster teil. Einleitung: Über das indische grundwerk und dessen ausflüße, sowie über die quellen und verbreitung des inhalts derselben. Zweiter teil: Übersetzung und anmerkungen. Leipzig. 1859. 8.

Vergl. darüber: A. W[eber], in: Literarisches centralblatt für Deutschland, herausgegeben von Fr. Zarncke. Nr 41, vom 8. october 1859. Leipzig. 4. sp. 656—658; A. Holtzmann, in: Heidelberger jahrbücher der literatur. 1860. Nr 17, s. 265—270.

Theodor Benfey, Über die alte deutsche auf befehl des grafen Eberhard von Wirtemberg abgefaßte übersetzung des Kalilah und Dimnah, insbesondre deren ältesten druck und dessen verhältnis zu der spanischen übersetzung. [1] (in: Orient und Occident, insbesondre in ihren gegenseitigen beziehungen. Forschungen und mitteilungen. Eine vierteljahrsschrift herausgegeben von Theodor Benfey. I. Göttingen. 1860. 8. s. 138—187.)

Eine möglichst gedrängte mitteilung des wesentlichsten, was durch Benfeys epochemachende untersuchungen und diejenigen seiner vorgänger gewonnen worden, wird hier nicht unerwünscht sein. Vor dieser zusammenstellung mag indessen schicklich eine bemerkung allgemeinerer art ihren platz finden. «Es ergibt sich aus Benfeys forschungen, sagt Hermann Brockhaus, [2] das merkwürdige factum, daß der gesammte unterhaltungsstoff an märchen, erzählungen und novellen, an welchem sich die völker des westlichen Orients, die Perser und Araber, seit länger als tausend jahren erfreut haben, aus Indien stammt; und ferner, daß das abendland seit den kreuzzügen bis auf die zeit herab, wo das wiederaufleben der classischen literatur die geister in eine neue richtung drängte, von den Arabern dieselben stoffe überkommen und in mannigfacher weise

---

1. Daß es mir vergönnt ist, diese höchst scharfsinnige untersuchung schon jetzt benützen zu können, habe ich der außerordentlichen güte des verehrten verfaßers zu danken.

2. S. Hermann Brockhaus, Analyse des sechsten buches von Somadeva's märchensammlung. (in: Berichte der phil.-hist. classe der königl. sächs. gesellschaft der wißenschaften. 1860. 8. s. 101. 102.)

bearbeitet und sich angeeignet hat. Ebenso hat sich dieser erzählungs-
stoff durch den Buddhaismus auch nach dem Norden Asiens zu den
Tibetanern und Mongolen, nach dem Süden zu den Birmanen, Sia-
mesen u. s. w., und mit den Malaien über die Sundainseln verbreitet.
St. Julien's glänzende entdeckung, daß die buddhistischen Avadâna's [1]
(Bispele) auch in der chinesischen literatur aufnahme gefunden, zeigt
uns die verbreitung dieser indischen erzählungen auch in jenem weiten
reiche, und es darf wol mit sicherheit angenommen werden, daß alle
die völker, welche wider in ihrer bildung von China abhängig sind,
wie die Japanesen, die bevölkerungen von Korea und Tonkin u. s. w.
auf diesem wege ebenfalls diese ursprünglich indischen erzählungen
kennen lernten. Es ist damit ein culturhistorisch höchst wichtiges
factum gewonnen: *Indien ist das eigentliche und ursprüngliche
heimatland der über alle länder und zonen verbreiteten novellen-
literatur.* Im Buddhaismus sind diese leichten blüten der poesie
zwar nicht entstanden, haben sich nicht aus diesem entwickelt, aber
insofern der Buddhaismus sich unmittelbar an das volk im weitesten
sinne des wortes wendete, hat die eigentümliche lehrmethode der
buddhistischen sendboten sich dieser alten urindischen stoffe bemäch-
tigt und sie somit zuerst in die literatur eingeführt. Innerhalb der
buddhistischen sowol als der brahmanischen literatur ist dieser
zweig der poesie dann mannigfach weiter ausgebildet worden, bei den
Buddhisten wol immer mit vorherrschenden didaktischen zwecken.»

Was nun zunächst die zeit betrifft, in welcher jenes indische
grundwerk entstanden, aus dem alle späteren bearbeitungen, somit
auch das deutsche Buch der beispiele der alten weisen, hervorge-
gangen sind, so ist dieselbe mit genauigkeit bis jetzt nicht anzugeben.
Sicher ist allein so viel, daß das grundwerk um 500 nach Chr.
schon vorhanden war; wie viel früher es gedichtet worden, läßt sich
dagegen im allgemeinen nur dahin bestimmen, daß sein ursprung
wol nicht über das zweite jahrhundert vor Chr. hinaufreicht. So
wenig wie über die entstehungszeit des werkes sind wir über seinen
verfaßer unterrichtet. Was wir mit zuverläßigkeit von ihm sagen
können, ist einzig der umstand, daß er sich zum Buddhis-

*

1. Les Avadânas, contes et apologues indiens, inconnus jusqu' à ce
jour, suivis de fables, de poésies et de nouvelles chinoises; traduits par
M. Stanislas Julien. 3 bde. Paris. 1859.

mus¹ bekannte. Die absicht, in welcher der verfaßer geschrieben, war
unzweifelhaft keine andere, als herrschern lehren zu bieten; sein buch
sollte, in unserer weise zu reden, ein fürstenspiegel sein. «Daß man
dafür, sagt Benfey, a. a. o., I. s. xvi, diese form wählte, wird seine
veranlaßung in der orientalischen sitte gefunden haben, lehren in die
hülle von fabeln zu kleiden, zu welcher der despotismus des Orients
gerade vor königen nicht selten in wirklichkeit raten mochte.»

Aus dem Sanskrit, in welchem dieser fürstenspiegel ursprüng-
lich abgefaßt worden, wurde er von dem arzte Barzûyeh unter der
regierung des Sassaniden Khosru Anushirvan (531 — 579) in das
Pehlevi, die damalige cultursprache Persiens, in einer nun verlorenen
bearbeitung übertragen. Aus dieser altpersischen übersetzung gieng
sodann eine dem achten jahrhundert angehörige, in verschiedenen,
von einander abweichenden handschriften erhaltene arabische ² von
Abdallah ben Mokaffa hervor. Da das indische grundwerk und die
wol mit möglichster treue davon veranstaltete übertragung in das
Pehlevi nicht auf uns gekommen sind, so ergibt sich von selbst die
hohe bedeutung, welche die arabische übersetzung der letzteren —
ihre zutaten sind fast bestimmt zu erkennen — für die geschichte
des werkes hat. In Indien selbst hat das grundwerk, wahrscheinlich
erst nach dem 12. jahrhundert, bedeutende veränderungen, ja be-
schränkungen des umfanges erlitten, in folge deren für diese spä-
teren, noch vorhandenen Sanskrittexte als titel das wort «Pantscha-
tantram,» d. h. die fünf bücher, eingetreten ist.

*

1. Man vergleiche über dieses religionssystem die lichtvolle entwicklung
von Max Duncker, Geschichte des altertums. Zweite auflage. II. Berlin. 1855.
8. s. 180—213. — C. F. Köppen, Die religion des Buddha und ihre ent-
stehung. I. Berlin. 1857. 8. II. Berlin. 1859. 8. (Vergl. darüber Benfey, in
den Götting. gel. anzeigen. 1858. st. 41 — 44; 1860. st. 50 ff.) — W.
Wassiljew, Der Buddhismus, seine dogmen, geschichte und literatur. I. All-
gemeine übersicht. Aus dem rußischen übersetzt. St Petersburg. Leipzig.
1860. 8. (Vergl. darüber Benfey, a. a. o. 1859. st. 61.) — J. Barthélemy
Saint-Hilaire, Le Bouddha et sa religion. Paris. 1860. 8. (Vergl. darüber Benfey,
a. a. o. 1860. st. 88.)

2. Eine deutsche übersetzung haben wir von Philipp Wolff: Das buch
des weisen in lust- und lehrreichen erzählungen des indischen philosophen
Bidpai. Aus dem Arabischen. Stuttgart. 1839. 8. — Über den namen, welchen
die arabische bearbeitung dem weisen gibt (Bidpai, entsprechend dem Sende-
bar unserer deutschen übertragung), vergl. Benfey, a. a. o., I. s. 13. 32, anm. 2.

Auf der arabischen übersetzung beruhen sofort vier weitere, zwischen das ende des elften und den anfang des dreizehnten jahrhunderts fallende, von einander unabhängige übertragungen, die jedoch noch nicht alle vollständig bekannt geworden sind: eine persische von Nasr-Allah aus dem 12. jahrhundert [1], eine alte lateinische [2], die wol nicht mehr vorhanden ist, eine griechische, welche den Symeon Seth, um 1080, zum urheber hat, und eine nach aller wahrscheinlichkeit noch vor dem jahre 1250 beendigte hebräische, als deren verfaßer, übrigens ohne gewähr der richtigkeit, der rabbi Joel genannt wird. Diese hebräische übersetzung, von der nur eine einzige unvollständige handschrift gerettet zu sein scheint, hat Johann von Capua etwa um 1270 unter dem titel: «Directorium humane vite alias parabole antiquorum sapientum» in das lateinische übertragen. Um 1480 ohne angabe des jahres und ortes gedruckt, ist uns dieses Directorium, das uns sogleich zu unserem Buche der beispiele der alten weisen führt, in wenigen sehr seltenen exemplaren erhalten. Die eindringenden forschungen Benfeys haben ergeben, daß diese beiden übersetzungen, die hebräische und die aus ihr abgeleitete lateinische, höchst wahrscheinlich nach einem älteren und treueren texte der arabischen übersetzung gearbeitet sind, als er in derjenigen recension vorliegt, die von Silvestre de Sacy veröffentlicht worden ist.

«Durch genauere untersuchung, sagt Benfey [3], stellt sich heraus, daß, abgesehen von den zwei am ende hinzugesetzten capiteln (dem 16. und 17. der alten deutschen übersetzung entsprechend) die hebräische übersetzung im allgemeinen der treuste spiegel des ältesten arabischen textes ist und da dieser das sanskritische grundwerk treuer widerspiegelt, als dessen indischer ausfluß, das Pantschatantra, folgerecht auch des indischen grundwerks selbst. Da die hebräische übersetzung mehr als zur hälfte verloren und die andre hälfte noch nicht herausgegeben ist, so tritt für uns an ihre stelle die erwähnte lateinische. Diese ist es aber, welche auf graf Eberhards

*

1. Auf Nasr-Allah hat sich mehr als drei hundert jahre später Husaïn Vaïz für seine unter dem titel: Anwár-i-Suhaïlí (lichter des Canopus) verfertigte bearbeitung gestützt.

2. Sie gieng um 1250 ins Spanische (handschriftlich im Escurial) über. Vergl. Benfey, Über die alte deutsche übersetzung des Kalîlah und Dimnah, s. 143.

3. Über die alte deutsche übersetzung, s. 144—146.

von Wirtemberg befehl . . . in das Deutsche übersetzt ward; und da
diese übersetzung in vielen, obgleich mit ausnahme des ersten
drucks schlechten abdrücken weit verbreitet ist, so hat sie, abge-
sehen von einigen freiheiten im einzelnen, die sich der übersetzer
verstattet hat, das verdienst, die älteste gestalt dieses für die cultur-
geschichte höchst bedeutenden werkes in die weitesten kreiße einge-
führt zu haben und noch jetzt in ihnen zu repräsentieren.

«Wenn sie schon hierdurch eine außergewöhnliche wichtigkeit
erlangt, so wird diese noch dadurch gesteigert, daß die lateinische
übersetzung, ganz abgesehen von ihrer großen seltenheit, schon durch
ihre form fast völlig untauglich ist, die hebräische, somit in letzter
instanz das sanskritische grundwerk auf eine irgendwie würdige
weise zu vertreten. Der verfaßer derselben, Johann von Capua, ver-
stand Latein nur äußerst schlecht und auch des Hebräischen scheint
er wenigstens nicht besonders mächtig gewesen zu sein; in folge
dieser mängel leidet seine übersetzung keinesweges bloß an einer
durchgehenden vollständigen formlosigkeit, sondern auch nicht selten
an einer solchen unverständlichkeit, daß es wahrhaft bewunderns-
würdig ist, wie der deutsche übersetzer vermittelst ihrer eine solche
in dem ältesten druck ganz vortreffliche arbeit zu liefern im
stande war; denn was sie durch die, im ganzen doch nur wenigen,
freiheiten, welche sie sich genommen hat, an treue einbüßt, ersetzt
sie durch die würde, die kraft und schönheit ihrer sprache wenig-
stens im verhältnis zu der lateinischen, mehr als überreichlich.

«Eine nicht minder große wichtigkeit erhält sie aber ferner
dadurch, daß auf ihr mit ausnahme der sehr wenigen, kaum ins
publicum gedrungenen bearbeitungen, welche aus der griechischen
übersetzung gefloßen sind, vollständig oder wesentlich alle ge-
druckten übersetzungen beruhen, welche der französischen bearbei-
tung des Anwâr-i-Suhailî (1644) und des Humayun-nameh (1725.
1778) vorhergegangen sind; so daß also fast ganz Europa eine in
weiteren kreißen verbreitete kenntnis dieses bedeutenden werkes fast
einzig und allein ihr verdankt, und zwar fast völlig ohne nebenbuhler-
schaft bis zu dem erwähnten jahre 1644, in welchem unter dem titel:
«Livre des lumières ou la conduite des roys, composé par le sage
Pilpay Indien, traduit en français par David Sahid d'Ispahan,» die fran-
zösische bearbeitung des Anwâr-i-Suhailî erschien. Aber auch diese, so-
wie die zunächst (1725) erschienene teilweise bearbeitung des Humayun-

nameb durch Galland, bekannt unter dem titel: «Les contes et les fables indiennes de Bidpai et de Lokman traduites d'Ali-Tchelebi-ben Saleh, auteur Turc,» waren eigentlich nur schwache nebenbuhler, da sie von den 17 capiteln der deutschen übersetzung nur vier, nemlich das zweite, dritte, vierte und fünfte reflectieren. Erst 1778 erschien eine vollständige französische übersetzung der türkischen bearbeitung, in welcher das bis dahin fehlende von Cardonne ergänzt war. Aber auch diese, sowie das 1644 nach dem Anwár-i-Suhailí ausgearbeitete Livre des lumières sind lange nicht ein so treuer spiegel der arabischen übersetzung als die deutsche; denn sie beruhen auf einer persischen bearbeitung, dem erwähnten Anwár-i-Suhailí, welche sich große freiheiten verstattet hat; aus dieser ist das Humayun-nameh, die türkische bearbeitung, ebenfalls mit einiger freiheit hervorgetreten und auch die französischen übersetzungen haben sich keinesweges ganz treu an ihre originale gehalten. So bleibt der deutschen übersetzung und deren ausflüßen bis zu der publication des arabischen textes (1816) und, den obigen bemerkungen gemäß, in beschränkterem maaß selbst nach dieser unbestreitbar der wert, der treuste spiegel der arabischen zu sein. Was nun diese ausflüße betrifft, so sind die dänische (1618) und holländische (1623) übersetzung, wie von denen, welche sie benutzt haben, (mir selbst sind sie nicht zugänglich) angegeben wird, unmittelbar aus der deutschen hervorgegangen. Und auch die spanische übersetzung [d. h. die gedruckte, nicht jene handschriftliche], wenngleich unmittelbar aus der lateinischen übertragen, ist doch nicht ohne wesentliche benutzung und beihilfe der deutschen entstanden. Auf der spanischen übersetzung aber beruhen die italiänischen bearbeitungen von Firenzuola (1548) und Doni (1552) und durch übersetzung von diesen beiden wurde das werk von Gabriel Cottier (1556) und Pierre de la Rivey (1579) in Frankreich, durch die der donischen von Thomas North (1570. 1601) in England bekannt gemacht.»

Aus dieser bündigen ausführung des berühmten gelehrten geht wol aufs klarste die außerordentliche bedeutung hervor, welche dem Buche der beispiele der alten weisen für die geschichte der literatur des Orientes und des Occidentes sowie für die culturgeschichte zukommt.

Es bleibt mir übrig, über unser werk von einem anderen standpuncte aus noch einige erörterungen anzuknüpfen. Und zwar habe ich mich hier vor allem über den titel zu erklären, den ich meiner ausgabe vorangesetzt habe. Weder die handschriften noch die beiden ältesten

drucke geben einen solchen. Ich habe indessen nicht fehl zu gehen
geglaubt, wenn ich als die bezeichnung, unter welcher der übersetzer
sein werk begriffen, die stelle s. 8, 22. 23 genommen habe, wo es heißt:
«Dis ist das büch der byspel der alten wysen von geschlechten
der welt [1].»

Weiterhin kommen zunächst die veranlaßung der deutschen über-
setzung und der übersetzer selbst in betracht. Was die erstere
anlangt, so besitzen wir darüber durch den zuverläßigsten bericht
die bestimmteste kenntnis und außerdem haben wir dafür auch ein
zeugnis in dem buche selbst. Den ruhm, das uralte werk indischer
weisheit dem deutschen schriftentume gewonnen zu haben, hat sich
ein fürst erworben, derjenige, welchen kaiser Maximilian (es war
am 29. mai 1498, als er das grab des erlauchten toten besuchte)
mit den denkwürdigen worten gepriesen: «Hier liegt ein fürst,
welchem ich im ganzen römischen reich an verstand und tugend kei-
nen zu vergleichen weiß» [2]. Es ist Eberhard im bart, graf von Wir-
temberg und nachmals erster herzog dieses landes.

In der rede, mit welcher Konrad Summenhard von Calw [3], (ma-
gister der Pariser universität, seit 1478 lehrer der freien künste, seit
1484 der theologie auf der universität zu Tübingen, wahrscheinlich
gest. 1520,) am 9. merz 1496, den tag nach der im St Petersstift zum
einsiedel erfolgten beisetzung seines herrn, an der genannten hoch-
schule das gedächtnis desselben feierte, findet sich folgende stelle:

«Opus praeterea quoddam fabularum perutile: quod primo indice:
post persice: dehinc arabice: hebraice: pariter et latine exaratum
fuerat: ipso iubente primo in linguam transiuit germanie» [4].

*

1. D. h.: Diß ist das buch der beispiele der alten heidnischen weisen
(im gegensatze zu den jüdischen). Vergl. Benfey, Über die alte deutsche über-
setzung, s. 152. 153.

2. Vergl. Ch. F. v. Stälin, Wirtembergische geschichte. III. s. 647.

3. Vergl. Stälin, a. a. o., s. 773.

4. Vergl.: Oratio funebris et | luctuosa: per magistrū Conradū Summen-|
hart de Calw sacre theologie professorem | habita ad vniuersitatem Tūwin-
gēsem in | officio exequiarum: quod eadem vniuersitas pro | illustri principe
domino Eberhardo primo | duce in wirtemberg et Deck: tanquam pro suo |
patrono et fundatore: vij. ydus Martij. | Anno. M.cccc.xcvi: pie peregit. qui
praeclarus | princeps pauloante in festo beati Mathie | apostoli hora vespe-
rarum: eodem anno diem | clauserat extremum. — 10 blätter. 4. Schluß, bl. 10ᵃ:
Finit oratio funebris et luctuosa ad | vniuersitatem Tūwingēsem per Ma-|

Daß unsere deutsche übersetzung des Buches der beispiele der
alten weisen eine beziehung zu Eberhard im bart hat, ist in dem
werke selbst auf eine sinnreiche weise dadurch angedeutet, daß un-
gewöhnlich große initialen der ersten abschnitte in D¹ das akrosti-
chon EBERHART GRAF Z WIRTENBERG ATTEMPTO bilden. ²

Aus dem, was ich oben, s. 194, über die handschrift A bemerkt
habe, geht zur genüge hervor, daß in derselben das verhältnis, in
welchem die übertragung zu Eberhard steht, aufs unzweideutigste
kenntlich gemacht ist. Während in der handschrift C das vollstän-
dige akrostichon, wie es so eben genannt worden, durch große ini-
tialen sich ergibt, fehlt dagegen in B der wahlspruch, wenigstens
ließe sich höchstens Attempt herstellen; das O ist nicht mehr ausge-
zeichnet, demnach kein verständnis des wahlspruches da.

*

gistrum Conradum Summenhart | de Calw sacre theologie professorem | habita
nona die Martij. Anno do-|mini .M.cccc.xcvi. in exequijs illu-|stris principis
Eberardi primi ducis | in wirtemberg et deck. Impressa in | oppido Tüwingen :
per Magistrum | Johannē Othmar: Anno M.cccc|xcviii. | Auf der rückseite:
Sequitur Summarium | huius orationis funebris | et luctuose. | u. s. f. — Die
oben mitgeteilte stelle findet sich blatt 5ª, sp. a.

1. s. oben s. 1—31. Ich bemerke hier, um einem irrtume vorzubeugen,
daß das beim anfange des ersten capitels, oben s. 11, gesetzte D nicht zu
dem akrostichon gehört.

2. Attempto ist so viel als attento, ich wags. Vergl. Ducange-Henschel,
Glossarium mediæ et infimæ latinitatis. I. Parisiis. 1840. 4. s. 467. — At-
tempto war der wahlspruch Eberhards im bart. Das jahr, in welchem Eber-
hard diesen wahlspruch sich angeeignet, ist nicht genau zu bestimmen. Die
annahme desselben bringt Pfister, Eberhard im bart. Tübingen. 1822. 8. s. 30.
31, mit dem entschluße zu jener wunderbaren umwandlung in verbindung,
durch die Eberhard nach wilden jugendjahren (seine erziehung war sehr
vernachläßigt worden) sich selbst unvergänglichen nachruhm erworben,
auf die mitlebenden und die nachwelt aber die segensreichste wirkung aus-
geübt hat. Nach Gutscher, Eberhard der erste. Stuttgart. 1822. 8. s. 7, hätte
unser fürst dagegen erst in folge seiner pilgerfahrt zum h. grabe 1468 den
wahlspruch Attempto sich beigelegt, wie denn auch seit dieser zeit die palme
bedeutungsvoll bei seinem wappen steht, nicht die ceder, wie Gutscher, a. a. o.,
sagt und wie auch noch J. v. Radowitz, Die devisen und motto des späteren
mittelalters. Ein beitrag zur spruchpoesie. Stuttgart. 1850. 8. s. 48, meint,
indem er als devise des herzogs die ceder mit dem spruche anführt: „Was
herzog Eberhard fieng an, blieb wie die ceder lange stahn". Daß die palme
für eine ceder genommen worden, mag ein altes misverständnis sein. Die
zeichnung des baumes ist indessen in den wappen und ganz besonders in der
handschrift A deutlich genug, um jeden zweifel zu heben.

In E ist das akrostichon, indem mehrere initialen nicht eingesetzt worden, nur teilweise vorhanden und nicht ohne fehler. Was von dem akrostichon gedruckt ist (das mangelnde ergänze ich in klammern) lautet: EBERHART GR[AF] [Z] [W]IRTAN[B]E[R]G [AT]T[E]MPDO.

Ob diejenigen, welche die späteren ausgaben veranstaltet, noch besonderen bedacht auf das akrostichon genommen, darf wol bezweifelt werden.

Wir haben somit in dieser veranlaßung, die Eberhard im bart zur verdeutschung des Buches der beispiele der alten weisen gegeben, einen der vielen beweise, durch welche dieser seltene mann seine überzeugungen über das, was dem menschlichen leben erst den wahren gehalt verleiht, seine große ansicht von dem unschätzbaren werte der bildung, der gelehrten studien betätigt hat. An die von ihm im jahre 1477 ausgegangene stiftung der hohen schule zu Tübingen (und Eberhard war der erste graf in Deutschland, der so folgenreiches unternommen) brauche ich hier kaum zu erinnern. Ich will nicht umständlich der beziehungen gedenken, in welchen Eberhard, abgesehen von lehrern an seiner universität, wie die theologen Gabriel Biel, Johann von Stein (Johannes de Lapide, gest. zu Basel nach 1494), Konrad Summenhard, der jurist Johannes Nauclerus (eigentlich Johann Vergen, Vergenhans, gest. 1510), der mediciner Widmann (gest. 1524), zu hervorragenden männern seiner zeit, zu Michel Beheim, Albert von Bonstetten, Johannes Reuchlin, Augustin Thünger, Jacob Wimpfeling, Nicolaus von Wyle, Lorenzo de' Medici, Marsilius Ficinus gestanden hat. Wol aber muß hier noch erwähnt werden, daß unsere übersetzung nur eine unter vielen anderen ist, die dem wißbegierigen fürsten angefertigt werden musten. Einzelne teile der heiligen schrift, wie die sprüche Salomonis, ließ er sich mehr als einmal übertragen, für ihn wurden der ganze Josephus, Sallustius, Columella, stücke des Livius, der metamorphosen des Ovidius, des Demosthenes, Euklides, die Meditationes und die Soliloquia des h. Augustinus, das Astrolabium, eine abhandlung von edelsteinen und mehrere medicinische schriften verdeutscht.

Man vergleiche über Eberhard im bart [1] von den zeitgenoßen,

*

1. Eberhard wurde als sohn des grafen Ludwig I. von Wirtemberg (gest. 23. sept. 1450) und dessen gemahlin Mechthild (gest. 1482), der ältesten tochter des kurfürsten Ludwig von der Pfalz, zu Urach den 11. december

die nahe mit ihm verbunden gewesen, vor allen Summenhard, in der ange-

*

1445 geboren. Die bereits erwähnte pilgerfahrt nach dem h. grabe, in dessen
capelle er zum ritter geschlagen wurde, trat Eberhard den 10. mai 1468 an;
die rückkehr erfolgte den 2. november desselben jahres. Vermählt war Eberhard
seit dem 4. juli 1474 mit Barbara, der trefflichen tochter des markgrafen
Ludwig von Mantua (aus dem hause Gonzaga) und dessen gemahlin Barbara,
geb. markgräfin von Brandenburg. Alleinherr war Eberhard im bart von
1482 (in welchem jahre er eine reise nach Rom unternahm) bis zum jahre
1496, nachdem er zuvor mit seinem vetter, Eberhard dem jüngeren, regiert
hatte. Der herzogswürde, welche kaiser Maximilian, übrigens völlig aus eigenem
antriebe, auf dem Wormser reichstage 21. juli 1495 unserem Eberhard im bart
verliehen, genoß dieser nur sieben monate. Eberhard im bart starb zu
Tübingen den 24. februar 1496, in einem alter von nicht viel mehr als 50 jahren.
Seine bedeutung in der politischen geschichte von Wirtemberg faßt Stälin,
a. a. o., s. 646, darin zusammen, daß er „in dem erstgeburtsrecht, der un-
teilbarkeit des wirtembergischen landes in Schwaben und im herzogshute seinen
nachkommen ein unschätzbares vermächtnis hinterlaßen." — Um ein wort
über Eberhards beinamen „im bart" zu sagen, so versteht es sich von selbst,
daß diese bezeichnung nur eine andere wendung für das gewöhnlichere „mit
dem barte" ist, wie denn auch später und neuerdings das letztere neben dem
ersteren gebraucht ward. Fischart z. b. nennt in der Geschichtklitterung, cap.
39, wo er auf die sage von Eberhards weißdorn anspielt (vergl. Uhlands
gleichnamiges gedicht) unseren herzog: Eberhard mit dem bart. So wechselt
Justinus Kerner in seinem gedichte „der reichste fürst" (vergl. dazu Stälin,
a. a. o., s. 639, Zinkgrefs Apophthegmata und das denselben gegenstand be-
handelnde gedicht von K. Grüneisen: Eberhard im bart) mit den wendungen
„Eberhard der mit dem barte" und „Graf im bart, ihr seid der reichste!" —
Anshelm, Berner chronik, 1, 163, gibt unserem Eberhard den beinamen Bart-
mann. Wie sein mütterlicher großvater, der kurfürst Ludwig der Bärtige
von der Pfalz (gest. 1436), hatte sich wol Eberhard seit dem ritterschlage
über dem grabe des erlösers zu Jerusalem den bart wachsen laßen. Vergl.
Pfister, a. a. o., s. 38; Stälin, a. a. o., s. 549, anm. 1. — Nauclerus,
a. a. o., bl. cccib, ccclia, bemerkt über unseren herzog folgendes: Quantum
uero ad corpus attinet, barbam a multo tempore nutriebat, cui propterea
Barbato nomen a quibusdam inditum est. Corpus illi exiguum natura dedit
sed neruosum, quod tamen crebri labores attriuerant, accedebant morbi fre-
quentes, febris, dysenteria, calculus, et super omnia uesicæ excoriatio. — Ein
altes, jedoch nicht gleichzeitiges, bildnis Eberhards im bart befindet sich im
k. staatsarchive zu Stuttgart. Einen darnach gefertigten stich enthält das oft
angeführte werk Pfisters. Vergl. auch Stälin, a. a. o., s. 645, anm. 2.
Einen beinamen vom barte hatte bekanntlich auch schon einer von unseres
Eberhard vorfahren, der von Uhland besungene graf Eberhard der Greiner
(d. h. der Zänker), der Rauschebart, gest. 15. merz 1392. Vergl. Stälin,
a. a. o., s. 228.

führten rede, und D. Ioannis Naucleri, tubingensis praepositi, Chronica-
rum historiarum secundum volumen. Tubingæ. M. D. XVI. fol. bl. ccci.
cccii. Man sehe ferner: Le Bret, Über den ersten herzog von Würtem-
berg, Eberhard den Bärtigen, oder rechtlichkeit und kenntnisse im
bunde. (in: Schwäbisches taschenbuch auf das jahr 1820. Stuttgart.
8.) — Gutscher, Eberhard der erste, herzog von Würtemberg, in
seinen wichtigsten lebensverhältnissen, besonders als regent, gesetzgeber
und als vater seines volks. Stuttgart. 1822. 8. (namentlich s. 237. 238.
241. 242.) — J. C. Pfister, Eberhard im bart, erster herzog zu Wir-
temberg, aus echten, großentheils handschriftlichen, geschichtquellen.
Mit Eberhards bild. Tübingen. 1822. 8. (vorzüglich s. 48. 87. 88.) —
Ch. F. v. Stälin, Wirtembergische geschichte. III. Schwaben und Süd-
franken. Schluß des mittelalters: 1269—1496. Stuttgart. 1856. 8.
(insbesondere s. 643. 760—763.)

So sichere kunde wie über die veranlaßung unserer deutschen
übertragung ist uns leider nicht über den mann gegeben worden,
welcher (das jahr, in dem es geschah, wißen wir nicht) den
fürstlichen auftrag in so meisterhafter, so bewundernswerter weise
auszuführen befähigt war. Niemand nennt den namen des gelehrten,
den Eberhard für seinen zweck ausgesucht hat. Unter diesen um-
ständen ist denn wol die vermutung gestattet, die vorzügliche leistung
möchte das werk eines der lehrer an der von Eberhard neugestifteten
hochschule Tübingen sein. [1]

Es hat nicht an solchen gefehlt, welche aus unkenntnis, oder in
folge der allverbreiteten hohen meinung von Eberhards bildung,
oder in der absicht, den ruhm des unvergeßlichen fürsten, als ob er
sich nicht auch ohnediß einen vollen kranz errungen, zu mehren,
Eberhard selbst als den übersetzer, ja sogar, was denn vollends keiner
widerlegung bedarf, als den verfaßer des Buches der beispiele der
alten weisen bezeichnet haben.

«Est sane cur mireris, sagt Schnurrer [2], subortam esse, et
quidem proximo jam tempore subortam esse famam, quae Eber-

*

1. Der obigen vermutung wird große wahrscheinlichkeit nicht abzusprechen
sein. Einen bestimmten namen wage ich übrigens nicht zu nennen. Gutscher,
a. a. o., s. 242, sagt: „Vielleicht war es Naukler, vielleicht Faber, der den
indischen weisen an dem würtembergischen hofe einführte."

2. De Hitopadisha, samskritico veteris sapientiae libro. Oratio cancellarii.
1813. in: Orationum academicarum delectus, s. 211. 212.

hardum non versionis quidem, sed adeo libri ipsius auctorem venditaret. Primus, quod constat, hoc professus'est Joachimus Camerarius, praeclarae memoriae, qui ingenio multum, nec minus judicio valebat, sed quod rei minus gnarus esset, incautius eam edisseruit. In oratione de Eberhardo, anno 1537 publice hîc [Tubingæ] habita, [1] recte ille tradidit haec: Operam dedit, ut «veterum scripta, tam praeceptorum quam exemplorum, atque historica cognosceret. Quae cum de lingua latina transferenda essent quam ipse non intelligeret, traduci in teutonicum sermonem praecipuos libros auctorum latinitatis curavit, illisque legendis studuit animum judiciumque suum instruere et erudire, ne imparatus a doctrina ad capessendam regendamque rempublicam videretur accessisse».

At progressus aliquantisper in dicendo, perperam haec addidit: «Quantae autem curae sibi esse passus fuerit rempublicam et optimum statum civium, quantumque operae consumserit de his cogitandi, quaerendi, lectitandi, indicat et libellus ab eo compositus et publicatus de administratione rerum publicarum.» Quibus in dictis ille libellus de administranda republica non potest significare aliud quidpiam nisi opus complectens dicta et exempla sapientum veterum, quod libellum qui dicit, ipse prodit, nec visum sibi unquam nec cognitum opus fuisse.»

Den irrtum des Camerarius widerholt Martinus Crusius (gest. 1607). Er spricht von Eberhard im bart folgendermaßen:

«Laboriosus erat, nec vnquam otiosus: semper prudentiam actionum suarum ducem faciens. Nihil, vnde quid laudis esset, intentatum relinquebat. Inde illud eius Attempto. Doctorum et prudentium virorum amator: inutilium sumptuum amputator: temperantiæ, castitatis, clementiæ consectator. Ex quotidiana porro eruditorum familiaritate eam eruditionem consecutus est: vt quamuis latinarum literarum ignarus esset: tamen de omnibus rebus disserere posset: cum quidem ingenio memoriaque valeret. Doctos inter se committebat ad disputandum: judicium de rebus prudenter ferebat: coëmebat Germanicos de quibusuis rebus libros: quosdam scriptores curabat Germanice conuertendos, atque in legendo frequens erat. Hinc et eloquenter ornateque dicebat. Librum ipse eruditum de aulica vita Germanice scripsit, alijsque casibus mundi, tali epigraphe, DE DICTIS SAPIENTVM: quem audio Latine et Italice conuersum

---

1. Diese rede von Camerarius ist mir nicht zugänglich.

esse. Talis hic erat.» [1]

An diese stelle bei Crusius mag noch eine äußerung von Stein-
hofer angereiht werden, weil der zusammenhang, in welchem er sie
vorbringt, zu dem irrtume veranlaßung geben könnte, als ob derselben
ein bericht des Nauclerus zu grunde läge. In seiner erzählung von
Eberhard beginnt dieser schriftsteller einen absatz mit folgenden
worten: «Nauclerus sagt: An S. Matthias Tag, den 24 Februarii,
ist Herzog Eberhard von Wirtenberg zu Tüwingen in dem Schloß aus
dieser Welt geschieden, dessen ehrbarer und ehrlicher Wandel, neben
seinem hohen Verstand und Weißheit, von iedermänniglich zum
höchsten gerühmet worden.» Nach einigen zwischenreden fährt nun
Steinhofer, ohne einen anderen gewährsmann zu nennen, fort: «Die
teutsche Bücher hat er alle mit Fleiß gelesen, auch viele zu ver-
teutschen befohlen, ia selbst ein teutsches Buch ausgehen lassen,
dessen Titul: Der alten Weisen Exempel-sprüch, in welchem Buch
er fornenher, nach der Vorrede, seinen Namen also, zu Anfang der
Capitel oder paragraphorum, eingeschlossen, daß es wohl niemand
anderer für sein eigen Buch ausgeben und verkaufen mögen, indem
er nicht allein den Namen Eberhart Graf zu Württenberg, sondern
auch sein Symbolum, Attempto, dazu gemachet, damit nicht iemand
gedenken möchte, es wäre vielleicht seines Vettern, Graf Eberharden
des Jüngern Arbeit. Was in demselben Buch vor hohe Weißheit
unter Fabeln, oder fabelmäßigen Historien verborgen sey, kann nie-
mand besser erkennen, als der es selbst mit Andacht gelesen. Neben
solchem Fleiß hat er andere Sachen keines wegs unterlassen» u. s. w. [2]

Daß diese angaben von Steinhofer nicht, wie es den anschein
hat, auf Nauclerus, vielmehr auf einem handschriftlichen nachlaße

*

1. Vergl. Martini Crusii, græce et latinæ linguæ, cum oratoria, in acad.
tybing. professoris, Annalium Suevicorum Dodecas tertia. Francoforti, Ex
Officina Typographica Nicolai Bassæi. M.D.XCVI. fol. (band II.) s. 439. Wenn
Crusius zu den letzten worten am raude bemerkt: „Reinart Fuchs, regnard.",
so gilt hierüber wol Schnurrers urteil, a. a. o., s. 212: „Quae omnia sane
ita sunt comparata, ut audacia hominis magis etiam vituperanda videri possit,
quam rei ignorantia."

2. Vergl.: Ehre des Herzogtums Wirtenberg in seinen Durchlauchtigsten
Regenten, Oder der Neuen Wirtenbergischen Chronik Dritter Theil, durch
Johann Ulrich Steinhofern, Professorn und Predigern des Klosters Maulbronn.
Stuttgart. 1752. 8. s. 629—631.

von Oswald Gabelkhofer (gest. 1616) [1] beruhen, hat schon Schnurrer, a. a. o., s. 213. 214, bemerkt.

Wie aus der bestimmten nachricht Summenhards, erhellt auch aus den allgemeiner gehaltenen worten des Nauclerus deutlich genug, daß Eberhard selbst, bei aller liebe zu den wißenschaften, die ihn in so hohem maaße auszeichnet, nicht selbst der übersetzer unseres werkes sein kann. Ich will aus der schilderung, welche Nauclerus, a. a. o., bl. ccci.cccii, von unserem herzog entwirft, mitteilen, was hierher gehört: «Erat autem puer indolis eximiæ, cui ego primas literas tradens prohibitus sum ne eum latinum facerem, satis esse ducentibus si uernaculam linguam legere didicisset et scribere, quod ille uir factus tulit molestissime. Studium itaque suum prout ingenium habebat nobile mox absoluit, quo peracto ne nil ageret lusibus atque lasciuiis ad quæ prona est omnis ætas, se immersit .... At ubi exacta pene adulescentia ratione instituendam uitam uideret, quasi contemplatus Herculis Prodicii exemplo, utram uiam, uirtutis an uoluptatis ingrederetur, cepit resipiscere et mores mutare ... Paulo post uxorem duxit Mantuani principis filiam uirginem illustrissimam, adeoque in alterum mutatus uirum, ut sicut priori ætate nemo illo insolentior fuit, ita uirili toga induto, nemo castigatior ac seuerior inuentus est, libidines et luxus priores frugalitate et uitæ grauitate facile compensauit. Factus est simul rerum omnium indagator solertissimus; erat enim celsi ingenii et ardentis animi, sapientes propterea in quacunque re incredibili beneuolentia et obseruantia cepit uenerari. Et licet literarum latinarum esset penitus ignarus, literatorum tamen hominum conuersatione delectabatur plurimum, quos ut erat ingenio promptus iugiter et de industria disputantes fecit .... libros etiam uernacula lingua conscriptos omnes quæsiuit, ac auidissime perlegit, multa ad hæc præclara opera in linguam teutonicam uerti e latino curauit, atque his quidem instrumentis orationem suam, ut erat eloquentia admirabili, siue historiam uelles siue sententias exornauit. Nec aliarum rerum studia neglexit irrequietus a natura et plenus negociorum, ut non modo alteri alterum succederet sed sese mutuo truderent, nec hominem respirare sinerent. At ubi animum intendebat aut legere aliquid aut feras sequi aut uacare diuinis et si qua similia sunt, nemo illum sequi poterat uir non uti-

*

1. Vergl. darüber Stälin, a. a. o., s. 11.

que ad segniciem sed ad res agendas et quidem maximas natus.»

Fragt man nach der sprache, aus welcher unser Buch der bei-
spiele übertragen worden, so ist vor allem daran zu erinnern, daß,
wie schon die übersetzung selbst, [1] auch der sicher gut unter-
richtete Summenhard, in der oben angeführten stelle, auf eine
lateinische vorlage ausdrücklich hinweist. Die richtigkeit dieser
angabe vorausgesetzt (und es ist bei dem nahen verhältnisse, in
welchem dieser gelehrte zu Eberhard gestanden, auch nicht der ge-
ringste grund, an der ersteren zu zweifeln) handelt es sich zunächst
darum, ob jene lateinische quelle das Directorium humane vite gewesen
sei. Nach der früher genannten schönen untersuchung von Benfey
ist diß zu verneinen. Dieselbe erhärtet vielmehr, daß der druck
des Directorium humane vite später erfolgt ist, als derjenige
der undatierten ersten ausgabe des Buches der beispiele, D, daß unser
undatierter deutscher text nicht nach dem undatierten drucke der
lateinischen übersetzung verfaßt ist, sondern nach einem manuscript
derselben und vielleicht nicht einmal nach dem, welches dem drucke
zu grunde liegt.

Ob nun nicht neben der lateinischen vorlage auch ein hand-
schriftliches italiänisches hilfsmittel von unserem übersetzer benützt
worden, wie auch H. F. v. Diez, a. a. o., s. 135, namentlich aber Benfey,
a. a. o., s. 164, nicht für ganz unglaublich hält, ist eine vermutung,
die sich gegenüber der bestimmten mitteilung Summenhards nur
schüchtern hervorwagen darf. Daß der name Billero (vergl. oben,
s. 143 u. folg.) an eine italiänische quelle denken läßt, hat schon
Benfey, a. a. o., s. 164, hervorgehoben. Besonders aufgefallen ist
mir ferner die verwendung des wortes Potestat (vergl. oben, s. 57, 18,
und die lesarten zu der stelle) im sinne von richter, was vorher,
s. 57, 17, steht, entsprechend dem italiänischen Potestà, [2] wobei
freilich sogleich zu bemerken ist, daß auch die mittlere latinität [3] das
wort in dieser bedeutung gebraucht.

*

1. Vergl. oben s. 1, 4. 5.
2. Das Directorium humane vite hat an dieser stelle: Et ait ei deceptor.
veni et eamus ad iudicem potestatis. vt nobis causam diffiniat. Quibus con-
stitutis coram iudice: dixit iudex. — Im fortgange der erzählung, wo unsere
übersetzung mit richter und potestat wechselt, gebraucht das Directorium nur
iudex ohne weiteren beisatz.
3. Vergl. Ducange-Henschel, Glossarium mediæ et infimæ latinitatis. V.

Beispiele. 17

An gelegenheit, eine italiänische handschrift zu erwerben, h
es Eberhard auf der reise, die er aus anlaß seiner pilgerfahrt n
Italien unternommen, jedesfalls nicht gefehlt.

Weniger bedenklich hat ein älterer gelehrter, der mathematik
und orientalist Wilhelm Schickard, unser Buch der beispiele der
alten weisen ohne weiteres auf eine italiänische bearbeitung zurück
geführt. In der vorrede, welche er zu Ochsenbachs übersetzung des
Gulistan [1] geschrieben, sagt er:

«Demnach aber Herr Johann Friderich Ochsenbach, etc. diß an-
mütige Büchlin [Du Ryer's französische übersetzung des Gulistan] so
ebē noch new war, auff seiner Reiß zu Paris angetroffen, hat er
jhm beliebē lassen, die nutzliche mühwaltung auff sich zunemmen:
vnd es bald nach seiner Heimkunfft, auß dem Frantzösischen (dessen
er, gleich als deß Hispanischen, trefflich wol erfahren) gemeinem
Vatterland zu Dienst, in vnser Teutsche Muttersprach übergesetzt,
auch vmb richtigkeit vnd bessern verstands willen den Text mit
Ziffern, in gewisse Stücklin abgetheilt, daß sie desto leichter zufinden.
Vnder anderem, hat jhn zu solcher Arbeit bewogen, das rühmlich vnd
namhafft Exempel, deß weyland hochweisen Fürsten vnd Herrens,
Herrn Eberhardi primi, deß ersten Hertzogen zu Würtemberg,
etc. vnd Fundatoris dieser hiesigen Universität, welcher vor ander-

*

s. 378. Judex potestatis in der so eben angeführten stelle des Directorium
wäre hiernach wörtlich mit der richter des ortes, des dorfes, des districtes
zu übersetzen gewesen.

1. Vergl. GVLISTAN. | das ist, | Königlicher Rosengart. | Welchen der für-
nemste | Poët, vnter den Türcken, vnd Per-|sianern, Sadi genandt, vor
ohngefähr | drey hundert siben vnd sibentzig | Jahren verfertiget. | Warinnen
allerhand denck-|würdige, zuvor vnbekandte Histo-|rien, auch vernünftige
Vnterricht, | vnd gute Lehren, so zu Fried vnd Krie-|ges Zeit, auch in dem
Hoff: vnd gemeinem Leben, | in acht zunehmen, sich be-|finden. | Erstlichen
von Herrn Andrea du | Ryer, Herren zu Malezair, etc. Königl. | Majest. in
Franckreich Camerern, Rit-|tern deß H. Grabs zu Jerusalem, etc. auch ge-
westen | Consuln der Frantzösischen Nation zu Alexandria, | groß Cair, vnd
in dem Königreich Egypten, etc. in | das Frantzösisch gebracht, vnd anietzo |
durch | Johan Friderich Ochsenbach, | in die Teutsche sprach übergesetzt |
worden. Tübingen, bey Philibert Brunn, | Anno MDCXXXVI. | 12. „Wil-
helmi | Schickarts | der Mathematic vnd Orienta-|lischen Sprachen Professoris |
zu Tübingen, | Newe Vorred | an | den günstigen Leser." | blatt 4. 5. Die
mittellung dieser seltenheit verdanke ich meinem freunde doctor Philipp Wolff.

hundert Jahren, ein gleichförmiges Werck, intitulirt das Buch der Alten Weisen, auß dem Italianischē in Teutsch gebracht, vnd mit Figuren in folio trucken lassen; wie die Acrostichis vnd künstlich eingeflochtene Buchstaben, seines Fürstlichen Namens, gleich vornen andeuten; welches Buch auch vrsprünglich auß Indien vnd Persien kommen, vnd sonsten in Orient, von dem Namen der beeden Thier, so drinnen redend introducirt werden, Kelila & Dimna genandt ist: darauß Pedro Teixeira lib. I. Relac. de los Reyes de Persia, fol. 189. übel zwey vnderschidliche Bücher Kelila vnd Wademana (ex neglectu copulæ Waw) machet; dardurch er auch mich verführet hat, in meo Tarich, fol. 146. welches ich hiemit, wie sichs gebührt, ingenuè will corrigiert haben.»

Wie hierüber zu urteilen, will ich mit den worten Schnurrers, a. a. o., s. 209. 210, sagen, da ich mit denselben vollkommen einverstanden bin und ihnen nichts hinzuzufügen wüste.

«Schickardi auctoritas, sagt Schnurrer, quamquam apud me est permagna, fontem tamen desidero et frustra requiro, unde hauserit istam suam peculiarem sententiam. Testem ipse nuncupat nullum; nec multum abest ut suspicer, ex opinatione magis quam ex certa notitia linguam ex qua versio ducta fuerit Italicam illum statuisse, quod haud ignoraret, latini sermonis prorsus ignarum fuisse Eberhardum, et tamen haud vellet non haberi Eberhardum versionis auctorem, sibi bene cognitae ex usu editionis illius primae, sine loco et anno, exprimentis ut diximus sectionum, continuo ordine sequentium, primis litteris nomen Eberhardi: exemplum enim hujusce editionis illud, quod nunc est bibliothecae Regiae publicae, olim erat, ut ipse meis oculis cognovi, Wilhelmi Schickardi. ¹ Sed Italici sermonis usum habuisse Eberhardum, et quidem talem, qui versioni conficiendae sufficeret, nulla ratione constat: neque enim hoc inde consequitur, quod conjugem habebat Mantuani principis filiam, natam tamen matre Germanica, filiâ marchionis Brandeburgensis, et quod ipse Italiam brevi itinere obiit.»

Der dialekt, welcher in dem von D überlieferten texte des Buches der beispiele der alten weisen zu tage tritt, ist im allgemeinen nach wörterbuch und grammatik der schwäbische, genauer derjenige, welcher

*

1. Dasselbe früher im besitze Schickards befindliche exemplar (D) habe ich der gegenwärtigen ausgabe zu grunde gelegt.

mit besonderer ulmischer färbung [1] in den bedeutendsten werken der anfangszeit der buchdruckerkunst in Ulm erscheint, so in den trefflichen Ludwig Hohenwang deutschen ausgaben des Vegetius und der Aurea Biblia, [2] in dem von Hohenwang in den sechziger jahren des 15. jahrhunderts, jedesfalls vor 1469 gedruckten, von unbekanntem verfaßer herrührenden lateinischdeutschen vocabular.

Man vergleiche über diese dialektischen eigentümlichkeiten die nachweisungen bei Haßler, Die buchdruckergeschichte Ulms, sp. 25. 26. 41—45.

So darf denn auch unter den altertümern des schwäbischen dialektes unser Buch der beispiele der alten weisen eine vorzügliche beachtung in anspruch nehmen.

Auf die bewundernswerte gewantheit, mit der unser übersetzer seine prosaische rede handhabt, auf den schwung und die würde, zu welchen er sich bisweilen erhebt (man vergl. z. b. oben, s. 18. 19), habe ich wol nicht besonders aufmerksam zu machen. Nach diesen seiten hin hat der arbeit auch schon Benfey [3] das gebührende lob gespendet.

Über die stelle, welche das Buch der beispiele der alten weisen im ganzen der deutschen litteraturgeschichte einnimmt, verweise ich schließlich auf: A. Koberstein, Grundriß der geschichte der deutschen nationallitteratur. I. Vierte ausgabe. Leipzig. 1847. 8. s. 445. 446. — G. G. Gervinus, Geschichte der deutschen dichtung. II. Vierte ausgabe. Leipzig. 1853. 8. s. 145—147. — W. Wackernagel, Geschichte der deutschen litteratur. Basel. 1853. 8. s. 358.

*

1. Dahin gehört namentlich au für á, sprauch für spräche, raut für rât, aubent für âbent u. s. f. Die handschrift A trägt (es wäre denn, daß mir vereinzelte fälle entgangen,) diese besondere färbung nicht.

2. Diese beiden werke hat Ludwig Hohenwang, ein nach Haßler, Die buchdruckergeschichte Ulms, sp. 88, „als formschneider und künstler, als drucker und gelehrter, als eifriger freund der neuen humanistischen geistesrichtung, als äußerster keckster vorposten im beginnenden kampfe der reformation" gleich ausgezeichneter mann selbst übersetzt und gedruckt, das erstere im anfange, das letztere gegen den ausgang der siebziger jahre des 15. jahrhunderts.

3. Vergl. Pantschatantra, I. s. vii. 16. Über die alte deutsche übersetzung u. s. w. s. 145.

261

INHALT.

Druck:
Canon Deutschland Business Services GmbH
im Auftrag der KNV-Gruppe
Ferdinand-Jühlke-Str. 7
99095 Erfurt